权威·前沿·原创

皮书系列为
"十二五""十三五""十四五"时期国家重点出版物出版专项规划项目

BLUE BOOK

智 库 成 果 出 版 与 传 播 平 台

社会建设蓝皮书
BLUE BOOK OF SOCIETY-BUILDING

2022年北京社会建设分析报告
ANNUAL REPORT ON ANALYSIS OF BEIJING SOCIETY-BUILDING (2022)

主　　编／徐志军　李四平
执行主编／唐　军　邱维伟
副 主 编／李君甫　陈　锋　胡建国

社会科学文献出版社
SOCIAL SCIENCES ACADEMIC PRESS (CHINA)

图书在版编目(CIP)数据

2022年北京社会建设分析报告/徐志军,李四平主编.--北京:社会科学文献出版社,2022.11
(社会建设蓝皮书)
ISBN 978-7-5228-0677-8

Ⅰ.①2… Ⅱ.①徐…②李… Ⅲ.①社会发展-研究报告-北京-2022 Ⅳ.①D671

中国版本图书馆 CIP 数据核字(2022)第 164635 号

社会建设蓝皮书
2022年北京社会建设分析报告

主　　编 / 徐志军　李四平
执行主编 / 唐　军　邱维伟
副 主 编 / 李君甫　陈　锋　胡建国

出 版 人 / 王利民
组稿编辑 / 邓泳红
责任编辑 / 张　媛
责任印制 / 王京美

出　　版 / 社会科学文献出版社·皮书出版分社（010）59367127
　　　　　地址：北京市北三环中路甲29号院华龙大厦　邮编：100029
　　　　　网址：www.ssap.com.cn
发　　行 / 社会科学文献出版社（010）59367028
印　　装 / 天津千鹤文化传播有限公司

规　　格 / 开本：787mm×1092mm　1/16
　　　　　印张：24.5　字数：366千字
版　　次 / 2022年11月第1版　2022年11月第1次印刷
书　　号 / ISBN 978-7-5228-0677-8
定　　价 / 158.00元

读者服务电话：4008918866

▲ 版权所有 翻印必究

《2022年北京社会建设分析报告》
编　委　会

主　　　编	徐志军　李四平
执 行 主 编	唐　军　邱维伟
副 　主　 编	李君甫　陈　锋　胡建国

撰　稿　人　　安永军　　曹飞廉　　陈　锋　　崔美玲　　韩秀记
　　　　　　　侯　娜　　胡建国　　晋　芳　　鞠春彦　　李晶晶
　　　　　　　李君甫　　李　升　　李晓婷　　李晓壮　　李　阳
　　　　　　　刘晓倩　　刘　欣　　刘艺锋　　鲁丽倩　　陆　莹
　　　　　　　慕容凯欣　任慧琴　　孙静含　　王　敏　　王升鸿
　　　　　　　王树祥　　魏亚萍　　邢宇宙　　徐志军　　杨桂宏
　　　　　　　杨兴兴　　詹论雨　　张美生　　张梦源　　张　昭
　　　　　　　赵卫华　　朱　赫　　朱嘉慧　　朱颖佳　　祝梦喆

主要编撰者简介

徐志军 北京市委社会工委书记,北京市民政局局长。

李四平 博士,研究员,北京工业大学党委副书记,北京社会管理研究基地理事长,《北京工业大学学报》(社会科学版)主编。

唐　军 博士,教授,博士生导师,北京工业大学文法学部主任,北京社会管理研究基地首席专家;教育部高等学校社会学类专业教学指导委员会委员,中国社会学会常务理事、社会建设研究专业委员会会长,北京社会建设研究会会长,北京市社会学学会副会长;入选北京市新世纪社科理论人才百人工程、北京市宣传文化系统"四个一批"人才、首批北京市高层次创新创业人才支持计划"哲学社会科学和文化艺术领军人才",获"北京市优秀教师"称号与"北京市高等学校教学名师奖"。

邱维伟 北京市民政局政策研究室主任。

李君甫 博士,北京工业大学文法学部教授;中国社会学会社会建设研究专业委员会理事、城市社会学专业委员会理事、社会福利专业委员会委员、劳动社会学专业委员会理事,中国城市科学研究会城市治理专业委员会委员,中国教育发展战略学会乡村振兴专业委员会委员。主要研究领域为住房政策、城乡发展、社会建设与社会治理等。主要研究成果有《北京的住房变迁与住房政策》《北京的人口、社会阶层与空间结构》《农民的非农就业与职业教育》《北京社会空间的分化与隔离——基于社会阶层分布的研究》《农村人口过疏化对农村社会建设的挑战》《走向终结的村落——山区人口流失、社会衰微与扶贫政策思考》等。

陈 锋 博士，教授，博士生导师，北京工业大学文法学部副主任，北京社会管理研究基地秘书长，中国社会学会社会建设研究专业委员会秘书长。主要研究领域为城乡基层治理、"三农"问题与乡村振兴。主持国家社科基金重大项目子课题、一般项目、青年项目等10余项，出版专著《乡村治理的术与道——北镇的田野叙事与阐释》，在CSSCI、SSCI等期刊发表论文近40篇，咨政报告获省部级领导同志肯定性批示与厅局级决策部门采纳。曾获教育部博士研究生学术新人奖、北京市第十四届优秀调查研究成果优秀奖、北京市高等教育优秀成果奖二等奖、民政部全国民政政策理论研究二等奖、教育部第八届高等学校科学研究优秀成果奖青年奖等重要奖项。先后入选北京工业大学优秀人才、北京市青年拔尖人才、北京市国家治理青年人才。

胡建国 博士，北京工业大学文法学部教授；中国社会学会理事、中国社会学会劳动社会学专业委员会副会长兼秘书长、网络社会学专业委员会副会长、青年社会学专业委员会副会长，北京市社会学学会常务理事；承担国家社科基金、北京市社科基金、北京市自然科学基金、北京教育科学规划项目等科研项目；入选市宣传文化系统"四个一批"人才（理论界），北京市社科理论中青年优秀人才"百人工程"，北京市属高校人才强教青年教师"拔尖人才"。

摘 要

本书是北京工业大学"北京社会建设分析报告"课题组2021~2022年度的研究成果,分为五个部分,包括总报告、特稿、民生福祉篇、社会治理篇、地方社会建设篇。报告依据北京市政府和相关部门发布的统计数据和资料以及课题组成员的调研和观察,分析了2021年北京社会建设的主要成就和面临的问题,并对下一步北京社会建设提出了政策建议。

2021年,北京市贯彻新发展理念,在疫情散发的特殊情况下,经济社会建设取得了巨大的成绩。出色完成了建党100周年庆祝活动保障工作,圆满筹办北京冬奥会,城市品质进一步提升,城市副中心建设提质升级,京津冀协同发展持续推进;民生保障稳中有进,"七有""五性"力度加大,实现了"十四五"良好开局。社会治理现代化初见成效,"接诉即办"改革迈上了新征程,垃圾分类治理成效显著,人居环境明显改善。

北京市仍面临社会公共服务和社会治理体系存在短板、城市治理的科技参与较弱等挑战,未来需要继续改善民生福祉,提升社会服务水平,利用智能科技推进社会治理现代化。

关键词: 社会建设 社会治理 社会服务 民生福祉 北京

目 录

Ⅰ 总报告

B.1 大力改善民生福祉，持续推动社会治理现代化
——2022年北京社会建设分析报告
.... 李君甫　王树祥　朱嘉慧 / 001
一　北京社会建设取得的成就 .... / 002
二　北京社会建设面临的问题与挑战 .... / 014
三　立足新发展阶段，全面推进社会建设 .... / 017

Ⅱ 特　稿

B.2 坚持首善标准，高质量推进新时代北京社会建设 .... 徐志军 / 022

Ⅲ 民生福祉篇

B.3 超大城市共同富裕水平研究报告
.... 李　升　王升鸿　李晓壮　刘　欣 / 032

001

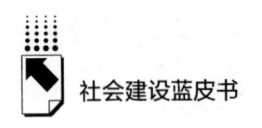

B.4 慈善在第三次分配中的作用机制研究
………………………… 北京市委社会工委市民政局慈善工作处 / 056

B.5 "双减"之下城镇居民家庭教育消费变化分析
………………………………………… 赵卫华 李晶晶 侯 娜 / 071

B.6 北京市普惠托育发展现状与有效供给的政策思考
………………………………………………………… 王 敏 晋 芳 / 086

B.7 北京市基础教育资源分析报告
………………………………………… 李 升 祝梦喆 朱 赫 / 102

B.8 北京市马路劳务市场的组织逻辑与问题治理
——基于T区实证调查 ………………… 杨桂宏 陆 莹 / 117

B.9 北京市智慧养老服务的发展机遇、困境和对策
………………………………… 朱 赫 詹论雨 孙静含 / 137

B.10 北京市社区养老服务驿站现状、问题
及发展对策研究 …………… 北京市民政局养老工作处 / 150

B.11 北京市老年安宁疗护服务的实践与反思 …… 鲁丽倩 杨 荣 / 164

B.12 北京市医务社会工作的发展状况研究 ……… 魏亚萍 刘晓倩 / 180

B.13 北京市居民绿色出行调查报告 ……………… 胡建国 朱颖佳 / 194

Ⅳ 社会治理篇

B.14 北京市街道"大部制"改革的实践现状与问题对策研究
………………………………………………………………… 安永军 / 210

B.15 社会组织参与北京社区垃圾分类的现状与对策研究
………………………………………………… 邢宇宙 刘艺锋 / 221

B.16 培育社区社会组织：专业社工机构参与老旧小区
改造的个案研究 ……………………………… 韩秀记 崔美玲 / 237

B.17 合作、动员、陪伴：社会组织参与基层社区治理的
实践路径探究 …………………………… 李晓婷 张梦源 / 251
B.18 北京公共卫生事件新闻报道对公众情绪的影响
——基于"人民日报"官方微博的研究
……………………………………… 鞠春彦 慕容凯欣 / 265
B.19 社区视域下的首都生活垃圾分类研究 ……… 李 阳 张 昭 / 279

V 地方社会建设篇

B.20 低收入人群圈层管理和精准救助机制研究
——以北京市顺义区为例
………………………………… 顺义区委社会工委区民政局 / 297
B.21 支持型社会组织参与城市社区治理研究
——以北京市TH组织参与Q街道的治理实践为例
…………………………………………… 曹飞廉 任慧琴 / 315
B.22 "伴儿"：重塑社区生态圈，让社区生活更美好
——依托社区智慧治理平台的基层社会动员研究
………………………………… 张美生 杨兴兴 陈 锋 / 336

Abstract ………………………………………………………… / 353
Contents ………………………………………………………… / 355

总 报 告
General Report

B.1
大力改善民生福祉，持续推动社会治理现代化
——2022年北京社会建设分析报告

李君甫　王树祥　朱嘉慧*

摘　要： 2021年，北京市全面贯彻新发展理念，出色完成了建党100周年庆祝活动保障工作，面对疫情散发等多重考验，实现了经济社会的持续健康发展。圆满筹办北京冬奥会，城市品质进一步提升，城市副中心建设提质升级，京津冀协同发展持续推进；民生保障稳中有进，"七有""五性"力度加大，实现了"十四五"良好开局。社会治理精细化程度加深，"接诉即办"改革迈上了新征程，垃圾分类治理成效显著，人居环境明显改善。北京市仍面临社会公共服务和社会治理体系存在短板、城市治理的科技参与较弱等挑战，未来需要继续改善民生福祉，提升社会服务水

---

* 李君甫，北京工业大学文法学部教授，北京社会管理研究基地研究员；王树祥，北京工业大学文法学部硕士研究生；朱嘉慧，北京工业大学文法学部硕士研究生。

平，结合智能科技推进社会治理现代化。

关键词： 社会建设　社会治理　公共服务　北京

一　北京社会建设取得的成就

2021年，在党和国家的发展历史上是具有里程碑意义的一年。面对复杂严峻的国际形势和国内疫情散发等多重考验，在以习近平同志为核心的党中央坚强领导下，全市坚持以习近平新时代中国特色社会主义思想为指导，深入贯彻习近平总书记对北京一系列重要讲话精神，坚持稳中求进工作总基调，以首都发展为统领，统筹推进疫情防控和经济社会发展，主动服务和融入新发展格局，经济持续恢复，民生持续改善，首都高质量发展迈上新台阶。①

（一）经济社会持续健康发展，人民收入不断提高

2021年，全市地区生产总值突破4万亿元，达到40269.6亿元，比上年增长8.5%（见图1）。按常住人口计算，全市人均地区生产总值为18.4万元，经济结构持续优化、质量持续提升，人均地区生产总值和全员劳动生产率保持全国第一。②

2021年，全市居民人均可支配收入达到75002元，比上年增长8.0%，四项收入全面增长，农村居民收入增速快于城镇居民。全市居民人均消费支出为43640元，比上年增长12.2%，八大类消费支出全面增长。③ 全市居民

---

① 《北京市2021年国民经济和社会发展统计公报》，北京市统计局网站，http://tjj.beijing.gov.cn/tjsj_31433/tjgb_31445/ndgb_31446/202203/t20220301_2618672.html，2022年3月1日。
② 《2021年政府工作报告》，北京市人民政府门户网站，http://rfb.beijing.gov.cn/rf_ywdt/rf_bjyw/202201/t20220117_2593135.html，2022年6月27日。
③ 《北京市2021年国民经济和社会发展统计公报》，北京市统计局网站，http://tjj.beijing.gov.cn/tjsj_31433/tjgb_31445/ndgb_31446/202203/t20220301_2618672.html，2022年3月1日。

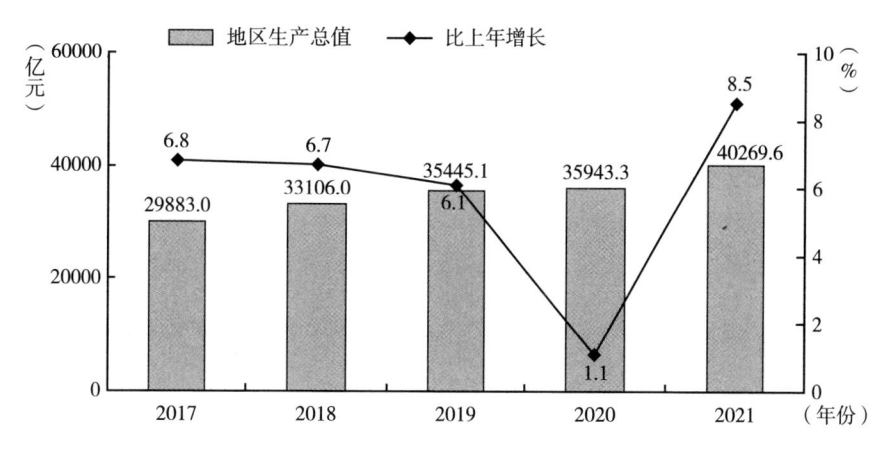

大力改善民生福祉，持续推动社会治理现代化

图 1　2017~2021 年北京市地区生产总值及增长速度

资料来源：《北京市 2021 年国民经济和社会发展统计公报》。

恩格尔系数为 21.3%。城镇新增就业人口达到 26.9 万人，比上一年增加 8000 人。

（二）公共服务水平持续提升，社会民生事业持续进步

1. 社会保障覆盖面持续扩大，保障水平稳步提高

2021 年，北京市坚决贯彻习近平总书记在中央政治局第二十八次集体学习时关于社会保障的重要指示精神，加快健全城乡统一、覆盖全民的社会保障体系。2021 年末，北京市社保覆盖范围超过 2000 万人，企业职工基本养老保险、基本医疗保险、失业保险、工伤保险、生育保险参保人数分别比上年末增长 2.7%、2.4%、3.3%、3.4%和 1.9%。到 2021 年底，城乡养老保险参保人数达到 191.0 万人，城乡基本医疗保险参保人数达到 400.8 万人。① 7.1 万人获得城市居民的最低生活保障，3.9 万人获得农村居民的最低生活保障，社会保障待遇标准稳步提高（见表1）。

---

① 《北京市 2021 年国民经济和社会发展统计公报》，北京市统计局网站，http://tjj.beijing.gov.cn/tjsj_31433/tjgb_31445/ndgb_31446/202203/t20220301_2618672.html，2022 年 3 月 1 日。

003

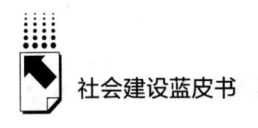

表1 2020~2021年北京社会保障相关待遇标准

单位：元/月

指标	2021年	2020年
失业保险金最低标准	2034	1816
城乡居民最低生活保障标准	1245	1170
职工最低工资标准	2320	2200

资料来源：《北京市2021年国民经济和社会发展统计公报》，北京市统计局网站，http://tjj.beijing.gov.cn/tjsj_31433/tjgb_31445/ndgb_31446/202203/t20220301_2618672.html，2022年3月1日。

2. 养老金不断提高，养老服务体系不断完善

第七次全国人口普查数据显示，北京市60岁及以上常住人口达到429.9万人，占常住人口比重为19.6%[1]，"十三五"时期北京市老年人口增加63.7万人，预计"十四五"末老年人口将达517万人，较"十三五"末增加约87万人，人口老龄化水平将达到24%，从轻度老龄化迈入中度老龄化阶段，养老服务体系建设成为社会建设的迫切任务。

2021年，北京市以"社会化、产业化、信息化、体系化"为目标，坚持补短板、强弱项、优服务、提质量，积极探索超大城市养老服务模式，养老服务体系更加完善，群众获得感、幸福感和安全感持续增强。[2] 城乡居民基本养老保险最低缴费标准为年缴费1000元，最高为年缴费9000元。按照定额调整基本养老金、与缴费年限挂钩调整基本养老金、与养老金水平挂钩调整养老金等原则，采取低者高调、高者低调的方式，保障待遇水平偏低的人员能够适当增加基本养老金，适当向高龄退休人员倾斜，调整后实现人均增长。加大对退休时间早、连续工龄和缴费年限长的退休人员政策倾斜力度，使其更多享受社会发展成果。

为促进社区养老服务驿站可持续发展，进一步健全精准养老服务体

---

[1] 《北京：严格落实新建住宅小区配建养老设施》，北京市发展和改革委员会网站，http://fgw.beijing.gov.cn/gzdt/fgzs/mtbdx/bzwlxw/202112/t20211223_2570654.htm，2021年12月22日。

[2] 安娜：《超大城市养老服务的北京实践》，《中国社会报》2022年5月27日。

系，2021年修订《北京市社区养老服务驿站运营扶持办法》，加快养老服务基础设施建设，增加养老床位，培训养老护理员，逐渐满足老年人多层次、多样化的养老服务需求，实现"老有所养、老有所依、老有所乐、老有所安"。

为优化养老机构布局，促进区域平衡和结构合理，编制《北京市养老服务专项规划（2021年—2035年）》。全面落实社区养老服务驿站管理办法，驿站建设取得较大突破。全市1112家养老服务驿站科学划分责任区，为24.7万名老年服务对象提供上门服务和其他服务。研究制定养老服务顾问、失智老年人照护支持等政策，养老服务设施建设取得明显进展。建成运营养老机构577家、农村邻里互助养老服务点200个、社区养老服务驿站1112家。加快建设老年人就餐服务试点，提前完成了1000个老年人就餐服务点建设。① 加强养老服务人才队伍建设，培训养老护理员1万余人，为养老护理员发放津贴1746万元。

落实养老机构服务安全基本规范，开展养老机构服务质量达标活动，建立健全服务质量日常监管机制，规范养老机构服务合同和服务收费，持续开展星级评定。② 同时，推动京津冀蒙养老机构等级、信用评定与老年人口综合能力评估结果的互认，持续提高养老服务管理规范化制度化水平、提升养老服务质量。

3. 医疗卫生条件不断改善，推动医疗保障高质量发展

2021年，居民医保人均财政补助标准增加30元，达到每人每年580元，基本公共卫生服务经费人均财政补助标准增加5元，达到每人每年79元，新增部分统筹用于基本公共卫生服务和基层医疗卫生机构疫情防控工作，各地区均已落实两项提标要求。医疗卫生机构达到11727家，比上年增加516家。医疗机构床位达到13.0万张，增加3000张。卫生技术人员达31.8万人，其中执业（助理）医师12.4万人，注册护士14.2万人，医疗

---

① 安娜：《北京市委社会工委市民政局扎实开展"我为群众办实事"实践活动——学史力行办实事　砥砺奋进开新局》，《中国社会报》2021年11月19日。
② 《创新点亮新发展　实干展现新担当》，《中国社会报》2021年12月24日。

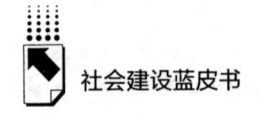

机构总诊疗人次为24252.6万人次，增长25.9%。①

抓好常态化疫情防控，全市日最大单样本核酸检测能力达156.3万份，负压病房达1420间，负压救护车达197辆，全市累计接种新冠疫苗5677.91万剂、2244.17万人，全程接种2167.76万人，加强免疫接种1276.6万人。②

4. 教育投入持续增加，教育公平不断加强

2021年，北京采取多项措施，各项教育投入持续提高。坚持有序推进"双减"工作，全面加强课堂教学和课后服务，校外培训整治取得明显成效。扩增普惠性学前教育学位1.3万个，新增中小学学位2.8万个，创建示范性托育机构50家。③

北京市作为教育改革的先行地和"双减"工作的试点城市之一，早在2021年3月，便针对校外培训过热、学生作业负担过重等问题，提出社会多方与各有关部门应当协作联动，共同构建良性可持续运行的教育生态体系。2021年以来，北京市深入贯彻习近平总书记关于"双减"工作的重要指示批示精神，严格落实中央决策部署，坚持"校外治理、校内保障、疏堵结合、标本兼治"的工作思路，率先启动"双减"专项治理行动，取得初步成效。④ 北京"双减"措施出台后，中小学生的课堂教学、课后服务、校外时间、睡眠休息安排都有较大改善。⑤ 引导优秀人才向乡村学校流动，

---

① 《北京市2021年国民经济和社会发展统计公报》，北京市统计局网站，http：//tjj.beijing.gov.cn/tjsj_31433/tjgb_31445/ndgb_31446/202203/t20220301_2618672.html，2022年3月1日。
② 《北京市2021年国民经济和社会发展统计公报》，北京市统计局网站，http：//tjj.beijing.gov.cn/tjsj_31433/tjgb_31445/ndgb_31446/202203/t20220301_2618672.html，2022年3月1日。
③ 《2021年北京经济社会发展晒出精彩"答卷"！2022年携手共绘首都发展新篇！》，首都之窗，http：//open.beijing.gov.cn/html/kfdt/sddt/2022/1/1641544431332.html，2022年1月7日。
④ 《北京"双减"措施正式发布　开学后将会有这些新变化》，北京市人民政府门户网站，http：//www.beijing.gov.cn/zhengce/zcjd/202108/t20210817_2469678.html，2021年8月17日。
⑤ 《一图读懂：北京"双减"措施出台后　中小学生的新一天》，北京市人民政府门户网站，http：//www.beijing.gov.cn/zhengce/zcjd/202108/t20210820_2473188.html，2021年8月20日。

"十四五"期间,每年招400余名紧缺学科乡村教师。①

2021年9月,北京教育科学研究院面向全市各区幼儿园与中小学及职业高中学生家长、人大代表、政协委员、校(园)长、教师、督学等47582人开展教育满意度调查。调查结果显示,公众对本市教育工作满意度综合得分为85.7分,比上年增加4.3分。其中,教育收费规范状况、学校(幼儿园)安全状况、师生关系、教师的工作态度和责任心、学生对学校的喜欢程度等评价得分连年保持高位稳定,"入园难"缓解情况评价得分提升幅度最大。

5. 住房保障稳步推进,群众居住条件得到改善

2021年,北京市严格落实房地产市场调控措施,房地产市场实现健康平稳发展。住房市场和住房保障体系更加健全,坚持"房住不炒"的定位不动摇,围绕实现"稳地价、稳房价、稳预期"目标,坚持房地产调控措施与相关政策的统筹联动,深入推进住房租赁市场体系建设,聚焦民生痛点持续规范市场秩序,推动房地产市场平稳健康发展。

调控政策持续发力,房价保持稳中有降态势。新建商品住宅价格平稳,二手房价格小幅波动。12月,新建商品住宅销售价格环比指数为100.0,同比指数为105.1;二手住宅销售价格环比指数为100.8,同比指数为108.5。②

2021年,北京市在建设用地供应计划中进一步加大向租赁住房的倾斜力度,供应租赁住房用地301公顷,租赁供地占住宅用地的比例由上年的13%提高至30%。在已供项目中,用于解决新市民、青年人、科技人才、产业工人以及城市基本公共服务保障人员等群体住房需求的土地占比达到71%。③ 通过在中心城区以及副中心等多点区域更多地投放租赁住房,租赁住房空间布局趋于合理。

---

① 《引导优秀人才向乡村学校流动 "十四五"期间每年招400余名紧缺学科乡村教师》,《北京日报》2022年1月5日。
② 《北京市2021年国民经济和社会发展统计公报》,北京市统计局网站,http://tjj.beijing.gov.cn/tjsj_31433/tjgb_31445/ndgb_31446/202203/t20220301_2618672.html,2022年3月1日。
③ 陈雪柠:《今年租赁住房供地提前完成》,《北京日报》2021年11月22日,第6版。

2021年,城镇居民人均住房建筑面积提高到33.7平方米,群众居住条件明显改善。住房整租年交易量达到276万套次,租购并举格局初步形成;党的十八大以来,累计建设各类保障性住房约85万套(间),发放公共租赁住房租金补贴46.47亿元,助力住房困难群众实现安居梦。出台《北京市物业管理条例》,把物业管理融入社区治理,夯实基层社会治理的"基石",全市业委会(物管会)组建率、物业服务覆盖率、党的组织覆盖率提前完成任务目标,截至2021年底分别为95.6%、95.4%、98.8%。开展物业管理突出问题专项治理,一批群众诉求集中的问题得到有效治理。已形成三批"12345市民服务热线"物业管理诉求前100专项治理项目清单,合计295个项目。加大执法处罚力度,全年全市住建、房管系统共实施物业类处罚300余起。

老楼加装电梯工作方面,截至2021年10月,当年已新开工电梯471部,完工227部,已提前完成全年任务。圆满完成规划任务,有效改善群众居住条件。[1] 继续开展城市更新工作,采取引进社会资本、加快危旧房改造项目审批等20多项改革措施,推动六类更新项目的稳定实施,促进城市建设项目向现有更新项目的转化。[2]

6. 坚决落实稳就业保就业决策部署,全力稳定和扩大就业

2021年,北京市坚持把就业作为最大民生,坚持经济发展就业导向,把稳就业保就业作为重大政治责任,紧紧围绕"四个中心"建设需要,统筹发挥就业工作领导小组各成员单位作用,全力稳岗减负扩就业。城镇调查失业率、城镇登记失业率均控制在年度预期目标之内,形成"一抓三保五强化"工作模式,城镇新增就业26万人,在国务院第八次大督查中获得表扬。通过多项措施,稳就业保民生,着力促改革、惠民生、防风险、保稳定。一是积极扩大就业容量。举办第四届"创业北京"创业创新大赛,新

---

[1] 《北京市住建委:今年保障房建设目标提前超额完成》,京报网,2022年6月27日。
[2] 《中共北京市委办公厅 北京市人民政府办公厅关于印发〈北京市城市更新行动计划(2021-2025年)〉的通知》,北京市人民政府门户网站,http://www.beijing.gov.cn/zhengce/zhengcefagui/202108/t20210831_2480185.html,2021年8月21日。

增参保创业单位6.5万户，带动就业岗位32.9万个。二是全力助企纾困稳岗。延续实施援企稳岗政策，全面推行失业保险费返还"免申即享"服务模式，符合条件的46.5万家企业陆续收到返还资金10.3亿元，从政策启动到资金入账第一批单位仅用时14天，平均经办时限压缩60%，政策受益面提高到72.6%。三是突出抓好重点群体就业。完善引进毕业生管理办法，在全国率先取消高校毕业生入职重复体检，组织461场线上线下招聘活动，对311名离校未就业困难家庭毕业生实施"一生一策"帮扶，本市生源高校毕业生就业率达到96.9%。四是顺利完成技能提升行动任务。鼓励支持用人单位开展技能提升培训，按照每人400~2000元的标准给予以训兴业培训补贴。五是全面提升就业服务质量。完善"就业超市"平台，实现就业服务线上线下深度融合，组织专项公共就业服务活动，加大对就业困难人员、农业转移人口等重点群体的服务力度，采集空岗信息63万余个。①

7. 加大社会救助力度，健全社会救助体系

2021年，进一步完善社会救助工作机制，推动构建分层分类、城乡统筹的社会救助体系，农村低保专项治理巩固提升工作获得民政部肯定。出台《关于改革完善社会救助制度的若干措施》，"进一步完善社会救助政策体系、管理体系、监督体系和工作机制，推动构建分层分类、城乡统筹的社会救助体系"。② 加大困难群众救助力度，提高全市最低生活保障水平，惠及低保对象11万余人。社会救助水平显著提高，城乡低保标准达到家庭月人均1245元，特困人员基本生活标准达到每人每月1867.5元。落实未成年人保护法，深入实施困境儿童分类保障制度，实施"事实无人抚养儿童助学工程"。③ 扩大孤儿照料服务，将孤儿和实际无人陪伴儿童的基本生活费用

---

① 《市人力资源社会保障局2021年工作总结》，北京市人力资源和社会保障局网站，http://rsj.beijing.gov.cn/xxgk/zfxxgk/ghjh_1/202201/t20220110_2587254.html，2022年1月10日。

② 安娜：《北京市委社会工委市民政局扎实开展"我为群众办实事"实践活动——学史力行办实事砥砺奋进开新局》，《中国社会报》2021年11月19日。

③ 安娜：《北京市委社会工委市民政局扎实开展"我为群众办实事"实践活动——学史力行办实事砥砺奋进开新局》，《中国社会报》2021年11月19日。

从每人每月 2200 元提高到每人每月 2450 元。严格落实和细化残疾人二次补贴政策，共发放补贴 6.16 亿元，残疾人二次补贴申请实现"跨省通办"。完善救助管理机制，深入推进流浪乞讨精神障碍患者救助管理事权下沉。持续推进长期滞留受助人员寻亲工作，帮助 47 名长期滞留人员成功返乡，大力开展救助寻亲，累计帮助 1000 余名长期滞留流浪乞讨人员返乡团圆。①

（三）社会治理精细化程度不断加深

1. 全面强化党的领导，构建共建共治共享基层治理格局

2021 年，北京市高质量完成全市 7164 个村和社区"两委"换届选举，选举过程依法合规、平稳有序，各项指标优化提升，基层民主建设迈上新台阶。研究修订《北京市社区工作者管理办法》等政策，夯实基层社会治理的精细化、法治化基础。② 推进社区精细化治理，持续深化街道、社区改革。组建街道工作专班，健全工作机制，"全市完成 81 个 5000 户以上超大社区拆分，54 个 3000 户以上社区规模调整，101 个村撤村建居"。继续加强社区居委会建设和农场（村小组）管理，增强居民自治能力，提高社区服务质量，加强社区协商议事厅和楼门院（村组）建设，启动 100 个社区服务站"开放空间"改革试点，打造 32 个"社区之家"样板，完成 20 个国际化社区试点建设。推进社区党建创新发展，细化完善社区党组织体系，推动社区党建向小区、楼门院延伸。完善党建引领"吹哨报到"改革向社区治理深化的制度机制，推动治理单元从社区向小区、院落、楼门、胡同等延伸，建设人人有责、人人尽责、人人享有的基层治理共同体。③

2. 开展主动治理，"接诉即办"改革迈上新征程

2021 年，"接诉即办"改革进入了新起点、迈上了新征程。"接诉即办"

---

① 《创新点亮新发展 实干展现新担当》，《中国社会报》2021 年 12 月 24 日。
② 《北京市民政局 2021 年度法治政府建设情况报告》，北京市民政局网站，http://mzj.beijing.gov.cn/art/2022/3/9/art_ 4490_ 691904.html，2022 年 3 月 9 日。
③ 安娜：《北京市委社会工委市民政局扎实开展"我为群众办实事"实践活动——学史力行办实事砥砺奋进开新局》，《中国社会报》2021 年 11 月 19 日。

是党建引领"街乡吹哨、部门报到"改革的深化,核心是坚持民有所呼、我有所应,通过及时回应办理诉求,提升服务群众能力。2021年9月24日,北京市十五届人大常委会第三十三次会议审议通过了《北京市接诉即办工作条例》,形成了国内第一部规范"接诉即办"工作的地方条例。实施群众诉求首接负责制,建立接诉即办"每月一题"机制,对12类27个集中区域、高频问题进行主动治理、源头治理,发挥网上12345"接诉即办"体系四级联动效能。① 全市上下聚焦诉求反映集中的高频、共性问题,开展重点领域和区域治理,坚持党建引领"吹哨报到"机制,及时回应群众急难愁盼问题,不断深化"接诉即办"改革。通过固化"每月一题"实践经验,建立综合分析、定期调度机制,明确主责单位,市、区、街道(乡镇)三级协同联动等措施不断推进民众诉求回应成效提升。目前,12345整合了54条热线,累计受理群众诉求2958万余件,日均2.99万件,其中网络端受理量突破240万件,诉求解决率从2019年改革之初的53%提升到85%,满意率从65%提升到91%。② 北京形成了"我为群众办实事"实践活动的鲜明特色,随着治理经验越发充实,治理姿态也更加主动。在大数据等科技化、精细化、智能化手段的辅助下,民生琐事不再是"一事一议",而是"举一反三";问题处理也不再是"割韭菜",而是自我加压,争取将老大难"拔根儿"。

3. 垃圾分类治理成效显著,人居环境明显改善

《北京市生活垃圾管理条例》实施一周年以来,随着规范桶站设置、混装混运监管、三级回收体系建设的推进,北京市垃圾分类治理取得了显著成效。全市累计建成分类驿站2095座,家庭厨余垃圾分出率从约1.5%上升到19.4%,生活垃圾回收利用率从13.2%上升到37.5%。③ 全民垃圾

---

① 《北京市民政局2021年度法治政府建设情况报告》,北京市民政局网站,http://mzj.beijing.gov.cn/art/2022/3/9/art_4490_691904.html,2022年3月9日。
② 《〈北京市接诉即办工作条例〉解读》,北京市人民政府门户网站,http://www.beijing.gov.cn/zhengce/zcjd/202109/t20210926_2501787.html,2021年9月26日。
③ 《市城市管理委2021年重要民生实事项目及市政府工作报告重点任务完成情况》,北京市城市管理委员会网站,http://csglw.beijing.gov.cn/zwxx/zdgz/ndjxrw/202112/t20211215_2561722.html,2021年12月15日。

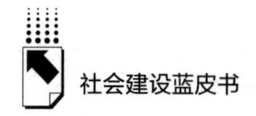

分类参与率达到90%，生活垃圾居民自主分类投放准确率达到85%。根据市统计局在全市16个区开展的城乡居民垃圾分类意识及现状调查和专题调研结果，超9成被访者对所在小区（村）的垃圾分类工作表示满意。[1] 垃圾分类从前端到后端全面彰显实效，符合首都实际、适应新时代发展要求的生活垃圾分类治理体系已基本建成；生活垃圾分类逐步从高强度投入的"攻坚战"向常态长效制度化的"持久战"转变。[2] 同时，随着《2021年背街小巷环境精细化整治提升工作实施方案》的印发以及农村公厕达标改造的推进，全市完成1385条背街小巷环境精细化整治提升，城六区及通州区200条精品街巷建设已完工，全面达成351座涉农区公厕、697处无障碍设施改造及28座农村公厕达标改造任务，完工率100%。首次实现六项空气质量指标全部达标，土壤污染得到全面管控，新增造林绿化16万亩，再添2个万亩以上郊野公园。街巷环境面貌得到进一步改善，提升了人居环境品质。

4. 疏解整治效果彰显，城市品质不断提升

2021年是"十四五"规划开局之年，为巩固拓展第一轮疏整促工作成效，北京市制定了《关于"十四五"时期深化推进"疏解整治促提升"专项行动的实施意见》。启动第二轮"疏整促"转型行动，深化推进"疏解整治促提升"专项行动，坚定不移疏解非首都功能，坚持严控增量和疏解存量相结合，内部功能重组和向外疏解转移双向发力。[3] "疏整促"专项活动巩固提升、纵深推进，全年计划任务超额完成。人口增长得到有效调控，2021年末全市常住人口2188.6万人，比上年末减少4000人。其中，城镇人

---

[1] 《垃圾分类成效明显——北京市城乡居民垃圾分类意识及现状调查报告》，北京市人民政府门户网站，http：//www.beijing.gov.cn/gongkai/shuju/sjjd/202105/t20210514_2389272.html，2021年5月14日。

[2] 《全民垃圾分类参与率达90% 生活垃圾分类治理体系基本建成》，北京市人民政府门户网站，http：//www.beijing.gov.cn/ywdt/gzdt/202104/t20210427_2374630.html，2021年4月27日。

[3] 《一图读懂：北京疏整促2021年有这些大动作》，北京市人民政府门户网站，http：//www.beijing.gov.cn/ywdt/tujie/202102/t20210220_2285162.html，2021年2月20日。

口1916.1万人，占常住人口的比重为87.5%；常住外来人口834.8万人，占常住人口的比重为38.1%（见表2）。①

表2　2017~2021年北京常住人口情况

单位：万人，%

年份	总量		增量		增速	
	常住人口	常住外来人口	常住人口	常住外来人口	常住人口	常住外来人口
2017	2194.4	855.5	-1.0	-3.3	-0.05	-0.38
2018	2191.7	848.2	-2.7	-7.3	-0.12	-0.85
2019	2190.1	843.5	-1.6	-4.7	-0.07	-0.55
2020	2189.0	839.6	-1.1	-3.9	-0.05	-0.46
2021	2188.6	834.8	-0.4	-4.8	-0.02	-0.57

资料来源：根据历年《北京统计年鉴》整理。

城市环境得到改善。坚持疏存量、优增量，推动一般性产业从整区域、大范围集中疏解向精准疏解、高效升级转变，加快"腾笼换鸟"，适应社会需求升级，提升产业竞争力，促进产业更高质量发展。② 2021年，北京疏解提质一般制造企业108家、区域性市场8家。共拆除违法建设2800万平方米，腾退土地3316万公顷，留白增绿925公顷。③ 持续改善群众身边环境，试点以片区为单元，从线到片系统施治。其中核心区完成913条、城市副中心完成49条、中心城区完成349条、平原新城完成38条、生态涵养区完成36条背街小巷环境精细化整治提升，2021年圆满完

---

① 《北京市2021年国民经济和社会发展统计公报》，北京市统计局网站，http://tjj.beijing.gov.cn/tjsj_31433/tjgb_31445/ndgb_31446/202203/t20220301_2618672.html，2022年3月1日。
② 《一般性产业疏解提质》，北京市人民政府门户网站，http://www.beijing.gov.cn/ywdt/zwzt/sjzzcts/zdrw/202111/t20211129_2548286.html，2022年3月1日。
③ 《北京日报-显"韧劲"铆"干劲"蓄"后劲"——开局之年首都经济观察》，北京市发展和改革委员会网站，http://fgw.beijing.gov.cn/gzdt/fgzs/mtbdx/bzwlxw/202201/t20220106_2583849.htm，2022年1月6日。

成1385条背街小巷环境精细化整治提升工作。① 群众身边环境进一步改善，区域环境面貌得到整体提升。市统计局调查显示，市民对背街小巷环境整治提升工作总体满意度为95.6%，较上年提升3.3个百分点。② 公园绿地500米服务半径覆盖率提升至87%。人均公园绿地面积达到16.6平方米，百万市民实现"开窗见绿""出门见园"。③ 全市共有蔬菜零售、便利店（社区超市）、早餐、家政、美容美发、末端配送（快递柜）、洗染和便民维修等8类网点超过9万个，已实现全市社区基本便民商业服务功能全覆盖。每百万人拥有连锁便利店（社区超市）310个，便利店发展指数居4个直辖市第1位。④

二 北京社会建设面临的问题与挑战

"十四五"时期，我国进入全面建设社会主义现代化国家新征程、向第二个百年奋斗目标进军的新阶段，北京正处于落实首都城市战略定位、建设国际一流和谐宜居之都的关键时期。随着人民生活水平整体迈上新台阶，人民对美好生活的需要将更加突出，北京市在公共服务、社会治理等方面依然存在一些急需解决的问题。

（一）社会公共服务还需提升改进

党的十九大报告指出，"必须多谋民生之利、多解民生之忧，在发展中

---

① 《2021年我市完成1385条背街小巷环境精细化整治提升》，北京市城市管理委员会网站，http：//csglw.beijing.gov.cn/zwxx/zwdtxx/zwgzdt/202112/t20211228_2574131.html，2021年12月28日。
② 《保护老城风貌 补齐民生短板 精细治理城市部件 由内到外整体更新——背街小巷变身网红打卡地》，北京市人民政府门户网站，http：//www.beijing.gov.cn/ywdt/gzdt/202206/t20220603_2728828.html，2022年6月3日。
③ 《北京基础设施建设晒出年度"成绩单"》，北京市人民政府门户网站，http：//www.beijing.gov.cn/ywdt/gzdt/202112/t20211231_2579378.html，2021年12月31日。
④ 《全市基本便民商业服务功能实现社区全覆盖 生活性服务业开启转型升级新篇章》，北京市人民政府门户网站，http：//www.beijing.gov.cn/fuwu/lqfw/gggs/202201/t20220117_2593267.html，2022年1月17日。

补齐民生短板、促进社会公平正义,在幼有所育、学有所教、劳有所得、病有所医、老有所养、住有所居、弱有所扶上不断取得新进展"。随着我国社会主要矛盾转化为人民日益增长的美好生活需要和不平衡不充分的发展之间的矛盾,市民对美好生活的需要呈现"便利性、宜居性、多样性、公正性、安全性"等新特点。目前,北京市在"七有"要求与"五性"需求方面的公共服务还有待加强。

一是"七有"方面仍存在一定短板。学前教育办园质量有待进一步提升。基础教育入学高峰来临,结构性学位缺口凸显。口腔、妇产、儿童、康复、护理、中医等紧缺医疗服务资源的供求矛盾依然较大。老龄化程度进一步加深,养老服务设施总量缺口和结构矛盾突出。收入分配制度有待完善,中等收入群体占比仍需提高。灵活就业等新就业形态崛起,社会保障制度有待进一步完善。救助体系筹性不足,尚未形成扶弱济困合力。住房供需总量和结构性矛盾仍然存在,职住不平衡等问题仍需加力解决。老年人口绝对数量大,高龄人口的绝对数量增幅大,养老服务需求增长迅速。北京市老龄化程度比较深,"适老"公共服务面临挑战,已有的服务机构和服务模式不能满足日益增长的养老服务需求,迫切需要采取有力的措施应对日益增长的养老需求。

二是"五性"需求还不能有效满足。在便利性上,百姓身边的托育设施、健身设施等缺口较大,基层公共服务能力有待提升。在宜居性上,房价保持高位,部分居民住房负担仍然较重。在多样性上,公共服务供给品类和质量还需丰富和提升,健康、养老、文化、体育等服务还需进一步优化。在公正性上,城乡居民收入比仍然比较高,区域间优质教育、医疗等公共服务发展不平衡状况仍然存在。在安全性上,本市在疾病预防控制、监测预警、医疗救治、应急物资储备等方面还需进一步加强。①

---

① 《关于印发北京市"十四五"时期社会公共服务发展规划的通知》,北京市发展和改革委员会网站,http://fgw.beijing.gov.cn/fgwzwgk/zcgk/ghjhwb/wnjh/202112/t20211228_2638611.htm,2021年12月27日。

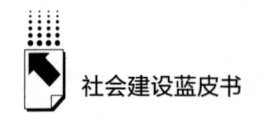

（二）社会治理体系尚需完善

1. 社会治理的联动性不足，社会主体参与度不高

在城市社会治理中，需要依靠行政力量推动整合社会资源，发动各方力量参与协同治理。但在实际工作中，居民参与公共事务的意愿与能力不强，单靠行政推动整合社会力量的方式很难吸引居民参与。北京通过政府购买服务、孵化社会组织培育了一大批社区社会组织，社会组织参与社会治理的水平与能力也得到进一步提升，但是，社会组织发展不平衡和不充分的问题凸显。社会工作者队伍有所扩大，培养了一批具有专业能力的高素质社会工作者队伍。但是，社会工作者对于职业的认同感、自豪感有待提升，需要进一步完善社会工作者待遇，激励更多的人奉献社会工作事业。

公众和各类社会主体的社会责任观念、妥协包容精神、主动参与意识不足，社会共同体意识有待增强。社会发育不够，社会主体参与空间不足，社会治理社会化程度有待提高。市、区、街道、社区职责同构，社会治理的层级优势不明显，协同推进的工作格局有待完善，在面向社区、服务群众、落地见效上需要进一步深化。①

2. 社会治理精细化程度仍需提高

重管理轻服务、重上级考核轻群众感受的现象仍然存在，以人为本的工作理念有待增强。党建引领社会治理方式方法简单化，存在以组织化代替机制化的现象，党建引领和社会治理的内在融合有待深化。对政策落实、个案解决、具体问题具体处理的关注不够，基层治理能力不足，社会治理精细化程度有待提高。精细化管理模式的全面推行，面临街道规模差异大、超大社区数量多、工作力量配备弱、治理触角向小区楼门院延伸不够等现实问题。社会治理预警机制不够健全，政策措施社会风险研判不够专业、细致，社会风险防范和应对能力有待加强。"城市管理体制与快速推进的城市化进

---

① 《北京市"十四五"时期社会治理规划》，北京市发展和改革委员会网站，http://fgw.beijing.gov.cn/fgwzwgk/zcgk/ghjhwb/wnjh/202205/t20220517_2711923.htm，2021年5月18日。

程还不相协调，部分已经城市化的地区还存在农村管理体制，乡镇、村建制亟待调整优化。基层社会动员在体制机制创新、资源整合、多主体融合，特别是物业、小区业委会、社区社会组织的作用发挥上，还需要有新思路新突破。"[1]

（三）城市治理的科技参与尚需加强

推动城市转型发展提质增效需要强化科技支撑。与互联网、大数据、区块链、人工智能等现代科技给城市发展带来的重大契机相比，城市治理方式相对传统，现代科技支撑引领作用不足。"大数据、人工智能等新技术在城市管理领域应用滞后，科技赋能城市管理的作用发挥不够，城市感知体系不完善，全市城市'一网统管'尚未形成。"[2] 物联网、区块链、人工智能在社会治理中的场景应用不多，运用大数据分析结果辅助科学决策的自觉性不强，社会治理智能化水平有待提升。"十四五"时期，需要抢抓新一轮科技革命契机，推动城市治理走向现代化，逐步转型升级，加快形成城市治理与现代技术深度融合的总体设计，提升城市治理工作的科技含量。积极适应人员流动、人户分离的现实需要，加快推进各领域业务"一网通办""全城通办""跨区域办理"。面向民生保障、基层治理和社会服务，让科技驱动发挥效力释放潜力。

三 立足新发展阶段，全面推进社会建设

习近平总书记指出："立足新发展阶段、贯彻新发展理念、构建新发展格局，推动高质量发展，是当前和今后一个时期全党全国必须抓紧抓好

---

[1] 《北京市"十四五"时期民政事业发展规划》，北京市发展和改革委员会网站，http://fgw.beijing.gov.cn/fgwzwgk/zcgk/ghjhwb/wnjh/202205/t20220517_2711816.htm，2021年10月15日。
[2] 《北京市"十四五"时期城市管理发展规划》，北京市城市管理委员会网站，http://csglw.beijing.gov.cn/sy/sycxfw/xxcx/qtxx/202204/t20220418_2679966.html，2022年4月18日。

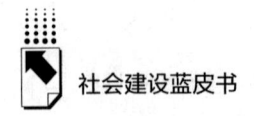

的工作。"全面推进北京社会建设与治理现代化,实现国际一流的和谐宜居之都建设愿景,还需要进一步在社会治理方面不断提质升级、持续改善民生。

(一)紧扣"七有""五性",持续保障和改善民生

建设完善基本公共服务标准体系。制定基本公共服务项目清单,明确服务对象、服务内容、保障标准和支出责任。健全完善基本公共服务便利共享机制,推进公共服务从"人找服务"向"服务找人"转变。优化基本公共服务对象认定机制,提升社会救助领域服务精准度,完善灵活就业人员参保政策。

大力补齐基本公共服务短板。加强突发公共卫生事件应急能力建设与健康北京建设,推动优质医疗卫生资源向资源薄弱区疏解,推动健康联合体建设试点。全面推进高质量教育体系建设,构建完善现代职业教育和培训体系。积极应对人口老龄化,制定积极应对人口老龄化实施方案,解决老年人运用智能技术的"数字鸿沟"问题。完善公共文化服务体系,优化重大公共文化设施空间布局,织密基层公共文化设施网络。建立更加公平可持续的社会保障体系,持续完善基本养老保险缴费和待遇计发政策,完善多层次医疗保障体系,健全工伤、生育保险政策,健全四级退役军人服务保障体系。强化基本公共服务政策保障。推进基本公共服务融合发展,探索基本公共服务跨领域统筹发展机制,推进基层便民服务设施复合使用,深入推进医养结合、医体融合、产教融合和托幼一体化发展。强化基本公共服务均等化政策保障,深入推进重点领域体制机制改革,深化学区制改革和集团化办学,加快推动形成科学合理的分级诊疗就医秩序。[①]

(二)努力提升政府治理效能和服务水平

充分发挥市、区社会建设工作领导小组作用,强化顶层设计、综合协

---

① 《关于印发北京市"十四五"时期社会公共服务发展规划的通知》,北京市发展和改革委员会网站,http://fgw.beijing.gov.cn/fgwzwgk/zcgk/ghjhwb/wnjh/202112/t20211228_2638611.htm,2021年12月27日。

调、督查评价职能，加强对社会领域全局性、综合性、关键性重大问题的研究部署。"着力打造具有大国首都、超大城市特色的共建共治共享、法治自治德治相结合的社会治理共同体，持续推动首都基层社会治理体系和治理能力现代化。完善党建引领'街乡吹哨、部门报到'改革向社区治理深化的制度机制，将治理单元从社区向小区、院落、楼门、胡同等延伸，推动人财物等资源向社区汇集，同步建立党支部或党小组，推进社区治理落细落小落实。"[1] 合理确定市、区、街道（乡镇）、社区（村）在社会治理中的层级关系，明确各层级社会治理的重点和目标，构建完整的任务体系，形成权责明晰、上下贯通、层层推进的纵向治理架构，提高治理合力。

制定完善北京市基层社会动员工作指导性文件，组织社区、社会组织、非公有制企业等社会力量参与重大任务、重大活动和应对突发事件。加快构建现代社会动员体制，发挥基层群团组织的群众动员优势，研究探索政府和社会相互配合、有效衔接的社会动员机制。创新社会动员方式，发挥新媒体动员和网络动员的优势，扩大社会参与有效性。推进社区民主协商自治能力建设，加大小区、楼门院议事会建设力度，鼓励社区建立多元共治、权责对等、利益共享、各具特色的社区治理民主协商平台。[2]

（三）提升智慧城市治理新能级

以网格化城市管理平台为基础，以科技赋能城市运行管理为突破口，按照"市级大统筹、区级中枢纽、街镇小循环"总体思路，通过城市感知全域覆盖、体征脉搏实时监测、治理单元融合重塑、场景应用多跨开放等措施，实现地图、编码、网格、标准、流程、感知体系、接入门户、大数据平

---

[1] 《北京市"十四五"时期民政事业发展规划》，北京市发展和改革委员会网站，http://fgw.beijing.gov.cn/fgwzwgk/zcgk/ghjhwb/wnjh/202205/t20220517_2711816.htm，2021年10月15日。

[2] 《北京市"十四五"时期社会治理规划》，北京市发展和改革委员会网站，http://fgw.beijing.gov.cn/fgwzwgk/zcgk/ghjhwb/wnjh/202205/t20220517_2711923.htm，2021年5月18日。

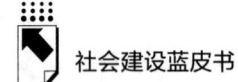

台、驾驶舱平台等基础底座"九统一",构建"一网统揽全局、一网统领行业、一网统管全城"的城市运行"一网统管"新模式。

完善网格化城市运行管理新体系,按照管理单元统一规划城市运行管理网格,普查完善城市部件基础信息,融合城市管理、社会治理、接诉即办、吹哨报到等内容,形成城市运行管理"一张网",实现城市运行"一网统管"的全域覆盖。以行业运行安全、平稳、有序为目标,梳理业务流程,明确相关部门、单位和企业的职责边界和协同内容,采用区块链等技术重构跨部门的管理流程,建立协同管理和监督考核机制,打通行业全链条数据通道,实施穿透式精准管理。以线上线下协同、高效处置问题为目标,在城市管理大数据平台基础上,建设市、区、街道(乡镇)三级贯通穿透、共享共用、无缝链接、集约高效的网格化城市管理平台。建立横向联结城市管理相关领域和行业,纵向贯穿市、区、街道(乡镇)三级的常态化监督、指挥和协调管理体系,建立健全以主动治理和协调联动为核心的基层综合网格工作模式,将市、区、街道(乡镇)三级工作体系向社区、公众拓展延伸和下沉,服务基层和市民群众。

建立"热线+网格"模式,构建集问题发现、受理、立案、派遣、处置、核查、结案、考核于一体的闭环管理模式,精准调度力量、就近配置资源,做到大事不出街镇、小事不出社区,高效解决城市治理各类问题。加快推进12345市民服务热线与网格融合发展,打造"热线+网格"大循环。针对市民诉求集中高发问题,强化网格巡查责任落实,提升主动发现和解决问题的能力,实现"主动治理、未诉先办"。构建"党委统筹、专班推动、行业指导、分级落实"工作体系,开展定期综合点评,强化专题调度,将接诉即办涉及城市管理领域的诉求办理情况纳入首都城市环境建设管理考评,不断提高响应率、解决率和满意率,推动城市管理领域重点任务、难点诉求有效解决。①

---

① 《北京市"十四五"时期城市管理发展规划》,北京市城市管理委员会网站,http://csglw.beijing.gov.cn/sy/sycxfw/xxcx/qtxx/202204/t20220418_2679966.html,2022年4月18日。

参考文献

《创新点亮新发展 实干展现新担当》,《中国社会报》2021年12月24日。

《北京市民政局关于印发〈北京市"十四五"时期民政事业发展规划〉的通知》,http://www.beijing.gov.cn/zhengce/zhengcefagui/202111/t20211126_2546106.html,2021年11月18日。

《北京市2021年国民经济和社会发展统计公报》,北京市统计局网站,http://www.beijing.gov.cn/gongkai/shuju/tjgb/202203/t20220301_2618806.html,2022年3月1日。

邱维伟、刘加平:《以首善标准绘就社会建设和民政时代画卷》,《中国社会报》2022年8月11日。

特　稿
Special Report

B.2
坚持首善标准，高质量推进新时代北京社会建设

徐志军*

摘　要： 社会建设是首都治理的基础性工作。本文从党对社会建设的领导全面加强、首都市民美好生活向往得到更好满足、超大城市基层治理不断取得新突破等三个方面，梳理总结了市第十二次党代会以来，北京社会建设的主要成效。从进一步强化社会建设首善标准和北京特色、进一步提高首都社会民生发展水平、进一步深化党建引领基层治理创新、进一步提升社会建设领域服务能力与水平等方面提出思考和建议。

关键词： 社会建设　超大城市　基层治理　北京

---

* 徐志军，北京市委社会工委书记、北京市民政局局长。

坚持首善标准，高质量推进新时代北京社会建设

社会建设是"五位一体"总体布局的重要方面，是首都治理的基础性工作。党的十八大以来，习近平总书记高度重视社会建设，先后就教育、就业、社会保障、基层治理等社会建设各个方面作出重要指示和重要论述。习近平总书记关于社会主义社会建设的重要指示和重要论述，是习近平新时代中国特色社会主义思想的重要组成部分，是加强新时代首都社会建设的根本遵循和行动指南。北京市委高度重视社会建设，市第十二次党代会以来，全市上下紧扣首都城市功能定位，坚持接诉即办和民生实事"两头发力"，深入推进体制机制创新，推动习近平总书记关于建设和管理好北京的重要指示和重要论述在京华大地形成生动实践。

一 坚持高位统筹，党对社会建设的领导全面加强

社会建设统筹机制不断加强。充分发挥市社会建设工作领导小组的高位统筹作用，制定完善领导小组工作规则和成员单位工作职责，形成全市社会建设"一盘棋"格局。定期召开领导小组会议，审议社会治理规划、基层社会治理规范化建设行动计划，研究调度"七有""五性"监测评价、"回天地区"社会治理、社区工作者待遇规范、新兴青年群体服务管理等社会建设重点工作，以领导小组名义印发《北京市社区工作准入管理办法（试行）》《北京市加强社会心理服务体系建设的意见》《北京市志愿者服务管理办法》《关于促进社会企业发展的意见》等重要政策文件，推动实施400多项重点任务，有力地推动解决社会建设领域重点难点问题。统筹推进医疗卫生、社会保障、养老助残、体育健身、安全生产和社会治理等社会体制专项改革工作，促进社会建设事业全面发展。

社会建设改革创新持续推进。全面实施"十三五"时期社会治理规划，编制发布"十四五"时期社会治理规划，系统推进社会治理创新。深入推进街道社区管理体制改革，先后出台《关于加强新时代街道工作的意见》等一系列管根本、利长远的政策文件。接续推进"接诉即办"改革，出台《北京市接诉即办工作条例》，推动"接诉即办"向主动治理、"未诉先办"

深化，形成以民生诉求为导向的基层治理北京模式。先后实施两轮"回天地区"治理行动计划，"回天有我"形成常态长效，为超大社区治理提供了北京样板。建立健全"七有""五性"监测评价机制，优化调整"七有""五性"监测评价指标和评价方式，完善以"五性"为重点的街道大数据评价指标体系，民生"指挥棒"作用不断凸显。

社区党建基础更加坚实。高质量完成社区党组织换届，社区党组织书记、主任"一肩挑"比例分别达到93.5%和93.7%；全面推行社区"两委"班子成员交叉任职制度，社区工作者队伍更加优化。做实区、街、社区党建工作协调委员会工作机制，全市343个街道（乡镇）、3400余个社区实现党建工作协调委员会全覆盖。持续推进党的组织体系从社区向小区、楼门（院）等自治单元延伸，累计建立楼门（院）党支部（党小组）10677个，建设党建引领楼门（院）议事会示范点300个，社区党的组织体系和工作体系全面加强。选派2300余名街道优秀党员干部担任社区专员，推动76万余名在职党员回居住地社区报到参与社区治理，持续推进基层治理重心下移。

"两新"组织党建取得新的发展。成立市委非公有制经济组织和社会组织工作委员会，完善工作机制，压实党建责任，"两新"党建统筹领导体制机制进一步完善。社会领域党的组织和党的工作覆盖持续推进，商务楼宇党群工作站覆盖率、有党员的规模以上非公有制企业党组织覆盖率均达到100%。加强区域化党建，推动非公党建特别是互联网、快递等新业态党建取得新的突破。成立市行业协会商会综合党委，统筹抓好与行政机关脱钩后行业协会商会和直接登记社会组织的党建工作，所属52家联合党委、1100多个党支部已覆盖社会组织2900余家、党员7700余名，在加强党对社会组织的全面领导上作出有益探索。

二 坚持人民至上，首都市民美好生活向往得到更好满足

就业优先战略深入推进。把做好就业工作摆到突出位置，多渠道创造就

业岗位。五年来，就业规模持续扩大，城镇调查失业率长期保持在5%以内。就业结构与产业结构协调发展、不断优化，第二、第三产业就业比例稳步提升。就业收入稳步提高，全市法人单位从业人员平均工资由2017年的115143元提高到2020年的151360元，最低工资标准由2017年的2000元/月提高到2021年的2320元/月，分别增长31.5%和16%。大力促进农民就业增收，"一生一策"帮扶高校毕业生就业，深入推行就业困难人员"清单化"援助。在全国率先实施电子合同，全市企业职工劳动合同签订率达97%以上，城镇职工劳动合同续订率达94%以上；"根治欠薪"取得积极成效，牢牢守住了"劳有所得"底线。

教育公平取得长足进步。将教育公平作为社会公平的重要基础工作来抓，不断促进教育发展成果惠及全体市民。完善学前教育管理体制机制，全市幼儿园增加498所，入园率达到90%，普惠率达到88%，入园难、入园贵问题有效缓解。统筹推进城乡义务教育一体化改革发展，加强城乡一体化学校建设，大力推动中小学集团化办学，连续三年义务教育就近入学率达99.9%以上，让老百姓在家门口就能上好学校。坚持"一校一案"，深入推动普通高中多样化有特色的发展。坚定有序推进"双减"工作，学科类培训机构压减超八成，无证机构动态清零，"双减"形成北京经验。扩大学前特殊教育学位供给，提高义务教育阶段特殊教育办学质量，加快发展以职业教育为主的高中阶段特殊教育，加强家庭经济困难学生教育资助，促进每个学生全面发展、共享人生出彩机会。

多层次医疗保障体系建设加快推进。整合城镇居民基本医疗保险和新型农村合作医疗两项制度，率先构建全市统筹、城乡统一的城乡居民基本医疗保险制度。健全大病"二次报销"和医疗救助托底保障机制，有效防范因病致贫、因病返贫。支持商业健康保险发展，推动上线北京普惠健康保，首年即吸引307万人投保。积极推进长期护理保险制度试点，着力解决重度失能人员长期护理保障问题。建立健全医疗服务价格和医保目录动态调整机制，规范调整近9000项医疗服务项目价格，积极优化创新医疗技术项目价格管理方式，持续深化药品耗材采购模式，探索实施多元复合式医保支付方

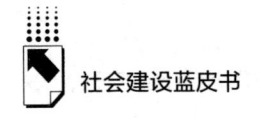

式,进一步减轻群众就医负担。积极推进新医疗保障信息平台建设,不断完善社区就医管理,深入推进互联网诊疗和异地就医直接结算等工作,让群众看病更加便利。

就近精准养老服务体系不断健全。适应首都人口老龄化趋势,更大力度推进首都特色"三边四级"就近精准养老服务体系建设。五年来,累计出台政策文件74项,初步形成养老服务政策体系。累计建成街道(乡镇)养老照料中心284家、社区养老服务驿站1376家、农村养老服务邻里互助点200个、养老家庭照护床位3500张、养老助餐点1070个。有效整合老年群体补贴补助和优待政策,制定发布基本养老服务清单,推动社区养老服务驿站精准对接24.7万基本养老服务对象,基本养老服务需求响应更加高效。持续开展养老服务机构星级评定,制定出台养老服务机构综合监管办法,不断提升养老服务质量。在全国率先开展老年友好型社会建设,老年友善医疗机构覆盖率达到80%,老年健康服务体系日趋完备。推动街道(乡镇)养老服务联合体建设,聚焦就地居家养老和异地康养两个方向,积极探索以社会化、市场化方式解决全体老年人养老服务需求的体制机制。

社会保障体系更加完善。推进全民参保计划,社保覆盖范围达到2019.2万人。推动各项社保待遇标准统一调整、逐年提高,企业退休人员基本养老金平均水平比2016年末增长30%,各项待遇水平处于全国前列。推动构建分层分类、城乡统筹的社会救助机制,覆盖约7.57万户12.31万名困难群众。完善"物质+服务"救助,"一户一策一档"建立精准救助帮扶台账33万余份,开展个案帮扶1.5万人次。目前特困人员基本生活标准为每月1867.5元,城乡低保标准为家庭月人均收入1245元,城乡低收入标准为家庭月人均收入2320元,对比2017年分别增长138%、138%、164%。健全儿童保障标准定期增长机制,孤儿及困境儿童生活补助标准提高至每人每月2450元。出台实施困难残疾人生活补贴和重度残疾人护理补贴"两项补贴"制度,并率先实现跨省通办,累计支出超过59亿元,年均约29万人受益。

住房保障体系建设稳步推进。大力推进保障性安居工程建设,加快实现

"住有所居"目标。大力发展公租房，着力解决中低收入家庭住房困难，并在全国率先落实多未成年子女家庭住房支持政策，全市累计建设筹集公租房20余万套，已分配18万套。多渠道发展保障性租赁住房，重点保障新市民、青年人、首都发展所需的各类人才的住房需求，累计开工建设集体土地租赁住房项目52个、提供房源7.6万余套。创新推出共有产权住房，重点解决符合北京住房限购条件首次置业的无房家庭，截至目前全市共有产权住房项目81个，可提供房源约8.3万套。加大市场租房补贴力度，准入条件由家庭人均月收入不高于2400元调整为不高于4200元，涨幅达75%，累计向8万余户次家庭发放市场租房补贴（含廉租补贴）29.5亿余元。

三 坚持改革创新，超大城市基层治理不断取得新突破

城市精细化管理水平持续提升。坚持以绣花功夫推动首都城市治理，全面优化城市面貌。稳妥实施丰台、通州等区行政区划优化调整，有力牵引重点区域城市化进程。稳妥有序推进大型社区规模调整和撤村建居工作，截至2021年底，全市已完成81个5000户以上超大型社区规模调整、54个3000户以上5000户以下大型社区规模调整，完成103个行政村建制撤销工作，进一步夯实城市精细化管理基础。紧扣"两个关键小事"持续发力，出台并全面实施《北京市生活垃圾管理条例》《北京市物业管理条例》。居民垃圾分类参与率达到90%以上、准确投放率达到85%以上；业委会（物管会）组建率从11.9%增加到90.1%，物业服务覆盖率由64.1%增加至93.7%。先后两轮开展背街小巷环境整治提升行动，3958条背街小巷"焕然一新"，不少曾经集各类"城市病"于一体的胡同街巷，甚至逆袭成为广受市民欢迎的"网红打卡地"。

街道管理体制改革深入推进。以赋权、下沉、增效为重点，高位统筹推进街道管理体制改革。时隔23年再次召开北京市街道工作会议，印发《关于加强新时代街道工作的意见》，推动街道聚焦抓党建、抓治理、抓服务主

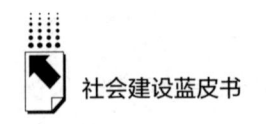

责主业。出台《北京市街道办事处条例》《北京市街道办事处设立标准（试行）》等政策法规，强化街道管理体制改革法治保障。全面推进街道大部制改革，全市157个街道全部完成大部制改革，赋予街道"六权"。扎实推进"街乡吹哨、部门报到"响应和协调机制，有效破解基层"看得见的管不了，管得了的看不见"的治理难题。印发《北京市城市协管员队伍管理体制改革实施方案》，有序推动13个市级部门、16类人员、约13.4万协管员力量下沉街道社区，充实基层社会治理力量。

基层自治法治德治体系日趋健全。坚持将社会治理的重心落到城乡社区，着力营造人人参与、人人尽责、人人共享的基层治理共同体。制定实施《关于加强和完善城乡社区治理的实施意见》《北京市基层社会治理规范化建设行动计划（2018—2020年）》，着力抓基层、补短板、促提升。全面推行社区服务站"综合窗口""全能社工"模式，启动100个"开放空间"社区服务站改革试点。建立社区服务全响应机制，全面实行分片包户入户和民情日记制度。连续举办三届"社区邻里节"活动，不断营造邻里相亲浓厚氛围。深化社区民主协商，印发《关于加强城乡社区协商的实施意见》《北京市社区议事厅工作指导规程（试行）》，推广参与型社区治理模式，城市社区议事厅实现全覆盖，农村议事厅覆盖率超过70%。出台《关于全面推进以德治理城乡社区工作的指导意见》等系列政策，分类推进农村社区建设。指导村（社区）建立内部管理制度，充分发挥自治章程、村规民约、居民公约在村（居）务管理、集体资产管理、邻里纠纷调解、环保物业管理等方面的积极作用，不断提升基层公共事务的自我管理、自我服务、自我教育、自我监督水平。

多元社会治理主体不断壮大。出台《关于改革社会组织管理制度促进社会组织健康有序发展的实施意见》《关于培育发展社区社会组织的实施意见》等文件，形成社会组织改革发展合力。目前，市、区两级登记社会组织数量达到1.3万家，备案社区社会组织6.8万家。制定出台社会工作岗位开发、加强基层社会工作服务能力建设等系列制度文件，全市社会工作人才总量达到7.68万人，社会工作专业服务机构920家，区、街道（乡镇）、社区（村）三级社会工作服务体系初步形成。研究制定《关于促进社会企业发展的意见》，累计认证社会企业88家，开展北京社会企业影响力评估，推动社会企业积极服务民生保障和社会治理。

社会动员体系实现重大发展。出台《北京市志愿服务促进条例》《北京市志愿者服务管理办法》，完善志愿服务政策体系。截至2021年底，"志愿北京"平台实名注册志愿者达到449.3万人，占本市常住人口的20.6%，注册志愿服务组织、团体达到8.1万个。累计建成城乡社区志愿服务站5734个，基层志愿服务网络日益完善。印发《北京市促进慈善事业若干规定》《北京市慈善信托管理办法》，建立五大慈善联合基金，开展首届北京市公益创投大赛，建成基层慈善站点75家，不断推进首都慈善创新发展。全市慈善组织达834家，备案慈善信托事项54个、信托资产3.7亿元，慈善信托发展名列全国第一。创新群防群治工作模式，加强基层社会动员工作，形成了"西城大妈""朝阳群众""丰台劝导队""海淀网友"等知名品牌。特别是，立足打好打赢新冠肺炎疫情人民战争、总体战、阻击战，全市120万社区工作者、在职党员、下沉干部、志愿者和所有物业企业全面动员，冲锋在前，挡住了一波又一波疫情来袭，坚决守护首都经济社会发展和市民生命健康，开启了首都社会动员的新纪元。

四 思考和建议

立足新时代新要求和首都市民新期盼，首都社会建设将从以下方面久久为功、持续发力。

一是聚焦首都城市功能定位，进一步强化社会建设的首善标准和北京特色。更加紧密围绕北京"四个中心""四个服务"城市功能定位，不断强化社会建设领域党的领导，加强统筹协调，校准方位方向，推动习近平总书记对北京工作重要指示批示精神更好地体现在首都社会建设全过程和各方面。更好地发挥社会建设工作领导小组、协商民主和社会体制改革专项小组的高位统筹协调作用，推动形成部门合力，有效破解社会建设领域重点难点问题。全面落实《北京市接诉即办工作条例》，进一步深化"接诉即办"改革，推动"接诉即办"向"未诉先办"深化。持续完善"七有""五性"监测评价机制，健全街道"五性"大数据评价体系，加强监测评价结果运用，更好地发挥"七有""五性"民生指挥棒作用。完善市、区"两新"工委运行机制，狠抓重点行业、新兴领域党建工作，不断提高党对基层社区和各类社会治理主体的领导。深入实施社会治理和民政事业规划，有力提升社会建设水平。

二是聚焦率先实现共同富裕目标，进一步提高首都社会民生发展水平。进一步优化经济结构、做大经济总量，为社会建设筑牢经济基础。紧扣首都市民"七有"要求和"五性"需求，全力做好教育、医疗、住房、养老、社会保障等民生领域重点工作。研究制定促进共同富裕实施方案。坚持就业优先，实施支持新就业形态发展计划。进一步优化学前教育学位布局，稳步推进"双减"工作，促进义务教育优质均衡发展，提高教育教学质量。加快完善以公租房、保障性租赁住房、共有产权住房和安置房为主体的住房保障体系，高质量推动住房保障工作。创新完善养老服务模式试点，以社会化、市场化方式推动养老事业和养老产业融合发展，探索解决全体老年人养老服务需求的新模式。健全主动救助、精准救助、分层分类救助机制，兜牢、兜准、兜好民生保障底线。完善收入分配制度，更好地发挥慈善在第三次分配中的作用，让全体市民共享改革发展成果。

三是聚焦常态化疫情防控要求，进一步深化党建引领基层治理创新。把握世纪大疫情与百年大变局交织叠加蕴含的挑战和机遇，总结经验做法、完善政策机制、加快补齐短板弱项，加快提升基层治理现代化水平。深入落实中央《关于加强基层治理体系和治理能力现代化建设的意见》和北京市实施意见，进一步深化以赋权、下沉、增效为重点的街道社区管理体制改革，推进基层治理巩固提升见成效。进一步健全街道、社区党组织领导基层治理的体制机制，激发多元治理主体活力，充分调动居民参与，形成健康发展、良性运行的基层治理体系。进一步加强社会动员特别是应急动员体系建设。深入实施"互联网+基层治理"行动，加强基层信息优化整合和应用共享，实现数据赋能基层治理，提高基层治理的信息化、智能化水平，为首都社会建设奠定坚实基础。

四是聚焦基层能力建设，进一步提升社会建设领域服务能力和水平。市委明确提出"市委抓工作要抓到街道"，为社会建设进一步指明了方向。牢固树立一切工作到基层的鲜明导向，推动政策、资金、人才、项目、服务向基层倾斜，不断夯实社会建设和民政发展的基层基础。落实北京市"十四五"时期社会公共服务规划，明确基本公共服务实施标准，统筹加大财政资金保障力度，不断提升人民群众的获得感、幸福感。实施北京市"十四五"城乡社区服务体系建设规划，完善社区综合服务设施，优化便民服务网点布局，努力提高社区服务水平。突出抓好社区工作者队伍建设和基层服务机构人才队伍建设，完善职业体系、优化梯次结构，打造基层可持续发展生力军。深入开展专题教育宣传活动，推动社会建设和民政民生领域干部职工特别是基层一线、窗口单位、各类服务机构工作人员厚植为民情怀，提升职业素养，弘扬职业精神，不断提高民生保障和基层治理能力与水平。

民生福祉篇

People's Livelihood and Well-being

B.3 超大城市共同富裕水平研究报告

李升 王升鸿 李晓壮 刘欣*

摘　要： 共同富裕既要"发展",更要"共享",建设共同富裕社会,不仅包含经济高质量发展的维度,更包含社会现代化建设的维度。本报告在理解共同富裕内涵的基础上,从经济与社会两个维度,构建超大城市共同富裕水平评价指标体系,通过对现存统计数据的分析,探讨了超大城市的共同富裕水平。研究指出,超大城市的经济社会发展水平高于全国水平,尤其是社会建设水平高于全国水平,在经济与社会两大维度表现出面向共同富裕的高质量发展特征。研究还发现,超大城市之间存在经济社会发展水平的差异,首都北京处于面向共同富裕发展的领先位置。为持续推进实现共同富裕,一方面要继续发挥超大城市的经济社会发展优势,通过标杆引领作用带动其他区域的经济社会发展,持续缩小

---

* 李升,北京工业大学文法学部教授、北京社会管理研究基地研究人员;王升鸿,北京工业大学文法学部研究生;李晓壮,北京市社会科学院社会学研究所研究员;刘欣,北京市社会科学院社会学研究所助理研究员。

地区发展差异的同时实现发展成果共享;另一方面,在持续推进经济高质量发展的同时,更要注重面向社会现代化的社会建设投入,通过经济与社会协调发展,推动实现作为主体的人民全面发展。

关键词: 超大城市 共同富裕 地区差异 社会建设

一 引言

共同富裕是社会主义的本质要求[①],是通过推动实现人的全面发展来体现全体人民最根本利益的重要保障。党的十九届五中全会提出"2035年全体人民共同富裕取得更为明显的实质性进展",随后提出推进共同富裕的更多具体措施,表明共同富裕的内涵特征和实现路径已基本确定,共同富裕进入实质性推进阶段。站在全面建成小康社会后的新历史起点上,把握新阶段社会主要矛盾的同时,努力推进建设共同富裕社会成为实现社会主义现代化的核心面向。

实现共同富裕,基础是"富裕",就是要在达到小康水平的基础上继续高质量发展起来;关键在"共同",就是发展成果全民共享,最终实现人的全面发展。共同富裕作为国家战略,决不能一蹴而就,我国的经济社会发展存在地区差异,需要充分认识我国新发展阶段不同地区的发展实际,以共享发展和高质量发展推进共同富裕。本报告的分析重点在于聚焦我国超大城市的共同富裕水平,既探讨超大城市与全国水平之间的差异,也探讨超大城市之间的差异,在理解现状的基础上,从城市发展水平角度提出推进实现共同富裕的对策。

---

① 邓小平同志指出"社会主义最大的优越性就是共同富裕,这是体现社会主义本质的一个东西"。参见《邓小平文选(第三卷)》,人民出版社,1993,第364页。

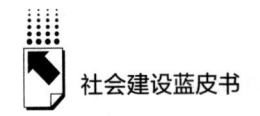

超大城市是我国经济社会高质量发展的引领地区，立足其经济社会率先发展的优势，将承担起推进实现共同富裕的表率作用。根据国家统计局发布的《经济社会发展统计图表：第七次全国人口普查超大、特大城市人口基本情况》，截至2020年底，我国的超大城市有上海、北京、深圳、重庆、广州、成都、天津七个城市。本报告在理解共同富裕内涵的基础上提出衡量超大城市共同富裕水平的评价指标体系，基于国家统计局发布的第七次全国人口普查数据、《中国统计年鉴》历年数据以及七个超大城市统计局发布的历年统计年鉴数据，对我国超大城市共同富裕水平的特征进行分析并以此探讨发展面向。

二 共同富裕水平的指标维度与分析方法

共同富裕社会的建设战略蕴含高质量发展和全民共享的核心思想，实质上就是为了解决当前社会主义发展阶段中的主要矛盾，即经济与社会发展不平衡、不协调的问题。如果说经济建设是解决"发展效率"的问题，那么社会建设则主要解决"公平共享"的问题。重要的是，一方面是建设能够持续满足全体人民基础生存需求和社会生活权益的安全、平等、富裕的现代化社会；另一方面是全体人民能够公正合理地享有发展成果，形成有秩序的美好社会。

因此，建设共同富裕社会，不仅包含经济高质量发展的维度，更包含社会现代化建设的维度。基于此，本报告对共同富裕水平评价指标的设计主要包括：经济和社会两个维度，以此体现"高质量发展"和"公平共享"的共同富裕内涵。经济维度的二级指标主要为城市经济发展的宏观过程性指标和微观结果性指标，社会维度的二级指标主要为城市供给的社会公共服务和民生事业水平的指数性指标。进一步的三级指标为具体测量指标，经济维度指标包括城市人口、GDP、人均GDP、人均可支配收入、人均消费支出、家庭恩格尔系数等；社会维度指标包括教育、社保、医疗、文化、住房、人均预期寿命等。

本报告在分析方法上，一方面考虑超大城市整体发展的"富裕"水平，重在综合分析超大城市整体的经济与社会两大维度指标数据；另一方面考虑超大城市与全国比较、超大城市内部比较的"共同"水平，主要包括2020年的静态截面数据分析、2011~2020年的动态历时数据分析以及相关的超大城市比较分析，以此概括超大城市共同富裕水平特征并探讨今后的发展对策。

三 超大城市共同富裕水平的截面数据分析

（一）超大城市经济富裕水平较高，高于全国平均水平

1. 超大城市人口在全国总人口中占比超过10%，贡献的经济比重更高

如表1所示，2020年全国人口总数已经达到约14.1亿人，而七个超大城市人口总数约为1.5亿人，约占全国人口总数的11%。在GDP方面，2020年末全国GDP达到1013567.00亿元，而七个超大城市的GDP总数为184295.72亿元，约占全国GDP的18%。超大城市人均GDP贡献率也较高，2020年全国人均GDP为72447.00元，而超大城市的人均GDP已经达到122822.87元，超大城市人均GDP是全国人均GDP的1.7倍。

表1 2020年超大城市与全国数据分析

指标		全国	超大城市	与全国的比值
人口（万人）		141178.00	15005.00	0.11
GDP（亿元）		1013567.00	184295.72	0.18
人均GDP（元）		72447.00	122822.87	1.70
居民家庭恩格尔系数（%）		30.20	29.52	0.98
居民人均可支配收入（元）		32189.00	60211.21	1.87
居民人均可支配收入来源（占总可支配收入比重）（%）	工资性收入	55.66	64.35	1.16
	经营净收入	16.49	5.91	0.36
	财产净收入	8.67	13.05	1.51
	转移净收入	19.18	16.69	0.87

续表

指标		全国	超大城市	与全国的比值
居民人均消费支出(元)		21210.00	36789.22	1.73
居民人均消费支出构成(占总消费支出比重)(%)	食品烟酒	31.01	29.44	0.95
	衣着	7.59	5.55	0.73
	居住	22.09	28.18	1.28
	生活用品及服务	6.14	5.86	0.95
	交通通信	12.90	12.13	0.94
	教育文化娱乐	10.60	9.13	0.86
	医疗保健	7.21	6.95	0.96
	其他用品及服务	2.47	2.78	1.13
城市人均住房建筑面积(平方米)		36.52	33.16	0.91
商品房平均销售价格(元/米²)		9860.00	27131.86	2.75
房价收入比		11.19	14.94	1.34
每十万人口拥有的受过高等教育人数(人)		15467	28559	1.85
人均教育经费(元)		2574.85	3448.31	1.34
人均社会保障与就业支出(元)		2306.36	2699.92	1.17
参加社会保障情况(占城市总人口比例)(%)	参加企业职工基本养老保险	32.31	50.29	1.56
	参加职工基本医疗保险	24.40	47.70	1.95
	参加失业保险	15.36	39.42	2.57
	参加工伤保险	18.95	45.12	2.38
	参加生育保险	16.69	45.05	2.70
	参加城乡居民基本养老保障	38.41	12.03	0.31
	参加城乡居民基本医疗保险	72.00	22.15	0.31
平均预期寿命(岁)		77.30	81.76	1.06
医疗机构卫生技术人员(万人)		1067.80	138.98	0.13
医疗机构卫生技术人员占人口的比重(%)		0.76	0.93	1.22
公共图书馆藏量(万册)		117930.00	29529.14	0.25
公共图书馆人均图书藏量(册)		0.84	2.03	2.42

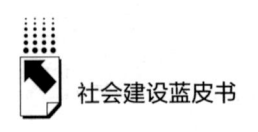

注：在计算七个超大城市2020年数据时，成都市缺少"城镇居民人均可支配收入来源"和"参加社会保障情况"的详细数据，故超大城市的数值为其他六个城市加总后的平均数，上海市缺少"参加社会保障情况"中的"参加生育保险"和"参加城乡居民基本养老保障"数据，重庆市缺少"参加工伤保险"和"参加生育保险"以及"参加城乡居民基本医疗保险"数据，这与城镇职工基本医疗保险与生育保险合并有一定关系，超大城市平均值处理同上。

2. 超大城市人均可支配收入与人均消费支出均高于全国平均水平

如表1所示，2020年末全国居民的人均可支配收入为32189.00元，而超大城市居民的人均可支配收入达到60211.21元，是全国平均水平的1.87倍。在消费支出方面，2020年末全国居民的人均消费支出为21210.00元，而超大城市居民的人均消费支出达到36789.22元，是全国平均水平的1.73倍。超大城市居民家庭恩格尔系数基本与全国平均水平一致，并没有表现出明显差距。在居民人均可支配收入来源方面，超大城市居民的工资性收入和财产净收入占比较高，其中超大城市居民工资性收入占比是全国水平的1.16倍，财产净收入占比是全国水平的1.51倍，经营净收入和转移净收入占比相对较低。在居民人均消费支出的构成方面，超大城市居民的居住消费支出比例较高，是全国水平的1.28倍，居住以外的消费支出占比大多低于全国水平。

（二）超大城市社会建设水平较高，高于全国平均水平

1. 超大城市的社会事业发展水平整体较高

如表1所示，在居民参加社会保障方面，超大城市居民参加五险（企业职工基本养老保险、职工基本医疗保险、失业保险、工伤保险、生育保险）的比例要远高于全国水平。其中，企业职工基本养老保险参保比例是全国水平的1.56倍、职工基本医疗保险是全国水平的1.95倍、失业保险是全国水平的2.57倍、工伤保险是全国水平的2.38倍、生育保险是全国水平的2.70倍。在医疗资源分配方面，超大城市的医疗机构卫生技术人员占人口的比重是全国平均水平的1.22倍。在文化发展方面，以城市的图书资源分布为例，全国的公共图书馆总藏量是117930.00万册，而超大城市公共图书馆藏量为29529.14万册，占全国总藏量的1/4；在公共图书馆人均图书藏量方面，超大城市是全国水平的2.42倍。在社会保障与就业经费方面，超大城市占全国社会保障总支出的比例为13%，高于其占总人口的比重，人均社会保障与就业支出是全国平均水平的1.17倍。

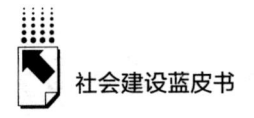

2. 超大城市的居民主体发展水平较高，住房问题相对严峻

由表1可知，全国平均预期寿命为77.30岁，而超大城市平均预期寿命为81.76岁，是全国平均水平的1.06倍，表现出更高的健康质量。在主要体现居民素养的教育发展程度方面，全国每十万人口拥有的受过高等教育人数为15467人，而超大城市每十万人口拥有的受过高等教育人数为28559人，是全国平均水平的1.85倍。在教育经费支出方面，超大城市教育经费占全国教育总经费的14%，考虑超大城市人口占全国总人口的11%，说明教育资源分配依然不均衡，超大城市的人均教育经费是全国人均教育经费的1.34倍。超大城市的住房问题较为严峻，超大城市的人均住房建筑面积是33.16平方米，而全国平均水平为36.52平方米，在商品房平均销售价格方面，全国平均价格为9860.00元/米^2，而七个超大城市平均价格为27131.86元/米^2，是全国平均水平的2.75倍。在房价收入比方面，全国平均比值为11.19，超大城市平均比值为14.94，是全国水平的1.34倍。

四 超大城市共同富裕水平的历时数据分析

1. 超大城市的人口占比持续提升，人口聚集效应依然明显

如表2所示，七个超大城市总人口数从2011年的12591.52万人增长到2020年的15005.00万人，10年增长2413.48万人。超大城市的人口增长速度要快于全国平均水平，10年平均增长率为1.97%，而全国人口年均增长率为0.51%。超大城市人口占全国总人口的比重从2011年的9.33%提升到2020年的10.63%，10年间提升1.3个百分点。图1更为直观地显示，超大城市人口占全国总人口的比重10年间呈连续增长趋势，表明超大城市的人口增长速度要快于非超大城市地区，其重要原因是超大城市依然保持着很强的人口聚集效应。

表 2 2011~2020 年超大城市与全国人口数据分析

单位：万人，%

年份	全国人口	超大城市总人口	超大城市人口占全国比例	全国人口增长率	超大城市人口增长率
2011	134916.00	12591.52	9.33		
2012	135922.00	12951.16	9.53	0.75	2.86
2013	136726.00	13288.57	9.72	0.59	2.61
2014	137646.00	13577.32	9.86	0.67	2.17
2015	138326.00	13843.21	10.01	0.49	1.96
2016	139232.00	14247.66	10.23	0.65	2.92
2017	140011.00	14466.57	10.33	0.56	1.54
2018	140541.00	14658.78	10.43	0.38	1.33
2019	141008.00	14826.79	10.51	0.33	1.15
2020	141178.00	15005.00	10.63	0.12	1.20
		全国		超大城市	
10 年增长量		6262.00		2413.48	
10 年增长倍数		0.05		0.19	
10 年平均增长率		0.51		1.97	

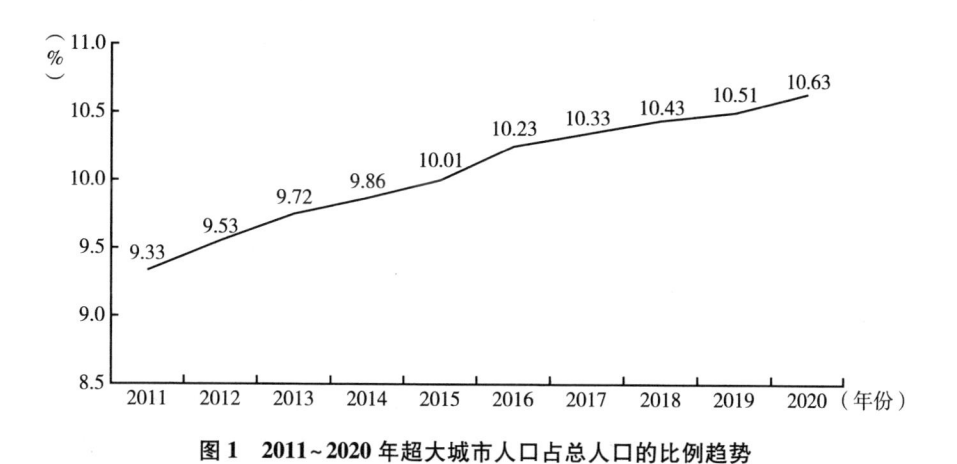

图 1 2011~2020 年超大城市人口占总人口的比例趋势

2. 超大城市的经济总量持续增长，为全国经济发展持续贡献力量

如表 3 所示，10 年来全国 GDP 不断提高，从 2011 年的 473104 亿元增长到 2020 年的 1013567 亿元，2020 年约为 2011 年的 2.14 倍，实现了经济翻一番的目标。其中七个超大城市GDP从2011年的86939.98亿元增长到2020年的184295.72亿元,2020年约为2011年的2.12倍,且10年平均增长率为8.71%,略低于全国的10年平均增长率(8.83%)。从图2可以看出,超大城市GDP占全国GDP的比重在2017年达到顶峰,随后略有下降,这与超大城市的企业外疏及非超大城市地区的经济持续加快发展等有关。

表3 2011~2020年超大城市与全国GDP数据分析

单位:亿元,%

年份	全国	超大城市总数	超大城市占全国GDP比重	全国GDP增长率	超大城市GDP增长率
2011	473104	86939.98	18.38		
2012	519470	96279.24	18.53	9.80	10.74
2013	588019	107047.07	18.20	13.20	11.18
2014	635910	116759.89	18.36	8.14	9.07
2015	689052	125032.69	18.15	8.36	7.09
2016	743585	137548.00	18.50	7.91	10.01
2017	820754	152408.19	18.57	10.38	10.80
2018	919281	166037.00	18.06	12.00	8.94
2019	986515	178941.56	18.14	7.31	7.77
2020	1013567	184295.72	18.18	2.74	2.99
				全国	超大城市
10年增长量				540463.00	97355.74
10年增长倍数				1.14	1.12
10年平均增长率				8.83	8.71

3. 超大城市的人均GDP持续提高,增长速度稍慢于全国平均水平

如表4所示,全国的人均GDP从2011年的36277.00元增长到2020年的72447.00元,10年增长约1倍。而超大城市的人均GDP从2011年的69046.45元增长到2020年的122822.87元,10年增长约0.78倍。超大城市人均GDP的10年平均增长率为6.61%,低于全国的10年平均增长率(7.91%)。从图3可知,超大城市人均GDP与全国人均GDP的比值连年下

图 2 2011~2020 年超大城市 GDP 占全国的比重折线图

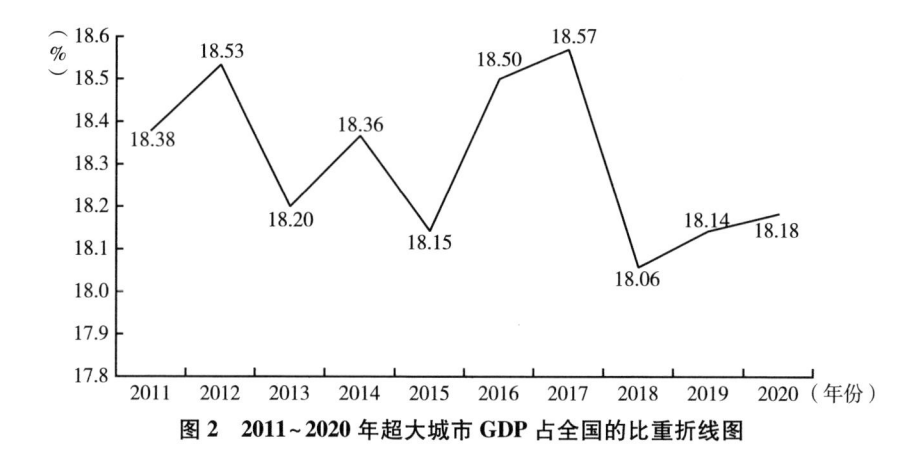

跌，从 2011 年的 1.90 下降到 2020 年的 1.70。原因可能是，超大城市人口增长速度快，而经济发展速度稍缓，使得超大城市人均 GDP 的增长速度慢于全国平均水平。这也说明全国其他非超大城市地区的经济发展速度加快，与超大城市之间的差距正在缩小。

表 4 2011~2020 年超大城市与全国人均 GDP 数据分析

单位：元，%

年份	全国	超大城市平均数	超大城市与全国平均数的比值	全国增长率	超大城市增长率
2011	36277.00	69046.45	1.90		
2012	39771.00	74340.24	1.87	9.63	7.67
2013	43497.00	80555.75	1.85	9.37	8.36
2014	46912.00	85996.27	1.83	7.85	6.75
2015	49922.00	90320.59	1.81	6.42	5.03
2016	53783.00	96540.77	1.80	7.73	6.89
2017	59592.00	105351.98	1.77	10.80	9.13
2018	65534.00	113267.95	1.73	9.97	7.51
2019	70078.00	120688.00	1.72	6.93	6.55
2020	72447.00	122822.87	1.70	2.74	1.77
			全国	超大城市	
10 年增长量			36170.00	53776.42	
10 年增长倍数			1.00	0.78	
10 年平均增长率			7.91	6.61	

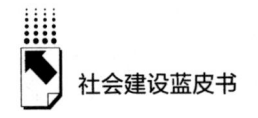

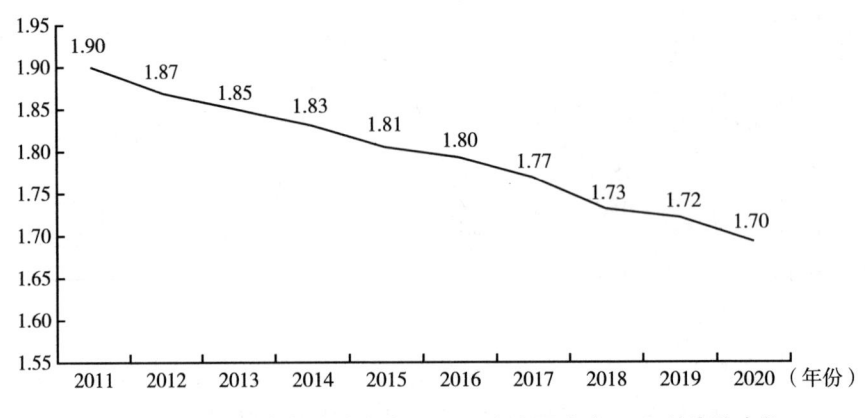

图3　2011~2020年超大城市人均GDP与全国人均GDP的比值变化

4. 超大城市居民人均可支配收入逐年提高，增长速度慢于全国平均水平

如表5所示，全国居民人均可支配收入从2012的16510.00元增长到2020年的32189.00元，9年增长约0.95倍。超大城市居民人均可支配收入从2012年的33399.65元增长到2020年的60211.21元，9年增长约0.80倍。超大城市的9年平均增长率为7.64%，低于全国平均增长率（8.70%）。从图4可以看出，超大城市居民人均可支配收入与全国居民人均可支配收入的比值呈下降趋势，从2012年的2.02下降到2020年的1.87。虽然在9年增长量上，全国居民人均可支配收入增长量要少于超大城市，但比值不断下降表明全国其他地方的居民人均可支配收入增长速度正在加快，与超大城市的增长速度差距不断缩小。

表5　2012~2020年超大城市与全国居民人均可支配收入数据分析

单位：元,%

年份	全国	超大城市平均数	与全国平均数的比值	全国增长率	超大城市增长率
2012	16510.00	33399.65	2.02		
2013	18311.00	36384.18	1.99	10.91	8.94
2014	20167.00	38827.41	1.93	10.14	6.72
2015	21966.00	41715.01	1.90	8.92	7.44

续表

年份	全国	超大城市平均数	与全国平均数的比值	全国增长率	超大城市增长率
2016	23821.00	45317.81	1.90	8.44	8.64
2017	25974.00	49247.04	1.90	9.04	8.67
2018	28228.00	53363.27	1.89	8.68	8.36
2019	30733.00	57853.44	1.88	8.87	8.41
2020	32189.00	60211.21	1.87	4.74	4.08
		全国		超大城市	
9年增长量		15679.00		26811.56	
9年增长倍数		0.95		0.80	
9年平均增长率		8.70		7.64	

注：2011年深圳市人均可支配收入数据缺失，故只统计了2012~2020年超大城市居民人均可支配收入数据。

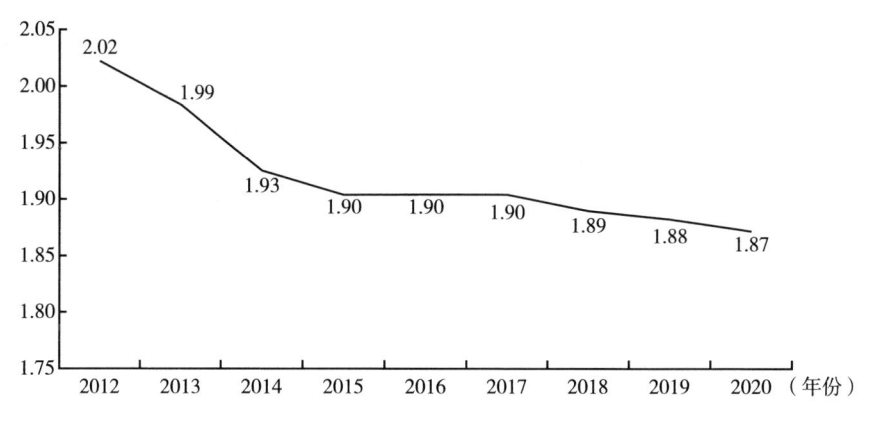

图4 2012~2020年超大城市与全国居民人均可支配收入比值变化

5. 超大城市居民人均消费支出逐年提高，增长速度慢于全国平均水平

如表6所示，全国居民人均消费支出从2013的13220.00元增长到2020年的21210.00元，8年增长约0.60倍。超大城市居民人均消费支出从2013年的25464.92元增长到2020年的36789.22元，8年增长约0.44倍。超大城市居民人均消费支出年均增长率为5.40%，低于全国的年均增长率（6.99%）。受疫情影响，2020年超大城市居民人均消费支出有所下滑，比

2019年下滑5.71%，这也影响了8年平均增长率。由图5可知，超大城市居民人均消费支出与全国居民人均消费支出的比值呈下跌趋势，从2013年的1.93下降到2020年的1.73。

表6　2013~2020年超大城市与全国居民人均消费支出数据分析

单位：元，%

年份	全国	超大城市平均数	超大城市与全国平均数的比值	全国增长率	超大城市增长率
2013	13220.00	25464.92	1.93		
2014	14491.00	27101.25	1.87	9.61	6.43
2015	15712.00	29928.10	1.90	8.43	10.43
2016	17111.00	32268.80	1.89	8.90	7.82
2017	18322.00	34280.65	1.87	7.08	6.23
2018	19853.00	36539.72	1.84	8.36	6.59
2019	21559.00	39015.44	1.81	8.59	6.78
2020	21210.00	36789.22	1.73	-1.62	-5.71
		全国		超大城市	
8年增长量		7990.00		11324.30	
8年增长倍数		0.60		0.44	
8年平均增长率		6.99		5.40	

注：2011年和2012年广州市居民人均消费支出数据缺失，故只统计了2013~2020年超大城市居民人均消费支出数据。

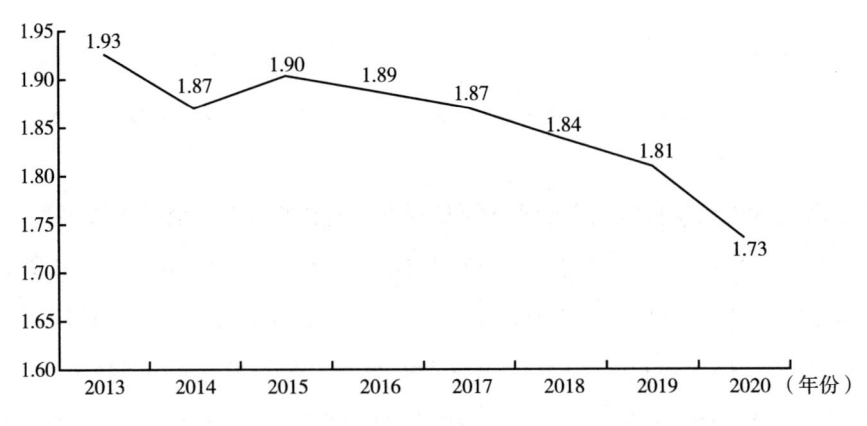

图5　2013~2020年超大城市居民人均消费支出与全国居民人均消费支出的比值变化

6. 超大城市人均可支配收入构成发生变化，财产净收入占比变化明显

从图6可以看出，2011~2022年，超大城市居民的工资性收入占比稍有下降，从占可支配收入总数的67.59%下降到64.45%。经营净收入占比没有较大的波动，占比一直维持在6%左右。财产净收入占比快速提升，从2011年的1.88%提升到2022年的13.8%，这可能与党的十八大以来鼓励居民扩宽收入来源、增加财产净收入有关。转移净收入呈下降趋势，从2011年的25.12%，下降到了2020年的16.39%，下降幅度相对较大。

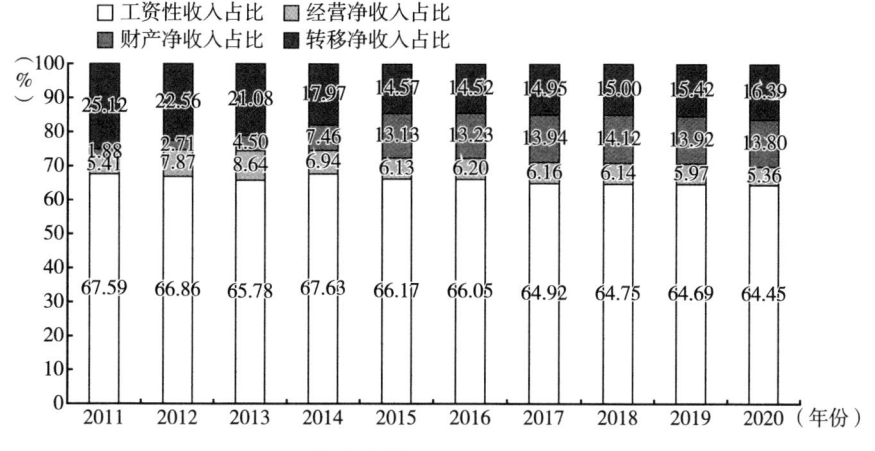

图6　2011~2020年超大城市居民人均可支配收入来源构成

7. 超大城市居民的消费构成变化较大，居住消费占比上升明显

从图7可以看出，超大城市居民的食品烟酒消费占比下降明显，衣着消费、生活用品及服务消费、交通通信消费、教育文化娱乐消费等的占比出现小幅下降。占比上升最明显的是居住消费，从2011年的8.4%上升到2020年的29.44%，原因可能是这10年来超大城市的房地产快速发展，超大城市的房价得益于城市发展潜力而快速提升，居民购房成本迅速上升，同时租房成本也快速提升，拉高了居民的居住消费成本。

8. 超大城市的教育发展水平高，人均教育经费高于全国平均水平

如表7所示，超大城市每年的人均教育经费是全国平均水平的1.3~1.5

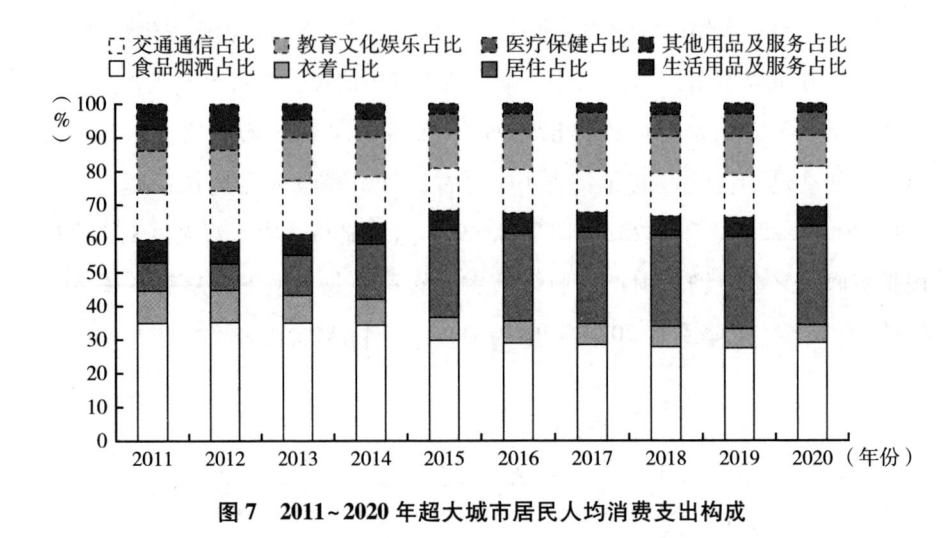

图例：交通通信占比　教育文化娱乐占比　医疗保健占比　其他用品及服务占比　食品烟酒占比　衣着占比　居住占比　生活用品及服务占比

图7　2011~2020年超大城市居民人均消费支出构成

倍。不仅如此，超大城市人均教育经费连年增长，并且和全国人均教育经费差距有扩大趋势。10年间全国和超大城市的人均教育经费都实现了翻一番。

表7　2011~2020年超大城市与全国人均教育经费数据分析

单位：元

年份	全国	超大城市平均数	与全国平均数的比值
2011	1222.79	1728.80	1.41
2012	1562.82	2076.26	1.33
2013	1609.19	2266.10	1.41
2014	1673.98	2362.50	1.41
2015	1899.27	2501.37	1.32
2016	2016.26	2671.25	1.32
2017	2153.63	2834.75	1.32
2018	2288.97	3011.79	1.32
2019	2467.73	3332.83	1.35
2020	2574.85	3448.31	1.34

9. 超大城市的社会保障与就业支出逐年增加，且高于全国平均水平

如表8所示，超大城市每年的人均社会保障与就业支出是全国平均水平

的1.2~1.4倍。超大城市和全国的人均社会保障与就业支出都在连年增长，10年间全国的增长幅度要大于超大城市。

表8 2011~2020年超大城市与全国人均社会保障与就业支出数据分析

单位：元

年份	全国	超大城市平均数	与全国平均数的比值
2011	823.43	1102.79	1.34
2012	925.94	1210.68	1.31
2013	1059.82	1323.13	1.25
2014	1160.14	1410.06	1.22
2015	1374.92	1709.15	1.24
2016	1550.75	2117.82	1.37
2017	1757.84	2445.16	1.39
2018	1922.01	2461.97	1.28
2019	2083.50	2684.09	1.29
2020	2306.36	2699.92	1.17

10. 超大城市医疗卫生水平相对较高，人均医疗资源高于全国水平

如表9所示，超大城市每年的医疗技术人员占比是全国平均水平的1.2~1.4倍。超大城市医疗技术人员占比连年增长，并且和全国医疗技术人员占比的比值有所下降，差距呈现缩小趋势。

表9 2011~2020年超大城市与全国医疗技术人员占比数据分析

单位：%

年份	全国	超大城市平均数	与全国平均数的比值
2011	0.46	0.62	1.35
2012	0.49	0.67	1.37
2013	0.53	0.69	1.30
2014	0.55	0.71	1.29
2015	0.58	0.74	1.28
2016	0.61	0.77	1.26
2017	0.64	0.80	1.25
2018	0.68	0.84	1.24
2019	0.72	0.88	1.22
2020	0.76	0.92	1.21

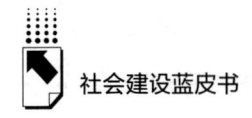

11.超大城市的文化发展水平相对较高,人均文化资源高于全国平均水平

如表10所示,以公共图书馆人均图书藏量为例,超大城市每年的人均图书藏量是全国平均水平的2.4~3.2倍。超大城市公共图书馆人均图书藏量呈增长趋势,由2011年的1.66册发展到2020年的2.03册,超大城市人均图书藏量与全国平均水平的比值呈现下降趋势。

表10　2011~2020年超大城市与全国公共图书馆人均图书藏量数据分析

单位:册

年份	全国	超大城市平均数	与全国平均数的比值
2011	0.52	1.66	3.19
2012	0.58	1.73	2.98
2013	0.55	1.69	3.07
2014	0.57	1.73	3.04
2015	0.61	1.75	2.87
2016	0.65	1.80	2.77
2017	0.69	1.88	2.72
2018	0.74	1.97	2.66
2019	0.79	2.06	2.61
2020	0.84	2.03	2.42

五　超大城市共同富裕水平的比较分析

(一)经济社会主要指标的比较分析

1.经济指标

在城市经济方面,从表11可以看出,北京和上海最为发达,其次是广州和深圳,然后是重庆、成都和天津。北京和上海的GDP显著高于其他城市,两个城市的GDP都超过3万亿元。广州、深圳和重庆的GDP都超过2

万亿元，成都和天津的 GDP 都超过 1 万亿元。在 GDP 的 10 年变化方面，由表 12 可知，重庆的 GDP 增长最快，10 年平均增长率为 10.52%。天津的 GDP 增长最慢，10 年平均增长率为 6.32%。在人均 GDP 方面，北京、上海和深圳三个城市的人均 GDP 均超过 150000 元，广州和天津的人均 GDP 均超过 100000 元，七个超大城市的人均 GDP 均高于全国平均水平。在 10 年变化方面，重庆人均 GDP 增长最快，年均增长率为 9.39%，深圳人均 GDP 增长最慢，年均增长率为 4.16%。

表 11　2020 年七个超大城市主要指标数据分析

指标	北京	上海	广州	深圳	天津	重庆	成都
人口（万人）	2189.00	2488.36	1874.03	1763.38	1386.60	3208.93	2094.70
GDP（亿元）	36102.60	38700.58	25019.11	27670.24	14083.73	25002.79	17716.68
人均 GDP（元）	164889.00	155800.00	135047.17	159309.00	101614.21	78173.00	85679.00
城镇居民人均可支配收入（元）	75602.00	76437.00	68304.10	64877.67	47658.50	40006.22	48593.00
城镇居民人均消费支出（元）	41726.00	44839.00	44283.44	40581.05	30895.00	26464.00	28736.03
居民家庭恩格尔系数（%）	21.50	25.68	32.40	30.80	29.53	32.60	34.10
人均住房建筑面积（平方米）	34.56	32.28	34.61	22.58	35.45	39.66	33.00
每十万人口拥有的受过高等教育人数（人）	41980	33872	27277	28849	26940	15412	25581
人均教育经费（元）	5200.04	4021.08	2980.70	4824.85	3194.21	2352.71	1564.55
人均社会保障与就业支出（元）	4823.48	3942.84	1854.96	552.10	3742.10	2962.89	1021.04
平均预期寿命（岁）	82.43	83.67	82.90	81.54	82.38	77.85	81.52
医疗机构卫生技术人员占总人口的比重（%）	1.72	0.91	0.95	0.36	0.82	0.74	0.93
公共图书馆人均图书藏量（册）	3.31	3.25	2.07	2.79	1.57	0.62	0.59

社会建设蓝皮书

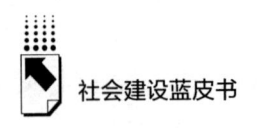

表12 2011~2020年七个超大城市主要指标10年平均增长率

单位：%

指标	北京	上海	广州	深圳	天津	重庆	成都
人口	0.88	0.61	3.74	5.14	0.37	0.96	4.11
GDP	8.60	7.60	8.31	9.81	6.32	10.52	10.28
人均GDP	7.47	6.82	4.20	4.16	5.75	9.39	6.71
城镇居民人均可支配收入	9.30	8.05	7.59	5.99	7.57	7.18	7.53
城镇居民人均消费支出	8.19	4.73	4.22	5.01	4.76	6.42	5.04
居民家庭恩格尔系数	-1.66	-1.99	-0.53	-1.93	-1.93	-0.63	-0.90
人均教育经费	8.15	6.24	9.64	11.91	3.95	9.01	7.61
人均社会保障与就业支出	11.90	9.29	7.30	2.00	12.90	11.08	12.93
医疗机构卫生技术人员占总人口的比重	4.40	4.92	2.66	5.82	4.64	6.85	3.34
公共图书馆人均图书藏量	3.18	1.18	3.21	2.58	5.02	5.33	-6.33

在个人经济方面，北京和上海最富裕，其次是广州和深圳，然后是天津、成都和重庆。由表11可知，在2020年超大城市城镇居民的人均可支配收入方面，北京和上海均超过70000元，广州和深圳均超过60000元，天津、成都和重庆均超过40000元。在10年变化方面，由表12可知，北京城镇居民人均可支配收入增长最快，年均增长率为9.30%，深圳城镇居民人均可支配收入增长最慢，年均增长率为5.99%。在超大城市城镇居民人均消费支出方面，上海、广州、北京和深圳均超过40000元，天津超过30000元，成都和重庆均超过20000元。在10年变化方面，北京城镇居民人均消费支出增长最快，年均增长率为8.19%，广州城镇居民人均消费支出增长最慢，年均增长率为4.22%。在居民家庭恩格尔系数方面，北京、上海和天津均低于30%，其他均低于40%。

2. 社会指标

在社会建设方面，北京和上海的公共服务供给最充分，其次是天津、广州和重庆,再次是深圳和成都。由表11可知,在人均教育经费方面,北京、深圳和上海的人均教育经费均超过4000元,其中北京超过5000元,而广州和天津在3000元左右,重庆和成都均低于2500元。在10年变化方面,由表12可知,深圳人均教育经费增长最快,年均增长率为11.91%,天津人均教育经费增长最慢,年均增长率为3.95%。在人均社会保障与就业支出方面,北京高于4500元,上海为4000元左右,天津超过3500元,重庆在3000元左右,广州、成都和深圳均在2000元以下。在10年变化方面,成都、北京、重庆和天津的人均社会保障与就业支出年均增长率在10%以上,深圳增长最慢,年均增长率仅2.00%。在医疗资源分配方面,北京医疗技术人员占总人口的比重达到1.72%,上海、广州、成都在0.9%以上,天津和重庆在0.8%左右,深圳最低,为0.36%。在10年变化方面,重庆医疗技术人员占比增长最快,年均增长率为6.85%,广州最慢,年均增长率为2.66%。在公共图书馆人均图书藏量方面,北京、上海均超过3册,深圳和广州均超过2册,天津为1.57册,重庆和成都均低于1册。在10年变化方面,天津和重庆的人均图书藏量增长最为迅猛,年均增长率在5%以上。在人均住房建筑面积方面,重庆最多,为39.66平方米,其他多数在33平方米左右,深圳相对较低,为22.58平方米。在居民主体发展水平方面,北京和上海相对领先,广州、深圳和天津次之,其后是成都和重庆。在每十万人口拥有的受过高等教育人数方面,北京为41980人,上海为33872人,广州、深圳、天津和成都均超过25000人,重庆最少,为15412人。在平均预期寿命方面,上海为83.67岁,广州、北京、天津、成都和深圳相差不大,重庆最低,为77.85岁。

(二)超大城市共同富裕指数比较分析

在经济和社会两大方面,七个超大城市各有不同的发展水平和发展优势。经济和社会可以对应共同富裕中"富裕"和"共同"两个方面,表现为两大维度的过程性指标和结果性指标。因此,本报告对七个超大城市的比较分析采用共同富裕水平评价指标体系,不同的指标分配不同的权重(见表13)。在权重分配方面，经济和社会两大维度各占50%，经济发展中城市经济占20%，个人经济占30%，社会建设中社会公共服务占30%，社会发展水平占20%。三级指标中，城市经济的两个指标GDP和人均GDP各占10%的权重。个人经济指标中，城镇居民人均可支配收入、城镇居民人均消费支出和居民家庭恩格尔系数各占10%的权重。在社会公共服务方面，教育、社保、医疗、文化和住房方面的指标各占6%的权重，而社会发展水平指标中，每十万人口拥有的受过高等教育人数和平均预期寿命各占10%的权重。

表13　超大城市比较分析的评价指标体系和权重

一级指标	二级指标	三级指标	权重
经济维度	城市经济（过程性指标）	GDP	0.1
		人均GDP	0.1
	个人经济（结果性指标）	城镇居民人均可支配收入	0.1
		城镇居民人均消费支出	0.1
		居民家庭恩格尔系数	0.1
社会维度	社会公共服务（过程性指标）	人均住房建筑面积	0.06
		人均教育经费	0.06
		人均社会保障与就业支出	0.06
		医疗机构卫生技术人员占总人口的比重	0.06
		公共图书馆人均图书藏量	0.06
	社会发展水平（结果性指标）	每十万人口拥有的受过高等教育人数	0.1
		平均预期寿命	0.1

在计算各指标的分数时，先在七个超大城市的各个三级指标中选出最大值作为参照值，把指标值与参照值的比值作为各个指标的相对分数，然后乘以各个三级指标分配的权重，二级指标的分数就是将三级指标乘以其权重后相加所得再除以权重值。

通过计算，最终分数如表14所示，可以看出，北京和上海为第一档，广州和深圳为第二档，天津、重庆和成都为第三档。

表14 七个超大城市共同富裕指数排名

单位：分

指标	城市经济	个人经济	社会公共服务	社会发展水平	总分	排名
北京	19.33	29.20	29.23	19.85	97.61	1
上海	19.45	28.37	23.51	18.07	89.40	2
广州	14.65	25.45	18.05	16.41	74.56	3
深圳	16.81	24.52	15.98	16.62	73.93	4
天津	9.80	20.41	19.42	16.26	65.89	5
重庆	11.20	17.73	16.12	12.98	58.03	6
成都	9.77	19.07	12.39	15.84	57.07	7

六 结论与启示

（一）研究结论

充分认识我国超大城市共同富裕程度与变化趋势以及超大城市之间的差异性、超大城市整体与全国水平之间的差异性，有助于明晰从城市区域发展角度推进实现共同富裕的方向。本报告在理解共同富裕内涵的基础上，从经济和社会两个维度构建超大城市共同富裕水平评价指标体系并以此测算其共同富裕指数，通过对已有数据的分析，梳理超大城市整体与全国平均水平的差异性和超大城市之间共同富裕水平的差异性。通过上述研究，本报告主要得到以下结论。

第一，超大城市的人口聚集效应与发展优势依然明显，经济社会发展水平较高，在全国范围内仍处于领先位置。在经济发展方面，超大城市GDP占比高、人均GDP贡献率大。在个人经济方面，超大城市人均产出高，经济富裕水平较高，且消费水平高。工资性收入和财产净收入占比高，居住消费占比高。在社会建设方面，超大城市的社会建设投入高，医疗、教育、文化和社会保障的发展水平较高，而住房问题较为严峻。超大城市参加五大社

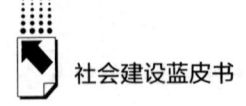

会保险的人数占比高，社会发展指数较高，平均预期寿命、受教育程度、生活质量高于全国平均水平。

第二，超大城市处于经济社会的持续发展阶段，经济发展速度相较于全国水平有所放缓，社会建设水平高于全国水平，呈现经济与社会均衡发展的高质量发展态势，表现出面向共同富裕的高质量发展特征。超大城市的人口聚集效应明显，经济产出（GDP）也在持续增长，为全国经济发展持续贡献力量。需要指出的是，虽然超大城市的人均GDP、人均可支配收入、人均消费支出持续提高，且与全国平均水平之间保持一定的差距优势，但是其增长速度已慢于全国平均水平。超大城市居民的收入来源构成发生了较大的变化，工资性收入占比有所降低，财产净收入占比快速提升。消费构成变化也较大，居住消费占比的变化是关键。此外，超大城市的社会建设力度持续加大，表现为较高的社会建设水平。超大城市在教育、社会保障与就业、医疗资源、文化资源等领域的投入逐渐增加，高于全国平均水平。

第三，超大城市之间的经济社会发展存在差异，表现出共同富裕水平的差距，在七个超大城市中，共同富裕指数排名为北京、上海、广州、深圳、天津、重庆、成都。在经济建设方面，北上广深老一线城市的经济富裕水平高，与新一线城市有明显差别。超大城市在个人经济方面，也是老一线城市水平高于新一线城市。在社会建设方面，北京和上海公共服务投入最为突出，明显高于其他城市，在社会发展水平方面，北京、上海为一档，广州、深圳和天津为二档，重庆和成都为三档。

（二）政策启示

实现共同富裕是一项长期任务，不是短期内就可以实现的目标，需准确把握当前我国不同地区的发展水平和差距，找准发展趋势，对现实状况有一个清晰的认识和理解，才能实事求是且因地制宜地推行实现共同富裕的政策实践。

一方面，超大城市需继续发挥经济社会发展优势，通过标杆引领作用带动其他区域的经济社会发展，持续缩小地区发展差异的同时实现高质量发展成果共享。超大城市有其他地区不可比拟的人才优势与聚集效应，需更加注重发展效率，为经济持续发展贡献力量。同时需充分理解超大城市发展的规律性，为其他地区的经济社会发展提供方向和实践经验，推动全国其他地区高质量发展，最终实现整体性的高质量发展成果共享。

另一方面，在持续推进经济高质量发展的同时，更要注重面向社会现代化的社会建设，通过经济与社会的协调发展，推动实现作为主体的人民的全面发展。超大城市在推进经济发展的同时，十分注重公平共享的社会建设投入，且社会建设水平显著影响了共同富裕水平，社会建设水平高的城市，其共同富裕水平也相对较高。社会建设就是要推进社会现代化，其面向就是建设共同富裕社会，促进实现作为主体的人的全面发展，因此，在未来的一个时期内，在超大城市的实践经验基础上，充分利用高质量发展优势和社会建设基础持续促进作为主体的人民全面发展，将是实现共同富裕的核心面向。

B.4
慈善在第三次分配中的作用机制研究

北京市委社会工委市民政局慈善工作处

摘　要： 党的十九届四中、五中全会提出要发挥三次分配作用，发展慈善事业，改变收入分配格局。2021年8月17日，中央财经委员会会议再次强调"共同富裕"和"三次分配"，第三次分配理论成为当前的理论前沿，亟待从内涵和外延予以理论解释。同时，如何在第三次分配中充分发挥慈善作用也成为当前的政策热点，是各级慈善管理部门以及慈善参与者的关注点。本文探索解读第三次分配理论的重要意义，梳理厘清慈善在第三次分配中的作用发挥机制，并立足北京市慈善事业的发展情况，分析首都慈善在迎接新使命、服务社会公众、推进城市建设等方面的问题，提出下一阶段北京慈善改革创新的政策建议。

关键词： 第三次分配　慈善事业　慈善组织

　　习近平总书记指出，慈善事业是惠及社会大众的事业，是社会文明的重要标志，是一种具有广泛群众性的道德实践。党的十九届四中、五中全会相继提出要发挥三次分配作用，发展慈善事业。2021年8月17日，习近平总书记在主持中央财经委员会第十次会议时提出：坚持以人民为中心的发展思想，在高质量发展中促进共同富裕，正确处理效率和公平的关系，构建初次分配、再分配、三次分配协调配套的基础性制度安排。从慈善到三次分配，再到共同富裕目标，是一个层层递进的战略体系，是习近平新时代中国特色社会主义思想的一个重要创新和发展。第三次分配将成为开创中国特色公益慈善道路、建设更有优势的社会主义分配制度、走向社会主义共同富裕的重要指引和途径。如何更好地在第三次分配中发挥慈善作用，是我们必须面对的重大课题和现实挑战。

一 第三次分配理论形成过程

收入分配是经济社会发展的重大问题，关系人民群众切身利益，关系改革发展稳定大局。经济制度中的"分配"是指在一定时期内创造的国民收入，按一定的方式在政府、企业和个人之间的分割，形成流量的收入分配格局和存量的财产分配格局。在市场主导的初次分配和政府主导的再分配以外，还存在第三次分配。

（一）理论准备阶段

第三次分配是一个中国本土概念，是厉以宁先生在《股份制与现代市场经济》中提出的："市场经济条件下的收入分配包括三次分配。第一次是由市场按照效率进行分配；第二次是由政府按照兼顾效率与公平的原则，通过税收、扶贫及社会保障统筹等方式来进行第二次分配；第三次是在道德力量的作用下，通过个人收入转移、个人自愿缴纳和捐献等非强制方式再一次进行分配。"厉以宁首次站在市场经济伦理以及经济与社会协调发展的高度提出第三次分配，随后多位学者开展了相关研究。2005年，全国人大常委会原副委员长、著名经济学家成思危提出，缩小财富差距，关键在于财富的分配，因此应当有三次分配："初次分配一定要讲效率，就是让那些有知识、善于创新并努力工作的人得到更多的报酬；二次分配要讲公平，政府应当利用税收等手段来帮助弱势群体，建立全面、系统、适度、公平和有效的社会保障体系。三次分配要讲社会责任，富人应当在自愿的基础上拿出自己的部分财富，帮助穷人改善生活、教育和医疗的条件。"经过20余年的理论研究，第三次分配理念渐渐普及，成为社会主义分配理论的一部分。

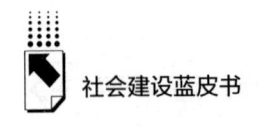

（二）政策准备阶段

党的十九大报告指出，中国社会的主要矛盾已经转化为人民日益增长的美好生活需要和不平衡不充分的发展之间的矛盾。这一重大论断背后体现的是中国社会发生的深刻变革，40多年经济快速增长产生了一个庞大的先富群体，社会结构和社会关系也随之改变。财富的不断集中积累了社会问题，以利益为中心的利己主义价值观在社会中扩张，收入分配领域不平衡不充分的矛盾日益突出。在"效率"和"公平"的天平上，需要逐步向"公平"倾斜，因此在这一阶段，第三次分配从理论领域逐步走向政策应用。

党的十九届四中全会首次提出了"重视发挥第三次分配作用，发展慈善等社会公益事业"的重大命题，明确将慈善事业纳入基本经济制度的收入分配制度中，纳入推进国家治理体系和治理能力现代化的整体框架中，确立了慈善事业在我国经济和社会发展中的重要地位。党的十九届五中全会进一步对这个重大命题作了阐述，提出要"发挥第三次分配作用，发展慈善事业，改善收入和财富分配格局"，进一步明确了现阶段中国慈善事业发展的社会功能和定位，也为未来慈善事业的发展和更好地发挥作用指明了方向。

（三）战略安排阶段

2021年8月17日，中央财经委员会第十次会议提出了一系列推进共同富裕的路径和举措，包括"正确处理效率和公平的关系，构建初次分配、再分配、三次分配协调配套的基础性制度安排，使全体人民朝着共同富裕目标扎实迈进"。三次分配被首次明确为"基础性制度安排"，并上升到国家战略体系层面。

中央为什么在现阶段明确将三次分配纳入制度性和战略性安排？习近平总书记在庆祝中国共产党成立100周年大会上庄严宣告，"我们实现了第一个百年奋斗目标，在中华大地上全面建成了小康社会，历史性地解决了绝对贫困问题，正在意气风发向着全面建成社会主义现代化强国的第二个百年奋斗目标迈进"。按照《中共中央关于制定国民经济和社会发展第十四个五年规划和二〇三五年远景目标的建议》要求，到2035年人的全面发展、全体人民共同富裕要取得更为明显的实质性进展。要推动2035年远景目标的实现，必须以完善分配格局为重要抓手，提高发展的平衡性、协调性、包容性。经过理论准备和政策准备，社会各界已经逐步认识到第三次分配是整个收入分配制度不可或缺的重要一环。在这样的背景下，"第三次分配"被纳入重要制度性安排恰逢其时，这不仅契合了建设社会主义现代化强国的第二个百年奋斗目标，还是国家治理体系和治理能力现代化的题中应有之义。

二 第三次分配的内涵和主要形式

人们通常把市场称作"看不见的手"，把政府称作"看得见的手"。近代以来的经济社会发展实践证明，市场与政府在经济发展中存在失灵现象，在社会财富的分配过程中同样存在失灵现象，表现为过度侧重于财富分配而忽视社会权利资源的分配、难以满足多样化的分配需求等，因此一些学者指出："第三次分配是克服第一次分配的弊端，以及弥补第二次分配不足的重要社会分配方式，是托起社会的第三只手。"

（一）理论内涵

1. 第三次分配理论是马克思主义分配理论的创新和发展

马克思主义的分配理论是其劳动价值论在经济关系中的具体应用和体现。生产力决定生产关系，生产决定分配，生产力发展状况决定分配方式。改革开放后，我国以马克思主义分配理论为指导，探索出适合中国国情的以按劳分配为主体、多种分配方式并存的收入分配制度，形成了以初次分配和再分配为主体的分配体系。但实践中市场主导下的初次分配不可避免地带来社会收入差距，政府主导的再分配受社会主义初级阶段经济发展条件限制，也存在局限和不足。随着我国不断开辟中国特色社会主义的新境界，尤其是经过改革开放40多年来的不断发展，我国社会生产力水平总体上显著提高，社会生产能力在很多方面进入世界前列，社会主要矛盾发生变化，在分配领域不平衡不充分发展问题集中呈现为城乡、区域、不同群体间的收入差距明显，如何实现社会公平成为我国分配制度面临的突出问题。着眼于新的实践和发展需要，党中央明确将第三次分配纳入收入分配制度体系，确立慈善等公益事业在我国经济和社会发展中的重要地位，进一步释放出新时代党和国家大力发展公益慈善事业、对收入分配格局进行调整的重大信号，成为建设更有优势的分配制度、开创中国特色公益慈善道路、走向社会主义共同富裕的战略指引，是习近平新时代中国特色社会主义经济思想的重要创新和发展，是马克思主义分配制度的最新理论成果。

2. 第三次分配理论是坚持以人民为中心，实现共同富裕理论的丰富与发展

共同富裕是社会主义的本质要求，是人民群众的共同期盼。"实现共同富裕不仅是经济问题，而且是关系党的执政基础的重大政治问题。"共同富裕的真谛就是在"做大蛋糕"的同时还要"切好蛋糕"。充分发挥第三次分配作用，将相对富裕人群的财产转移应用到扶老救孤、恤病助残、扶贫济困等多个方面，广泛开展志愿服务关爱行动，有助于帮扶困难群体、缩小贫富差距。但是，第三次分配不是平均主义，习近平总书记强调指出，"我们说的共同富裕是全体人民共同富裕，是人民群众物质生活和精神生活都富裕，不是少数人的富裕，也不是整齐划一的平均主义"。坚持以人民为中心，通过科学合理的第三次分配制度"切好蛋糕"，对于推进社会公平、促进共同富裕具有重要的现实意义。

3. 第三次分配理论是推动社会参与，实现高效社会治理的实践指引

公民政治参与理论是马克思主义民主政治理论体系的重要组成部分。以慈善组织、志愿者、社会工作者等为主的第三次分配主体，在弥补政府公共服务空白、维护公共利益、救助困难群体、组织动员群众方面发挥着越来越重要的作用。第三次分配是政府与社会相互协同、突出人民主体和社会参与的重要载体，是现代社会运行中自我调节的一种具体方式。发挥第三次分配作用，对于建设人人有责、人人尽责、人人享有的社会治理共同体具有重要意义。

4. 第三次分配是社会主义先进文化的丰富和发展

第三次分配是在道德驱动下，以非强制方式进行的财富再分配，最大的特点是既受到价值理念的驱动，又产出价值理念。第三次分配作用发挥过程，既是对捐赠人、志愿者的动员，也是对受益人和一般社会公众的精神陶冶。广泛的慈善实践，能够让道德的热流从社会的每个毛细血管涌动到主干动脉，慈善承载着互助、友善、信任、家国情怀、大同理想，并且在实践中反复强化和传递，从而能够在对公平正义、公共利益、远大理想的共同追求中形成社会凝聚力。以慈善为主体的第三次分配与社会主义核心价值观紧密关联。正如习近平总书记指出，"向上向善的文化是一个国家、一个民族休戚与共、血脉相连的重要纽带"。践行慈善理念，发展慈善事业，有助于在引领公民道德行为的过程中提升全社会的精神文明水平，有助于推动践行社会主义核心价值观。因此发挥第三次分配作用，对树立和巩固社会主义核心价值观，增强文化自信具有重要意义。

（二）慈善是第三次分配的主要形式

在日常生活中较为常见的第三次分配形式主要有慈善捐赠、志愿服务、个人救助、企业社会责任等，按照《慈善法》对于慈善活动的定义，大部分慈善活动可以纳入公益慈善范畴。慈善事业是以社会捐献为经济基础，以贫富差别为社会基础，以民间机构为组织基础，以捐赠者意愿和社会成员的仁爱之心为实施基础，以社会成员的普遍参与为发展基础的社会性事业。因此，无论是理论界还是实践界，普遍认为慈善事业是第三次分配最主要的实践方式和关键要素，慈善组织作为从事社会公益事业和致力于解决社会性问题的民间志愿性社会组织，是发挥第三次分配作用的重要主体和核心力量。2020年，我国国内生产总值已经接近16万亿美元，人均国内生产总值超过1万美元，成为全球第二大经济体。越来越多的高净值人群以及社会大众有能力、有意愿主动参与社会慈善事业，通过建立基金会、捐赠、志愿服务、设立慈善信托等方式，对社会财富进行再分配，慈善事业对社会财富分配产生了越来越重要的影响力。

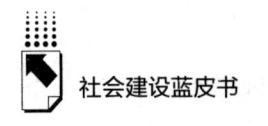

三 第三次分配引领下慈善事业发展的新趋势

在第三次分配理念的引领下，慈善参与群体、参与形式、服务领域不断扩大和创新，一些慈善新兴业态不断涌现，传统慈善方式和慈善理念正在发生革命性变革，多元化的慈善创新模式正在成为满足社会新需求、解决社会新问题的有效途径。新时代慈善事业发展呈现新趋势，需要及时把握。

一是参与群体日益扩大。资源贡献者已不局限于社会财富金字塔顶端的少数精英或家族，而广泛覆盖大多数社会群体。据《2019年度中国慈善捐助报告》披露，2019年个人捐赠达398.45亿元，同比增长10.54%，再创新高，尤其是通过银行或者互联网募捐平台的小微捐赠呈现增长势头。统计发现，近年来我国中等收入群体在各类基金会中的捐赠占比不断提高，体现出中产阶层日益增强的公益热情。

二是慈善形式多元创新。从行为上看，公众参与已经不仅局限于货币或实物捐赠，而是通过形式多样的志愿服务提供教育、法律、系统开发等专业技术服务。从方式上看，移动互联网科技为公众和企业参与第三次分配开辟了新路径，例如信用卡的积分捐赠、微信上的走路捐赠、各个电商的消费捐赠等"指尖公益"悄然兴起；饿了么开展的"食物零浪费"行动，倡导商家提供小份菜并给予流量支持；高德地图开展"聆听大自然"活动，在地图搜索相关地点就可以听到科普语音讲解；等等。这些企业公益项目代表着新兴科技企业"科技向善"的新愿景，社会各界的主动参与、积极作为带动第三次分配参与形式屡屡创新。

三是慈善领域不断拓展。共同富裕不仅表现为个人收入水平提升和收入差距缩小，还表现为基本公共服务均等化，让全体人民享有更加均等的教育、养老等公共服务和优良的人居环境，公平享有各种发展机会和向上流动渠道。在扶贫济困传统领域之外，以慈善为代表的第三次分配力量更加深入广泛地参与到教育、公共卫生、文化、体育、环境保护、应急、养老等社会领域的服务与实践，更好地满足人民群众日益增长的美好生活需要。尤其是随着基础性创新性科学技术的重要性越来越为公众关注，最近几年，腾讯、京东等知名企业将数十亿资金捐赠给大学或科研机构，投向高投入、高风险、长周期的科研教育领域，以期科技突破带来公共利益的提升。

四是跨界融合方兴未艾。近年来，商业企业在获得经济价值的同时，越来越重视企业社会价值的实现，企业逐步从第三次分配的参与者转向主导者。社会价值被纳入企业战略，很多企业将"商业向善""科技向善"作为新的企业使命或愿景。例如，著名的"99公益日"就是腾讯公司打造的互联网募捐盛会，将平台、流量、技术整合起来成功打造了新的慈善生态，据腾讯披露，2021年共有超过6870万人次在"99公益日"期间捐出35.69亿元，加上腾讯公益慈善基金会的6亿元资金支持，共募得善款41.69亿元。慈善与科技、金融等行业的跨界融合也在不断创新，各类人力、技术资源与慈善资源不断链接，慈善创新创业正在全行业、全范围自下而上蓬勃发展。例如中国扶贫基金会的"小额信贷"项目，在贫困地区对农户放宽贷款条件，开展以信用为基础的小微贷款，助力贫困人群创业脱贫，后来转制为中和农信项目管理有限公司进行公司化运营，并获得红杉资本、世界银行集团国际金融公司（IFC）、蚂蚁金服等知名风险资本入股，是慈善组织金融扶贫的成功案例。与此同时，影响力投资、社会企业等新兴业态不断涌现，慈善生态链不断延长和拓宽，企业社会价值和经济价值相互促进、相辅相成。中国将进入"善经济时代"，社会价值引领经济价值的趋势越发明显。

四　北京慈善事业在第三次分配中的实践探索

（一）发展现状

近年来，北京慈善事业快速发展，政策制度日趋完善、慈善组织快速发展、慈善文化影响广泛、慈善信托创新发展、慈善救助有力推进，在扶贫济困、脱贫攻坚以及助力疫情防控等方面发挥积极作用，新时代首都现代慈善发展格局逐步形成。目前，北京登记认定市级慈善组织822家，具备公募资

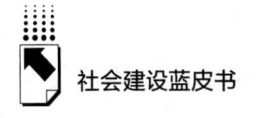

格的52家；慈善信托备案50个，信托资产总规模达1.66亿元；建立健全市、区、街（乡）三级慈善救助体系，自2017年起全市设立慈善专项基金269个，现存量规模为14705.74万元，累计救助382871人次，累计支出救助资金37811万元。特别是在新冠肺炎疫情防控中，首都慈善组织迅速反应、行动有效，全市慈善组织和红十字会累计接收疫情防控捐赠资金16.46亿元、物资3583万件，捐赠资金支出使用80%以上、捐赠物资拨付使用97%以上。

"十三五"期间，北京市出台了《关于加快推进"慈善北京"建设促进慈善事业健康发展的意见》《北京市慈善信托管理办法》《北京市民政局关于慈善力量参与社会救助的意见》等系列文件，建立健全慈善信托备案、慈善组织认定、公募资格申请、公募活动备案等慈善管理机制。2019年9月，以政府令形式颁布了《北京市促进慈善事业若干规定》，优化保障、强化监管，加强首都慈善环境建设，成为新时期慈善事业发展的纲领性文件。每年举办"慈善北京周"、"公益慈善汇展"、"北京慈善文化创享会"和"慈善北京"成果巡展等全市大型慈善主题宣传活动，开展"首都慈善奖"评选，表彰慈善先进典型。在全社会营造慈善氛围，弘扬慈善文化，激发参与热情。

（二）发展形势和面临问题

立足北京城市发展实际，首都慈善在迎接新使命、服务社会公众、推进城市建设等方面还存在一些问题。

1. 首都慈善供给侧结构性改革亟待推进

作为国内最发达的地区之一，北京市政府部门为市民提供了较为完善的教育、医疗、社会救助等公共服务，服务水平和范围领先全国。当一个地区政府提供的公共服务越完善，传统的助学、助医、助困等以资金帮扶为主的慈善服务空间就越小，简单的募集慈善资金再发给受益人的传统慈善模式不再适用。同时，当地居民的基本生活需求得到保障后，慈善需求不是减少，而是逐步转向个性化、多样化、弹性化的发展性需求。当前，北京市大多数慈善组织项目落地在外省市，通过调研走访发现，很多慈善组织并非没有意愿在北京落地慈善项目，而是传统的"图书屋""医疗室""大学生支教"等助学、助医类慈善项目在政府公共服务水平较高的北京市没有太大的实施空间，同时北京市民对于社区建设、养老托幼、环境治理、精神文化等方面社会服务具有较为精细化和个性化的需求，但是北京市大多数慈善组织现有的慈善服务技术和水平尚无法满足。因此，传统的"资金搬运工"式的慈善运作模式，或简单的人力、物力投入型慈善项目无法持续发展，慈善组织亟须转型升级，全面提升慈善服务的技术性和专业性，从资金端导向转向服务端导向，实现慈善服务的高质量供给，满足首都人民群众日益丰富的慈善需求。

2. 数字经济发展促进慈善行业转型升级

信息技术和互联网平台在慈善领域的广泛应用，极大地提升了公众参与慈善的便捷程度，推动了慈善大众化、全民化、生活化发展。大数据、人工智能、区块链等新兴技术，使慈善组织实现了慈善款物募集管理效率几何倍级的提升、慈善项目远程线上开展、受益人群线上评估、慈善项目流程"上链"等，创造出全新的慈善业态，同时也对慈善组织在新媒体宣传、信息公开、项目管理模式等方面提出了新的挑战。对于任何行业来说，技术倒逼产业升级都是不可抵挡的发展规律。可以预见，慈善领域的信息披露机制、善款追踪机制、政府慈善监管机制和审计机制等在未来都将发生变革。如何更好地面对新兴科技带来的发展挑战，如何更加充分地运用新兴技术为慈善行业赋能，是当前慈善行业面临的全新课题和巨大挑战。同时，互联网时代实现了商业和慈善"互联互通"，随着首都数字经济的领先发展，首都慈善与科技、金融等行业的跨界融合不断创新，各类人力、技术资源与慈善资源不断链接，公益创投、社会企业等新兴业态不断涌现，慈善生态链不断延长和拓宽，首都将逐步迈入"善经济时代"，社会价值引领经济价值的趋势越发明显。

3. 慈善规模和效用有待进一步提升

收入分配制度是涉及人民切身利益、影响国家发展全局的基本制度，慈善事业在促进社会收入更加公平正义方面，扮演着市场和政府难以替代的重要角色。当前，北京市登记认定市级慈善组织822家，占全国慈善组织总数的约10%，慈善事业发展位居全国前列。立足首都城市发展定位，慈善规模与首都地位不相匹配，功能作用与首善标准要求不相称，慈善品牌影响力低等突出问题，制约了慈善在第三次分配中的作用发挥。慈善事业发展整体水平与首都经济社会发展、民众期待和建设国际一流和谐宜居之都的总体目标差距明显，亟待确立新坐标，找到新方位，构建新格局，实现符合首都功能定位的新发展。

4. 基层慈善服务亟待走深走实

在政府主导的二次分配中，有很大一部分社会财富是通过税收和财政支出，转移到养老、教育等社会公共服务领域中。因此，"发挥第三次分配作用，改善收入和分配格局"不仅仅是以资金形式为主的财富分配，还体现在全体人民享有公平的社会公共服务。慈善组织通过为弱势群体提供保障性、提升性等各类慈善服务，可以弥补政府公共服务不足，助力公共服务均等化的实现。目前北京市慈善工作主要依托慈善组织和精英人士开展，社区慈善、全民慈善发展缓慢，慈善事业在基层影响力相对较弱。需要总结本次疫情防控工作中政社联动的良好经验，结合北京城市发展实际，探索建立北京市慈善组织参与社会治理体系的创新模式，引导慈善组织积极开展贴近百姓民生的社区治理、社区服务、突发事件处置、环境保护等各方面服务，推动慈善服务切实进社区近百姓，推动有效社会和有为政府更好结合。

5. 慈善行业聚集效应尚未形成

长期以来，首都慈善行业协调机制不健全，800多家慈善组织资源分散，各自为政，导致整个首都慈善行业服务功能和社会影响力相对较弱，多而不优、大而不强的问题突出。慈善行业组织作用发挥远远不足，资助型和运作型慈善组织之间的交流链接有待加强，各类慈善组织的协同联动机制尚未建成，缺乏全市慈善行业"集中力量办大事"的共识和平台。相当比例的慈善组织专业能力较为薄弱，对承接新时代慈善事业新使命和互联网时代新浪潮的准备不足。

6. 慈善激励政策明显滞后

慈善事业的发展需要榜样的带动，需要慈善典型、慈善精神的彰显。目前慈善事业的税收优惠政策不断创新，但与捐赠人和慈善组织的期待相比还有一定差距，慈善信托税收优惠政策处于空白。政府购买慈善组织服务的体制机制还没有形成常态，受疫情影响慈善组织运营更加困难。将慈善文化纳入学校教育教学、高素质慈善人才培养和首都慈善文化研究等尚显薄弱。"首都慈善奖"依然是行业性奖项，慈善领域相应的奖励激励措施没有出台，以精神奖励和社会优待为主、适度物质回馈为辅的全方位慈善激励机制没有建立。健全完善慈善事业发展的激励政策，将会使慈善潜力得到进一步激发。

五 发挥第三次分配作用，大力发展首都慈善事业的战略思考

新版北京城市总体规划，明确了北京作为全国政治中心、文化中心、国际交往中心、科技创新中心的城市战略定位，国家服务业扩大开放综合示范区和北京自贸试验区的"两区"建设正在分秒必争地进行。深刻领会国家发展的新阶段、新理念、新格局、新目标，充分认识北京"四个中心"战略定位和"两区"建设重要任务，发挥慈善事业的第三次分配作用，推动具有首都特色的慈善事业高质量发展，需要重点做好以下工作。

（一）凝聚慈善力量，在国家重大战略中彰显慈善效能

习近平总书记指出，我们最大的优势是我国社会主义制度能够集中力量办大事，这是我们成就事业的重要法宝。推进慈善事业高质量发展也要依靠这一法宝。近些年来，首都慈善在脱贫攻坚、疫情防控以及京津冀协同发展方面发挥了积极作用，证明慈善事业在落实国家重大战略上具有独特优势。今后首都慈善事业要更加注重"集中力量办大事"，凝聚行业力量，让慈善与国家经济社会整体发展同频共振，在各项重大战略中发挥更大作用。

一是强化战略思维、全局思维，慈善事业是党领导下的伟大事业，党的

部署就是工作的中心，时时刻刻都要用大局来标定慈善工作的总体思路与具体步骤，将慈善事业纳入社会保障、养老服务、乡村振兴、社会治理等大盘子中统筹考虑，加强对慈善组织的引导，提升慈善组织围绕中心、服务大局的整体能力。二是着重在联合上做文章，加强首都公益慈善联合会建设，尽量将全市800余家慈善组织全部纳入行业组织体系，带领、引导、凝聚全市公益慈善组织，共同开展助力乡村振兴、参与社区建设等方面的慈善项目，共同打造"慈善北京"品牌。充分发挥首都公益慈善联合会行业评估、标准制定、项目论证、组织培训、会员服务、业务指导等作用，促进首都慈善行业实现自我管理、自我服务和自我监督。三是加强部门协同联合，建立全市慈善工作联席会议制度，将具有公益慈善事业管理和服务职能的相关部门和群团组织纳入进来，研究解决重大事项和问题，形成推动发展的强大合力。

（二）融入中心工作，积极助力北京"两区"和"四个中心"建设

北京作为科技创新中心，高端人才集聚、科技基础雄厚，数字科技、人工智能、区块链等新兴技术产业发展领先全国；作为全国文化中心，北京文化产业发达、文化氛围浓厚，传统慈善文化和现代慈善理念交汇融合；作为国际交往中心，北京汇聚诸多国际组织，具有广泛的国际影响力；作为服务业扩大开放综合示范区，教育、医疗、金融、传媒等服务产业发达、资源丰富，这些都为首都慈善发展提供了良好的基础，同时，慈善事业也可以积极助力北京"四个中心"和"两区"建设，发挥独特优势，彰显慈善效能。

一是积极发展互联网慈善，随着数字科技、人工智能、区块链等新兴技术产业快速发展，互联网慈善已成为新时代慈善事业最重要的形式和最鲜明的特征，也是互联网平台经济的重要组成部分。首都慈善要充分运用互联网技术优势汇聚社会资源，创新慈善捐赠形式，探索区块链、人工智能等技术在慈善管理中的运用，用信息化手段提升监管能力和社会公信力，使互联网慈善逐渐成为重要的互联网应用场景，与相关技术产业形成有效联动。

二是加强文化建设，慈善是衡量一个社会文明程度的重要标尺。要把慈善文化建设作为首都慈善事业发展的灵魂工程，继承和发扬优秀传统慈善文化，吸收国际先进的慈善理念和管理方式，不断丰富与社会主义核心价值体系相统一，与人道主义精神、现代财富观、社会责任感等相融合的现代慈善文化，逐步使慈善成为全民共识和行为自觉。积极创建"首善之都"，通过慈善晚宴、创投大赛等系列活动，增强慈善文化传播力，打造慈善文化精品，使慈善文化成为首都文化的特色和亮点。

三是积极支持慈善组织"走出去"，民间组织在国际交流中具有独特的柔性力量，是"软外交"的重要方式。首都慈善组织积极参与联合国气候大会、世界卫生组织等国际活动，特别是疫情防控期间，在国际救援和交流中彰显了首都慈善风采。要积极支持、引导首都慈善组织从更深的维度、更广的领域参与国际交流合作，在世界慈善舞台发出首善之声，使慈善成为首都国际交往中心的亮丽名片。

四是积极发展融合创新，鼓励、指导慈善组织充分发挥社会资源整合作用，引导"科技向善""商业向善"，与科技、金融等服务产业积极开展合作，适度推动跨领域创新发展，为首都服务业注入"善基因"，推进慈善事业和各类服务业相辅相成、协同发展。

（三）做大慈善规模，更好地发挥收入分配调节作用

慈善事业本质上是一项社会性事业。当前北京经济总量已超过3万亿元，人均地区生产总值已突破2万美元，从国际经验看，处于一个十分重要的转型发展关头。要抓住有利时机，加强社会力量动员，提升慈善事业公信力，畅通社会各界参与慈善的渠道，推进慈善大众化、全民化、生活化，不断激发大型企业、高收入人群和中等收入群体、普通人的捐赠和志愿服务热情，大力发展以需求为导向的贴近社会公众的社区慈善、以慈善信托为代表的家族慈善，形成全民参与慈善的社会新风尚。全面落实慈善税收优惠政策，发挥税收杠杆激励作用。鼓励社会各界以股权、不动产、无形资产、艺术品等多种形式进行捐赠或以提供技术、服务等方式参与慈

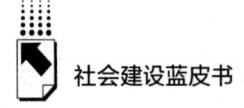

善事业，落实相关优惠激励政策。完善慈善嘉许褒奖机制，对为首都慈善事业作出突出贡献的个人、企业及慈善组织予以表彰奖励，鼓励经常参与的群体。

（四）提升专业能力，更好地满足群众慈善服务需求

加强首都慈善行业能力建设，鼓励引导慈善组织与时俱进提升组织创新能力，提高慈善服务水平，从传统的提供资金救济尽快向提供社会公共服务转型，从线下运作尽快向信息化运作升级，实现现代化慈善组织的转型升级。加强人才建设，引进新媒体、信息化、金融、财务相关技术人才，通过提升工资水平、加强职业教育、建立人才成长机制等激励措施，打造高水平慈善从业者队伍。发挥北京智力资源优势，大力扶持发展支持性公益组织，夯实慈善行业基础设施，加强行业培训，提升慈善组织围绕乡村振兴、京津冀协同发展、社区治理等方向的慈善项目运作能力和慈善服务水平。围绕"慈善北京"建设，全方位打造慈善品牌，扶持培育一批具有核心竞争力和全国影响力的标杆性慈善组织。

参考文献

宫蒲光：《关于走中国特色慈善之路的思考》，《社会保障评论》2022年第1期。
贾康：《深化收入分配制度改革研究》，企业管理出版社，2018。
康晓光、冯利主编《2017中国第三部门观察报告》，社会科学文献出版社，2017。
康晓光、冯利主编《2018中国第三部门观察报告》，社会科学文献出版社，2018。
康晓光、冯利主编《2019中国第三部门观察报告》，社会科学文献出版社，2019。
康晓光、冯利主编《2020中国第三部门观察报告》，社会科学文献出版社，2020。
王名、蓝煜昕、王玉宝等：《第三次分配：理论、实践与政策建议》，《中国行政管理》2020年第3期。

B.5 "双减"之下城镇居民家庭教育消费变化分析

赵卫华 李晶晶 侯 娜*

摘 要： 2021年7月起，国家出台并实施了"双减"政策。"双减"政策不仅仅是为了减轻学生学业负担和家庭教育负担，也是基础教育领域一项重大改革，给学校教育和家庭教育带来深刻影响。本文结合统计数据、问卷调查数据和访谈资料，分析"双减"后北京城镇居民家庭教育消费的变化及背后的原因。结果表明，"双减"后，北京市居民教育支出总体下降；支出项目内容和形式发生变化，课程类培训消费项目总体减少，但非课程类培训变化不大；培训由线下转为线上；课外教育消费出现新的分化等。"双减"后居民的教育期望并没有变化，教育消费需求仍然存在。为满足学生的多元化成长需求，校内需要提质、扩容、增效，满足多元教育需求；校外可以依托公益机构，提供更多公益性教育服务；针对家庭要加强家长教育，推动家庭教育理念转变；从教育行政机构来说，要稳步推进政策、加强执行效果评估，不断优化政策细节，推动"双减"政策稳步落实。

关键词： "双减"政策 教育消费 教育焦虑

---

* 赵卫华，北京工业大学文法学部教授；李晶晶，北京工业大学社会学系研究生；侯娜，北京工业大学社会学系研究生。

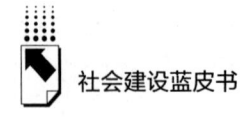

教育一直被认为是社会阶层再生产的主要途径，因此不同阶层的家庭在儿童教育消费上的竞争不断加剧。近年来，课外辅导愈演愈烈，学生学业负担和家庭教育负担越来越重，由此引发的教育焦虑情绪在全社会蔓延。《2017中国家庭教育消费白皮书》指出基础教育和中等教育阶段（7~18岁）的城镇学生中约81%上过课外辅导班，其教育消费支出占家庭年收入的21%。2021年7月，中共中央办公厅、国务院办公厅印发《关于进一步减轻义务教育阶段学生作业负担和校外培训负担的意见》（以下简称"双减"政策），"双减"政策对切实减轻学生和家庭的教育负担，落实立德树人的根本任务，促进学生全面发展有重要影响。"双减"之后，北京的学校教育和家庭教育发生了巨大变化，这些变化带来的影响值得我们深入研究。本文将聚焦"双减"以后家庭教育消费的变化，分析"双减"政策对家庭教育消费的影响。

一　北京"双减"政策的实施

为落实教育部的"双减"政策，2021年8月，中共北京市委办公厅、北京市人民政府办公厅印发《北京市关于进一步减轻义务教育阶段学生作业负担和校外培训负担的措施》，确定了"双减"工作的三大目标，其中明确提出要"确保学生过重作业负担和校外培训负担、家庭教育支出和家长相应精力负担于2021年底前有效减轻、两年内成效显著，人民群众教育满意度明显提升"，"坚持从严治理，全面规范校外培训机构，防止无序扩张，严查各类违规培训和侵害群众利益的行为，为学生全面健康成长创造有利环境"。其明确提出了一系列减轻学生校内外学业负担的重点举措，并于2021年秋季新学期开学实施。

"双减"政策背景下，北京课外教育机构发生了很大变化。北京市对校外教育培训机构采取了一系列措施，包括严格审批准入、严控学科类培训时间、规范培训服务行为、强化经营活动监管、严控校外培训广告宣传投放、严禁资本化运作、学科类培训机构一律不得上市融资等。① 这些严格措施使北京市校外教育培训机构数量大幅下降。2021年10月26日，中华人民共和国教育部网站报道显示，北京线下学科类无证机构压减率达98%，原有各类培训机构压减比例达60%，无证机构动态清零的区已达12个。② 2021年12月21日，教育部召开的关于"双减"工作情况新闻发布会显示，北京校外培训机构的"营转非"完成率达到95%以上。③

"双减"对北京学校教育也产生了一系列影响。北京市"双减"文件要求减少学生校内课业负担，如"统筹作业管理。作业必须在课内布置，坚持作业全批全改、及时反馈，加强面批讲解，作业难度不得超过国家课标""严禁给家长布置作业或要求家长检查、批改作业""控制作业总量，小学一、二年级不布置家庭书面作业，可在校内适当安排巩固练习；小学三至六年级书面作业平均完成时间不超过60分钟；初中书面作业平均完成时间不超过90分钟"等措施逐步生效。这些措施的实施，使北京市学校教育发生很大的变化。2021年秋季学期开始，北京全市中小学有了新的上课时间：小学不早于8：20，中学不早于8：00，作业时间普遍压减。海淀区中关村第二小学老师表示，"双减"后，学生有更多的时间自主学习，主动思考，或者参加自己喜欢的课后服务，进行德智体美劳全面的教育实践。④

"双减"政策不仅仅是为了减轻教育负担，也是基础教育领域一项重大改革，给学校教育和家庭教育带来了深刻影响。通过一系列系统性举措，北京市确立了政府在教育资源配置中的主导地位，减少了市场对教育活动的牵

---

① 《中共北京市委办公厅　北京市人民政府办公厅印发〈北京市关于进一步减轻义务教育阶段学生作业负担和校外培训负担的措施〉的通知》，http：//www.beijing.gov.cn/zhengce/zhengcefagui/202108/t20210818_2470436.html，2021年8月14日。
② 《北京市各类培训机构已压减60%》，http：//www.moe.gov.cn/jyb_xwfb/moe_2082/2021/2021_zl53/sjzxd/202110/t20211026_575170.html，2021年10月26日。
③ 《教育部：学科类培训大幅压减，线下、线上机构均已减少逾八成》，http：//www.moe.gov.cn/fbh/live/2021/53899/mtbd/202112/t20211221_589090.html，2021年12月21日。
④ 《"双减"一学期效果如何？〈焦点访谈〉走进北京这所小学｜"双减"创新案例》，https：//www.163.com/dy/article/H6D31OBG0536JW7T.html，2022年5月2日。

制和干扰，凸显了学校作为学科教学和素质教育主阵地的地位，校外教育作为有益补充。"双减"政策的实施有助于缓解义务教育的过度功利化，对于减轻学生学习压力和家庭教育支出压力都非常重要。

二 城镇居民教育消费的变化

（一）"双减"后城镇居民教育支出有所下降

根据北京市统计局数据，2015~2019年，北京市居民人均教育文化娱乐消费支出逐年增长。2020年受新冠肺炎疫情的影响，北京市居民人均教育文化娱乐消费支出出现明显下降，2021年随着疫情好转而回升，但远低于2019年的水平，这与2021年下半年"双减"政策实施有密切关系（见图1）。2021年下半年，大量教培机构停业整顿，课外教育整体收缩，其对居民教育消费支出产生明显影响。

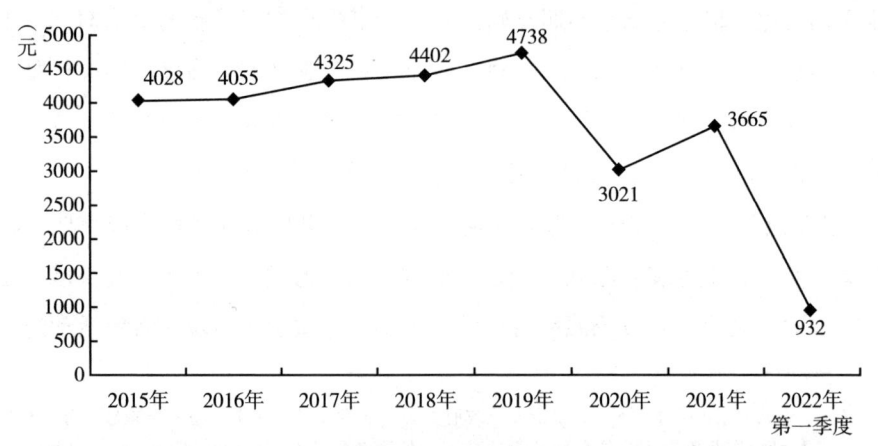

图1 2015年至2022年第一季度北京市城镇居民教育文化娱乐消费支出变化

进一步比较2015年以来第一季度城镇居民人均教育文化娱乐消费支出的变化，2022年第一季度的消费支出与2021年第一季度相比是下降的，比2021年同期下降2.5%（见图2）。但是由于政策实施时间太短，其影响没有完全显现出来。

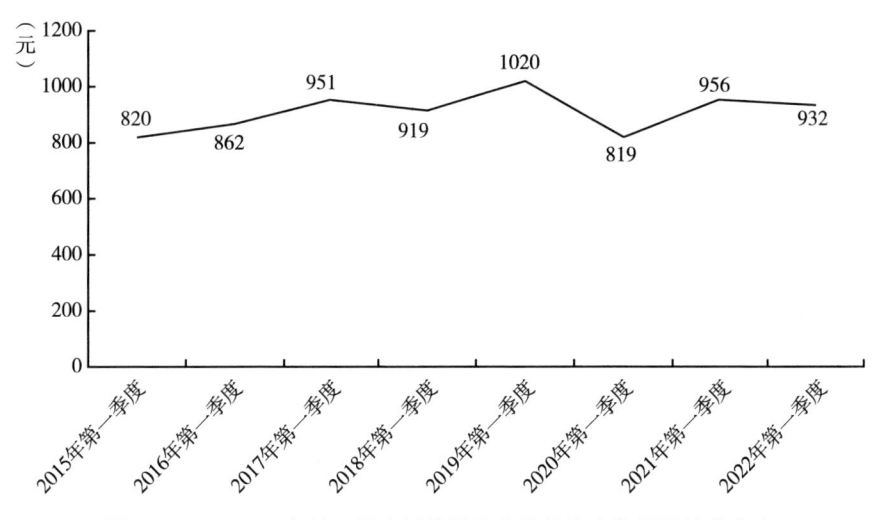

图 2 2015~2022 年第一季度城镇居民人均教育文化娱乐消费支出

数据点：2015年第一季度 820；2016年第一季度 862；2017年第一季度 951；2018年第一季度 919；2019年第一季度 1020；2020年第一季度 819；2021年第一季度 956；2022年第一季度 932。

（二）教育消费支出项目内容和形式变化

从统计局数据看，不考虑疫情的影响，2019 年是居民教育文化娱乐消费支出最高的年份。本部分结合 2019 年的调查，进一步分析居民教育消费的变化情况。

2019 年暑假，课题组在北京开展了"特大城市居民生活状况调查"，按照严格 PPS 抽样进行入户调查。从调查结果看，2018 年北京城镇居民有学龄孩子的家庭教育支出数据显示，幼儿园和基础教育支出水平还是比较高的。家庭户均校内课程支出为 19402.0 元，校外课程类支出为 31388.9 元，校外非课程类支出为 25340.0 元，如表 1 所示。

表 1 北京城镇居民教育支出的总体情况

单位：元

教育支出类别	均值	中值	众数
校内课程类支出（n=141）	19402.0	10000.0	10000.0
校外课程类支出（n=135）	31388.9	20000.0	20000.0
校外非课程类支出（n=145）	25340.0	20000.0	20000.0
总教育支出（n=220）	47291.8	30000.0	20000.0

资料来源：2019 年"特大城市居民生活状况调查"北京入户调查数据。

从不同学段和校内外课程类支出水平看，在幼儿园阶段，校内课程类和校外非课程类支出水平高，校外课程类支出最少；在小学阶段，校外课程类和校外非课程类支出水平都比较高，户均分别达到28646.6元和26773.0元；在初中阶段，校外课程类支出水平最高，达到28629.6元，校外非课程类支出则低于小学。总体来看，在整个义务教育阶段，校外课程类教育消费支出是较高的（见表2）。

表2 不同学段教育支出水平

单位：元

教育支出类别	学段	均值	中值	众数
校内课程类	幼儿园（n=51）	22773.1	18000.0	12000.0
	小学（n=53）	12151.0	10000.0	10000.0
	初中（n=16）	16625.0	10000.0	10000.0
校外课程类	幼儿园（n=17）	18705.9	11000.0	10000.0
	小学（n=75）	28646.6	20000.0	20000.0
	初中（n=27）	28629.6	20000.0	20000.0
校外非课程类	幼儿园（n=24）	21312.5	12500.0	10000.0
	小学（n=89）	26773.0	20000.0	20000.0
	初中（n=22）	21909.1	15000.0	10000.0

资料来源：2019年"特大城市居民生活状况调查"北京入户调查数据。

"双减"以后，校外课程类教育培训减少，居民教育文化娱乐支出总体有所下降，但内部存在明显的分化现象，主要表现为以下方面。

1. 课程类培训消费项目总体减少，但非课程类培训变化不大

"双减"以后，市场上课程类培训大幅度减少，这对学生校外教育消费选择有明显影响。

"双减"后，学科类教育培训机构大幅度减少，学生校外课程类培训减少，但非课程类培训变化不大。一方面一些家长因学科类教育培训机构停办而不得不减少孩子这方面的培训，另一方面"双减"政策的落实，也给一些家长吃了一颗"定心丸"，认为不必再逼着孩子过度学习，所以停止了校

外课程类培训。英语是很多家长选择的课外辅导科目,"双减"后变化非常明显,如访谈中一位幼儿园大班阶段孩子的家长表示:

"双减"前学科类培训报了英语,上了不到一学期就"双减"了,"双减"政策一出就停了,但是素质类培训一直在上,像体能、轮滑、篮球、足球、散打、画画等课程,都是阶段性的,这些课陆续在上,"双减"对此没有影响,就是拓展孩子的知识领域,培养兴趣爱好。

以往这个年龄段的孩子除了参加各种校外非课程类培训班,还要上幼小衔接类课程、英语等,现在这类课程取消了,对这个年龄段的孩子来说的确减轻了学业培训的负担。大环境的变化使得有些家长在"双减"后便不再给孩子报名学科类教育培训。访谈中一位家长也表示,"双减"后因为线下学科类教育机构减少,在线下无法找到外教等学科类培训班,"双减"后便不再给孩子报学科类辅导班了。

因为现在有规定,学科类培训班6岁以下是不能上的,而且6岁以上也有时间限制,比如工作日晚上,放学以后是6~8点。周末好像也有时间限制,一天开不了多少班儿。而且要求外教要有教师资格证,很多老外都没有资格证,没有资质,所以现在没有外教。

2. 课程类课外教育需求仍然强烈,培训形式发生变化

"双减"后,在教育消费方面存在明显的分化现象。访谈发现,"双减"政策实施后,家长的反应是不同的。有的家长是赞同的,国家在教育政策上的导向变化,让学科类培训机构减少,使得一些家长放弃"内卷"育儿,"双减"后不再给子女报各类学科类培训班。也有一些家长反而更焦虑,他们的教育理念和教育期望并未转变,教育竞争的压力仍在,所以不敢放松对孩子的校外课程教育。因为各类教育机构的取消,有些家长不得不投入更多精力和财力在子女教育上,有位三年级孩子的妈妈表示:"以前孩子

放学后就去培训班,作业、辅导以及课外学习都不用管,现在没有辅导班,她爸爸全面投入孩子的教育上,找资料、找课程等。""双减"后,有家长表示,"从我目前自身的经历来看,家长层面彻底、完全放下的其实很少"。

但是课外培训的形式发生了变化,除了父母加强教育参与以外,校外课程教育也出现一些新的变化。

一是非正规化培训增多。"双减"后,有些家长想方设法地给孩子找学科类培训机构,比如通过"攒小班"、请"私教"等方式,以期继续对子女进行学科类培训。这表明,"双减"后由于部分家长教育需求仍然存在,这些需求催生了"地下化""小型化""非正规化"的校外学科类培训。

因此,尽管"双减"政策使得校外培训机构的学科类培训市场大幅收缩,但学生课外补习需求仍在,更重要的是,中高考的竞争压力始终存在,这就使得一部分家长始终不可能放下对孩子的学习焦虑。家长的教育需求仍然存在,教育消费也依然进行,只是以更为隐蔽的方式存在。

二是线上培训普遍化。"双减"后,家庭教育支出的第二个变化是由"线下"转为"线上"。互联网技术的不断渗透,信息技术的不断发展,硬件设备的迭代升级,持续推动教育信息化进程。在线教育用户规模迅速扩大,在线教育市场规模增长迅速,2019年我国在线教育市场规模达3468亿元,同比增长21.47%。[①] 2020年进一步加速,根据《2020年中国教育培训产业全景图谱》,截至2020年6月,我国在线教育用户规模达3.81亿,同比增长63.7%。在线教育的使用率(在线教育用户占网民比例)为40.5%。"双减"后,线下学科类教育培训机构的减少进一步加速了线上教育的发展。2019年K12(教育类专用名词"kindergarten through twelfth grade",指学前教育至高中教育,现普遍用来代指基础教育)在线教育市场规模达648.8亿元,占整体在线教育20.70%的市场份额。中商产业研究院预测,

---

[①] 《预见2021:〈2020年中国教育培训产业全景图谱〉(附行业规模、融资规模、发展趋势)》,2020年11月25日。

"双减"政策背景下，2022年我国K12在线教育市场规模将达850.5亿元。①

居民的教育支出由线下转为线上。访谈中有的孩子表示，自己的课程没有变化，仍然有多门线上课程。但是随着网上课程的丰富，家长们的选择更多，一些家长会从淘宝等平台购买线上教育，如一位家长表示，"双减"后，通过淘宝平台为子女购买英语外教课程。

> "双减"后，我们就去淘宝找了一个菲律宾的外教。一节课25分钟，大概十几块钱。每天时间也不长，就是聊一聊，也不需要有作业什么的。主要是培养英语语感，每天至少有点输入和输出。

（三）课外教育消费出现新的分化

家长对"双减"的态度不一，有些家长就希望孩子快乐成长，对孩子的学习没有要求，对"双减"非常赞成，老师在家长群督促学生学习甚至可能被这类家长投诉，但是也有不少家长认为"双减"后学校要求过于宽松，只能自己督促孩子学习，有的甚至找卷子让孩子带到学校去做。访谈发现，受教育程度高的父母，对于孩子的学习更加重视。一些有时间、有能力辅导孩子的家长表示"双减"后，自己会在家查一些资料帮助辅导孩子，如一位家长说：

> 我小时候，（教育）那是学校老师一管到底的，留很多作业。家长对孩子其实是放养式的，什么都不用管。但是现在呢，就换了一种模式。现在这种模式下，可能我会始终绷着这根弦儿去想他的各种资料，包括各个学科方方面面的资料。我也加了好几个资料群，去找一些合适的资料，进行一些筛选，比如哪些更适合他等。

---

① 《2022年中国在线教育行业及其细分领域市场规模预测分析》，新浪网，http://k.sina.com.cn/article_1245286342_4a398fc60010147k7.html，2022年1月7日。

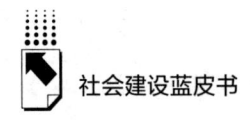

从这一类家长看,"双减"虽然减轻了家庭的经济压力,但增加了家庭在知识教育方面的时间和精神付出。"双减"提倡家校社协同育人,但是如何协同,需要相对清晰的职责划分。学校是知识传授的主体,将这部分责任转移到家庭中是不合适的。"双减"在减轻学生不合理的作业负担的同时,要充分发挥学生的智力潜能,让愿意学、有能力学的孩子有学习校外知识的途径。

此外,"双减"后还产生一个变化,访谈发现,小学低年级学生课外班的方向较"双减"前有所变化,学科类教育培训整体上减少,素质类课外班没有变化或者有所增加。一位家长表示:

> "双减"对我们的影响还是比较大的。一方面,因为培训机构首先是减少了,其次是时间也受到限制,确实在一定程度上降低了孩子的学习强度。另一方面,我觉得比较好的一点,就是现在很强调体育。所以对我们这一代家长来说,最起码从小就很重视孩子的身体素质。

这位家长给孩子报了一些素质类培训班,一是提高素质,二是培养其兴趣爱好。"双减"后,由于学科类培训机构大幅度减少,素质教育支出成为家庭教育支出的一大项目。

因此,"双减"之后,课外辅导内容、方式出现了新的变化。整体来看,居民的教育消费支出下降,但是从不同群体来看,有的有所减少,有的则变化不大,有的还可能有所增加。

三 教育消费背后的高期望和高焦虑

教育消费背后的动力是教育期望。家长的教育期望、教育要求过高是教育焦虑现象产生的直接原因[1],不同教育背景的父母的教育期望存在差异。研究表明,父母的户籍、收入、部分职业类型、受教育水平等社会背景变量

---

[1] 吴信英:《教育焦虑现象的成因及纾解之道》,《人民论坛》2019年第24期。

都显著影响其对于子女的教育期望，受教育水平发挥决定性作用，高受教育程度的父母教育期望更高。① 北京城镇居民的平均受教育程度在全国最高，与"X省的'双减'工作主要是政府在推、学校在干、家长在看，家长主要是'双减'的'监督员''观望者'，对自身的育人责任没有意识"② 不同，北京家长对"双减"是高度关注的，"双减"带来的变化迅速传递到家长的教育行为中。这与北京人口结构的特点密切相关。北京居民受教育程度是全国最高的，根据2020年七普数据，北京每10万人口中大专及以上学历人口高达41980人，年轻父母的平均受教育程度更高，他们对子女的教育期望也更高。2019年北京城镇居民生活状况调查的数据显示，78.6%的家长对子女的最低教育期望是本科，13.0%是硕士，2.1%是博士，最低期望为本科及以上学历的家长比例达到93.7%。最低期望是高中及以下的比例为2.8%，最低期望是专科的比例为3.5%。与此同时，北京市初中升入高中的平均比例大致接近70%，各区有所不同，有的区高，有的区低，差别较大，特别是升入优质高中的机会差别更大，这种高期望和供给不足之间的结构性矛盾是当前家长教育焦虑的根源之所在。

在现代社会，受教育程度对职业地位的获得起决定性作用，这导致很多家长的教育焦虑从孩子出生就开始了。家长对子女未来发展和就业前景的担忧集中在孩子日常的课内课外学习上。因为担心孩子输在起跑线上而不断对孩子的学习加压。研究表明，家长的教育焦虑会体现在其对子女的情绪和行动上，比如因担心浪费子女的学习时间而对子女采取的刻意回避态度、对子女学习成绩和考试的过分敏感和对子女课余生活过多的控制等。③ 据2019年调查数据，北京市城镇居民在子女教育方面"完全不焦虑"和"不太焦虑"的合计占比为28.63%，"非常焦虑"和"比较焦虑"

---

① 余秀兰：《父母社会背景、教育价值观及其教育期望》，《南京师大学报》（社会科学版）2020年第4期。
② 杨燕：《"双减"政策执行的阶段性特点及问题分析——基于对X省四组关键利益相关群体的调查》，《云南师范大学学报》（哲学社会科学版）2022年第3期。
③ 刘俊利：《社会分层与教育资本视域下国内中产阶层教育焦虑问题研究》，河北师范大学硕士学位论文，2019。

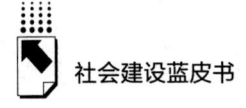

的合计占比为25.3%。孩子学业成绩越不好，家长就越可能焦虑。家庭教育消费反映的是家长对子女学业成绩的焦虑和期待，他们购买的是未来的希望。①

近年来，尽管国家一直试图减轻学生的学习负担，但目前我国中高考的筛选机制没有改变，社会上"好工作"的学历门槛越来越高，这些都是助推家庭加大教育投入的内在动力。"双减"政策致力于解决长期以来中小学生学业负担过重的问题，表明政府对学生课业负担过重、校外培训负担过重以及由此引发的居民家庭教育负担过重等问题的重视。"双减"对于遏制教育功利化、教育资本化具有重要作用，也有利于减轻居民家庭经济负担、促进学生全面健康成长。同时，"双减"还需要回应家长的教育关切，回应家长对更高质量教育的需求，在校内外课业减负的同时要提高教育质量，从而切实减轻家长的教育焦虑。

"双减"后，家长的教育焦虑情况也出现了变化。有些家长表示"双减"后，自己的焦虑状况没什么变化，认为不过多关注孩子的具体成绩反而使家长不那么焦虑。而另外一部分家长则在"双减"后表现出新的焦虑。"双减"后校外培训机构大幅减少，但家长的教育期望并没有降低，教育需求也未减少，课外没有学科类培训机构，课内又无法满足其对优质教育的需求，因此在某种程度上产生新的教育焦虑。

根据"双减"政策的要求和规定，小学一、二年级不布置家庭书面作业并且取消纸笔考试②，没有考试成绩，家长失去了对孩子学习状况的评估标准，心里"没底"，有些家长担心这样下去，孩子到三年级会出现严重分化。

现在三年级以下都不让考试，我觉得不考试的初心肯定是让孩子压力不要过大，或者是扭转"唯分数论"的评价体系。但是怎么反映孩

---

① 林晓珊：《购买希望：城镇家庭中的儿童教育消费》，《社会学研究》2018年第4期。
② 《教育部办公厅关于加强义务教育学校考试管理的通知》，http://www.moe.gov.cn/srcsite/A06/s3321/202108/t20210830_555640.html，2021年8月30日。

子学的程度呢？然后三年级以上开始考试，考试的要求还越来越高。老师也会私下对家长说不要觉得"双减"就是降低要求了，要求并没有降，只是三年级之前不考核，三年级开始一考核，区别立马就显现出来了。

因此，"双减"后，一些家长表示会焦虑孩子的课堂学习效果，担心孩子的学习被落下。

还有的家长担心减轻学业负担会错过孩子成长的关键期。如英语一直是校外课程类教育培训的重要内容，很多家长会给幼儿园或者小学的孩子报英语辅导班强化英语学习。有的家长担心，如果孩子小时候不上英语等语言类培训班，可能会使其错过孩子的语言发展敏感期。

在儿童早期，要不要加强英语学习，家长对此也是有焦虑的。研究表明，儿童学习语言有一个关键期，即在二至五岁，这段时间是学习语言的最好时期，至12岁前学习语言还比较容易，超过这个年龄后，情况就大不相同了。[1]

也正是基于这种担心，有的家长会自己找资料帮助孩子加强学习。家长对孩子的学习参与程度不同，焦虑程度不同，给孩子报课外班的动力也有所不同，根据家长类型，可以把"双减"后家长的反应分为如下类别(见表3)。

表3 "双减"后家长教育焦虑及教育消费的可能应对类型

家长类型	低文化资本	高文化资本
放养型	不焦虑/支出不变或者减轻	不焦虑/支出不变或者减轻
参与型	焦虑/支出不变或加重	焦虑/支出不变、加重或者减轻(但时间投入增加)

---

[1] 赵琳：《儿童早期语言教育与其后继语文能力发展关系的研究报告———项早期家庭教育的追溯研究》，《学前教育研究》2003年第11期。

四 政策建议

"双减"政策的实施，减轻了学生的学业负担，对家庭的教育负担也有所减轻，但是由于校外教育培训的需求仍然存在，家长对孩子的学习也有新的焦虑，校外课程类教育培训并未完全杜绝，课外培训出现"线上化"和"地下化"的特点。因此，"双减"后，只有进一步落实好相关政策，提高学校教育质量，满足家长对高质量教育的需求，保证孩子在校内学足、学好，才能缓解家长的教育焦虑，减轻家长校外教育支出负担。基于此，提出以下建议。

（一）对学校来说，要提质、扩容、增效，满足多元教育需求

学校是教育的主阵地，"双减"后尤其如此。首先，课内要提质、扩容、增效，满足不同学生的学习需求。学校要按照学生的发展潜力和发展需求，设立相应的课程，真正满足学生的多元发展需求。只有学生在学校学会、学好、学足，才能有效降低课外培训的需求。其次，丰富中小学课后服务资源及其形式。充分发掘校内和校外资源，丰富课后服务内容，满足学生知识、实践、体育、文艺等多方面的学习需求，增强学校课后服务的能力和吸引力。只有真正把学生的多元发展需求纳入学校教育和服务体系中，才能消除居民的教育焦虑和减轻教育负担。最后，推动北京市优质教育资源区际及校际均衡，特别是推动师资、教育管理、教育资源等各方面的均衡发展，充分利用互联网平台，为中小学生提供更多精品课程资源，实现优质教育资源共享共用，构建优质均衡的基本公共教育服务体系。

（二）在校外，要以公益机构为依托，提供更多公益性教育服务

"双减"政策虽然对校外培训机构实行了严厉措施，但由于家长的教育需求仍然存在，对优质教育的现实需求是导致目前仍然存在私人家教等辅导

形式的主要原因。因此，需要积极利用社会教育资源开展公益性服务。课后服务可以聘请退休教师、具备资质的社会专业人员或高校志愿者参与，依托社区、少年宫、青少年活动中心、网络等社会资源，为居民提供教育服务。

（三）针对家庭，要加强家长教育，推动家庭教育理念转变

家长是孩子的第一任老师，家长的教育理念对孩子的健康成长至关重要。"双减"以后，家庭教育和学校教育如何分工合作并不清晰。学校教育和家庭教育要协同发展，"双减"也需要家长转变教育观念，重新厘清家庭教育的任务。针对如何培养孩子的学习习惯、如何培养孩子独立生活和独立思考能力，如何培养孩子品行和健全人格，如何处理好亲子关系，需要加强家长教育，给予家长更多的指导。

（四）对教育行政机构来说，要稳步推进政策、加强执行效果评估，不断优化政策细节

教育是百年大计，关系到国家的未来。"双减"是新发展阶段党中央和国务院实施的义务教育阶段的一项重大改革，政策直接影响地方教育行政部门、学校、教师、学生、家长、校外培训机构等多组关键利益相关群体，特别是给学生成长带来深远影响，对国家未来人才发展产生深远影响。因此，"双减"政策推行要稳中求进，及时从各个方面评估政策执行效果，不能一蹴而就。对于"双减"中一些好的做法，及时总结经验，对于一些不合理做法，及时纠正。对于"双减"的效果，如学生的知识掌握状况、课后时间利用情况、综合发展状况要进行及时评估，不断改进政策执行的细节。

B.6 北京市普惠托育发展现状与有效供给的政策思考

王 敏 晋 芳[*]

摘 要： 当前，育儿经济负担重、婴幼儿早期照料难度大、女性职业发展受阻等已成为影响生育的重要因素，为解决家庭托育困境、提高民众生育意愿，2019年以来，国家积极推进普惠托育政策，推出一系列央地政策优惠包，助力全国各省市探索具有地方特色的托育方案。近年来，北京市积极落实鼓励三孩生育政策，发展普惠托育服务成为重要内容，但总的来看，托育服务存在总量不足和结构性矛盾并存等问题。本研究立足于北京市托育服务发展现状，查找目前普惠托育服务发展的难点和堵点，对"十四五"时期构建首都北京这一超大城市普惠托育服务有效供给机制提出相应的政策反思。

关键词： 普惠托育 家庭托育 托育服务供给 北京

一 引言

当前，低生育率现象成为全世界广泛关注的问题，如何提高民众生育意愿、提高总和生育率水平，成为一些低生育率国家长期以来重要的人口政策

---

[*] 王敏，管理学博士，北京工业大学文法学部社会学系副教授，北京社会管理研究基地研究员，主要研究方向为社会保障、社会建设与社会治理；晋芳，北京工业大学文法学部硕士研究生。

议题。第七次全国人口普查数据显示，我国育龄妇女总和生育率为1.3，远低于2.1的人口更替水平。从2016年起，我国逐渐放开生育政策，鼓励生育"二孩""三孩"并推进实施相关配套支持措施，然而，"生孩子不易，养孩子更难"，经济负担重、婴幼儿早期照料难度大、女性职业发展受阻等社会、经济和结构性因素已成为影响生育的重要因素。

婴幼儿早期照护作为人生的第一个1000天，对个体发展有重要的奠基作用，也关乎家庭福祉和国家长远发展。近年来，国家层面重要会议和文件多次提及发展托育，2019年5月，国务院办公厅印发《关于促进3岁以下婴幼儿照护服务发展的指导意见》，明确了促进婴幼儿照护服务发展的基本原则、实现目标、主要任务和保障措施等，为托育服务发展提供了国家层面的指导意见。《中华人民共和国国民经济和社会发展第十四个五年规划和二〇三五年远景目标纲要》明确提出"发展普惠托育服务体系"，并提出2025年达到每千人口拥有4.5个3岁以下婴幼儿托位数的发展目标，支持社会力量发展综合托育服务和社区托育服务设施，新增示范性普惠托位50万个以上。[1]

近年来，北京市积极落实鼓励三孩生育政策，发展普惠托育服务成为重要内容，并将托育工作纳入北京"十四五"规划、社会公共服务发展规划、健康北京建设规划等，明确每千人口不少于4.5个托位及普惠性托位占比不低于60%的目标。[2] 截至2022年3月1日，北京市通过备案的托育机构有107家。2021年，北京市在已备案的托育机构中创建了45家具有带动作用、承担一定指导功能的示范托育机构。[3]

---

[1] 《未来五年，如何发展普惠托育服务体系?》，http://www.gov.cn/xinwen/2021-03/25/content_5595747.htm，2021年3月25日。

[2] 《中共北京市委 北京市人民政府印发〈关于优化生育政策促进人口长期均衡发展的实施方案〉的通知》，http://www.beijing.gov.cn/zhengce/zhengcefagui/202202/t20220209_2606802.html，2022年2月9日。

[3] 《落实〈中共中央国务院关于优化生育政策促进人口长期均衡发展的决定〉在行动 让托育机构成为孩子第二个"家"》，https://www.jkb.com.cn/news/industryNews/2022/0516/484773.html，2022年5月16日。

可以说，当前北京托育服务迎来快速发展时期，但总体来看，托育服务存在总量不足和结构性矛盾并存的问题，即托育数量存在"总量不足，相对过剩"的矛盾。2021年北京市托位数为19972个，每千人口0.91个托位①，而2020年北京新生儿约为15万人，即便按照"十四五"规划每千人口4.5个托位目标计算，所能提供的托位数与需求仍然存在较大缺口。同时，入托率较低，北京城镇地区3岁以下儿童入托率为13.8%，②全国平均水平仅5.5%，与OECD国家3岁以下婴幼儿平均入托率36.1%相比，差距较为明显。③缺乏普遍覆盖、成本可负担的托育体系已成为适龄家庭生育决策的主要顾虑，也是"幼有所育"民生保障的重要短板，不利于北京人口长期均衡发展和劳动要素的充分有效利用。为把脉北京市普惠托育发展的前置现状，本研究立足于北京市基本情况，查找目前普惠托育服务发展的难点和堵点，对构建适合北京城市发展现实需求的服务有效供给机制给予相应的政策思考。

二 北京市托育服务发展现状

在托育推行策略上，主要发达国家对发展普惠性托育服务达成了共识。OECD国家早在1998年就把可获得（availability）、可负担（affordability）和有质量（quality）作为普惠性托育服务发展的三大基本原则和主要目标④，力求让不同消费水平的公民都能获得婴幼儿托育服务机会。⑤ 2019年以来，国家层面对发展3岁以下婴幼儿公共托育服务的方向逐渐明晰，即

---

① 《李申虹代表：加快推进北京市普惠托育服务体系建设》，光明网，https://topics.gmw.cn/2022-01/10/content_35437461.htm，2022年1月10日。
② 王晖：《3岁以下婴幼儿托育需求亟需重视》，《人口与计划生育》2016年第11期。
③ 《地方托育政策逐步落地：公立托育亟待"补短板" 民办托育面临"大洗牌"》，https://baijiahao.baidu.com/s?id=1707691916636486882&wfr=spider&for=pc，2021年8月10日。
④ OECD国家于1998年发布《强势开端：早期教育与保育》，推动了公共性普惠托育服务在这些国家早期的发展进程。
⑤ 刘焱、武欣：《欧洲国家发展普惠性学前教育的路径选择》，《比较教育研究》2019年第1期。

"普惠优先","优先支持普惠性婴幼儿照护服务机构"。①"普惠性"是"幼有所育"政策理念的价值内核和重要属性,即普遍性、公平性和优惠性。普遍性强调数量上的广覆盖,公平性着眼于起点和过程的平等,优惠性着力于价格上的合理和可负担性。从托育模式的划分看,传统划分既包括"住宅内"托育,也包括"住宅外"托育,2019年开始,机构托育作为"住宅外"托育方式,成为祖辈和保姆住家照顾外的一种亟待发展的婴幼儿照护替代方案。各个地区在实践中也形成了各种不同的普惠托育供给模式,主要包括社会力量举办普惠托育服务、托幼一体、单位和园区嵌入式服务、公办机构举办普惠托育服务等形式。

（一）普惠托育政策支持

2019年以来,国家层面先后制定各类专项文件,为婴幼儿照护服务的发展提供全面、可操作、可落地的政策支撑,逐步形成政策支持体系（见表1）。地方层面,全国各个地区和城市结合本地实际,积极推动3岁以下婴幼儿照护服务指导政策的出台,并从实践层面开展各类普惠托育服务的供给和模式创新。

表1 2019年以来我国托育行业全国性政策发展历程

时间	发布单位	政策	影响方向
2019年5月9日	国务院办公厅	《关于促进3岁以下婴幼儿照护服务发展的指导意见》	行业顶层指导意见
2019年6月6日	住建部	《托儿所、幼儿园建筑设计规范》（局部修订条文征求意见稿）	机构建设规范
2019年6月26日	国务院办公厅	《关于促进家政服务业提质扩容的意见》	相关行业联动
2019年7月4日	财政部等	《关于养老、托育、家政等社区家庭服务业税费优惠政策的公告》	税收优惠

① 陈偲、陆继锋：《公共托育服务：框架、进展与未来》，《行政管理改革》2020年第6期。

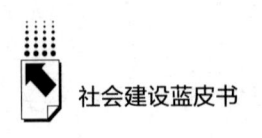

续表

时间	发布单位	政策	影响方向
2019年10月9日	教育部办公厅等	《关于教育支持社会服务业发展 提高紧缺人才培养培训质量的意见》	人才供给体系
2019年10月14日	卫健委	《托育机构设置标准(试行)》《托育机构管理规范(试行)》	机构设置规范及管理规范
2019年10月24日	卫健委、发改委	《支持社会力量发展普惠托育服务专项行动实施方案(试行)》	2020年开始专项支持行动试点
2020年12月31日	国务院办公厅	《关于促进养老托育服务健康发展的意见》	顶层指导意见及重点工作
2021年5月10日	卫健委、发改委	《关于开展全国婴幼儿照护服务示范城市创建活动的通知》	以评促建(服务供给的城市典型经验探索与总结)
2021年12月23日	卫健委	《托育机构建设标准》(征求意见稿)	机构建设标准(建筑及服务设施规范)
2022年4月27日	卫健委办公厅、发改委办公厅	《关于做好第一批全国婴幼儿照护服务示范城市推荐申报工作的通知》	通过示范城市建设带动普惠托育政策落地

在国家政策的基础上，北京也在积极探索适合自身的普惠托育方案，提出到2020年底，北京将建成不少于34家具有示范性的婴幼儿照护服务机构；到2025年底，婴幼儿照护服务的政策体系基本完善[1]等政策目标。提出扩大普惠性托育服务供给，鼓励和支持有条件的幼儿园开设托班招收2~3岁幼儿，支持家庭托育点、社区婴幼儿活动场所和托育服务设施建设，支持用人单位、产业园区提供职工福利性托育服务等政策内容。[2]此外，还从高等职业学校和骨干特色专业等方面，重点加强养老、护理、学前教育、托

---

[1] 《北京市人民政府办公厅关于促进3岁以下婴幼儿照护服务发展的实施意见》，http://www.beijing.gov.cn/zhengce/zfwj/zfwj2016/bgtwj/202001/t20200121_1619707.html，2020年1月21日。

[2] 《〈北京市"十四五"时期教育改革和发展规划（2021—2025年）〉发布 重点功能区将新建17所优质小学》，http://www.beijing.gov.cn/zhengce/zcjd/202110/t20211008_2507728.html，2021年10月8日；北京市发展和改革委员会：《北京市"十四五"时期社会公共服务发展规划》，2021年12月28日。

育、家政服务、健康管理等专业人才培养，探索开发与国际先进标准对接、体现北京特色的普惠托育方案。

（二）北京市托育服务供给现状

当前，北京正在大力发展普惠托育服务，从供给的主要方向看，主要依托 2019 年以来的国家普惠托育专项行动，通过撬动预算内财政资金投入，引导社会力量参与普惠托育供给。北京现有的托育服务体系主要包括市场化的托育服务机构、托幼一体模式、家庭托育点、单位和园区举办托育、社区托育等形式，提供全日托、半日托、计时托、临时托等满足不同需求的服务。从总量规模看，北京市托育服务供给仍显不足，截至 2022 年 3 月 1 日，北京市通过备案的托育机构有 107 家。2021 年，北京市在已备案的托育机构中创建了 45 家示范托育机构。[1]

1. 市场化托育服务机构

北京市现有的托育机构，超过九成是民办或营利性机构。海淀区卫生和健康委员会曾在 2020 年 5~6 月对全区 3 岁以下婴幼儿托育服务机构进行调查，全区共有 37 家托育机构，收集机构有效调查问卷 12 份，被调查的 12 家托育机构均为私营。[2] 昌平区卫生和健康委员会在 2022 年 3 月公布的托育机构备案表中 13 家机构全部为营利性的。近两年，受疫情影响，北京托育机构普遍存在招生困难、房租和人力成本过高的困境，为维持财务平衡，大多数托育机构只能走高端路线，这就导致托育服务价格偏高。相关数据显示，北京每月平均保育费高达六七千元，是居民人均月收入的 1.12 倍，超出一般家庭的消费能力。[3]

---

[1] 《落实〈中共中央国务院关于优化生育政策促进人口长期均衡发展的决定〉在行动 让托育机构成为孩子第二个"家"》，https://www.jkb.com.cn/news/industryNews/2022/0516/484773.html，2022 年 5 月 16 日。

[2] 《北京海淀区 3 岁以下婴幼儿照护服务机构现状及发展趋势研究》，《人口与健康》2020 年第 12 期。

[3] 《发展普惠托育 解决带娃难题》，《经济日报》2022 年 6 月 1 日。

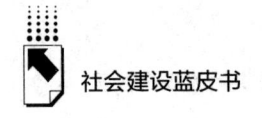

2. 托幼一体模式

近年来北京市人口出生率下降明显,"少子化"问题突出,幼儿园教育设施相对过剩,幼儿园开设托班能够最大限度提高资源的利用率。北京市鼓励和支持有条件的幼儿园在满足3~6岁幼儿入园的基础上,开设托班招收2~3岁幼儿,提供托育服务。① 以北京市朝阳区为例,2021年9月1日幼儿园开学时,全区有3000多个富余学位。可以说,托幼一体模式的重大优势在于通过幼儿园资源的向下延伸和共享,最大化利用和节约资源,一定程度上有利于降低运营成本,实现幼儿园开设托班的普惠性收费。但北京市目前开设托班的幼儿园数量少、规模小,普惠性托位数量更是有限,难以满足家庭的入托需求。目前尚无法完全统计北京幼儿园开设托班的名单和基本情况,对朝阳区、西城区20多所托幼一体机构进行统计发现,多数为国际园,学费平均在5000元/月以上,最高的收费标准为15000元/月起。

3. 家庭托育点②

家庭托育点模式是基于邻里照护、互助共养的方式,依托居民家庭场地,由一个有资质的保育人员或者保育团队照护多名婴幼儿,为周边居民提供便利可及且符合一定标准和服务质量的照护服务。

北京存在各种形式、各种规模、在住宅内的托幼点,一般被称作"民居园"。这些"民居园"基本都是由民间力量自发兴办的。其中,一些"民居园"因价格低廉和近便居家照护的优势受到一些家庭的青睐,但这种照护的品质和质量也成为长期质疑的焦点。2019年以来,国家大力发展托育事业,"民居园"在实践中承担了一些街道0~3岁婴幼儿的照护服务。

当前,北京"民居园"(家庭托育点)陷入发展困境,这些家庭托育点

---

① 《中共北京市委 北京市人民政府印发〈关于优化生育政策促进人口长期均衡发展的实施方案〉的通知》,http://www.beijing.gov.cn/zhengce/zhengcefagui/202202/t20220209_2606802.html,2022年2月9日。

② 国家卫生健康委流动人口服务中心课题组、刘文婧、李红娟:《家庭式托育:现状、规制困境与政策建议——基于北京市"民居园"的调研》,《社会治理》2021年第4期。

通常选择住宅内经营，无法完成工商注册和托育机构的登记备案工作。受疫情影响，基本处于关闭暂停状态。从长期看，缺乏有效的监管和法律规制，这一模式面临很大的不确定性，也面临着各种经营风险。场所安全、邻避效应和合法性等成为长期质疑的焦点。但从普惠性、可及性和社区嵌入的便捷性等优势考虑，家庭托育点建设已受到政策专家和学者的关注，他们提出出台《北京市家庭托育点管理办法》等政策建议。①

4. 单位和园区举办托育服务

《国务院办公厅关于促进养老托育服务健康发展的意见》提出，"推动有条件的用人单位以单独或联合相关单位共同举办的方式，在工作场所为职工提供托育服务"，"支持大型园区建设服务区内员工的托育设施"。用人单位嵌入式的托育服务设施，面向本单位职工，以职工福利方式提供普惠性托育服务。园区嵌入式设施，按照"谁投资、谁受益"原则，为园区内职工提供普惠性服务。

实践中，单位和园区举办托育主要表现为各类企事业单位自建普惠托育园的形式，企事业单位、国家机关利用自有场地、改扩（新）建的形式，建成符合企业单位、机关工作特性以及承载企业文化的托育园区，解决普惠托位和员工子女入托需求。

针对单位和园区嵌入模式举办普惠托育，社会各类用人单位也存在较多争议，主要原因在于婴幼儿照护方面存在较大的安全风险，现有运营方式较难化解企业的参与风险。北京市虽然从政策层面积极支持有条件的用人单位、大型企业为员工提供托育服务，但企事业单位基于资金、资质、场地、师资以及责任和风险等问题的考量，举办托育服务的意愿并不强烈。特别是携程"亲子园"事件的发生，打消了很多企事业单位举办托育服务的积极性。当前，明确责任划分、加强政策支持，积极运用多种方式支持单位自建托育机构是这一模式后续持续发展的重要保障。

---

① 《两会声音丨关于家庭托育点建设》，https：//www.sohu.com/a/515066990_121124031，2022年1月7日。

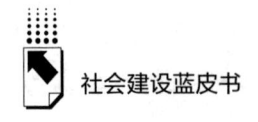

5. 社区托育

"就近就便"是家长托育0~3岁婴幼儿的普遍诉求。将托育场所设在青年人口分布较多的社区周边，将社区的闲置空间利用起来，改造成"普惠社区托育点"，可以满足社区适龄家庭托育需求。社区托育可以提供半日托、临时托、小时托、夜托、月托等灵活性托育服务，满足社区内家庭的托育需求，还能够最大限度吸收生源，缓解部分托育机构供需不匹配的困境。北京市目前围绕打造"一刻钟托育服务圈"，将托育服务设施纳入居住公共服务设施配置指标，积极推动社区托育和服务设施建设。

三 北京市普惠托育服务发展的难点、堵点

（一）总量不足和结构性矛盾并存

当前，北京托育服务迎来快速发展时期，但总体来看，普惠托育服务仍处于起步阶段，运营的托育机构以市场化机构为主，近两年受疫情影响，大量机构表现出资金短缺、抗风险能力差等问题。总量不足和结构性矛盾并存是北京普惠托育发展的前置现状，即托育数量表现为"总量不足，相对过剩"的悖论。2021年北京市托位数为19972个，每千人口0.91个托位，而2020年北京新生儿约为15万人，即便按照"十四五"规划每千人口4.5个托位目标计算，所能提供的托位数与需求仍然存在较大缺口。同时，入托率却较低，国家卫健委人口家庭司司长杨文庄公布，根据七普数据，全国现有0~3岁婴幼儿4200万人左右，各类机构入托率仅为5.5%，与发达国家相比存在较大差距。[1] 其中，城市3岁以下婴幼儿入托率不足10%[2]，北京城镇

---

[1] 《国务院新闻办公室2021年7月21日新闻发布会文字实录》，http://www.nhc.gov.cn/xcs/s3574/202107/15b54b3bcf1547d4afc655b7e9d442c1.shtml，2021年7月21日。

[2] 李沛霖、王晖、丁小平等：《对发达地区0-3岁儿童托育服务市场的调查与思考——以南京市为例》，《南方人口》2017年第2期。

地区3岁以下婴幼儿入托率为13.8%[①]。此外，托育服务质量参差不齐、监管体系不完善、服务标准不规范、市场化机构收费过高等原因，导致居民"不敢托""不愿托""托不起"，一定程度上也能解释"旺盛的托育意愿"与"犹豫的送托行为"之间的鲜明对比。[②] 托育服务缺失带来家庭养育责任压力加大，已经成为掣肘妇女生育或再生育的重要因素之一，也不利于北京作为首都超大城市的人口长期发展战略和城市发展定位。

（二）城市、农村和城乡接合部资源基础差异大

城市、农村和城乡接合部在普惠托育政策推进中面临不同的基础和挑战，城市空间内，中央预算投资重点支持"一批具有带动效应、承担一定指导功能的示范性托育服务机构"，以及通过改扩建支持"一批嵌入式、分布式、连锁化、专业化的社区托育服务设施"，[③] 这两类供给主体虽能在一定程度上解决"价格可负担"的问题，但尚不具备"普遍性"，却可能在实践中产生"示范性"对"未纳入示范性机构"的反向排挤，形成二元主体供给模式。[④] 此外，城市地区托育供给主体多元，资源分布广泛，相对农村地区，如何整合当前资源优势，激发多元主体普惠托育的供给积极性，是未来政策的着眼点。

农村地区，伴随年轻人外出务工，老人成为家庭婴幼儿早期照护的主体，普遍呈现对科学养育理论和实践指导的急迫需求，但普惠托育机构在当前农村地区基本没有供给。因此，安全、科学、普惠的托育机构在农村地区的扩面问题则显得极其重要。

城乡接合部作为城市和农村的过渡地带，是广大农业转移人口和城镇中低收入家庭的聚居地，这一区域既面临供给不足，也存在需求困境。从公共

[①] 王晖：《3岁以下婴幼儿托育需求亟需重视》，《人口与计划生育》2016年第11期。
[②] 王敏、韩健平：《普惠托育支撑生育友好社会》，《瞭望》2022年第19期。
[③] 国家发展改革委、国家卫生健康委：《支持社会力量发展普惠托育服务专项行动实施方案（试行）》，2019年10月24日。
[④] 谢郁：《普惠性托育服务如何供给？——托育供给制度的模式之辩》，《浙江社会科学》2020年第7期。

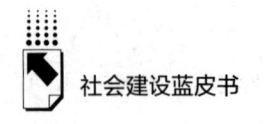

服务供给角度看，在国家供给托育服务覆盖范围有限的现实条件下，厘清政府托育保障的人群范围极其重要。

（三）各类供给模式存在的差异化堵点有待解决

1. 社会力量举办普惠托育缺乏可持续的财务保障机制

普惠托育服务供给属于非基本公共服务。2019年以来，国家卫健委会同国家发展改革委开展普惠托育服务专项行动，以投资换机制，北京市社会力量举办托育机构的数量持续增加。在这种模式下，中央预算按每个新增普惠托位给予1万元的补贴，但这种一次性补贴方式，并不能说明中央财政对其未来财务持续性的保障，也不可能形成类似国家主导模式的政府直接举办托育机构的模式，这一财政支持政策的具体效果还需要一段运行时间给予评估。因此，如何平衡普惠的"可负担性"与托育机构的生存"利润点"，需要一个综合性的分析方案。这个方案既要实现需求端的价格可负担，也要激发供给端的活力，同时还要防范化解相关市场风险，避免机构以服务质量下降来平衡财务的持续性。

2. 民办幼儿园学位资源的撬动是托幼一体模式推广的关键点

托幼一体模式的有效运行主要依赖充足的学位资源、完备的公办体系、市级财政支持三个因素的强力保障。从学位资源看，截至2020年，北京市户籍人口总量为1397.4万人，当年户籍人口出生数为100368人，创下10年新低。相比2019年减少32266人，下降幅度为24.33%。2017年以来，常住人口也呈逐年下降趋势。因此，幼儿园学位结构性矛盾的缓解，也有利于托幼一体机构有效利用现有资源，实现进一步发展。北京发展托幼一体的普惠托育模式，公立幼儿园可能会面临托班容纳幼儿数量有限、托位不多等问题，鼓励和支持民办幼儿园供给具有普惠性、质优价廉的托班是重要补充。因此，厘清财政的支持边界，建立科学的服务成本核算制度，是这一模式发展的重要保障。

3. 构建完善的政策监管机制是家庭托育点发展的当务之急

与机构托育相比，家庭托育点强调了家庭照护功能，且经济成本、可及便利程度更优。但也存在相关政策法规不健全、监管难以到位、邻里纠纷和协调问题。由于政策处于"灰色地带",北京家庭托育点的发展陷入困境,受疫情影响,基本处于停滞状态。从场所安全性、合法性、处理机构与邻里关系等方面完善政策监管,是家庭托育点发展的前置要求。

四 北京市普惠托育服务有效供给的政策思考

托育市场有别于普通商品市场,是不完全竞争市场,表现为服务供给方的信息偏在及托育服务的异质性。供给方的信息偏在是指机构对托育的质量拥有更多的信息,家长想了解孩子接受的托育服务质量相对是困难的;异质性是指托育服务作为服务性行业,质量取决于保育人员的水平,不同的保育人员甚至同一保育人员在不同的时间点,提供的服务优势和服务特点可能都不同,服务供给与从业人员即时的心理状态、身体状态等个体因素紧密相关。因此,完全依靠市场,很容易产生市场失灵问题,这也是政府公共政策需要干预的原因。目前,全国普惠托育处于制度搭建阶段,研究适合北京城市发展现实需求的服务供给机制和路径,避免市场失灵的同时,最大化发挥政府干预的政策效果,亟须从以下方面进行政策反思。

(一)探索适合北京社会经济发展的服务供给方式

在托育服务发展路径上,因为文化基础、社会价值观、经济发展水平的差异,存在国家间的政策风向差异,具体表现为两种相互冲突的政策策略。一种是强调3岁以下婴幼儿的最佳个体利益,国家认为有必要在人生的这个特殊阶段进行人力资本投资以获得社会最大边际收益。[1] 其以北欧国家为代表,强调"去家庭化"政策工具的运用,如积极发展公共托育服务,政府倾向以直接提供服务的方式干预市场。另一种倾向于兼容社会化与市场化模式,这类国家通常保有自由主义的价值内核,强调家庭和个人选择的自

---

[1] 刘中一:《普惠托育服务的内涵、实现路径与保障机制》,《中州学刊》2022年第1期。

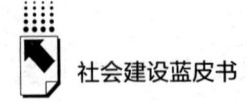

由性,如英国、美国和一些OECD国家。政府由补助"供方"托育机构转向进行需方补贴,如推行"托育券"制度,同时鼓励市场购买主体和家庭"用脚投票",激发市场上的托育机构提高服务质量,提升服务效率。

目前全国都处在制度搭建阶段,构建适合北京现实发展需求的服务供给方式是政策路径首先要回答的问题。补供方和补需方的政策在特定的历史条件下,都有相应的优势和缺点。从北京甚至全国的发展现状看,公立普惠托育机构数量有限,且很难在短时间内完成大规模建设投资。城市地区,托育供给主体多元,资源分布广泛,相对农村地区,如何整合当前资源优势,激发多元主体普惠托育供给积极性,是未来政策的着眼点;因此,政府要建立普惠托育服务成本核算制度,撬动和扶持民办托育机构增加供给,引导市场在坚持公益性的基础上获得合理的经济回报,实现收费标准"平价"。对于有照护困难的家庭,可以探索需方补贴方式,通过"托育券"等形式给予家庭补贴,切实解决服务的"可及性"问题。农村地区,通过精准瞄定保障人群,重点关注困境儿童、留守儿童早期发展,这是对处于不平等状况孩子的再分配措施。公共性的资金投入,在农村地区作为一种社会投资,会比城市地区产生更大的边际收益。

(二)科学衡量政策绩效

对政策适当、及时、科学的评估是任何一项制度有效推进的必然环节。北京普惠托育服务有效供给的政策绩效评估,既是后评估的重要理念,也是制度推进之前需要避免的政策误区。从"普惠"的内涵加以延伸,可以从"普遍性""公平性""可及性""优惠性"等方面对普惠托育服务政策绩效开展考察,但需要厘清相关概念:第一,"普遍性"是不是意味着托位数量越多越好?如果仅将"千人托位数量"作为是否"普惠"的衡量指标,则极易产生"逆向再分配"结果。由于目前城乡之间在婴幼儿早期照护托位供给上存在较大差距,而托育作为非基本公共服务供给,导致其具有在大城市和经济发展水平高地区集中的内在倾向,从而不利于城市最优供给规模的形成,也极易造成关注总量而忽略城乡之间发展的不平衡问题。第二,"可及性"是不是意味着仅考虑空间分布上的密度即可？辖区婴幼儿家庭快捷到达普惠托育服务机构，是对可及性的最基本要求，但对"可及"的科学衡量，需要兼顾"空间可及"和"供需匹配"，这就需要结合不同辖区婴幼儿家庭数量、需求结构对托育服务机构布局进行合理测算，避免"一刀切"，防止布局"过密"带来的托位供大于求，以及布局"稀疏"导致的距离不可及问题。此外，还要从逻辑上认识到将"托育服务供给"与"托育需求者切实可获得的服务"简单等同是不合理的，对于不同的家庭来说，其对不同的托育时段、服务类别有差异化需求，如果供给面服务形态单一，即使普惠托位数量充分、空间可及，也很难与需方的要求合拍，形成实质的"不可及"。第三，"优惠性"是不是意味着"价格越低越好"？普惠托育作为"婴幼儿权利保障"的重要政策实践，服务质量相较于价格低廉，应该作为更加重要的衡量指标。以牺牲质量为代价，盲目发展低价甚至免费托育服务，对于普惠托育普及化没有任何意义，甚至连"安全保育"的最低目标也无法达成。因此，政府在激励社会力量参与普惠托位供给的同时，要积极承担市场监管责任，谨防效率损失。

（三）供需匹配，实现托育意愿转化为送托行为

普惠托育政策的推广，除了供给侧发力外，还要转变需求端在托育市场长期存在的"心理惯性"。从"托育意愿"到真正的"送托行为"，隐含了对政策目标达成效果的衡量。

发展"托育友好社会"，托育机构硬件设施供给很容易就达到高水平，保育人员等"软件人才"的供给却不是一天两天就能完成的任务。北京拟重点建设托育相关特色专业的做法，对于发展普惠托育具有重要意义，但需要注意可能存在的供给缺乏弹性问题，就是说在短期内，通过专业培养，人才供给总量不会足够大，且考虑到毕业生作为高端人才，往往会倾向就职于部分市场高端托育机构。制度搭建的起步阶段，可以尝试打通普惠托育市场与现有家政机构育儿嫂市场的人员供给渠道，将具备一定年限育儿工作经验的从业人员，纳入普惠托育机构人才供给体系中，借鉴日本、OECD 国家的

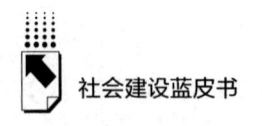

经验，规范保育人员的职业准入门槛和严格的惩戒措施，利用现有的人力资源保障普惠托育机构的服务质量。

长期以来，公共托育缺位，如何让群众转变观念，真正接受家庭以外对婴幼儿的照料，既要从构建"托育友好社会"的外部环境出发，也要积极开展家庭"心理建设"。托育市场长期以来"相对过剩"，一定程度上反映了家庭对机构照护的不信任。解决托育服务供给和需求的结构性矛盾，需要让家庭真正放心接受托育机构对婴幼儿的照料。因此，政府在激励社会力量参与普惠托位供给的同时，要积极承担市场监管责任。制度供给上有效实现"付费可享有、价格可承受、质量有保障、安全有监管"的目标。① 家庭"心理建设"在于缓解当下家庭普遍存在的育儿"焦虑心理"。相关研究发现，高质量的托育机构作为家庭育儿的重要补充，对于形成婴幼儿良好的生活习惯和社交水平、语言、行动力等方面的培养，具有诸多优势。外因需要通过内因起作用，国家在政策推进过程中，也要学习普惠托育发达国家的经验，加大政策宣传力度。

五　结语

"十四五"时期，探索首都北京这一超大城市普惠托育服务的有效供给机制，从供需匹配角度解决托育服务供给长期以来"总量不足、相对过剩"的矛盾、实现供给端宏观布局上的合理测算，兼顾需求端不同家庭的需求分异，是北京推进普惠托育服务供给亟须解决的问题。目前全国普惠托育处于制度搭建阶段，研究适合北京城市发展现实需求的服务供给机制和路径，对于北京普惠托育发展、推进首都长期人口发展战略具有重要的现实意义，也是北京作为首善之区的题中应有之义。

当然，任何政策推进都不是一蹴而就的，普惠托育的发展，需要保持理

---

① 国家发展改革委等18部门：《加大力度推动社会领域公共服务补短板强弱项提质量　促进形成强大国内市场的行动方案》（发改社会〔2019〕0160号），2019年1月23日。

性、科学的态度衡量政策绩效。通过供给侧的不断推进、需求端的政策引导，构建"托育友好社会"是必然的政策结果。当然，普惠托育只是构建"生育友好社会"的重要政策之一，托育要解决的是当下的"养育困境"，若要形成"愿意生、敢于生"的生育氛围，则可能是整个家庭政策体系所要关注的。

B.7 北京市基础教育资源分析报告

李升　祝梦喆　朱赫*

摘　要： 基础教育资源的均衡发展始终是北京促进教育公平及实现教育高质量发展的重要路径。本报告在对北京市教育资源相关政策进行分类梳理的基础上，结合北京市教育事业发展统计数据，对当前北京市基础教育资源发展特征进行分析。研究指出，"十三五"时期，北京市为促进教育资源均等化与高质量发展推出了一系列相关政策，使北京市在中小幼的基础教育资源发展上取得了阶段性成果。但需关注的是，当前北京市基础教育资源仍存在地区分布不均衡及义务教育市场化缺陷两大主要问题。为此建议采用信息化的技术方式推进优质教学资源共享，同时政府需要加强基础教育资源的统筹配置与组织，削弱教育市场化产生的缺陷。有序推进北京市基础教育资源高质量发展，构建首都基础教育新格局，提高教育现代化水平，办好人民满意的首都基础教育。

关键词： 基础教育　教育资源　教育均等化　高质量发展

一　引言

北京市于2021年8月发布《北京市关于进一步减轻义务教育阶段学生作业负担和校外培训负担的措施》，正式拉开了"双减"政策在北京实施的

---

* 李升，北京工业大学文法学部副教授、北京社会管理研究基地研究人员；祝梦喆，北京工业大学文法学部学生；朱赫，北京工业大学文法学部讲师、北京社会管理研究基地研究人员。

序幕。"双减"政策对教育资源的影响主要体现在限制校外培训机构的规模，提升校内教育的重要性。教育资源的分配公平问题在这一政策背景下越发受到社会关注。北京市教委于同年9月印发《北京市"十四五"时期教育改革和发展规划（2021—2025年）》，强调首都教育将立足新发展阶段、贯彻新发展理念、构建新发展格局，全面开启高质量和高水平教育体系建设的发展新阶段，落实创新、协调、绿色、开放、共享的发展理念，以习近平新时代中国特色社会主义思想为指导，把握好首都文化中心战略定位，在遵循教育发展科学规律的前提下，培养德智体美劳全面发展的社会主义建设者和接班人，构建首都基础教育新格局，提高教育现代化治理水平，努力办好人民满意的首都教育。

作为现代化社会追求的目标之一，教育公平是社会公平的重要基础，教育资源的配置情况更是促进教育公平的重要方面，其中中小幼的基础教育资源发展成为关键。本报告基于对北京市"十三五"以来涉及基础教育资源配置的主要政策进行梳理，结合北京市教育委员会发布的基础教育资源数据，对当前北京市包含中小幼在内的基础教育资源进行分析，在指出北京基础教育资源发展面临的问题挑战的同时，对今后首都教育资源发展提出对策建议。

二 北京市"十三五"以来的基础教育资源主要政策分析

政策的实质是对社会资源的配置过程，重在促进社会公平。2016年9月，《北京市"十三五"时期教育改革和发展规划》发布，提出北京市2016~2020年教育事业发展的目标：基本公共教育服务更加公平，公共教育资源配置更加均衡，区域、校际差距进一步缩小，受教育权利依法平等享有。在此规划指导下，北京市教委2016~2020年发布了一系列北京市关于基础教育资源发展的政策，综合来看主要集中在促进教育资源均等化发展和促进教育资源高质量发展两个领域（见表1）。

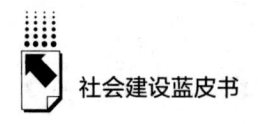

表1 "十三五"以来北京市关于基础教育的主要政策

时间	促进教育资源均等化发展	促进教育资源高质量发展
2016年	《北京市"十三五"时期教育改革和发展规划》(9月)	
2017年	《关于进一步加强控辍保学提高义务教育巩固水平的通知》(10月)	
2018年	《北京市推进义务教育优质均衡发展督导评价实施方案(试行)》(2月)	《2018—2020年支持民办学校提高办学质量项目管理办法》(8月)
2019年	《北京市加强乡村小规模学校和乡镇寄宿制学校建设的实施方案》(1月)	《北京市教师教育振兴行动计划实施办法(2018—2022年)》(3月) 《北京市教育委员会关于进一步加强市属高校基础设施改造管理办法(试行)》(9月)
2021年	《北京市教育数据资源管理办法(试行)》(8月)	

（一）促进教育资源均等化发展

促进教育资源均等化发展是促进教育公平的重要手段。2017年10月，北京市教育委员会、北京市人民政府教育督导室印发《关于进一步加强控辍保学提高义务教育巩固水平的通知》，提出立足根本，在确保各区义务教育均衡发展的基础上，进一步扩大优质教育资源覆盖面，全市义务教育实现更高水平的优质均衡发展。随后2018年2月北京市教育委员会联合北京市人民政府教育督导室印发《北京市推进义务教育优质均衡发展督导评价实施方案（试行）》，提出坚持免试就近入学，完善对口直升、九年一贯等入学方式改革，公办中小学免试就近入学比例达到100%，优质高中招生名额分配比例不低于50%，并向办学相对困难学校倾斜，义务教育巩固率达到99%以上。2019年1月，北京市教委印发《北京市加强乡村小规模学校和乡镇寄宿制学校建设的实施方案》，提出要紧紧围绕实施乡村振兴战略，推进城乡基本公共服务均等化，文件要求到2020年，两类学校布局更加合理，办学条件达到北京市中小学校办学条件标准，完成平安校园建设达标任务，教育教学管理制度更加完善，师资配置更加合理，教师专业素养不断提升，教育质量和办学水平不断提高，义务教育优质均衡发展水平进一步提升。2021年8月，北京市教委印发《北京市教育数据资源管理办法（试行）》，提出依托市级教育大数据平台和数据资源目录，提供教育数据资源共享服务，做到一次汇聚与充分共享，提出各单位的数据共享要通过市教育大数据平台完成，并遵循"共享为常态，不共享为例外"原则，可以说关于数据资源共享的政策为教育资源的均等化发展提供了重要支持。

（二）促进教育资源高质量发展

"十三五"期间，围绕教育资源高质量发展的政策分别从学校类型、教师教育和基础设施三方面提出了要求。2018年8月，北京市教育委员会、北京市财政局印发《2018—2020年支持民办学校提高办学质量项目管理办法》，支持自办校完善基本办学条件，提出自办校要依据市教委等8部门印发的《北京市中小学校办学条件标准》，补充学生基本生活和教育教学需要的设施设备，加强教师研修培训，提高教师专业水平，提高教育教学质量。2019年3月，印发《北京市教师教育振兴行动计划实施办法（2018—2022年）》，强调全面加强教师培训工作，实施新任教师规范化培训计划、优秀青年教师发展计划、中小学卓越教师培养计划，全面提升教师素质与能力，全面提升乡村教师素质。深化实施《北京市乡村教师素质提升计划》，进一步完善市、区、校三级管理体制和分类、分层、分岗培训机制，充分整合高等学校、市区两级教师培训机构和中小学校优质资源，优化和健全乡村教师专业发展支持服务体系，针对乡村学校教育教学实际需要，注重新课标新教材和教育观念、教学方法培训，通过跟岗研修、送教下乡、网络研修、校本研修、学历提升等多种培训方式，全面提升乡村教师整体素质。2019年9月，印发《北京市教育委员会关于进一步加强市属高校基础设施改造管理办法（试行）》，强调规范化、制度化、科学化、精细化实施市属高校范围内基础设施改造项目。

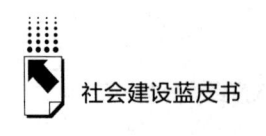

三 北京市基础教育资源基本情况分析

总体来看，北京市教育资源各项指标均有增长，"十三五"期间发展卓有成效，整体教育资源数量和质量均得到扩增和提高。在分析范围方面，考虑到幼儿教育作为学前教育的重要意义将其也放在分析范围之内，力求贯通中小幼教育一并进行探讨。此外，本报告使用的分析数据均来自北京市教委[①]、北京统计年鉴[②]与北京区域统计年鉴[③]。

（一）幼儿教育资源基本情况

2020~2021学年，北京市公立、私立幼儿园共有525878名在读生，其中本市户籍学生394575名，非本市户籍学生129714名，外籍学生1589名，新增入园数量190211人。表2数据显示，2016~2017学年，北京市实有幼儿园1570所、14913个班，在园人数416982人，教职工总数65806人，专职教师总数36071人，图书数目583.08万册。2020~2021学年与2016~2017学年相比，学校数增加329所，班数增加3857个，在园人数增加108896人，教职工总数增加22661人，其中专职教师总数增加8669人，图书数目增加200.59万册。

表2 北京市幼儿教育资源基本情况

学年	学校数（所）	班数（个）	在园人数（人）	教职工总数（人）	专职教师总数（人）	图书数目（万册）
2016~2017	1570	14913	416982	65806	36071	583.08
2020~2021	1899	18770	525878	88467	44740	783.67

---

① http://jw.beijing.gov.cn/xxgk/zfxxgkml/zwjyjfzx/#huadong.
② http://nj.tjj.beijing.gov.cn/nj/main/2021-tjnj/zk/indexch.htm.
③ http://nj.tjj.beijing.gov.cn/nj/qxnj/2021/zk/indexch.htm.

经计算可知，2016~2017学年北京市幼儿园班均人数27.96人，低于《幼儿园工作规程》所规定的30人班额（混合班）；2020~2021学年班均人数28.02人，仍低于标准班额范围。从户籍结构上看，2020~2021学年北京市幼儿园非本市户籍学生占比为24.67%，本市户籍学生占比为75.03%，整体上京籍学生占多数。

北京市2018年1月发布的《北京市第三期学前教育行动计划》中提出到2020年适龄儿童入园率达到85%。以常住人口出生数为参照，默认规定公办幼儿园儿童年满3岁入园，则2017年新增适龄幼儿数为196798人。对比来看，2020年北京实际新增入园幼儿人数190211人，入园率达到96.65%。5年来累计增加学前教育学位23万个，[①]幼儿园适龄儿童入学目前已得到保障。

图1反映了"十三五"期间幼儿入园人数与教师数目的变化，可以看出2016~2020年幼儿入园人数呈增长趋势，教师数目也呈逐年增加趋势，固有教师数目和新增入园人数的师生比有所增长，在数量上显示出北京市幼儿园教育资源质量的提升。此外，2016年北京市幼儿园师资学历水平达到大专及以上的比例为86.2%，2020年全市幼儿园师资学历水平达到大专及以上的比例为95.62%，北京市幼儿园师资学历水平达到大专及以上的比例增加9.42个百分点。北京市幼儿园招聘教师门槛提高，在质量上反映出幼儿园教师资源的优化。以上数据表明，北京市在幼儿教育资源方面给予了足够重视，"十三五"期间对幼儿教育资源质量的提升确有成效。

（二）小学教育资源基本情况

2020~2021学年，北京市小学共有995046名在读生，其中非本市户籍学生253619名，本市户籍学生741247名。表3数据显示，2016~2017学年，北京市实有小学984所、25839个班，在校人数868417人，教职工总

---

① http://www.rmzxb.com.cn/c/2021-06-22/2887324.shtml.

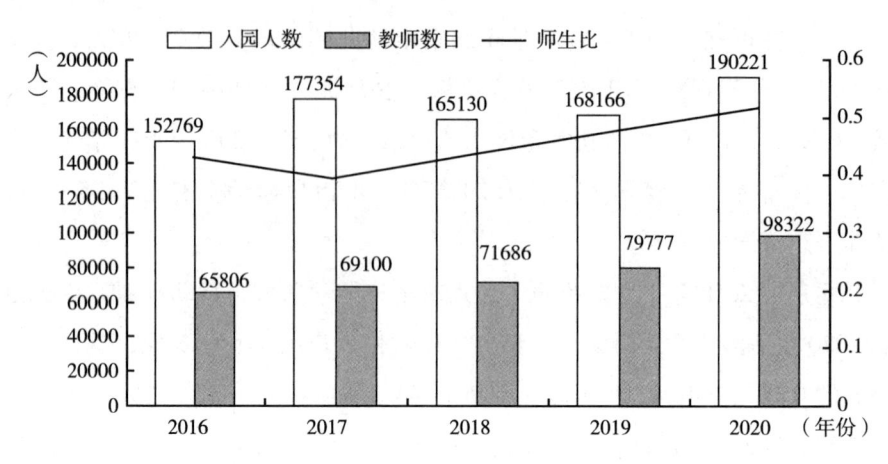

图 1　2016~2020 年幼儿入园人数与教师数目变化

数 59716 人，固定资产 1856257.15 万元，图书数目 2761.25 万册。2020~2021 学年与 2016~2017 学年相比，学校数减少 50 所，班数增加 3246 个，在校人数增加 126629 人，教职工总数增加 2780 人，固定资产增加 534666.29 万元，图书数目增加 42.98 万册。

表 3　北京市小学教育资源基本情况

学年	学校数（所）	班数（个）	在校人数（人）	教职工总数（人）	固定资产（万元）	图书数目（万册）
2016~2017	984	25839	868417	59716	1856257.15	2761.25
2020~2021	934	29085	995046	62496	2390923.44	2804.23

经计算可知，2016~2017 学年小学班均人数 33.61 人，低于标准的 40 人班额；2020~2021 学年班均人数 34.21 人，仍低于标准班额。2016~2017 学年人均固定资产 2.14 万元，图书数目 2761.25 万册；2020~2021 学年人均固定资产 2.4 万元，图书数目 2804.23 万册，与 2016~2017 学年相比，全市小学人均教育资源水平得到提高。

幼升小通常在同一学年内完成，就 2020~2021 学年来说，京内幼儿园毕业离园人数为 136077 人，升入小学人数为 202157 人，表明幼升小学位资源宽裕，能够满足北京市幼儿升学需求。如图2所示，"十三五"以来，随着小学入学新生数量的变化，小学固定教师数量也出现波动，整体上师生之间的数量呈相关关系，小学教师的增加适应了小学生数量的增加。综合来看，小学教育资源在结构和内容上不断优化，在适应幼儿升学需求上不断调整，能够衔接好幼升小这一重要阶段。

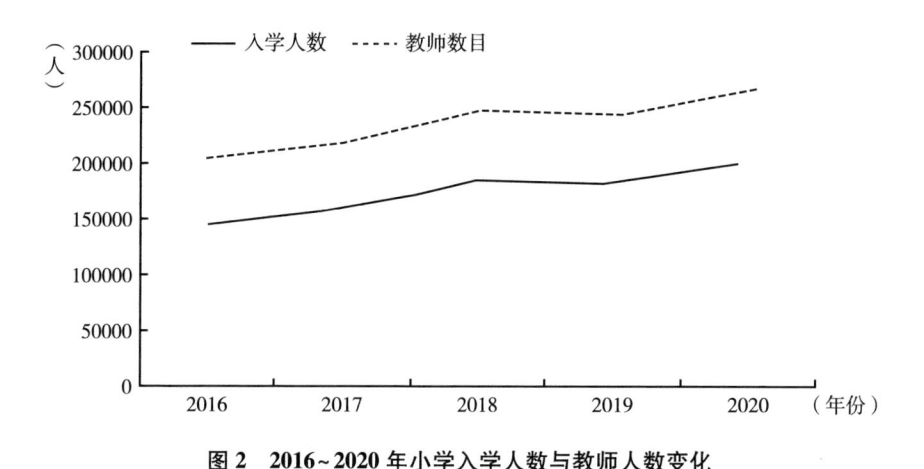

图2 2016~2020年小学入学人数与教师人数变化

（三）中学教育资源基本情况

2020~2021学年，北京市中学共有563743名在读生，其中非本市户籍学生80994名，本市户籍学生482749名。表4数据显示，2016~2017学年，北京市实有中学767所，在校人数552468人，教职工总数99117人，其中普通中学固定资产3294562.46万元，图书数目2930.93万册；中等职业学校固定资产703138.75万元，图书数目500.96万册。2020~2021学年与2016~2017学年相比，学校数减少1所，在校人数增加11275人，教职工总数增加5674人，其中普通中学固定资产增加1285470.97万元，图书数目增加238.53万册；中等职业学校固定资产增加207338.46万元，图书数目减少50.13万册（见表4）。

表4 北京市中学教育资源基本情况

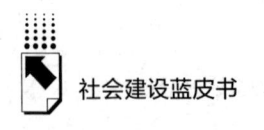

学年	学校数（所）	在校人数（人）	教职工总数（人）	固定资产（普通中学）（万元）	固定资产（中等职业学校）（万元）	图书数目（普通中学）（万册）	图书数目（中等职业学校）（万册）
2016~2017	767	552468	99117	3294562.46	703138.75	2930.93	500.96
2020~2021	766	563743	104791	4580033.43	910477.21	3169.46	450.83

经计算可知，2016~2017学年中等教育人均固定资产7.24万元，总图书数目3431.89万册，平均每位教职工分配5.57名学生；2020~2021学年人均固定资产9.74万元，总图书数目3620.29万册，平均每位教职工分配5.38名学生。与2016~2017学年相比，2020~2021学年人均固定资产和总图书数目指标得到提高，教职工水平基本保持不变，中等教育人均资源质量得到总体提升。其中，与2016~2017学年相比，2020~2021学年中等职业学校的图书数目减少50.13万册，推测原因是图书资源向普通中学转移，以期实现资源的合理配置。2020~2021学年北京市小学毕业136671人，初中招生122123人，考虑到义务教育阶段部分非本市户籍和外籍学生选择京外上初中，约89.36%的学生完成小升初，毛入学率达到100%。2020~2021学年北京市初中毕业88151人，高中招生61071人，升学率为69.28%，整体位居全国前列。

"十三五"期间，中学教师招聘在结构和质量两方面得到提升。在招聘结构上，北京市为缓解城区紧缺学科教师短缺问题，加大对紧缺学科教师的公开招聘力度。《北京市"十三五"时期教育改革和发展规划》提出，2018~2020年共需招聘1000名左右紧缺学科教师，并优先保障聘任教师的所需进京指标。在招聘质量上，规划中指出义务教育专任教师中本科及以上学历人员比例将从2015年的91.4%提升到2020年的95%以上，就目前来说已超过96%，义务教育阶段中学教师的资源质量得到了保障。

（四）北京市基础教育资源发展的主要特征

综上分析，截至 2020 年北京市基础教育资源主要体现了两大特征。第一，北京市基础教育的软硬件资源发展持续向好，无论是幼儿园、小学还是中学资源其质量和数量均有所提升。在硬件设备上学校固定资产不断提高，书籍数量和投入资金也逐渐增加；在软件资源上配套教职工与学生的人数比例整体走高，教师质量整体得到提升。数据显示，2016 年北京市幼儿园师资学历水平达到大专及以上的比例为 86.2%，2020 年已达到 95.62%，反映出幼儿园教师资源的优化。在中学阶段，"十三五"期间提出了加大对紧缺学科教师的公开招聘力度，并将义务教育专任教师中本科及以上学历人员比例从 2015 年的 91.4% 提升到 2020 年的 95% 以上，体现了中学阶段教师素质和结构的双重优化。

第二，北京市基础教育资源义务阶段实现全覆盖，幼小中衔接紧密。2020 年北京市实现了义务教育阶段 100% 净入学率，且多为就近入学，如初中就近入学比例达到 99% 以上，做到了"上好学，好上学"。在升学衔接方面，以幼升小为例，2020~2021 学年京内幼儿园毕业离园人数为 136077 人，远远少于小学入学人数的 202157 人，入学名额资源充裕，幼升小实现轻松对接。在师资等资源方面，师生比的结构关系进一步明确，有多少学生就有多少配套教师，避免产生由年份差异导致人数波动出现的入学名额脱钩及教育资源不足等问题。

四 北京市基础教育资源发展面临的主要问题

（一）基础教育资源分布不均衡

基础教育资源不均衡的表现之一是北京市小学的班均人数规模存在地区差异。从学位资源角度来看，尽管义务教育毛入学率达到 100%，但班均人数分布仍出现不均，部分资源聚集，部分资源紧缺。北京市小学班均人数存在校间差异，班均人数较多的通州区为39.87人，东城区班均人数达39.62人，两区人数都逼近北京市教委2006年发布的40人班额上限，低于2018年新规定的45人班额上限。延庆区班均人数为30.72人，与前二者相比班均人数约差10人（见表5）。相较之下，小学班均人数在不同分区存在差异，部分区内达到饱和，部分区内出现不足。

表5　2020年北京市小学班级招生部分情况

单位：人

分区	西城区	东城区	朝阳区	海淀区	通州区	怀柔区	延庆区
招生人数	21066	13234	31426	34204	15470	3230	2611
班级数	556	334	934	890	388	96	85
班均人数	37.89	39.62	33.65	38.43	39.87	33.65	30.72

中学是联结义务教育与高等教育的纽带，中学入学率体现的是基础教育的积累与进入高等教育的机会。从中学的入学情况来看，东城、西城和海淀等城区在学生招生名额及普通高中录取率方面处于较高的位置。图3数据显示，北京市各区普通中学招生名额存在差异。招生数量较多的西城区和海淀区校均招生510.10名和490.66名；招生数量较少的昌平区和门头沟区校均招生151.25名和157.24名。相比之下，西城区每所普通中学招生名额是昌平区的3.37倍，说明招生规模在北京各区仍存在较大差异。此外，北京市各高中的录取率也存在差异，如图4所示，2021年北京市各区平均的高中录取率为78.65%，东城区2021年的高中录取率达到95.58%，海淀区录取率达到91.79%，高于平均录取水平。相比之下，昌平区、房山区、朝阳区的高中录取率不足70%，顺义区、通州区、丰台区、怀柔区虽超过70%，却也低于全市平均水平。

基础教育资源的不均衡还表现在优质中小学入学名额资源出现倾斜，即优质中小学资源在北京各区的分布极不平衡。以西城区为例，西城区在1977年恢复高考后，中考各科平均分、中考总分、高考各科平均分、高考总分、600分率、700分率和一二三本科率等衡量教育资源

北京市基础教育资源分析报告

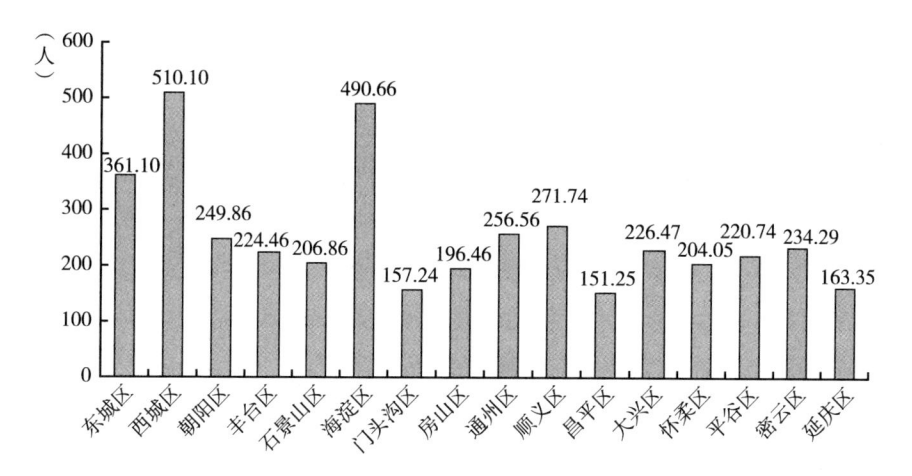

图3　2020年北京市各区普通中学校均招生数量

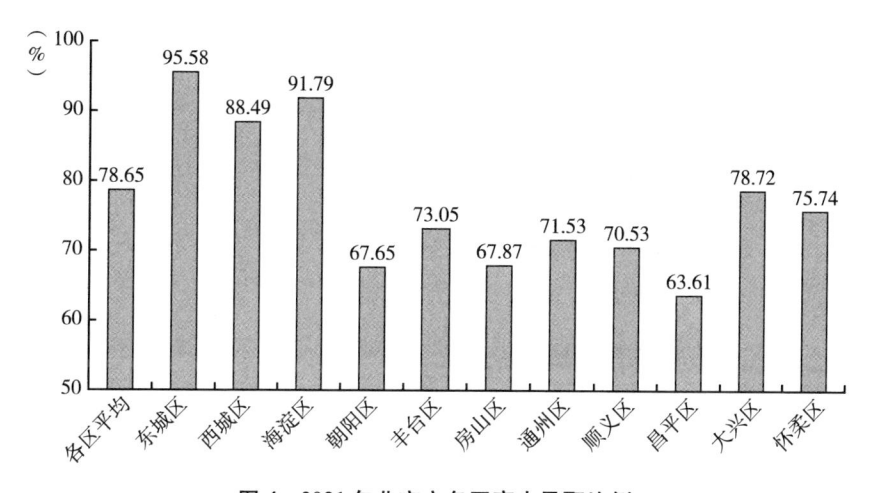

东城区 361.10；西城区 510.10；朝阳区 249.86；丰台区 224.46；石景山区 206.86；海淀区 490.66；门头沟区 157.24；房山区 196.46；通州区 256.56；顺义区 271.74；昌平区 151.25；大兴区 226.47；怀柔区 204.05；平谷区 220.74；密云区 234.29；延庆区 163.35

图4　2021年北京市各区高中录取比例

各区平均 78.65；东城区 95.58；西城区 88.49；海淀区 91.79；朝阳区 67.65；丰台区 73.05；房山区 67.87；通州区 71.53；顺义区 70.53；昌平区 63.61；大兴区 78.72；怀柔区 75.74

资料来源：北京教育考试院，https://www.bjeea.cn/html/zkzz/index.html。

水平的指标始终位居北京第1。据西城区政府统计，2020年西城区高考非本科率仅为10%，70%的高考考生排名在全市前50%。具体到学校，北京师范大学附属实验中学国际部约有1/4的毕业生被美国常春藤名校和综合排名前10的大学录取，其余的毕业生被综合排名前40的大学录取；北京一六一中学学生高考平均分高达606分，始终保持100%的本科率。对比郊区，城六区无疑享有更优质的中小学资源。如图5所示，北京市级示范高中多集中于东城、西城、海淀、朝阳等区域，在这些区域内的学生享有更优质的教育资源。优质中学入学名额的分布差异侧面印证了优质小学资源的分布差异，也可对优质高等教育资源的发展做出预测。

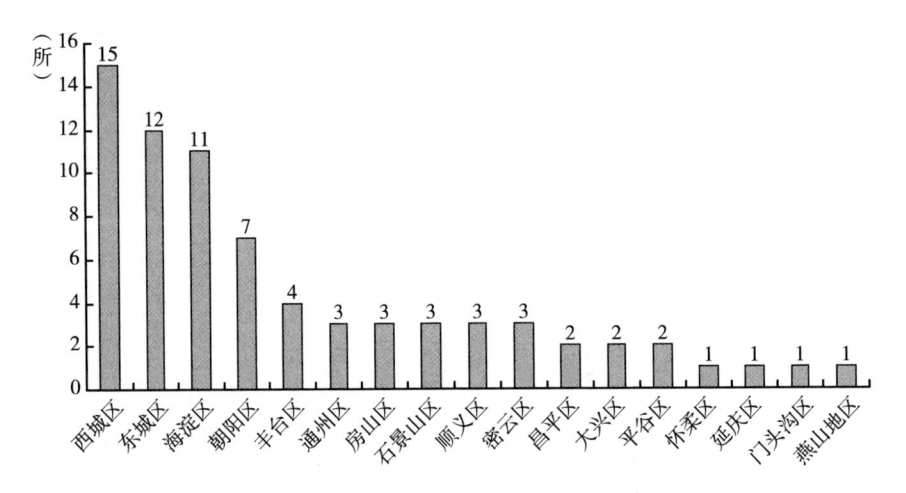

图5　2020年北京市各区市级示范高中数量

（二）义务教育的市场化缺陷

义务教育作为国家提供的基本公共服务之一，具有全民属性。中国实行的九年义务教育制度使全民属性在义务教育获得机会上得到体现，但仍存在优质教育资源获取难问题。义务教育是青少年教育最开始和最关键的部分，而现阶段的义务教育学校质量却存在巨大差距。在北京，最优质的中小学教育资源主要聚集在西城、海淀、东城和朝阳四区，相比之下其余各区的优质中小学资源较为稀缺，个别郊区甚至不存在相对城区学校来说的优质中小学。

需要指出的是，学区房和校外补习的市场化发展加剧了教育资源的不均衡分布。为保障义务教育公平，我国早在1986年通过《中华人民共和国义务教育法》，出台了"就近入学"的学区政策。但"就近入学"这一政策在实行中导致了"学区房"的出现，使择校费用转移到学区房价上，最终在教育资源优质学区出现天价学区房，入学名额资源分配不均的问题由此凸显。以朝阳区为例，虽然2021年朝阳区开始实行多校划片和单校划片相结合的政策，但一些优质学校仍主要实行单校划片制度，即一个区域对应一所单一的小学或初中，拥有这一区域的房子就意味着掌握了这一区域的入学名额。朝阳区各指标表现最好的小学是中国人民大学附属朝阳学校，学校周边的太阳宫学区房价常年居高不下。

  北京市各区重点小学的学区房价格也存在差异，造成"在普通学区中寻找重点学区，在重点学区中选取更优质学区"的局面。学区房俨然成为教育投资的商品，拥有更好的区位，就意味着拥有更优质的教育资源。此外，多数家庭会选择通过校外的教育市场寻求如私人家教、补习班等额外的教育资源，以期弥补未取得优质教育资源带来的不平等，保障下一代在未来竞争中得到发展的机会。在"双减"政策的背景下尽管补习班得到整顿，但经济条件更好的家庭仍能通过私教等方式获取更多优质教育资源，最终与经济实力较弱的家庭在资源占有上拉开差距。义务教育市场化的重要缺陷在于，不同的学校质量对学生的学业发展产生了影响，同时富裕家庭可以从市场中购买更多优质教育资源。因此，如何进一步深化教育资源改革，回归现代社会所追求的教育平等成为重要的教育改革议题。

五　结论与对策

  在"十三五"时期一系列政策实践的影响下，北京市教育改革发展取得了阶段性成果，表现在中小幼的基础教育资源投入更大，且面向的是更加均衡化与更高质量的教育发展。然而，北京市基础教育资源仍然存在结构性矛盾，针对北京市相关基础教育资源存在的分布不均衡问题，在政策上可以采取推进教育信息化资源与统筹基础教育资源的方法予以解决，有序推进北京市基础教育资源高质量发展，构建首都基础教育新格局，提高教育现代化

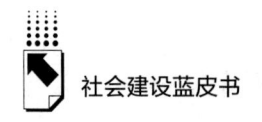

水平，努力办好人民满意的首都基础教育。

政府需要统筹基础教育资源，削弱教育市场化产生的缺陷。首先，因地制宜在人口集中地区建设基础教育院校，扩大教育人口密度较大地区院校规模，增加教育人口密集地区院校数量，停办教育人口密度较小地区院校，满足学位空缺地区义务教育学生享受优质入学资源的需求。其次，针对落后地区开展优质教育资源建设，引入市级优质教育资源，通过开展教育联盟、开办名校分校等方法提升教育落后地区教育资源水平，在补齐基础教育短板后进一步提升教育质量。尤其针对小学加大投入力度，让儿童享有优质义务教育。最后，优化配置中学学位资源，平衡各区升学比例。通过政策性方法降低市场对教育资源的控制，削弱家庭经济水平对教育资源的影响，避免"因贫失学"与"因富升学"等个例的发生，防止各区的中学录取率出现"犹太效应"。2022年9月预施行的"教师轮岗"制度是针对教育资源不均制定的新对策，该政策强调跨区域进行教学人力资源的轮换，包括校长交流、优秀骨干教师调配和普通教师轮岗，以期达到平衡教育资源的目的。需要关注的是，教师轮岗的压力集中在学校教师上，会带来适应不同的教学环境、克服日常通勤困难和兼顾学校与家庭等问题，对学校的管理、督导和评价都产生了挑战。因此，相关部门和机构应给予教师轮岗政策足够重视，在探索中持续尝试推进，最终达成北京教育资源均衡分配的目标。

解决教育资源不均衡问题的另一点在于信息化线上渠道的使用。优质教育资源仅通过线下渠道传播无法使广大学生从中受益，但信息化线上渠道却可以使固定的教育资源做到全市乃至全国共享，使学生不入名校也有名师指导。2021年8月北京市教委印发的《北京市教育数据资源管理办法（试行）》，就要求相关部门依托市级教育大数据平台和数据资源目录，提供教育数据资源共享服务，做到"一次汇聚、充分共享"。结合预实行的"教师轮岗"制度，网上授课或成为解决跨区域难题的方法之一。而远程教育导致的线下互动缺失对教学质量的影响同样不可忽视，如何在教师轮岗中合理使用信息化资源需要重点考量，使集中在优质名校的教育资源尽可能惠及全市范围，从而实现基础教育资源共建共享与高质量发展。

B.8 北京市马路劳务市场的组织逻辑与问题治理

——基于T区实证调查

杨桂宏 陆莹*

摘　要： 马路劳务市场因自发性、形态散乱性等群体特征产生占用街道、交通堵塞、社会治安等问题，因而成为城市社会治理的主要对象。北京市马路劳务市场随着城市建设和城市治理的边际外移而不断向外缘扩展。近年随着疫情防控要求，马路劳务市场组织形式趋于微信社群化，且层级结构关系清晰，形成自发的组织秩序，但同时带来失序的潜在性和新的治理困境。北京市马路劳务市场存在的合理性与必然性决定了其问题解决的复杂性与长期性。本文运用观察法、访谈法、问卷调查法，基于T区实证调查，对北京市马路劳务市场组织运行逻辑与内部形态构成进行探析，在关注其主体性、探析成因及存在价值基础上，为解决本市当前所面临的社会治理问题提供经验参考。

关键词： 马路劳务市场　组织秩序　社会治理

一　问题的提出

2022年1月18日，1例在京从事零工的无症状感染者流调轨迹引发全

---

* 杨桂宏，北京工业大学文法学部教授，北京市社会管理研究基地研究人员，硕士生导师；陆莹，北京工业大学文法学部硕士研究生。

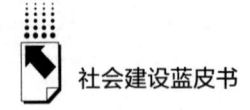

网热议。轨迹显示，在短短18天时间里，其工作范围涉及东城、西城、朝阳、海淀、顺义等多区，辗转在20多个不同的地点做工且多日是在凌晨工作。其流调背后的心酸故事更是引发公众共鸣与刷屏，称他为"流调中最辛苦的中国人"。实际上，流调轨迹所揭示的社会客观事实仅是我们可以窥探的冰山一角，北京市作为特大城市具有巨大的经济吸引力，长期以来是外来务工人员的首选之一。依靠做零散工作支撑家用与支出的零工工作者是外来务工人员的重要组成部分，同质性的个体汇聚于此，由此马路劳务市场组织便成为这个群体共同构建的暂时栖息之地。

《中国灵活用工发展报告（2022）》数据显示，2021年我国有61.14%的企业在使用灵活用工，较上年上升5.46个百分点，企业更倾向于扩大而非缩减灵活用工规模。据不完全统计，灵活用工企业中使用传统零工即散工的企业占据27.08%。在当前零工经济蓬勃发展的社会背景下，城市经济的发展和用工的需要使得散工群体在改革开放40多年以来流动性、风险性极强的现代城市社会生活具备必要条件，从经验现实来看，他们并不单单是社会或市场转型过程的被动承受者，其实际劳动过程以及具体行动实践也在或多或少地影响着社会。然而，由于散工群体自身具备"散"的特点，难以形成秩序化管理，往往也会成为引发系列社会问题的重要节点，关注其主体性，探析其成因及存在价值，对解决其引起的社会问题具有深层意蕴。

二　北京市马路劳务市场整体概貌与组织结构现状

疫情发生以来，自发劳务市场由于容易形成人员聚集、具备疫情传播的重大隐患，成为疫情防控工作的重中之重，再次被列为重点整治对象。2020年初北京市人力资源和社会保障局对自发劳务市场进行专项整治，并排查出通州马驹桥、昌平区水屯市场、怀柔区周边自发聚集劳务市场等7处容易形成自发劳务市场的隐患地区。各区人力资源和社会保障局联合属地街镇采取多方措施，对自发劳务市场进行综合整治消除疫情传播隐患。数据显示，全市累计出动执法人员4339人次,检查各类企业和职业介绍机构1569户,发现问题及时要求整改24件。[1]

(一)北京市马路劳务市场发展现状

1. 北京市各区马路劳务市场大致分布

北京市作为城市化、现代化发展的示范城市,一直以来吸引着外来务工人员的加入。通过调查和走访,目前北京市各区仍然存有大小规模不一的马路劳务市场。如大兴区海子角、孙村,丰台区六里桥、方庄桥,昌平区沙河松兰堡,怀柔区地和路、怀杨路交叉汇集处,顺义区仁和镇河南村、马坡、西海洪、高丽营,通州区马驹桥、宋庄、台湖,房山区良乡南关等均长期分布自发劳动力市场,其中顺义河南村、通州区马驹桥、怀柔区地和路交叉口等初期规模高峰可达千人。

2. T区市场背景介绍

T区地处北京南六环、京沪高速与凉水河夹角处,毗邻商业街,具有地理位置特殊、通州和亦庄开发区乃至京冀两地物流和工厂用工需求较多等特点,长期以来形成了依法许可的人力资源服务机构和自发劳务交易"双集中"的人力资源市场形态。来自T区人力社保局的公开数据显示,取得劳动派遣经营许可证或人力资源服务许可证的各类机构有129家,其中劳务派遣企业110家、职业介绍机构18家、公共人力资源服务机构1家。

(二)马路劳务市场组织结构特征

通过对8个马路劳务组织微信社群(共计1760人)的参与式观察和随机发放问卷,其中招工中介团队群2个共计174人,综合类招工群4个共计1422人,专项类招工群2个共计164人[2],散工群体特征、微信社群概貌、工种类型和薪酬与工作时长总结如下。

---

[1] 资料来源于北京市人力资源和社会保障局。
[2] 注:结合2021~2022年实际调研数据统计得出。

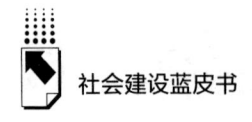

1. 散工群体特征

从性别比例来看，男性远高于女性，男性占91.8%。填写问卷者性别存在偏差可能导致数据存在偏误，但就实际调研观察，男性的确是马路劳务市场的主要构成。从年龄分布来看，整体偏年轻化，35~40岁散工成为主力，占比32.7%，40岁以下的散工累计占比为81.6%。社群中发放的问卷，填写人群多为社群内活跃成员即年轻化成员，因此推断总体数据时可能存在偏误，实际调研中观察到小龄男性散工也占一部分比例，但仍以中老年男性居多，因此并不否定当前马路劳务市场呈现年轻化趋势。在来源地方面，问卷数据显示均为外来非京人口，户籍分布地较广，集中于河北、山西、陕西、河南、黑龙江等省份，户籍在安徽、四川、广东等偏南方地区的也有少量分布。

2. 微信社群概貌

微信社群作为疫情出现后由老乡群向综合招工群逐渐过渡的形态，已经成为当前马路劳务市场组织额外的招工与做工模式。社群主要分为4个类型。

综合招工群，此类社群对各行业各类型招工与求做工消息不进行限制，一般群体及成员规模较大，基本在400人以上；专项类招工群，如保安、护工、家政等职业类型单一的招工，群内仅限制发布与招工类型相关的消息，群规模适中，一般在几十至一两百人；招工中介团队群，即群内均是带有标价以及利益抽成反费等的信息，用于一级中介向二级中介发散消息，群管理较为严格，除了社群管理人外禁止他人发布消息，群规模较小，多在几十人；一级中介对接群，即一级中介直接与分包公司进行招工对接获得招工消息的一手渠道，因未加入此种社群类型，无法做详细总结，但根据中介圈利益链条可以推断出对接群的社群消息较为严密，具体中介运作流程在下文进行详细阐述。

3. 工种类型、薪酬与工作时长

工种大体分为三种类型，工地做工、工厂做工、需求做工。首先被优先选择的是工地做工，工地酬劳远远高于其他两种且有固定工作时间保证，但门槛相对较高，愿意选择工地做工的散工较多。其次是工厂做工，工厂做工主要集中在晚上，主要包括药厂、电子厂、食品加工厂、汽车配件厂、印刷厂等，招工的人数需求较多，招工门槛低，工作内容简单但枯燥。最后就是不定时的需求做工，如居民装修搬迁、学校器材维修搬迁、搭建舞台、拆卸物件等闲散工作，薪酬无行价，多与雇主进行协商。

除了专项类如家政护工等，散工可以选择从事任何零工工作，单就薪酬水平来看（见图1），散工每月薪酬分布主要集中于5000~8000元，收入相对可观。

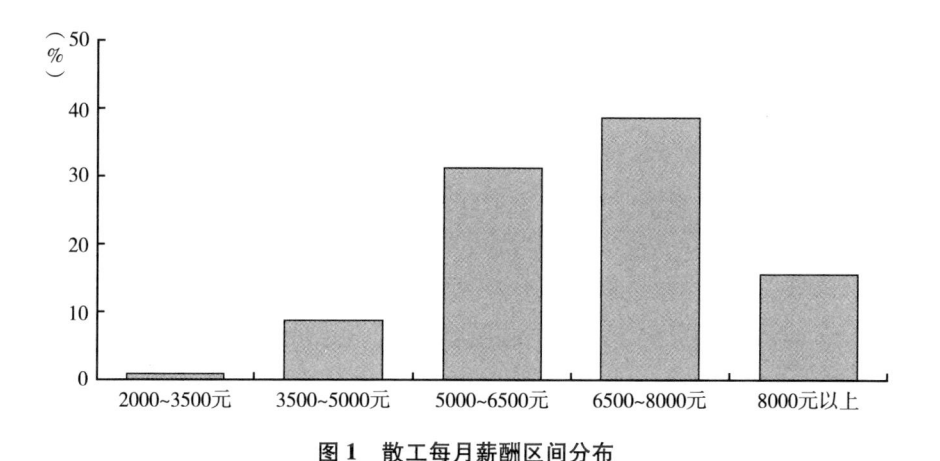

图1 散工每月薪酬区间分布

在调研过程中观察到一个现象，有些散工在招工时并不知道做什么具体工作，即出现劳务中介车就直接上去，仅是为了有活干而不论工资与工作时长。因此散工中工作时长在8~10小时的占比51%，10小时以上的占比29.6%，结合访谈资料得知，日薪散工看似获得自主选择自由，但实际付出按所耗时长，且除去当天住处及通勤开销，每小时获得酬劳不到20元。看似简单高额的工作，实际是枯燥又烦琐。

> 好比我之前做的那个药厂，它要招1500个包装工，半个小时内就

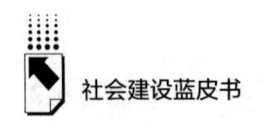

在我们这招工90余人，工作从早8点到晚8点，中间让休息1个小时，工作时长为11个小时。而实际上5点就开始招工集合，加上晚上结算工资花费1个小时，一天得有那么14个小时吧。这样一天下来得到的日结工资为240元。（访谈编号：F-H0128）

三 马路劳务市场的内部运行秩序与组织逻辑

当前的数字化时代，以网络平台为基础的平台经济呈现蓬勃发展态势。这些看似依靠网络信息传播技术，但又不同于网约工与分包工借助平台进行内容生产或销售，且仍具有传统就业特征的散工在面对这样的社会背景变化时会有何应对？除此之外，基于北京市自身经济社会发展特点的前提，北京市马路劳务市场组织的运行该如何调整，以及面对新形势下就业形态的转变，其是否还能适应劳动力市场而不被淘汰？对于这些问题的回答将通过调研所汇聚的材料加以分析与解释。

（一）马路劳务市场劳动运作逻辑：以"弱管理、弱契约"机制运作为核心

马路劳务市场表面上看似杂乱无章，但作为自发的组织体系，同样具备核心运作机制。调研发现，北京市各地马路劳务市场虽规模不同，但实际运行逻辑并无实质差异。在所谓的劳务关系方面均表现为建立在利益共识基础上的劳动运作，并呈现"弱管理""弱契约"的潜在逻辑维系，主要体现在组织的发展与工人具体劳动过程两方面。

概括说来，已有研究以传统的劳动关系为基础，在微观层面更关注劳动者与雇主之间以各种形式所形成的法律文本、合同约定等。由其所形成的确定的劳动契约可以规范双方权利义务关系。但马路劳务市场组织非常规性劳动关系的存在，以及由此引发的双方博弈和冲突问题难以明确与有效解决。因此以正式劳动合同约定的、稳定的劳动关系为一端，将以临时的、非正式

的劳动关系与利益共识为基础的劳动约定设为另一端，相互关联构成"管理—契约"维度关联轴（见图2）。

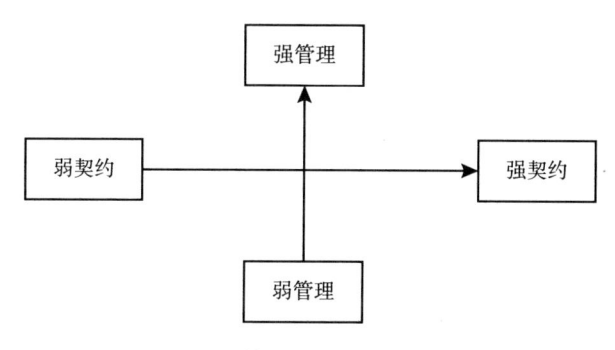

图2 "管理—契约"关联轴

劳动者是劳动力这种商品的现实持有者，他们在所谓"自由"的劳动市场出售这种商品。在调研中发现，马路劳务市场组织并无严格的准入条件，作为外群体的一员进入组织内并未受到过多阻拦，但在初次的现场招工选择时不能优先获得做工名额，仅能站在现场"招工圈"的外围进行张望，并观察整个招工议价与流程。散工们存在些许将自己当作"商品"的意味，讲价、还价并等待合适的价格得以成交。马路劳务市场组织坐标于弱管理、弱契约的维度之下，体现在一方面劳务工人与雇主之间无明显的契约关系，更多建立在口头契约的劳动约定上，即劳动过程进行的弱契约性前提；另一方面组织内部状态分散而随意，组织的准入门槛及成员要求表现出低强制性及松管理性。

（二）由劳务中介车司机向微信社群中介联系链条的转变

劳务市场的正常运作有赖于中介桥梁的联结，那么联结散工与雇主之间的"招工人"作用则尤为关键。首先，可以确定的是除了本地居民需要招收房屋修补或装修替补人员外，其余需要招工的老板是不需亲自招工的，多为负责代理招工的"中间人"，他们大多数也参与到具体工作中且兼顾散工招工工作，并按人头收取中介费用。这类招工人多以劳务中介司机形态出现

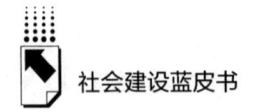

并进行招工、议价等系列工作，即要完成承接包工老板招工要求并前往合适的马路劳务市场等地挑选合适人选，继而跟随车辆将合适的散工送至劳动地点进行做工的流程（见图3）。

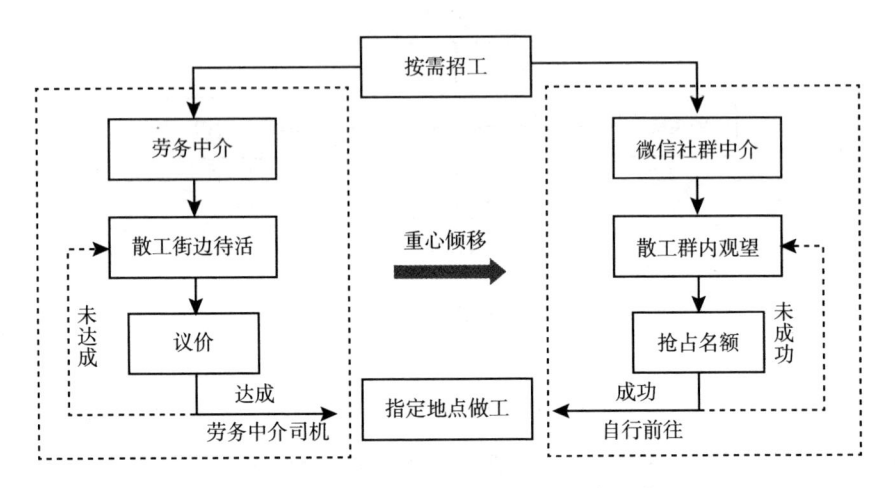

```
                        ┌─── 按需招工 ───┐
                        ↓                ↓
                    劳务中介          微信社群中介
                        ↓                ↓
         ┌──→ 散工街边待活    重心倾移    散工群内观望 ←──┐
         │          ↓           ⇒            ↓         │
         未                                            未
         达         议价                    抢占名额    成
         成          ↓ 达成                    ↓ 成功   功
         └──  劳务中介司机    指定地点做工    自行前往  ──┘
```

图3　马路劳务市场组织的劳务链条示意

现受疫情防控影响，人员聚集、防控区外出等情况受到多方管制，但马路劳务市场的运行并未中断，且运作中心从上述劳务中介司机之间的联系链条转向微信社群中介联系链条。线上形成微信招工社群一定程度上改变了局限于北京市各区的马路劳务市场组织的地域区隔以及线下新成员加入组织时的初步圈子壁垒，但实质的运行核心未发生改变，同样有着较低的准入门槛，鼓励社群成员多邀请他人进入。重心倾向于微信社群的招工流程逐渐形成了一个双方不在场的空间场域，虽然缺失了直接性的在场对话，但在进行讨价议价的过程中仍然存在博弈与张力。

可以得知的是，数字经济与平台经济对传统劳动模式的冲击并未使散工人员减少，相反的是受疫情影响，增添许多因就业变动转变而来的散工或进行兼职以补贴支出。除此之外，加上中介劳务链条的转变，依靠网络平台信息技术最大限度地满足了多方灵活性，仅是凭借散工们自我构建的信息平台便可以完成招工流程。与此同时，灵活用工降低企业用工成本，促使一些企业扩大灵活用工比例。这在很大程度上促成了微信社群劳务中介模式的扩张。

（三）符号积累与价值宣传：劳动契约及群体维稳性达成关键所在

看似松散、毫无组织与秩序的劳务市场何以维持并保有持续活力，或许内在的信誉符号积累与价值宣传便是其构成维稳性的关键所在。群体的存在最不能缺少的便是社会关系的塑造与维持①，社会情境虽然一直在不断变化，但城市经济发展、居民生活、用工需要的本质仍延续内在模式。加之进入马路劳务市场组织之中具有几乎为零的门槛条件，由此散工群体这个队伍随时会有人加入，也相应地随时有人会退出。除此之外，一份接工流程的顺利达成有赖于做工双方的共识，这也是这样看似具有高临时性的非正式群体持续存在并保持维稳性与内部活力的主要原因之一。

1. 微信社群模式作为招工信息传播渠道的合理运营

信息社会的发展，注重于符号积累与价值宣传。同样，转变至线上的劳务链条仍然利用运营符号的宣传作用。如这个社群包含的各类型招工老板多，招工信息资源好，加之社群管理人的有效运营，使其成为极为高效的做工促成场所，这样吸引的工人及包工老板越多，社群创造的共赢价值则越大。通过对几个200人以上的中大型社群相关管理人员进行访谈得知，管理模式主要分为如下三点。

（1）社群成员关联负责制

调研过程中针对几百人的社群如何运营以及有效管理这一问题，散工的各社群管理人这样回应：

> 拉人可以，先得私聊我说一下，最起码我得知道你这拉的是什么人，我觉得可以拉，你就拉，但你得对你拉进来的人负责，他要是发布

---

① 蔡长昆：《"共建"：社会网络变迁中的结构和理性——基于E市建筑散工网络的研究》，《社会》2012年第6期。

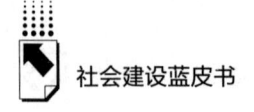

了跟咱们群无关的东西,那我就俩人一起踢,这样谁也别进了。(访谈编号:W-B0321)

成员关联制的做法是较少数社群管理人选择的方法之一,一方面是因为查询发布违规内容成员的关联成员较为费时费力,另一方面出于情面考虑社群管理人员认为先进群的关联人员往往是促进社群活力的积极成员,由此不会进行人员删除。

(2)群成员共管自觉制

在调研过程中发现,有些社群秩序严明,但有部分社群氛围十分轻松与和谐,除了正常发布招工与接工信息外,工友们也会在群内讨论做工琐事,通过观察此社群内管理公告内容,找到社群管理人回答关于管理模式的问题:

> 乱啊,后来设置了公告,禁止发游戏发链接,老是有那么些人天天闲得没事在群里发一些游戏链接、拼多多砍价乱七八糟的,大家进群都是找活来的,有消息就有活,甚至都是看见就需要抢的,他们这样乱发一通弄得大家都不高兴,嫌群乱。(访谈编号:W-M0321)

社群管理人强调了维系招工社群在于大家共建的责任与监督义务,成员自觉制度是几个模式之中最为方便与氛围和谐的管理模式。

(3)强制性封闭管理制

群内全体人员为禁言状态,除了群主及负责人可以发布消息以外,其余人不允许在群内公开发表言论,违者将一律清出社群,不留任何情面和机会。这种管理模式多见于工作代理群、专项工作群等类似专属社群,社群管理模式强制且方式单一,但管理效率较高。

以上三种管理方式,使得人数众多的线下组织运作重心逐步转移至线上,但值得注意的是,当前线下的马路劳务市场组织仍然存在且正常运行,疫情防控的影响使得规模会有所缩减,但由于之前的招工惯性,仍会有相当一部分散工到 T 区等待接活与招工。

2. "理性的"口头契约

口头协定之所以是理性的，是因为双方均在此过程中带着工具理性的思考：招工人思考如何招最合适的人数与最合适的价钱，既能完成老板对于工期和酬劳的要求，又能效益最大化地在这些散工群体身上剥削一笔；散工则在思考如何在合理的工作时长下付出体力得到相应的报酬，又不会被招工人过多"扒皮"。口头协定虽在当前现代化社会生活中被看作最不稳妥、不可靠的协议，但一旦口头协议经过双方的考量与确定后，便在散工群体与招工人之间确实发挥着如同签订纸质协议般的契约效应。同样，马路劳务市场组织中将口头契约视为如同签订劳务合同般的存在，也是日后达成继续共识与合作的前提基础，另外还是招工老板或微信社群口碑符号的积累与宣传。

> 这个老板发活明白，给的价也合适，结钱不拖沓，干完就给，肯定大家都愿意接他发的活。（访谈编号：W-X1218）

不信守承诺的工人或招工中介，会在各自的圈子中形成信誉污点，影响下一次的做工与招工。不守信誉的招工老板是极少的，为了更为长远的利益（即发布招工消息获得回应赚取人头费的利益长期性），不会失信。然而值得一提的是众多隐在群内的招工老板拥有的社群数量不亚于散工，因此对于散工来说，他的失信极可能造成在招工圈子被除名以致难以接到下一份工作。

四 北京市马路劳务市场失序潜在性与整治困境

（一）劳务信息资源不对等前提下的不稳定性

不稳定性对于这些在外辛苦务工的散工来说是最大的困境挑战，他们的生存逻辑受制于生活结构与市场结构。散工们的来源地多为农村，而农村乡

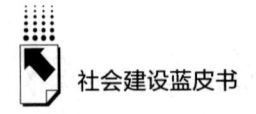

土作为一个空间是影响人的行为并具有存在意义的客体。虽然工业化城市化给传统的乡土结构带来巨大的冲击，但是传统的生活特征仍然得以保持，农村生活的场域形塑农民的性情倾向和思维方式，这种形塑潜移默化并且不断通过农民个体的行动流进一步强化，使得农民执着于其原有的生活方式抗拒改变，进而维护了乡土结构的韧性。

在与 H 家政公司的市场部人员交谈后得知，作为国内正规大型的家政公司，目前在上海已经打开较为广泛的市场，但是在拓展北京地区业务时却受到了招募工人的阻碍，尤其是各区马路劳务市场组织里大批量的待业人员对这样一份较为"体面"、较为稳定的工作无动于衷。

> 我们曾经到双数村挨家挨户详细向他们解释与宣传，我们真的不会乱收费，也是正规公司，但是基本没有人相信我们。（访谈编号：M-S1219）

面临北京这样信息化高度发达的现代都市的复杂环境，散工们带着这种已经被形塑了的性情倾向和思维方式必然面临衔接断层，面临劳务信息资源不对等前提下的环境刺激采取应对措施，他们认为对方掌握的信息资源远多于自己，且根据以往的经验，散工们多会保持原有的最为稳妥与保守的行为选择。由此在面对中长期较为稳定的招工时，他们一方面出于个人理性的考虑，另一方面保留着原有的思维习惯，仍然会拒绝相对稳定与收入可观的工作，选择报酬可即付模式的日工日酬工作。但是，招工人与享有较为广泛社会网络的社群管理者把握最为关键的劳务信息资源，受多方利益牵制使得散工不能对等获得信息资源，这样的工作模式对于散工的多方稳定性有着较大负面影响。

（二）劳务中介与散工的张力冲突

话语是对社会事实的一种反映，对于散工群体来说是对特有的群体文化和地位的一种社会性生产，散工们在城市的实践过程中进行社会互动，建构其特有的语言,由于在工作上、活动上或其他目的的共同性,相互之间进行交往交流时,就会创造、使用一些不同于其他社会群体的词汇、用语或符号。在调研过程中发现,在他们口中最为常见的词就是"扒皮"。而这个词直接体现的就是中介的抽成现状。作为一个群体异质性特征突出的组织在发展过程中,冲突与反抗也是时有的事,但最为突出的是中介抽成所引起的冲突问题。

中介圈层最多分三个层级,每个层级分工清晰又独立:一级中介直接对接各个用人公司及单位,无须开展具体招工过程仅是提供劳务信息资源给下级中介即可获得抽成,二级中介同样可以进行三级招工分揽,但抽成会逐级递减。因此,二级中介是中介圈层最为主力的招工者,一级中介为保证长远利益主要进行圈子间劳务资源的垄断与传播。如散工到手日薪150元以上的做工价格实际上二级中介可以获得近30%的反费抽成,一级中介可以获得10%~15%的抽成。在这样一个中介圈层(见图4)中,散工作为直接利益提供者,却享有最末端的信息接收渠道。

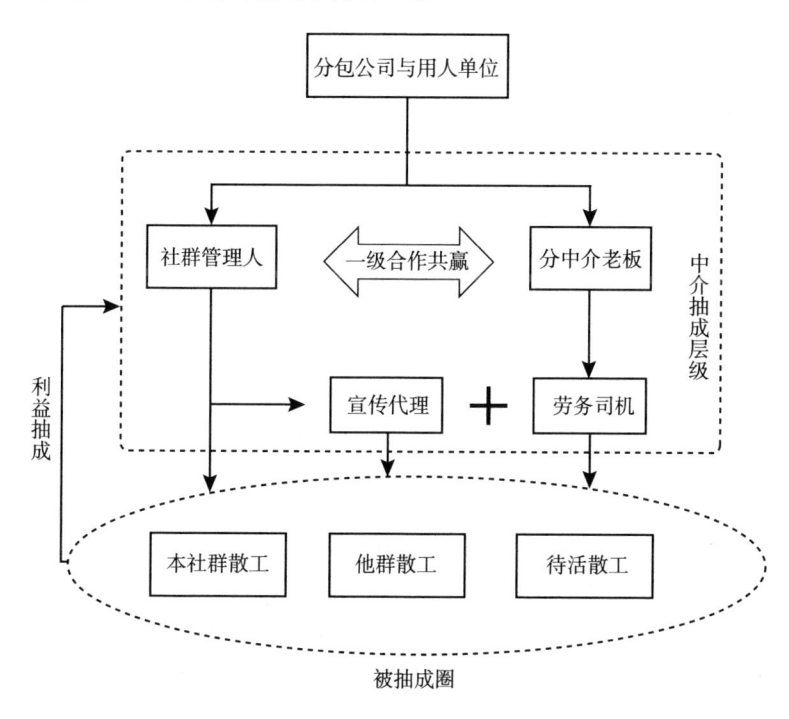

图4 马路劳务市场组织中介抽成圈层示意

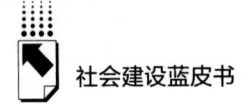

正如前文所介绍的，招工人多充当中介方，部分会共同参与工作，大部分是按招工人数量收取费用，而这个费用的定夺在于招工人的考量。作为提供信息资源的一方，实际甲方提供的总的招工支付费用从散工角度来看并不得知，因此招工人带有很强主观性的定夺权。价格压得低一些，自己收益会更高一些，这种行为的产生在散工看来是可以理解，但是有边界与底线的。散工们尤其是有一定经验的早期散工对价格的把握是基于较为准确且理性的判断，如"劳务中介车如果没人上前包着应该就是钱少"。

在他们之中虽然没有明码标价，却像是有一张无形的价目表，当招工人对工作的定价已经低于预期时便被他们很肯定地界定为"扒皮"，并拒绝做工。迫于招工需求性，招工中介往往会轻微让利，提高做工价格以获得人数要求，这样一个隐形议价过程，是劳动反抗冲突形态中最为温和与理性的方式。线下的反抗冲突体现在散工与招工者的肢体与语言冲突引起群众骚乱，但最终会得到周围工友调解化解冲突，然而线上的冲突体现在社群内部成员间的语言攻击往往难以调解，一般由社群管理人直接强制处理，因利益的牵扯往往是散工非招工中介而被取消成员资格。

（三）信息真实性及人身安全性存疑状态

工作即时性与临时性特征使得确定身份信息的流程弱潜化，在调研过程中发现无论是线下的马路边待活还是线上社群的招工与接工，信息真实性及安全性问题主要体现在两方面，一是散工个人隐私信息的安全性，二是招工人作为中介人同样存在被散工使用虚假信息进行报名却不现身工作场地的问题。

> 遇到过跑路的。之前招过几组工人，是要一块完工才能结算，听那几个人说有个人中途跑路了，但是他还来找我要钱，耍赖皮，直接拉黑了。（访谈编号：W-L1221）

1. 抵押身份证的强权控制引发个人隐私信息泄露的安全问题

需要成员人数较多的招工，有一个相似的做工流程如"早上五点半到××地集合，上交身份证，晚上结束按身份证结算"，这样的模式一方面保证了劳动力交付与薪酬给付，避免了拖欠、跑路等问题，但另一方面带来了散工个人信息安全问题。由于散工大多是受教育程度较低的农民出身，对于个人综合信息与隐私保护意识过低，在将身份证交付给陌生人的同时，也将全部个人信息公之于众。有些工程招揽工人数目众多，有时多至上百人，被收集起来并保留一整天的身份证经常会被不良的招工中介拿去进行违规交易。不良招工中介会出售这些散工个人身份信息办理一些额外业务，但针对这些过程那些尽力做工的散工并不知情，会发现手机莫名收到扣款或订购一些额外业务的短信，但由于在发现时就已经更换多拨中介代理人，迫于生计的他们仍然会选择这样的模式进行下一次的接活，那么同样的问题也将随之循环往复，他们无从追寻更无从解决。

2. 爽约、跑路引发的权威控制导致安全性存疑状态

正如上文提到，口头契约作为散工工作圈子里形成共识的约定方式，很大程度上奠定了散工组织秩序得以稳定运行的基础，但也正是由于高度依赖双方之间的诚信与道德感，"言而无信"的情况也会偶尔发生，招工人应允名额最后爽约，散工答应做工最后跑路。

> 我是被老乡拉进这个群的，我之前进的群里有老板乱发活，都答应好的最后没有我的名额，白去一趟，还花了路费。（访谈编号：M-N1219）

由于北京市当前所需的零工已经不同于以往的单纯工地等建筑用工、体力用工，因此有些临时招工会有形象、年龄等要求。在通过微信社群完成招工流程的前提下，如何保证散工提供的个人信息符合要求且具备真实性，社群中的招工中介在一次次的实践中逐渐找到形成共识的解决方法："手持身

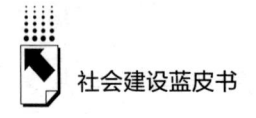

份证照片、有前科和有文身不要、鸽人拉黑"这样的硬性标准往往被挂在招工信息的前列，同样也会导致出现上述个人信息安全隐患，使得个人安全性处于存疑状态。

近年来，各类传统犯罪加速向互联网蔓延，网络犯罪已成为危害我国数据安全、经济安全、社会安全的重大风险之一。综上，信息安全问题是散工面临的一个难以调节的问题，散工的低防护性使得整治网络违法犯罪出现缺口与漏洞，随着散工做工人次的增多且与社会面接触的增多，北京市信息违法犯罪活动发生的可能性逐渐增加。

（四）城市治安等问题频发乱象

对于北京市城市治理来说，散工带来的问题积聚已久且难以彻底整治，正如上文所述马路劳务市场组织由于群体自身形态的分散性、自发性，虽然组织体系较为完备且流程与分工清晰，但在集体行动上仍然存在散乱无秩序性，这样的行动直接结果是造成城市空间与居民生活等诸多不便。城市治安等社会问题频发是这个自发劳动力市场在为城市建设与居民用工需求带来便利的同时所遗留的负面影响。

1. 交通堵塞

丰台区六里桥和方庄桥、通州区马驹桥等地马路劳务市场均位于交通运输主干道，一方面保证了劳务车司机的来往流量、增加曝光度，另一方面由于散工们的招工过程也极易造成交通拥堵现象。所谓"趴活"即来车立刻蜂拥上前，围绕中介车进行询问和议价，这样的招工模式尤其是在早晚上下班高峰期间对于道路上其余来往车辆的正常通行造成很大负面影响。

2. 治安乱象

由于T区紧邻商业街与步行街，人流来往频繁，街道路窄，大量散工在早晨与晚上高密度性聚集，议价的嘈杂与闲聊的哄乱对周围居民以及商业街客流造成很大的负面影响。除此之外，由于群体数量众多，聚集后会遗留下白天消耗所剩下的垃圾，使得周围居民、商贩的生活空间受之影响，也使得当地清洁工人工作量加大。周而复始,在实地调研过程中了解到,商业街的附近摊贩与居民对此感到十分无奈。

> 真的是没有办法,我摊子只能固定摆在这,他们人一聚起来,都没人敢到我这边买吃的,整天闹闹哄哄。(访谈编号:M-T1219)

对此,笔者找到T区街道的安保人员了解针对此现象的管理办法与执行方案,他们同样收到了上级指示进行处理,但方法多为巡逻车强制轰散,劝说一般无效。

> 疫情这段时间上级要求还是严格管理,但是每次轰完了没多久就又聚起来了,人特别多的时候轰都不起作用,过年后回来打工,大家也都不容易,有时候我们也就睁一只眼闭一只眼,不闹起事就行。(访谈编号:M-A1219)

由此可见,关于散工聚集的规模和形态与城市规划的政策与管理人员的执行力度高度相关,笔者了解到近两年的防控政策要求格外关注以T区为首的自发劳动力市场的安全问题,要求严格管理和监督。然而在实际中执法人员和管理人员出自多方的考虑也会"网开一面",城市居民对此乱象虽很苦恼但并未有其余过多意见或想法,因此治安问题也将是长久难以治理的问题之一。

3. 疫情防控安全问题

马路劳务市场组织的核心特征为群众聚集与高流动性。对于部分较为大型的马路劳务市场人数高峰期可达千人,人员来源地点复杂多样,并无任何监测防护,倘若有病例在其中将会造成高密集型传播感染。除此之外,我们可以从"流调中最辛苦中国人"的零工确诊轨迹清楚地看到,18天内流转东城、西城、朝阳、海淀、顺义等多区,其接触社会面积与范围会远超普通市民,所造成的风险性大大提高。虽然当前重心倾移的线上招工与接工流程

一定程度上减少了风险传播的可能性，但由于工作地点频繁更换实质上仍然扩大了社会接触范围，由此防护安全性仍难以得到有效保障。从现状来看，疫情防控安全问题是马路劳务市场组织在运行和发展过程中形成的最难以解决的治理困境。

从现实来看，马路劳务市场组织自身面临最大的问题是工作市场的机会，受疫情防控的影响，城市执管者对于这类自发劳动力市场管理较往年严格，这在一定程度上使散工们的工作机会受限。加之散工群体对公共资源的侵占，导致其与城市管理人员、本地居民之间存在一种博弈关系。居民出于自身考量往往加以避让而非寻求解决办法，城市管理者也出于种种考虑会进行弱化管理。上述问题因此往往难以解决，陷入管理矛盾与治理困境。

五 北京市马路劳务市场社会治理建议

基于T区的调研以及对马路劳务市场组织微信社群运营逻辑的探讨，从微观上对马路劳务市场组织的运行逻辑、内部组织秩序以及导致北京市社会问题的困境现象进行了初步的分析与总结。在承认北京市各地马路劳务市场形成的合理性以及长期运行的可能性基础上，提出助力北京市各区马路劳务市场秩序化、规范化的建议，从而为北京市外来劳动力人口流动与社会治理提供经验性参考。

1. 革新城市治理观念与调整治理模式

将散工群体聚集作为招工模式的一个环节，而并不是单纯作为一个违法乱纪的现象存在时，城市空间管理和制度设计与执行的过程中，应在理解散工需求的前提下提倡包容管理，充分体现城市关怀和人文关怀。在考虑全局的前提下适当调整公共政策，注重散工们的家庭需求以及社会需求。在城市空间利用、公共设施安排方面，如针对"聚集待活""扒车询价"等情况应以合理的疏导和引流代替"堵截"的严格管制，以免产生城市运行秩序的混乱和公共空间资源的破坏。与此同时，基于城市合理承载力，进一步强化周边县区的辅助功能，吸纳劳动力转移，不断提升教育、医疗等综合公共服务水平。从而不仅可以减少散工在城市融入之路的成本，也推动城镇化的进程。

2. 落实多方主体责任，提供必要性保障

作为个体保护的后盾力量要充分发挥出来，特别是要关注外来务工人员中流动性较大的群体，应压实主体责任，按照"谁用工、谁管理、谁负责"原则，针对疫情防护安全问题更要加强对进京劳务人员的远端筛查。为降低劳务人员传染风险，对于自发劳动力市场进行专人管理和健康准入筛查，总包单位、分包单位等相关单位可以采取组织专车或包车的方式运送。据了解，北京市劳动保障监察机构还与津冀两地劳动保障监察部门协调沟通，在原有三地跨区域协作机制的基础上[1]，结合疫情发展形势及工作要求，对津冀两地劳动者返京复工、保障跨区域经营企业正常开工等提供有力保障，对跨区域极端或群体性突发事件快速反应、高效处置。

3. 规范外来散工市场，组织技能培训

除散工最早发源地广州市以外，西安、武汉、杭州、苏州、天津、河北等地均分布了规模不一的散工市场，如山东济南张庄、郑州刘湾、天津红桥区的规模并不亚于北京。如何进行散工市场的规范有序运营已然成为解决有关散工问题的当务之急。创建散工劳务市场已经在南昌市、广州市、杭州市等部分城市展开[2]，并且取得了良好的社会效果。但建立专业且规范的散工市场中介需要依靠当地政府和社会组织多方力量，提供公开的信息平台，组织有意愿的散工参与多方面技能培训。

4. 加强城市关怀与人文关怀

艰辛的个体更需制度的善待，实地调研了解到散工中的绝大多数从外地慕名而来，但因多方因素及种种顾虑他们回乡探亲已成奢望，甚至上次返乡已经是几年前之事。由此，我们必须进行反思的是这些城市的建设者，能从所建设的城市中得到什么？大城市作为"公共生活"的集合体，有没有可

---

[1] 资料来源于北京市人力资源和社会保障局。
[2] 刘晓峰、黄桂林：《散工劳务超市营业，候工不再风吹雨淋》，《中国社会劳动保障报》2012年第6期。

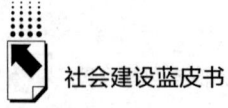

能给予城市最底层的建设者一些回报？虽然各区马路劳务市场组织在发展过程中所产生的社会问题不容忽视，但任何事物在发展的过程中，带来便利与利益的同时也带来问题与困境，这是一个长期且复杂的共存过程。在给予他们必要的生存空间的基础上，充分结合秩序化、规范化、科学化管理理念与治理措施，辅之人文关怀代替强硬的指令要求与驱赶，或许自发劳动力市场满足散工个人生存发展需求的同时，也能有效促进社会和谐与社会进步的良性发展，一个现代化城市的包容度应体现如此，其温度亦是如此。

B.9
北京市智慧养老服务的发展机遇、困境和对策

朱 赫 詹论雨 孙静舍*

摘 要: 近年来,北京的老龄化程度逐年加深,养老服务需求呈现多样化、智能化趋势。目前北京已经构建居家、社区、机构"三位一体"的养老模式,通过线上线下相结合的方式,构建智能养老服务体系。在疫情防控背景下,老年人的购物、就医和设施维护三大基本需求为智慧养老体系的发展提供了可能性。然而,现阶段智慧养老仍存在一些问题:智慧养老陷入供需匹配的结构化困境;老年人需求无法通过简单的技术手段解决;智慧养老与传统养老模式界限不清晰。基于此,建议进一步发挥智慧养老的现有优势,优化资源配置;调动社区人员支持智慧养老体系构建,最终形成以人为本的智慧养老体系。

关键词: 智慧养老 养老服务 北京

一 北京市养老服务发展现状

(一)北京市人口老龄化现状[①]

北京市作为老龄化程度较为严重的城市之一,老年人口数量和占比都呈

---

* 朱赫,北京工业大学文法学部社会学系讲师,北京社会管理研究基地研究人员,主要研究方向为老龄化、劳动社会学;詹论雨,北京工业大学文法学部社会学系学生;孙静舍,北京工业大学文法学部社会学系学生。
① 本部分的数据源自《北京市老龄事业发展报告(2020)》。

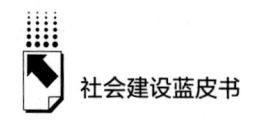

现逐年上升的趋势。截至2020年末，北京市常住总人口为2189万人，比2019年末减少1.1万人，其中60岁及以上常住老年人口429.9万人，占常住总人口的19.6%，比2019年增加11.6万人；而65岁及以上常住人口比2019年增加10.8万人，总计291.2万人，占常住总人口的13.3%。常住人口总数的下降与老年人口的增加，意味着抚养压力的上升：到2020年底，北京市老年抚养系数①为46.1%，比上年增长1.8个百分点，这表明北京市每2.2名户籍劳动力抚养1名老年人；而65岁及以上老年抚养系数为28.3%，比上年增长1.5个百分点。

在60岁及以上的老年人口中，60~69岁的低龄老年人口共计216.6万人，占60岁及以上老年人口的50.4%，其中，60~64岁人口114.1万人，占26.5%；65~69岁人口102.5万人，占23.8%，整体呈金字塔状，低龄老年人口占老年人口总数的比例超过一半。随着时间的推移，老年人口数量增加、老年抚养系数上升、老年人口年龄结构变化，这对北京市养老服务体系提出了新的挑战。

值得注意的是，各区老年人口的比例存在一定差异。在北京市16个区中，60岁及以上户籍人口最多的三个区分别是朝阳区64万人、海淀区55.2万人和丰台区43.7万人，60岁及以上户籍人口占该区总人口的比例排在前三位的是丰台区、石景山区和东城区，分别为32.8%、32.1%和31.1%。与上一年相比，60岁及以上户籍人口占该区总人口比例增幅较大的地区是延庆区、丰台区、怀柔区和密云区，分别增长1.1个百分点、1个百分点、1个百分点和1个百分点。此外，各区内部老年人口的年龄结构也存在一定的差异，朝阳区和海淀区60~69岁的低龄老年人口比例低于北京市平均低龄老年人口比例，而其他各区则均高于平均占比，这表明朝阳区和海淀区在老年人口结构方面与其他各区存在差异。老年人口的区域差异，意味着各区域老年人的需求差异，因此养老资源分配应在各区老年人口特征的基础之上给予相应的倾斜。

---

① 老年抚养系数=60岁及以上户籍人口/15~59岁劳动年龄户籍人口。

整体而言，北京市老龄化程度仍在不断加深，养老问题在目前以及可以预见的未来都将占有举足轻重的地位。在讨论养老问题时，必须从老年人口的实际情况出发。从前文数据可以看出，低龄老年人口数量多，老年人口结构在纵向上呈现金字塔形；在区域之间的横向比较中，各区的老年人口分布也存在差异。在规划养老服务体系时，应当在北京市统一部署的基础上，根据各区的特征进行差异化实践，这样才能更好地满足老年群体的多样化需求。

（二）北京市养老服务体系发展情况

2020年北京市人民政府办公厅印发了《关于加快推进养老服务发展的实施方案》，围绕"保基本、优体系、通堵点、强管理"目标，提出构建多层次基本养老服务体系、完整的居家社区养老服务体系、养老产业发展和服务消费体系、全方位养老服务监管体系和养老服务综合保障体系，多角度改进北京市养老服务供给，促进养老服务体系完善。同时，研究制定《北京市养老服务专项规划（2018年—2035年）》，从资源空间配置、就近养老、科技养老、社会参与等方面入手，提出了构建层次丰富、覆盖城乡的北京特色现代养老服务体系的总目标。

1. 居家养老

养老家庭照护床位作为北京市就近养老服务体系的重要组成部分，近年来得到大力发展，与社区养老服务驿站的临时托养床位、养老机构的集中照料床位共同构成北京市养老服务"三张床"。2019年以来，为应对家庭养老床位减少的问题，西城区出台了《西城区家庭养老照护床位运营管理暂行办法》，海淀区出台了《海淀区家庭照护床位建设实施方案（试行）》，朝阳区出台了《朝阳区养老家庭照护床位建设管理实施细则（试行）》，在西城、海淀、朝阳试点建设了3200张养老家庭照护床位，为北京市推进实施养老家庭照护床位提供了正面范本。

同时，北京市稳步推进老年人"家医签约"服务，通过推行签约"四个一"服务（一份协议书、一份健康档案、一条短信、一个联系卡）、慢性

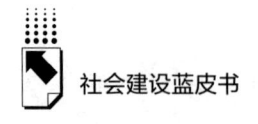

病长期处方服务、"互联网+家庭医生"签约服务等方式，使老年人获得更灵活、更有针对性的就医体验。截至2020年底，全市组建家庭医生团队5170个，65岁及以上老年人签约213.49万人，签约率89.86%，为老年人提供上门出诊9.34万人次，为老年人上门服务121.52万人次，为提升老年人健康水平、提供更好的医疗服务做出了卓越的贡献。

2. 社区养老

2020年，北京市新建了100家社区养老服务驿站，进一步完善了"居家社区机构相协调、医养康养相结合"的养老服务体系，完成社区养老服务驿站建设规划任务，基本形成了就近养老服务格局。截至2020年底，全市共有养老机构544家，养老机构床位10.7万张。其中，建成并运营养老照料中心262家，建设养老服务驿站1005家，实现居家社区养老服务的全覆盖，加快推进织密社区养老服务网络进程。

同时，通过编制《居家养老服务规范 第8部分：呼叫服务》（DB11/T 1598.8-2020）、《养老机构心理咨询服务规范》（DB11/T 1723-2020）等9项居家养老、机构养老的地方性标准和出台《北京市社区养老服务驿站管理办法（试行）》，规范并完善了社区养老驿站的服务标准和监管标准，继续进行养老服务标准宣贯及居家养老服务标准试点工作，从而加快实现养老服务的标准化、科学化建设。

3. 机构养老

为推动养老机构服务质量专项建设行动，北京市出台了《关于做好2020年养老机构服务质量建设专项行动工作的通知》，从做好常态化疫情防控工作、紧盯隐患整改、做好星级评定、加强综合监管、实施分类改造、加大培训力度、加强信息化建设7个方面提升服务质量。对养老机构出现的突出问题进行专项整治，规范养老服务机构运营补贴使用管理，保障老年人消费权利，整治违法违规开展养老服务，提升养老服务机构服务质量，督促相关机构进行整改。

为进一步落实国务院办公厅《关于推进养老服务发展的意见》，北京市启动养老服务设施三年行动计划，包括"基层公办养老机构设施改造提升、民办养老服务机构消防安全达标、农村地区民办养老服务机构环保改造"三大工程，提升养老机构的专业照护能力，完善城乡养老服务兜底保障网络。

北京市养老服务体系的构建，立足于老年人的需求，重点关注居家、社区、机构三种养老模式。在这三种养老模式之下，推进医疗、照护、就餐等领域的规范化发展，提升养老服务的数量和质量，在全市范围内形成养老服务网络化覆盖，使老年人在一定范围内就能享受到全方位养老服务，为其生活带来更多便利。

二 北京市智慧养老服务发展及其机遇

（一）北京市现有智慧养老服务相关政策

2013年，北京市人民政府发布《关于加快推进养老服务业发展的意见》，提出要充分利用首都高校和科研院所密集优势，推动在养老服务重点领域、基础设施以及老年用品等方面的新技术、新产品研发应用；加强技术集成和服务模式创新，促进养老服务产业升级；以"智慧社区"建设为依托，在居家养老服务模式、医疗监测服务系统、老年人口信息管理等领域，利用现代互联网、物联网、大数据等技术，搭建科技养老服务平台和首都养老服务信息平台，为老年人居家养老服务提供科技支持。

在养老助餐配餐领域，2019年北京市发布《关于进一步加强老年人助餐配餐服务工作的意见》，提出依托区级养老服务指导中心信息平台、"智慧社区"平台、助餐企业信息平台，建立政府、餐饮企业、互联网平台三方信息对接和协同的服务模式，为老年人提供营养配餐、网上点餐服务，以区或多区统筹的形式，继续探索与社会配送资源的深度合作。

在养老照护领域，2021年北京市印发《北京市养老家庭照护床位建设管理办法（试行）》，连接养老服务机构和老人家庭，通过根据老人需求进行家庭适老化改造，安装紧急呼叫、智能穿戴、智能感应、远程监控、信息

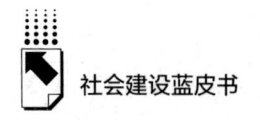

传输设备等必要的信息管理系统和电子信息服务设备，以及提供养老机构的专业化服务等方式，将养老服务机构的床位搬到老年人家中，将专业的照护服务送到老年人的床边。

在居家养老适老化改造方面，2022年北京市发布《关于支持开展"物业服务+养老服务"试点工作的通知》，鼓励物业服务企业建设智慧养老信息平台，将社区老年人生活情况、健康状态、养老需求、就医诊疗等数据信息纳入统一的数据平台管理。鼓励物业服务企业对居家社区养老服务设施进行智能化升级改造，配置健康管理、家用电器监控、楼寓对讲和应急响应等智能设施，以失能、独居、空巢老年人为重点，建立呼叫服务系统和应急救援服务机制。推广物联网和远程智能安防监控技术，实现24小时安全自动值守，提高突发事件应对能力，降低老年人意外风险。

在智能养老产品产业发展方面，2019年北京市发布《关于金融支持养老服务业发展的实施意见》，提出开发和推广养老智能穿戴产品，利用移动信息技术为老年人提供远程购物、远程医疗、健康监测、居家护理等服务；同时推进"互联网+"养老服务创新，充分利用移动互联网、云计算、物联网、大数据等新技术，发展智慧养老服务新业态。

北京市现有智慧养老应用场景多样，通过线上数据信息与线下实践场景的结合，构建适老化的生活环境。线上主要通过信息平台的数据收集，与专业机构之间进行信息互通，为老人精准匹配相关服务；线下场景实践则通过物联网相关的智能设备，通过主动请求和数据收集两种主要形式精准捕捉老年人的需求，与线上平台进行对接，构建智慧养老服务环境。

（二）公共危机推动智慧养老服务发展

1. 疫情防控背景下的养老服务政策发展

2020年5月，北京市民政部发布《关于调整优化养老服务机构常态化疫情防控措施的通知》，指出各养老机构应在确保防控力度不减的前提下，对防控措施做出调整完善，满足常态化服务相关需求。同时对家属的探视工作采取微信等线上预约方式，通过北京健康宝大数据进行涉疫信息的排查，规范探视人数、次数和流程规范。对于有条件的社区养老服务驿站，可以逐步恢复居家养老服务工作，在做好防护的条件下，优先满足困难老人照护服务需求。开业运营的社区养老服务驿站参照快递、外卖等人员社区防控管理工作要求，提供"无接触"服务，驿站内部的聚集性服务和入户服务依旧暂停。

2020年6月，北京市民政局印发《北京市养老机构新冠肺炎疫情防控应急处置工作导引》，进一步细化和完善养老机构新冠肺炎疫情应急处置工作预案，在机构内部实施分区管控。对于集中隔离医学观察机构（场所）中收住的老年人提供"无接触式"的护理服务，同时加强对老年群体的药品及医疗保障，通过远程医疗等信息化的形式处理突发医疗情况及疾病的诊治与用药。

2020年11月，北京市民政局印发《北京市秋冬季养老服务机构新冠肺炎疫情防控工作方案》，提出在老人家属进行探视时，引导养老机构通过构建更接近实景的视频互动方式，运用现代技术增加老年人与家属的日常互动的同时减少接触。对于居家养老服务工作，严格监管上门服务人员的健康情况，对驿站上门提供入户服务的，参照进入养老机构的程序，在出示北京健康码（绿码）、佩戴口罩、手消毒的前提下，经老年人本人或代理人同意后进入老年人家中提供服务。

2022年3月，北京市印发《关于提升北京市养老助餐服务管理水平的实施意见》，提出在疫情防控背景下保证不具备做饭能力的老年人的助餐服务需求，推进数字化养老助餐服务，推广数字化助餐服务模式，积极运用互联网新技术、新思维、新模式，探索养老助餐点助餐服务全链条数字化、可追溯、可持续、精准送达，科学平衡膳食，丰富老年人居家用餐选择，提升老年人居家生活便利度。与此同时，积极面向社会招募社会化平台，开辟养老助餐服务专区，将养老助餐点纳入规范管理、支持为老年人配餐送餐、对助餐信息进行全流程归集、接受社会评价及监督、处置助餐过程中的矛盾纠纷。

综上所述，从目前已经出台的相关政策可以看出，疫情防控背景下的北

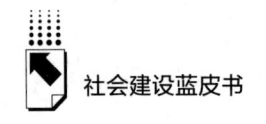

京市智慧养老服务针对受隔离政策影响的老人就医及家属探视问题进行了一定的创新，通过线上信息的交流缩短人与人之间的距离，同时关注到居家养老老人的餐食需求，通过引入社会化平台线上订餐满足老年人的订餐需求，为疫情下老年人的日常生活提供了更多便利。

2. 智慧养老服务面临的发展机遇

疫情防控背景下，老年人的日常生活环境出现了很大的变化，特别是在涉疫区域内部过度依赖线上信息交流与生活方式，让老年人日常生活产生了一定的不便，同时也为智慧养老服务的应用提供了较大的空间。

（1）封控管理下购买生活必需品的问题

以食品类为主的生活物资，可以依赖网络平台购买，然后配送到家。对于老年人而言，移动设备及互联网的使用成为疫情期间的痛点和难点。他们对于互联网应用功能的使用缺乏了解，因此疫情发生后老年人很难表达自己的生活需求。在疫情的特殊情况下，很多老人面临不会使用网购功能而带来的生活问题。老年人对移动互联网力不从心，很难自主使用网络补充菜篮子。对于一些患有慢性病，在饮食上需要格外注意的老人而言，无法自行购买食品对他们造成了很大的不便。

（2）老年人的就医需求

疫情期间，老年人仍存在就医需求。独居老人远离子女，身边没有同住者加以照护，同时由于老年人身体健康状况的特殊性，突发疾病的概率高，一旦发生突发情况，独居老人就会面临无人发现的困境。当老人突发疾病需要前往医院就医时，也会产生因疫情而无法转运至医院或转运周期过长的情况。在发现场景和救助场景这两个环节，老年人突发疾病时的就医需求无法得到很好的满足。

（3）家庭设施的修理问题

长时间的疫情防控使得老人须适应长期居家生活，家庭设施，尤其是电子设施一旦出现问题，会给老人特别是独居老人的生活带来极大的障碍。在非疫情时期，当老人家用设施出现问题，如出现下水道堵塞、电力系统故障、家用电器损坏等情况时，一般会由老人家属或物业修理人员上门维修。

但疫情时期，物业维修人员无法及时上门维修，对老人的日常生活产生影响。同时，对于独居老人而言，无法在第一时间发现并解决问题，后续可能带来更大的损失。

综上所述，在疫情防控的特殊情况下，智慧养老服务的应用需求进一步凸显。针对老年人购物、就医、设施维护这三大基础刚性需求，现阶段移动互联网的使用障碍和传统的养老服务使其无法得到有效满足。因此，如图1所示，未来的智慧养老应该在这三个场景中弥补传统养老的不足。

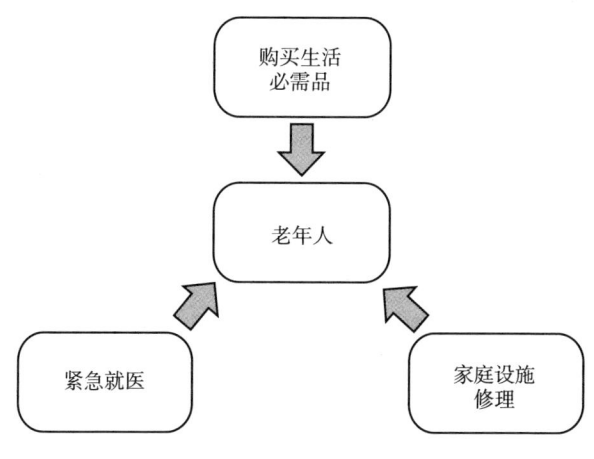

图1　智慧养老的应用场景

三　北京市智慧养老服务发展的困境

（一）供需匹配的结构化困境

疫情发生以来，北京市参考其他省市的疫情防控经验，已经出台许多政策，保障养老产业的顺利运行与发展，从居家、社区、机构三个层面保障养老服务供给。截至目前，北京市养老服务数量充足、类型多样，整体上大致可以满足老年人的需求，但是在实践过程中，老年人的需求与养老服务的供给仍存在结构性矛盾。特别是在疫情防控背景下，智慧养老服务更偏向单一

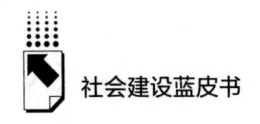

的移动互联网应用，养老途径变窄，对于老年群体存在的数字鸿沟和互联网使用困难的情况，并没有较好的解决办法，与之相反的是收窄了老年群体的沟通渠道，造成养老服务供需不匹配。

智慧养老强调利用现代信息技术为老年群体提供实时、便捷、高效的物联化、互联化、智能化养老服务，现今对智慧养老手段的理解则局限在对移动互联网的大范围使用上，而脱离了对老人实际接受能力的考察。互联网作为现代技术的代表，在各个领域的应用都非常智能与快捷；但是只依靠互联网而不以老人为本的"智慧养老"服务，忽视了主体感受，造成供需匹配困境，只体现了智能技术，而没有体现智慧助人。

（二）老人群体的"需求"问题无法完全用智能手段解决

疫情防控时期，老年人的个性化需求也成为亟待解决的问题。在疫情背景下，物资供给问题凸显，养老服务供给也相对匮乏，进而产生老人的养老需求无法得到满足的情况。

智慧养老模式在本质上发挥的是资源链接的通道功能，而不是直接为老人提供专业化的养老服务。在疫情背景下，以医疗、药物、照护等为例的第三方提供的养老服务本身供给不足，信息平台无法为老年群体链接资源，进而产生老年人需求无法满足的问题。该问题的出现并非因为智慧养老服务平台缺乏技术手段，而是受疫情影响供给方的服务供给缺乏，因此在技术手段角度无法解决老人的需求问题。

（三）智慧养老和传统养老发展定位不清晰

老年群体作为社会上的弱势群体，在生理和心理上都较青年群体更加脆弱。面对疫情的到来，老年人日常活动需求无法得到满足。平时，老年人的日常买菜购物活动基本都在线下的菜市场或超市进行，买药就医也是线下完成，当老人居家生活时，只能依靠他人才能完成日常用品的补给，相对有限的物资也给老年人的身体健康带来一定的影响。同时，只能依靠他人的情况使老人容易产生愧疚心理，面对疫情时期更加忙碌的社区工作者，老人不愿意因为自己的特殊需求而额外麻烦他人照顾,不到万不得已不愿打电话麻烦晚辈。这种愧疚心理使得老人在物资消耗上更加节约,甚至不要求工作人员帮忙采买必需药物,从而使身体更加脆弱。除此之外,疫情防控背景之下,部分独居老人的娱乐活动,如和其他老人见面聊天、打麻将等受到一定的影响,在心理上会产生更多的孤独情绪,进而影响老人的日常生活和身体健康。

这种情况的背后,体现出传统养老模式发展与智慧养老模式发展的交叠与空缺。在传统的家庭养老模式中,子女承担起老人养老的绝大部分责任,居家社区养老模式兴起后,老人的养老部分转入社区养老服务驿站统一规划负责,疫情发生后,出现老人与子女无法见面、社区养老服务驿站无法为老人入户提供养老服务的情况,此时的老人处于一种无人监管的状态。疫情之后,这种由于智慧养老和传统养老发展定位不清晰产生的问题更加凸显。

四 北京市智慧养老服务发展的对策建议

(一)整合与优化资源匹配

智慧养老模式的优势之处在于利用信息化的手段,链接各种服务系统,有利于解决目前居家养老信息沟通交流不顺畅的难题,进而使居家养老服务项目供求更配对,有益于提升社区养老服务的便利性和协调能力。通过改变信息交流传递方式、整合多维度数据,可视化分析和多方位决策管理、实时分析数据信息,实现终端可视化、完善医护过程管理,促进管理过程可视化,最终实现提供符合老年人群需求的养老服务的目的。

首先,采集数据,即养老服务资源、人力资源、财政资源(相关养老补助金等)和老年人数据(个体、分布特征等);其次,分析数据,即汇总整理(来自民政和劳动保障部门、社区、家政服务企业等)数据,辨明应有目标和实有现状的差距(时间、空间、人力、财政资源分配的合理性等);最后,基于供需缺口和产业发展周期,在社区信息化养老服务平台,在服务供给方式对接、服务内容更新、服务对象转介、服务标准化评估方面等展开干预。其中数据的采集可以分为两种方式：第一，盘活现有数据（目前各利益体都自然累积了一部分历史数据）；第二，打通各利益体数据库的联通渠道，解决合规性、信息隐私性以及各利益相关者的权益问题。

未来应当充分运用智慧养老服务智能化的优势，拓宽老年人需求表达通道，线上整合需求数据，推动供给与需求匹配，引入更多服务供给方参与，缩短老人需求与养老服务供给的连接时间，降低成本，实现更合理的资源匹配。

（二）构建社区支持体系

为智慧养老平台配套"人员体系"，守护老年人的安全和安心感。智慧养老服务应抓住"文理融合"的理念，解决四个问题。第一，智能手段让有限的人力资源即时性提供服务，提高人力资源效率；第二，以社区为单位，调配就近人员（熟人、邻居等）实现"15分钟养老服务圈"，重塑邻里关系；第三，"熟人"提供养老服务，"智慧守护体系"不仅解决老人的"救助问题"也解决"心理问题"；第四，人员配置中也包含监护人（分居的子女/亲属），虽然监护人不直接提供服务但通过接收平台的信息可提升老年使用者的信赖和安心感。因此，为大数据智慧平台配套的社区互助型"人员体系"，由社区内的邻居、监护人、消防和救助等政府机构构成。北京智慧养老服务体系建设可以通过打通现有养老资源间的壁垒，构建一个由智慧平台、智慧设备、社区互助型人员、监护人和政府救助资源组成的服务网。其中，社区人员支持体系除了包括社区内的熟人、邻居还可以是党员、网格员和志愿者，救助资源则可直接链接现成的政府医疗、消防等资源。

拥有人员支持体系的智慧养老，促进了服务供给手段的多元化，特别是在突发疫情时期，针对老人使用互联网的困难，一方面让老年人享受互联网下的智能生活，另一方面通过社区工作人员的关注，通过"熟人"为老人提供有温度的服务。

（三）实现智慧养老人本服务

从多次区域性疫情防控的经验可以看出，仅依靠技术手段为老人提供智慧养老服务在实践上仍存在一定的困难。在智慧养老服务尚未实现物联化，尚未根植于老年人生活细节的当下，仍需要"人"的介入，为老人提供更全面、更贴心的养老服务。现阶段应以人工服务为主，辅以智慧设备，完善传统养老服务的风险管理制度，特别是在疫情等突发紧急事件下要保障传统人工方式的有序性以避免供需结构性混乱造成的社会问题。未来智慧养老的发展，从服务供给角度要着力于人机交互设计（语音交互、体感交互）在智慧养老领域的应用，借助人机交互系统从过去的人适应科技转变为科技适应人。人本服务的智慧养老，关注老人的实际生理需求和心理需求，为老年群体提供顺畅表达的渠道。关注老年群体的特质，从老人的角度提供更好的养老服务，才能称得上是"智慧养老"。

B.10
北京市社区养老服务驿站现状、问题及发展对策研究

北京市民政局养老工作处

摘　要： 本报告围绕全市社区养老服务驿站建设总体情况、驿站运营现状和为老服务效果等方面，重点抽取20家养老服务驿站进行专题调研。针对社区养老服务驿站建设整体现状、当前存在的自我谋生动力不足、落地环节存在供需错配、专业人才数量不足等方面的问题，指出应进一步赋予养老服务驿站公益属性，补齐空当、精准扶持、精细管理、升级服务，提出完善养老服务驿站布局、强化驿站运营扶持、加强驿站队伍建设、强化驿站医护服务功能以及压实街道属地管理职能等对策。

关键词： 社区养老服务驿站　社区居家养老　养老服务

2021年，课题组围绕全市社区养老服务驿站建设总体情况、驿站运营现状和为老服务效果等方面，以"四不两直""解剖麻雀"的方式，深入全市16个区进行调研，重点抽取20家养老服务驿站进行专题调研（见表1）。其间，采取问卷调查、实地走访、查阅资料、座谈了解等多种形式，摸清实情、了解现状、总结对策。多次深入区民政局、街道（乡镇）走访，听取关于社区养老服务驿站建设情况汇报和意见建议，共组织座谈会7次，同街道（乡镇）相关负责同志、机构负责人、社区工作者及辖区居民谈心谈话百余人次。经过为期4个月的深入调查研究，形成研究报告。

表1 抽样调查8个区养老驿站建设和基本养老服务对象分配情况

区划	常住人口（万人）	辖区面积（平方公里）	街乡数量（个）				村居数量（个）			养老驿站数量（家）			平均每个街乡驿站数量（家）	基本养老服务对象数量（人）	平均每个驿站基本养老对象（人）
			总数	街道	地区	乡镇	总数	社区	村	总数	城区驿站	农村驿站			
西城区	110.62	50.70	15	15			261	261		50	50		3.3	26000	520
朝阳区	345.25	470.80	43	24	19		610	466	144	149	148	1	3.5	40010	269
门头沟区	39.26	1455.00	13	4		9	273	120	153	22	7	15	1.7	9600	436
石景山区	56.79	85.74	9	9			133	133		40	40		4.4	9700	243
通州区	184.03	905.95	17	6		11	659	551	108	131	37	94	7.7	11000	84
大兴区	199.36	1036.33	22	8	3	14	319	35	284	132	47	85	6.0	10757	81
怀柔区	44.10	2122.80	16	2	3	11	428	52	376	101	12	89	6.3	9756	97
延庆区	34.57	1994.88	18	3		15	1065	52	376	20	6	14	1.1	8248	412
合计	1013.98	8122.20	153	71	22	60	2683	1618	1065	645	347	298	4.2	125071	194

注：截至2021年6月底。

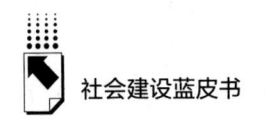

一 社区养老服务驿站建设整体现状

调研发现，全市养老服务驿站布局统筹合理、建设有序推进、实际成效显著，已经成为全市老年人社区居家养老的重要依托和"总服务台"。

（一）全市社区养老服务驿站的运营模式及服务特点

2016年以来，社区养老服务驿站为老年人提供日间照料、呼叫服务、助餐服务、健康指导、文化娱乐和心理慰藉等6项基本服务。在此基础上，根据自身设施条件和周边资源供给情况，拓展开展康复护理、心理咨询、法律咨询等延伸性功能。养老驿站在服务功能上打通了居家、社区、机构三个板块，通过"小规模、多功能、专业化"，整合服务资源，为居家老年人提供服务，实现了三个板块服务的融合。

北京市社区养老服务驿站运营方式主要有连锁运营、单体运营、联盟运营和PPP运营等四种方式。

1. 连锁运营

具有法人资质、实力雄厚的品牌社会组织或企业，对区级行政区域内多家驿站实行连锁式运营，推动社区养老服务驿站连锁化、品牌化。提倡街道（乡镇）养老照料中心承接服务区域内社区养老服务驿站的建设运营。

2. 单体运营

独立的社会组织、企业利用设施开展单家社区养老服务驿站运营。

3. 联盟运营

多家社会组织、企业或个体工商户通过加盟协议方式共同运营一家驿站，主体服务由具有法人资质的社会组织或企业运营，并代表驿站承担对其他加盟服务点的指导和牵头协作，实现分工合作。

4. PPP运营

政府提供土地，交由社会组织或企业新建驿站；约定运营周期后，无偿移交给政府。

（二）全市社区养老服务驿站运营情况

1. 助餐是老人消费最多的服务项目

目前养老驿站提供助餐、助洁、助浴、助行、代办、咨询等多种收费服务，而老年人倾向于选择助餐等低消费服务。老人的消费能力不足，养老需求没有完全激发。开展助餐的养老驿站达到73%，城市地区高于农村地区（见图1）。

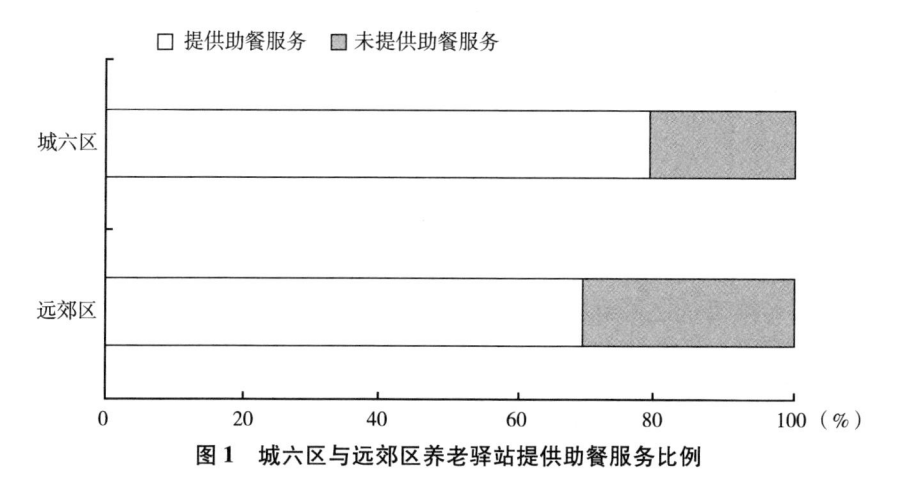

图1 城六区与远郊区养老驿站提供助餐服务比例

2. 托养和日间照料服务方面城市高于农村

城六区养老驿站开展托养及日间照料服务的比例为59%，远郊区为26%。城六区中4个城市功能拓展区以提供短期托养服务为主，首都功能核心区主要提供日间照料服务，出于安全等方面因素考虑，不鼓励养老驿站提供短期托养服务，日间照料服务更符合东、西城区老人白天由养老驿站照看、晚上回家居住的生活方式。

3. 整体连锁运营比例近70%

城市社区养老驿站连锁运营比例达到85%，而农村养老驿站仅有51%，部分农村幸福晚年养老驿站受地域、人员等因素限制，连锁化运营比较困难。

4. 服务供给有所侧重，服务项目日趋集中

驿站建设运营一段时间后找到客户资源，逐步形成一些重点服务项目。

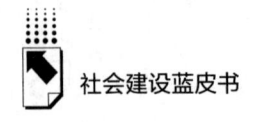

通州区一些驿站助餐服务开展较好，着力于发展助餐服务，逐渐向老年餐桌转变。一些以托养服务为主的养老驿站，逐渐趋向于养老照料中心，逐步扩大托养服务规模，拓展医养理疗服务，打造老年康复理疗室。驿站提供的服务有所侧重，使部分养老驿站服务功能没有得到有效发挥。服务项目集中化，无法体现出居家养老的服务特色，与养老驿站建设理念不一致。

5. 分工日趋细化，部分驿站已成为居家养老的"总服务台"

调研发现，部分养老驿站受自身条件限制，很多服务项目需要第三方支持，如助餐服务、专业人员等。在第三方提供服务的同时，驿站成为一个信息连接平台，具有自己提供服务和服务信息连接平台两种功能。建设定位并未对此进行明确划分。还有部分驿站直接连接第三方服务商为老人提供服务，养老驿站本身只承担信息连接平台功能。这是否与养老驿站的建设功能定位相符合，有待进一步探索。

（三）全市社区养老服务驿站建设目标实现情况及特点

自2016年5月市老龄委印发《关于开展社区养老服务驿站建设的意见》以来，经过4年努力，截至2020年6月底，全市建成社区养老服务驿站1005家；截至2021年6月底，从北京市社会福利平台核实驿站增加到1261家，剔除因经营不善关停和新建尚未运营等因素，实际运营服务的驿站达到千余家，已经实现驿站建设的初期目标，打造形成"广覆盖、贴需求、惠民众、可触及"的社区养老服务网络，基本实现城乡社区养老服务全覆盖；农村地区大多做到了在村委会所在地建立驿站，驿站标识统一，设施配套。从驿站布局看，"首都功能核心区（东城、西城）占9.8%；城市功能拓展区（朝阳、海淀、丰台、石景山）占32.4%；城市发展新区（房山、通州、顺义、大兴、昌平）占36.4%；生态涵养区（门头沟、平谷、怀柔、密云、延庆）占21.4%"。从各区情况看，已有10个区达到"城市社区单个驿站服务最高人口规模不应超过2万人"的建设标准，全市平均每个街道（乡镇）建有驿站3.8个，平均每个驿站服务人口1.74万人。

（四）全市社区养老服务驿站服务功能实现情况及特点

全市16个区在指导社区养老服务驿站运营过程中，始终坚持"以人民为中心"的发展理念，各社区养老服务驿站以为老服务为宗旨，积极开展以助餐等6类服务为主的各项服务活动，想方设法满足老年人多元化的社区居家养老需求。养老驿站已成为社区老年人的休闲港湾、交流平台、康复场所和"服务管家"。为方便高龄和残疾老人出行，朝阳区潘家园街道给每个社区配备了1台爬楼机，为有需求的老年人提供服务。通州区作为民政部、财政部确定的第三批国家级居家和社区养老服务改革试点地区之一，2020年以来为1733户高龄独居老年人及计划生育特殊家庭老年人配备了"一键呼"终端，使老人们享受到及时的医疗、就餐、家政、政策咨询等服务。东城区、西城区、朝阳区、海淀区、丰台区、石景山区城六区把家庭床位建设作为就近精准养老服务体系建设的重中之重，采取政府补贴的方式，为符合条件的老年人提供生活照料、居家护理、餐饮服务和安宁服务。石景山区民政局协调医保部门将社区养老服务驿站纳入长护险受理点，既拓展了为老服务项目，又增加了驿站服务收入。

社区养老服务驿站的服务项目中，助餐是老年群体消费最多也最受欢迎的服务项目之一。为解决社区老年人用餐需求，市民政局根据市委、市政府要求，极力推动落实2021年发展1000家养老助餐点的计划，督促驿站全面开展助餐服务，目前全市已建立1000个养老助餐点，养老助餐服务体系逐步形成。通州区许多驿站推出了1元早餐，社区老年人只需支付1元钱，就可以吃上可口的早餐。房山区辛开口村幸福晚年驿站每年举办一次美食节。朝阳、石景山、怀柔、平谷、延庆等区养老服务驿站推出8~12元的低价午餐，部分驿站专门配备送餐车，免费或低价为社区老年人上门送餐。

老年人对文化娱乐场所的需求体现了驿站存在的重要性，其主要对象为60岁以上的活力老人。目前，图书阅览、棋牌、书画、歌咏等文化娱乐活动几乎每个驿站都有，成为传统性、常态化的服务项目。朝阳松榆里社区养老服务驿站、通州东方玫瑰社区养老服务驿站、顺义区下西市村幸福晚年驿

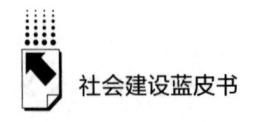

站等专门聘请专业老师给社区老人讲授书法、绘画、声乐、舞蹈等课程。据对120余名社区老年人的现场访谈和问卷调查，其普遍对养老服务表示满意。东城区一些退休干部反映，过去在单位上班有组织管，现在退休回到社区有驿站管，各项服务都能在驿站得到协调解决，让人有一种重新找到组织的归属感。

（五）全市社区养老服务驿站运营扶持管理现状及特点

政府补贴在北京市养老驿站建设和运营中发挥着核心作用。除免费提供服务场所，一次性补贴每个社区养老驿站平均30万元的建设资金，还按照不低于服务费50%的标准给予流量补贴，流量补贴向农村养老驿站倾斜。北京市民政局及市发改委、市财政局、市人力社保局、市老龄办联合制定《北京市社区养老服务驿站运营扶持办法》，采取服务流量补贴、托养流量补贴、连锁运营补贴和运维支持等措施，对社区养老服务驿站进行扶持。2019年、2020年全市对社区养老服务驿站分别补贴11571.85万元、9877.36万元。实地调查的20家驿站，2020年政府购买服务和各种补贴410.2万元，平均每个驿站20.51万元，占驿站收入的37.7%。抽样调查的50家驿站中，43家由街道无偿提供建设场地，占86%；5家由区民政局通过小区配建提供场所，占10%；2家为驿站自有房屋，政府给予租金补贴，占4%。政府无偿提供设施，保障了社区养老服务驿站的启动运营；根据服务流量和托养流量予以补贴，引导驿站为老年人提供服务；对民政部门认定的养老驿站，实行水、电、气、热收费与居民用户同价，节省了驿站的运营成本。这些政策，对于加快发展养老服务业，让老年群体享受优质养老服务，发挥了重要作用。例如，慈爱嘉养老服务中心引进美国著名居家护理服务品牌"仁爱华"，建立了一支由医生、康复师、护士组成的专业技术服务团队，在北京建立13家驿站，将国际先进理念应用于养老服务实践，成为居家养老照护行业先驱者。

总体来看，社区养老服务驿站建设与管理，始终坚持依法依规。2015年2月，颁布实施的《北京市居家养老服务条例》，明确了居家养老定义、服务对象和养老服务资金来源,为社区养老服务提供了坚实的法律保障。2016年5月,市老龄委出台《关于开展社区养老服务驿站建设的意见》,为做好社区养老服务驿站建设工作提供了政策指导和制度遵循。2020年12月,市民政局、市财政局、市卫生健康委员会、市市场监督管理局、市消防救援总队5部门联合出台了《北京市社区养老服务驿站管理办法(试行)》,对社区养老服务驿站建设、运营、管理作出全面规范,提出了负面清单制度,明确了10种禁止类行为,作为市场化服务的衡量标准。各养老驿站普遍建立了内部管理制度,明确了工作人员岗位职责和行为规范,在醒目位置公示责任片区范围,以及养老服务内容、收费标准、营业时间、监督电话等。严格落实助餐、托养、卫生、安全等管理制度,防范安全风险。

二 社区养老服务驿站存在的问题

通过调研发现,当前社区养老服务驿站还存在一些问题,需要引起关注。

(一)自我谋生动力不足,部分驿站处在守摊状态

1. 部分运营商提供的服务质量不高效果不佳

主要体现在4个方面:一是有的驿站服务商没有前期运营经验,对居家老年人的服务需求了解不够,坐等服务,或者不能按时开门运营。二是一些运营商是街道招募过来的,介入养老服务业的市场主体大多是从别的行业转行过来的,涉及餐饮业、建筑业、宾馆业、房地产等,对养老服务业的基本政策和运营方式不熟悉、不规范、不专业,也造成北京市养老服务行业品牌连锁发展不起来。三是一些养老驿站服务内容单一,效率不高,运营服务单一。有的地区驿站服务中老人用得最多的是助餐、日间照料;有的地区"居家养老的老人最需要的是呼叫服务、康复和护理服务";而郊区某养老驿站负责人则认为,"平时老人最需要的就是助餐,冬天还需要取暖"。不同老年群体的需求差别较大,而驿站缺乏主动而为的理念,导致盈利困难。四是专业服务能力较弱。开展上门服务的能力不强,专业人力资源不够,就

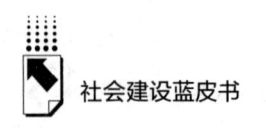

近就便提供养老服务和对接服务平台的商业运营模式不成熟。

2. 部分运营商自我"造血功能"不足

从现场调查的情况看，驿站运营情况与运营商的主观能动性密切相关，凡积极作为的驿站运营得就比较好，凡消极应付的驿站运营得就不尽如人意。主要体现在3个方面：一是摸底不够深入。驿站运营商缺乏主观能动性，对辖区老人的服务需求调查不深入、未根据老年人的实际需求制定养老服务方案的现象普遍存在，导致驿站门庭冷落，少有老年人光顾。二是服务不够积极。在站看门多，主动上门少，不少驿站开门不服务，拿不到流量补贴。此次调查的20家驿站中，6家驿站没有流量补贴，占30%。凡服务不充分、服务收入少的，大多"运而不盈"。20家驿站中，2020年亏损的驿站15家，占75%。由于经营不善，目前各区均有几家驿站处于关闭状态。客观上讲，近两年受新冠肺炎疫情影响，有的养老驿站封闭停业达半年以上，影响了服务项目的正常开展。但主观上看，疫情缓解后有的驿站服务项目也没有继续开展，甚至借机关门。三是管理不够精细。特别是在财务管理上，许多驿站没有实行单独核算，也没有建立明细账。有的连锁公司将旗下各个驿站收入支出混在一起。有的公司将经营管理的9个农村驿站统收统支一本账，各驿站财务数据分不出来，直到被市里审计发现后才予以整改。

3. 服务项目少、收费低、盈利难、亏损多

主要体现在2个方面，一是免费项目多、收费项目少。比如文化娱乐、心理慰藉、量血压、健康讲座等公益项目，不能收费；而收费项目价格要求低于本区域市场平均价格。部分驿站提供的服务项目少。驿站可以提供助餐、助洁、助浴、助行、代办、咨询等多种类型的服务，但实际运营中，很多服务项目如代办咨询等基本没有老人消费，导致驿站提供的消费服务项目紧缩，实际只提供老人需求较高的个别服务项目。二是运营成本高。运营压力主要来源于人力成本和场地租金。中心城区养老驿站成本较高。人员工资水平较高，老人对服务专业性要求高，有证书资质的专业人员薪资也增加成本支出。远郊区养老驿站工作人员工资水平略低。虽然已有相关补贴政策规定，但是部分驿站运营成本仍然很高，水、电、气、热等都是商业标准，高于居民收费标准。

（二）驿站布局建设中，落地环节存在供需错配现象

北京市养老驿站建设成本较高，除建筑设施等由政府免费提供外，驿站还需要装修改造、设备购置等费用。目前，主要参照街道（乡镇）及社区（村）行政区划、老年人口热力图等对驿站进行规划，但在落地环节存在供需错配现象。究其原因，一个是街道（乡镇）与区级民政部门工作衔接不够，有的社区（村）没有符合民政部门规定的闲置建筑设施，有的设施符合条件但建设随意性较大、未严格执行民政部门规划，导致驿站服务范围与老年人口数量不匹配。另一个是对老年人真实养老意愿把握不准，驿站的位置与老年人需求不尽匹配。有的运营商认为，根据人口热力图来布局驿站未必科学，"养老和教育不一样，教育是到那个年龄就必须上学、是刚性的，但人老了并不一定都需要驿站服务，所以通过人口比例来估算老年人的真实养老意愿缺乏精准性，只能靠市场不断探索和磨合"。有的区域驿站建设密度较大，通州区、大兴区、怀柔区平均每个街道（乡镇）建有驿站6个以上，平均每个驿站基本养老服务对象不足100人。通州区61家驿站基本养老服务对象不足50人，占驿站总数的46.6%；与之对应的门头沟区、延庆区每个街道（乡镇）建有驿站数量相对较少，单个驿站保障的基本养老服务对象数量相对较多。

（三）驿站专业人才数量不足，致使驿站服务功能没有得到充分发挥

调研中发现，社区养老服务驿站虽然已经具备诸多服务功能，但由于专业人才匮乏、资源整合难等因素，很难形成标准化、专业化、连锁化、品牌化的运营管理规模，在应对不同层次和不同特点老年人就医、家政等多样化需求上显得"捉襟见肘"。主要原因是驿站建设之初，不少工作人员是退休职工、"4050"人员以及招聘的社会下岗人员，呈现文化程度较低、年龄结构偏大的特点。近年来，随着养老产业的发展、院校教育的重视，护理专

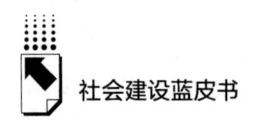

业、社工专业的年轻力量开始投入居家养老行业，养老驿站员工年龄结构、学历结构有所优化。但专业人才仍然缺乏，尤其是医疗护理人员和熟悉信息化的人员较少。抽样调查的20家驿站，共有工作人员131人，其中，经过相关院校培训的14人、占10.69%，护理人员45人、占34.35%，50岁以上人员58人、占44.27%。调研中发现，多数驿站没有开展日间照料等医养服务，因为这类服务需要依托智能和先进仪器设备，不少驿站工作人员感到困难。农村驿站这种情况更为突出，由于位置偏远，工资待遇较低，专业人才不愿去，许多农村驿站仅有1人看摊子、守门面，没有实质性服务。门头沟区给每家养老驿站配备了一台集心电仪、血糖仪、血压、血脂、骨密度检测于一体的智能化健康检测设备，功能先进、操作智能，大部分驿站工作人员却不会使用。

三 社区养老服务驿站发展对策

目前，全市养老驿站建设基本完成，下一步主要是赋予驿站公益属性，补齐空当、精准扶持、精细管理、升级服务。针对存在的问题，提出如下对策措施。

（一）强化统筹衔接，完善养老驿站布局，解决好"应建未建"的问题

根据调研情况，加强区级民政部门与各街道（乡镇）工作对接，将民政部门养老服务指导能力与街道（乡镇）辖区资源调度能力及对老年人需求相对熟悉等优势结合起来。督促没有按《北京市社区养老服务驿站建设规划（2016年—2020年）》明确的服务半径和单个驿站服务的最低人口规模完成驿站建设布局的社区，按规划要求增设驿站、补齐空当。同时，加强对区民政部门及各街道（乡镇）的监督，避免出现为完成任务而盲目建设驿站、不顾运营能力而盲目引入运营商等行为。在此期间，对于现有驿站覆盖不到的农村地区，由区或乡镇通过政府购买服务方式给予解决，或由乡镇

组建服务团队进行统一保障。对有些责任片区过广、基本养老服务对象过多的驿站，协调街道和社区新建驿站，科学划分片区，将社区养老服务驿站服务规模控制在承受能力之内。规模大、服务能力强的驿站可以跨街道（乡镇）服务基本养老服务对象。

（二）强化驿站运营扶持，破解驿站"运而无盈"的问题

驿站收入中80%以上是政府购买服务的项目资金，老年人自己出钱购买的仅占不到20%。养老服务回报周期长、利润薄，居家养老服务企业规模小，社会资本运营养老驿站获利难度大，可持续运作不能得到保证。应进一步明确社区养老服务驿站公益属性，综合考虑养老对象需求、驿站运营成本、政府财力等情况，本着保障基本、保障必需的思路，设计补贴政策，在开展驿站运营扶持政策绩效评价、客观评估驿站成本收益基础上，修订《北京市社区养老服务驿站运营扶持办法》，进一步提升基础补贴力度。探索将运营补贴与驿站人工、水电气暖等主要成本挂钩，设计补贴标准，并对农村驿站给予托底保障。"对于服务好基本养老服务对象的驿站，每月每人补贴180元。农村驿站实际签约服务对象少于80人的，每家每月给予1.4万元补贴；超过80人的，按照实际签约的服务对象数量，每人每月给予180元补贴。驿站基础补贴人数不超过300人。"[①] 同时，规定驿站的星级评定情况与基础补贴挂钩。二星级驿站在享受以上基础补贴的基础上，每月再加2000元补贴；三星级驿站每月再加3000元补贴。

（三）加强养老驿站队伍建设，解决好"人才短板"问题

专业人才短缺，是当前驿站运营和发展的一个瓶颈。指导各区通过政府购买服务，设立养老护理技能培训项目，聘请专业培训机构对社区养老服务驿站护理人员进行专业培训，加快壮大养老服务人才队伍。尽快启动养老护

---

① 《关于印发〈北京市社区养老服务驿站运营扶持办法〉的通知》（京民养老发〔2021〕154号），http://www.bjmy.gov.cn/art/2022/3/11/art_ 5744_ 389807.html，2022年8月12日。

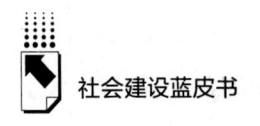

理员职业技能等级评价工作，推进专业技术职称、职业技能等级互认互通，引导卫生专业技术人才、家政服务人员和大学毕业生从事养老服务。采取相应鼓励政策，培育壮大社区志愿者队伍，有条件的地方可组建或引进志愿者团队，鼓励更多志愿者为老服务，打造低龄老年人帮助高龄老年人的互助式养老模式，形成社会各界志愿为老服务的浓厚氛围。

（四）强化驿站医护服务功能，解决好"医养结合"问题

医养结合是社区居家养老的发展方向，也是养老服务驿站的主要功能之一。下一步应积极协调对接市卫生健康委、市医保局，指导驿站与社区卫生服务中心（站）搞好对接，指导驿站与周边医疗卫生机构开展多种形式的签约合作。鼓励现有驿站增设社区护理站或者现有社区护理站增设驿站，为长期卧床或有其他护理服务需求的老年人，提供慢病管理、基础护理、康复护理等医疗服务。将现代医疗服务技术与养老保障模式有效结合，更好地满足老年人健康养老服务需求。继续搞好家庭养老照护床位和长护险试点，已经实行家庭养老照护床位的地区，可让符合条件的老年人在基本养老服务项目和家庭养老照护床位政策中自主选择，原则上应以基本养老服务项目为主，两种服务不得重复享受。

（五）压实街道属地管理职能，解决好"层级管理"问题

发挥驿站功能作用、满足基本养老服务对象的基本养老需求，街道（乡镇）是最后的关键环节，街道（乡镇）养老服务联合体就是平台路径。目前，全市共有1089家社区养老服务驿站，点多面广，高度分散，仅靠市、区两级民政部门很难管住、管好。下一步结合出台《关于推进街道乡镇养老服务联合体建设的指导意见》，进一步明确街道（乡镇）职责，充分发挥街道（乡镇）的属地管理职能，统筹整合街道（乡镇）和社区（村）医疗卫生、康复疗养、文化教育、体育健身等资源，搞好服务平台对接和网络共享；建立养老服务部门联管或联席会议制度，及时传达学习上级有关社区居家养老的文件要求，统一监管口径，优化监管手段，提高行政效能，落实社

区养老服务驿站运营扶持政策，做好基本养老服务对象确定、责任片区划分、设施场地提供、政府补贴发放、相关费用减免等工作，妥善解决驿站的实际问题，为驿站运营提供有力保障。

参考文献

陈建领、成海军：《北京市社区养老服务驿站的运营模式、服务特点及发展建议》，《中国民政》2021年第12期。

成海军：《小驿站大服务：试解大城市社区居家养老服务难题》，《社会福利》2018年第12期。

B.11
北京市老年安宁疗护服务的实践与反思[*]

鲁丽倩 杨 荣[**]

摘 要： 北京市人口老龄化程度不断加深，老年群体健康观念和生命观念逐渐改变，推动老年安宁疗护服务的发展。北京市在国内较早出台安宁疗护服务政策，设立临终关怀试点单位，扩大安宁疗护服务供给，推进安宁疗护规范化发展，安宁疗护服务更加普及。安宁疗护强调丰富的生命内涵和全人照顾的理念。医生—护士—社工多学科合作的专业团队提供"舒缓治疗""舒适照护""舒心服务"以及哀伤辅导。为进一步发展安宁疗护，需要形成符合我国实际情况的疗护模式，出台指导性文件和操作性工作指南，加强生命教育和死亡教育，注重专业人才队伍建设，提升从业人员的专业能力。

关键词： 老龄化 安宁疗护 灵性照顾

在北京市人口老龄化程度不断加深的背景下，"如何老去""怎样离去"是每一位老人都要面对的现实问题。老年安宁疗护服务的必要性和重要性日益凸显。本文将系统梳理北京市安宁疗护的发展脉络和实践经验，同时以北京市B福利机构为个案，深入分析安宁疗护服务过程中遇到的问题和挑战，并提出对策建议。

---

[*] 本文是北京工业大学服务首都重大战略决策咨询项目"养老服务精准对接实施路径研究"（040000514122613）的阶段性成果。
[**] 鲁丽倩，北京工业大学社会工作硕士研究生，北京市第一社会福利院中级社会工作师；杨荣，北京工业大学文法学部教授，北京社会管理研究基地研究人员。

一 北京市安宁疗护服务的背景以及发展脉络

（一）北京市老龄化程度加深，提出生命周期健康水平新课题

根据《北京统计年鉴2021》，2020年北京市常住人口2189.3万人，60岁及以上人口为429.86万人，占19.6%，人口比重上升7.1个百分点，其中65岁及以上人口为291.2万人，占13.3%，人口比重上升4.6个百分点，人口老龄化程度进一步加深。《中国发展报告2020：中国人口老龄化的发展趋势和政策》指出中国将在2022年左右，由老龄化社会进入老龄社会，届时65岁及以上人口将占总人口的14%以上。在我国由老龄化社会进入老龄社会的进程中，如何提升全生命周期健康水平，提升老年人死亡质量，促进健康中国建设，是值得探讨和研究的重要课题。

死亡是每个生命个体最终的归宿。未知生，焉知死？中国传统向来有对"死亡"的忌讳，甚至谈"死"色变，有些老年人忌讳谈论死亡，认为谈论死亡是不吉利、很晦气的事情。老年人离死亡最近，最忌讳谈论死亡，但是这种回避反而加剧了死亡焦虑。

现代医学理念发生了革命性转变，"以治疗为中心"逐步转变为"以健康为中心"，这种转变影响了老年群体的生命观，他们将重视"生命长度"改变为重视"生命质量"，直面老年期以及临终期的精神需求。近些年，有些老年人逐渐开始打破死亡避讳，公开谈论死亡，表现出对生命深层意义的关怀和尊重。

（二）安宁疗护政策依次出台，逐渐完善服务规范

北京在全国范围内较早探索了临终关怀服务，例如北京松堂关怀医院创立于1987年，是国内较早建立的一家临终关怀医院。2017年2月，出台《国家卫生计生委关于印发安宁疗护中心基本标准和管理规范（试行）的通知》及《国家卫生计生委办公厅关于印发安宁疗护实践指南（试行）的通

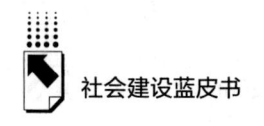

知》，明确了安宁疗护实践以临终患者和家属为中心，以多学科协作进行的模式，并对患者常见的疼痛及其他症状的治疗、护理、舒适照护/心理支持和人文关怀等给出了指导性建议，极大地推动了我国安宁疗护服务的发展。此后，北京市发布了一系列推动安宁疗护服务发展的政策，并启动了试点实践探索经验。

近年来，北京市发布了系列有关开展安宁疗护服务的试点工作和完善服务体系的政策文件，初步确立了安宁疗护的机制和运行标准。

2017年3月，北京市卫生计生委发布《关于确定首批北京市临终关怀试点单位的通知》，确定北京市隆福医院、北京市西城区德胜社区卫生服务中心等15家医院为临终关怀试点单位。

2017年10月，国家卫生计生委办公厅印发《关于开展安宁疗护试点工作的通知》，选定北京市海淀区作为全国第一批安宁疗护工作试点市（区）。

2019年5月，国家卫生健康委办公厅印发《关于开展第二批安宁疗护试点工作的通知》，北京市西城区、东城区、朝阳区被列为第二批安宁疗护试点地区。

2021年1月，北京市卫健委等发布《北京市建立完善老年健康服务体系的实施方案》（京卫老龄〔2020〕13号），扩大安宁疗护服务供给，研究制定居家安宁疗护服务标准和规范，推进居家安宁疗护服务，推进安宁疗护规范化发展，形成畅通合理的转诊制度。到2022年，全市安宁疗护床位达到1000张，安宁疗护服务更加普及，安宁疗护价格政策更加完善。

2020年12月，北京市卫健委确定北京协和医院与北京医院2家医院为"北京市安宁疗护指导中心"，北京清华长庚医院、北京大学首钢医院、北京市海淀医院等9家医院为"北京市首批安宁疗护示范基地"。

综合来看，北京市安宁疗护服务试点在医院开展，覆盖了三级医院、二级医院、社区卫生服务中心，取得了长足进展，形成了不同的特色。北京市协和医院由老年医学科宁晓红教授带头的安宁缓和医疗组不仅联合多科室提供会诊，坚持不懈举办安宁缓和医疗培训，还建设了辐射二级医院、社区、养老院的安宁疗护服务网络，北京大学首钢医院本着"以患者为中心，以病人的实际需求为准绳"的原则进行综合评估,为病人及家属提供全心、全人、全队、全家、全程、全社区的"六全"照顾,帮助癌症晚期病人减轻身心痛苦。

(三)加快提升国内老年安宁疗护服务势在必行

虽然政策出台,服务规范逐步完善,但是目前安宁服务的体系、规模、专业人才等都与北京市老年人口数目以及未来老龄化程度加剧的需求不匹配,进一步加快老年安宁疗护服务的普及势在必行。

随着现代社会发展和社会结构变化,传统家庭照料模式出现动摇,人口高龄化、少子化意味着老年人将来的养老服务和养老方式将会面临挑战,有可能出现没有子女、只有一个子女甚至是老年子女照护的状况。老年安宁疗护服务的发展能够缓解高龄老年人的照护压力,不仅能提升老年群体的生活质量,还能减轻家庭照护压力,节约社会资源。

2022年,《关于印发北京市加快推进安宁疗护服务发展实施方案的通知》提到"要优化安宁疗护服务资源布局,加快建设以社区和居家为基础,机构为补充,综合、连续、机构和居家相衔接的安宁疗护服务体系"。养老机构安宁疗护服务积累的经验,可供社区卫生服务机构、二级医院、医养结合机构借鉴,并作为补充,不断丰富安宁疗护服务模式。

二 安宁疗护服务实践与反思——基于B机构的经验

北京市B机构筹建于1988年,是由市政府投资兴建的市级公办养老机构,曾经主要接收国家优抚、需要照料的离退休服务对象、归国华侨以及老年病患者,现在主要接收两类人群,一是市级以上劳模、因公致残、见义勇为伤残的失能、高龄老人,二是失独或失能老人。B机构成立以来坚持以"全心全意为老人服务"为宗旨,探索"医养结合、养社结合"的全方位养老服务模式。

B机构推出了以"再老也不怕"为主题的社会工作服务项目。该项目

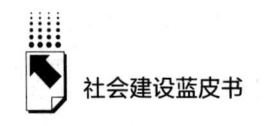

是以机构内老年人为服务对象,通过生命感悟、生命歌颂、生命回顾等生命教育服务以提升服务对象生命价值感和意义感的社会工作服务项目。经过长时间的工作实践丰富和拓展,B机构已经逐渐完善了综合"医护社"多专业团队以提升服务对象生命质量为目标的老年安宁疗护服务。机构中很多老年人因此受益,提升了老年生活质量,项目取得了较好的服务效果。

(一)身—心—社—灵:安宁疗护的全人理念

20世纪中叶,西西里·桑德丝女士建设了克里斯多福安宁院提供临终关怀服务,被认为是现代安宁疗护体系的创始人,她不仅提出临终关怀服务理念,还提出整体痛(total pain)的概念,认为临终患者不仅是身体痛,还包括身体、情绪、社交以及精神方面的痛苦,这些理念至今依然对安宁疗护服务产生深远影响。理解"整体痛"的理念就更加能够理解"身心社灵"全人照护在安宁疗护服务中的重要性。

"身心社灵"全人照顾是指对患者身体、心理、社会以及灵性"四位一体"的照护模式。世界卫生组织对健康的定义是"健康不仅为疾病或羸弱之消除,而且是体格、精神、灵性与社会之完全健康状态"。安宁疗护体现一个社会整体的人文关怀程度。

B机构安宁疗护服务本着全人照护的理念,注重对患者身、心、社、灵四个层面的全面照护,关注全人健康,注重患者"身心社灵"这四方面的需要,维持患者全面的健康,以面对人生的挑战。以人为本,多角度、全方位实践全人照护的理念,使得安宁疗护服务更加尊重病人的价值和尊严,使患者在身、心、社、灵几个方面都得到充分照顾,提升患者的生活质量。

(二)再老也不怕:安宁疗护的生命内涵

正确的生死观对老年人实现晚年幸福具有积极意义,进行生命教育就是为了帮助人们了解什么是自然生命,什么是社会生命,进而努力使自身与他人以及自然万物的关系和谐化。与此同时,要帮助人们追求精神生命、提高生命质量。

北京市B机构的社工在服务过程中发现入住老年人对待死亡的态度有很大不同：有的老年人和老伴早就安排好了身后事，相伴一起参加遗体捐献；有的老年人一听到"死"这个话题就转身离开，不敢碰触；也有的老年人想了解，又惴惴不安，不敢上前，处于矛盾中；还有的老年人时日无多，子女想和老人谈谈，但是一说到这个话题就默不作声，于是彼此不能沟通。由此，社工围绕老年人面对死亡的态度发起生命教育项目，通过布置展板进行宣传、开展生命主题小组、在走访中宣传普及生命教育等对老年群体进行生命教育，使老年人对死亡有一个科学的理解，从而能够从容面对死亡。"再老也不怕"项目持续多年，机构内老年人能够公开地讨论死亡，帮助老年人树立积极的生死观，更加积极从容地面对死亡的到来，而且提高生命终末期的生活质量。

老年人在生命末期再去做一些思考和决定，难免显得仓促、不从容，项目不断将生命教育前置，向健康老年人推广覆盖。为了鼓励老年人提前考虑生命事务的安排，项目对"我的五个愿望"活动进行了深入的宣传和组织，有近百位老年人在社工的帮助下书写了"我的五个愿望"。2022年，"再老也不怕"项目策划了"优雅转身话离别"10堂生命课，将生命教育纳入老年大学的教育平台，通过教育小组的方式对机构老年人开展生命教育，唤醒他们对自己的生命、对他人的生命以及对自然万物的生命的珍爱意识。同时，项目也致力于探索一套对机构老年人有效的生命教育课程，将理论与实践相结合，是对老年生命教育本土化的一次尝试，对推动老年生命教育实践具有参考意义。

（三）医生—护士—社工：组建安宁疗护的专业团队

根据2020年4月民政部颁布的《〈养老机构等级划分与评定〉国家标准实施指南（试行）》，安宁服务的具体内容为：提供临终关怀服务，提供哀伤辅导和后事指导服务。安宁服务的提供人员为社会工作者、养老护理员（取得养老护理员四级或更高等级职业资格证书）、护士、医生或心理治疗师，必要时请专科医师等专业人员协助处理或转至医疗机构。

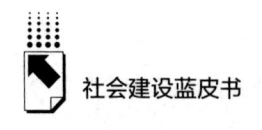

通过多年探索完善，B机构制定了提供安宁服务的相关规范要求，为疾病终末期老人在临终前通过控制痛苦和不适症状，提供身体、心理、精神等方面的照护和人文关怀等服务，以提高生命质量，帮助老人舒适、安详、有尊严离世。

B机构的安宁疗护服务依托A园区开展，由以"医生—护士—社工"为主体的多专业服务团队负责实施，包括医生9名、护士21名、社工1名，另有营养师、康复师、精神科专家、养老护理员、志愿者等参与。所有专业服务人员应接受临终关怀知识相关培训，具有人道主义素养，掌握安宁服务的相关知识及技能，"医生—护士—社工"团队主要成员还需要有相应的职业资格，具体如下。

医生应具有副主任医师及以上专业技术职务任职资格，参加过市级以上安宁疗护培训，并取得证书，掌握安宁疗护医疗基本理论和实践技能。

护士应具有主管护师及以上专业技术职务任职资格，参加过市级以上安宁疗护培训，并取得证书，能培训和指导老人家属或家庭护工全面掌握老人的舒适护理理念和技能。

社会工作者应具有中级社会工作师及以上专业技术职务任职资格，参加过市级以上安宁疗护培训，并取得证书，掌握灵性照护与社会心理支持等专业服务理论和实践技能。

（四）舒适照护+舒缓治疗+舒心服务：安宁疗护的核心服务

安宁疗护服务体系中，包括医生负责"舒缓治疗"、护士负责"舒适照护"以及社工负责"舒心服务"的"三舒"工作内容，此外安宁疗护服务还包括哀伤辅导。

1. 舒缓治疗

安宁疗护的常见症状包括但不限于：疼痛、呼吸困难、咳嗽、咳痰、咯血、恶心、呕吐、呕血、便血、腹胀、水肿、发热、厌食/恶病质、口干、睡眠/觉醒障碍（失眠）、谵妄等。针对安宁疗护的症状应尽早评估和干预，并给予连续的全程管理。宗旨是以尊重和关注"人"为中心，减轻或缓解症状，减少身体痛苦。应制定常见症状的评估、诊断、干预和管理制度，并做好相应记录。

2. 舒适照护

评估和观察老人舒适状况，包括但不限于：房间环境管理、床单元管理、身体清洁、促进睡眠、营养支持、管路维护、排泄护理、体位护理、助行等。评估老人的自理能力、皮肤状况、跌倒/坠床发生危险、心理状况、营养状况，建立评估量表，根据评分结果给予相应的告知并提供有效的护理措施与预防措施。

服务内容包含但不限于：a) 房间环境与床单元管理；b) 口腔护理；c) 皮肤护理（压疮/伤口/造口）；d) 肠内、肠外营养的护理；e) 管路护理；f) 会阴护理；g) 协助沐浴和床上擦浴；h) 排尿异常的护理；i) 排便异常的护理；j) 卧位护理；k) 平车使用；l) 心理护理与灵性照顾。

3. 舒心服务

针对老人在充分控制症状的基础上，服务内容包含但不限于：a) 维护老人的尊严和生命价值；b) 尊重和保护老人的隐私和权利，尽量满足其心理需求；c) 与家属或监护人一起，共同探讨和实施老人的心理支持；d) 密切关注老人的心理变化，评估是否存在抑郁、焦虑以及程度，及时给予心理疏导，为严重心理障碍的老人转介；e) 为老人提供心理支持，以多学科团队的方式为老人提供心理咨询和心理疏导，增强老人的信心和勇气，分散注意力，引导宣泄，使老人在感情上得到释放和支持。

针对老人家属的服务内容包含但不限于：向家属宣教，帮助其理解提高老人终末期生命质量的重要性，提高依从性；鼓励和指导家属与老人充分沟通，促进彼此理解和表达爱与关怀；对于存在精神心理困扰的家属及监护人，给予支持、陪伴和心理疏导。

其他社工服务，应包括但不限于：a) 经济协助，针对贫困的老人，协助申请相关补助；b) 沟通协助，协调病患及家属与医护人员沟通，协助家属融入安宁疗护团队；c) 链接社会资源，根据老人的需求程度，联系其亲友、健康和社会保健专业人员、培训过的志愿者、互助团队，以及社区支

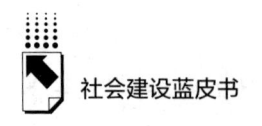

持、精神健康服务、哀伤服务和心理治疗专业人士为老人展开支持。

4.哀伤辅导

哀伤辅导是协助人们在合理时间内引发正常的悲伤情绪，使其正常地经历悲伤并从悲伤中恢复，从而促进人们重新开始正常的生活。

运用定性与定量的综合方法评估老人的心理社会需求及其家属和监护人的需求，包括但不限于：a）终末期老人的心理社会需求，终末期老人的情绪反应、与家人亲友及其他人际关系的改变、经济问题、面对生命即将结束及未知的死亡，临终老人会有何去何从的焦虑，精神抚慰方面的需要与探求，许多老人仍有未了心愿期望达成，需要协助。b）终末期老人家属和监护人的需求，复杂的情绪心理反应、压力与角色冲突。

（五）灵性照顾：安宁疗护团队合作下的全面呵护

近代护理的鼻祖南丁格尔说：灵性是每个人本身具有的内在，是每个人潜在的能力。在安宁疗护服务的实践中，灵性照顾起着非常重要的作用，尤其是在医疗手段不生效时，灵性照顾几乎成为唯一可缓解患者痛苦的方法。

灵性很难统一定义，很多学者对灵性提出了不同的理解角度，从而有不同的定义。刘继同认为灵性是指个体在人类生活中的相互关系、亲身体验、反思能力、超越的观念、自觉过程和主观知觉的总和，处在人类精神生活领域最高层次。陈劲松认为灵性是人所具有的一种能力，这种能力是个体所具有的一种先天的、更为基本的从整体上把握世界、创造世界的能力，正如个体具有感性能力、理性能力一样，个体也天生具备灵性的能力即灵性能力。

因而，B机构尊重每一位患者都有的灵性能力，并且认为灵性处于精神生活领域的最高层次。为了让患者的灵性得到照顾，B机构综合安宁疗护团队对患者提供灵性照顾，具体有以下几个特征。

第一，灵性照顾以社工为主导。灵性照顾是安宁疗护团队共同的职责，在B机构灵性照顾以社工为主导，联合医护等工作人员与志愿者共同参与。图1是社会工作者制定的灵性照顾工作计划，由社工牵头，组织工作人员与志愿者共同开展个体陪伴、团体活动，此外还设计了幸福故事、临别叮嘱、转身再见等生命故事活动,在生命故事活动的开展中依然有工作人员和志愿者的参与。

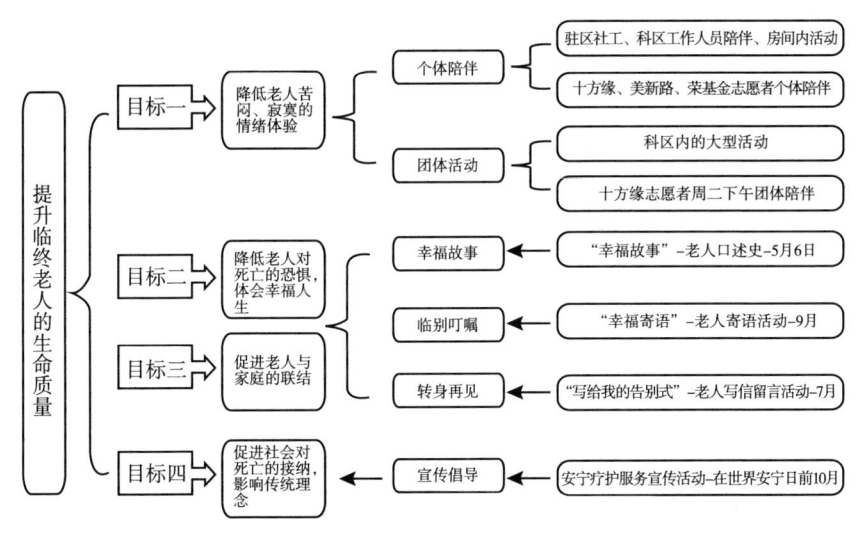

图1 灵性照顾工作计划

提升临终老人的生命质量：
- 目标一：降低老人苦闷、寂寞的情绪体验
  - 个体陪伴
    - 驻区社工、科区工作人员陪伴、房间内活动
    - 十方缘、美新路、荣基金志愿者个体陪伴
  - 团体活动
    - 科区内的大型活动
    - 十方缘志愿者周二下午团体陪伴
- 目标二：降低老人对死亡的恐惧，体会幸福人生
  - 幸福故事——"幸福故事"-老人口述史-5月6日
  - 临别叮嘱——"幸福寄语"-老人寄语活动-9月
- 目标三：促进老人与家庭的联结
  - 转身再见——"写给我的告别式"-老人写信留言活动-7月
- 目标四：促进社会对死亡的接纳，影响传统理念
  - 宣传倡导——安宁疗护服务宣传活动-在世界安宁日前10月

第二，医护人员积极参与灵性照顾。B机构建立了较好的团队沟通与合作模式，医护人员在接诊患者后根据患者情况向社工进行转介，并向社工提供参考信息，包括患者的身体健康情况、诊疗情况、基本社会关系以及初步的灵性评估需要。社工接案后进行个案评估，制订个案服务计划，组织医护人员召开个案讨论会，共同实施服务计划、服务评估等。

案例：刘老，男性患者，85岁，入住B机构多年，2020年12月因身体健康状况不佳转至A园接受安宁疗护服务。老人是退休教授，崇尚文化，重视精神生活，以教书育人为己任，擅长书法和绘画。由于当时新冠肺炎疫情严重，家属暂停入院探访，家属对病情不了解，且不能当面陪伴，情绪十分焦躁。经评估，灵性照顾由刘老和女儿共同作为服务对象同时开展服务，注重专业关系的建立，在服务过程中始终保持积极的关怀、真诚、同理心。针对刘老的服务目标是促进他认识自我、自

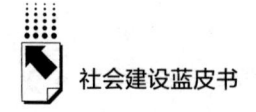

我疗愈与自我和解，最终获得平静、安宁有尊严地离世。针对女儿的服务目标是实现女儿心灵慰藉，在线上陪伴过程中提升和刘老的生命和谐关联度。

社工与老人一起回顾人生，回顾诗作，每次探访社工会与女儿线上联系，讲述刘老的生命故事，让女儿重温父亲的关怀。医生通过社工对家属的初步安抚，进而耐心开导家属了解并接受老人的病情变化，安抚情绪，引导家属进一步思考。清明前后，为了给刘老度过最后一个生日，护士在严守新冠肺炎疫情防控要求的前提下，为刘老家属申请了入院探访。团队还联系食堂定制生日面，为刘老手写生日贺卡，送去生日祝福。生日之后，家属给团队主任发去短信，"感谢主任和您的医护团队，给予我父亲的生日祝福和温馨安排！让我父亲在A园度过了85岁生日！"

第三，志愿者团队是灵性照顾的重要支持。志愿者管理是社会工作者整合社会资源的重要体现，B机构较为常用的志愿陪伴队伍有三支，分别来自北京十方缘老人心灵呵护中心、北京美新路公益基金会和北京荣德利慈善基金会。新冠肺炎疫情期间，志愿者关怀老人的精神没有被隔断，协助转交志愿者信件数十封，开展线上精神陪伴志愿服务。由于临终患者的身体限制，线上志愿服务的发展并不顺利，期待疫情转好后，志愿者与老人面对面、手拉手、心贴心的心灵关怀。

（六）安宁疗护服务建设：质量提升的必由之路

硬件建设是基础。根据《〈养老机构等级划分与评定〉国家标准实施指南（试行）》，提供安宁服务的硬件环境应符合如下要求：设有开展安宁服务的分区或用房（如临终关怀室、安宁疗护区等）；安宁服务区域相对独立，与周边空间环境关系协调，无相互干扰；安宁服务区域有应急安全防护措施；考虑民族习惯、宗教信仰，按照亲属的意愿或老年人的遗愿，对安宁服务区域或老年人居室进行布置。B机构目前依托A园区开展安宁疗护服务，没有专设临终关怀室，团队会根据老人情况调整床位，为老人和家属隔离出单独的空间。

软件建设是保障。主要有三个方面：第一是团队成员参会参训，B 机构安排安宁疗护团队成员参与行业会议、行业培训，如协和医院主办的老年安宁缓和医疗主任培训班等，B 机构还安排护士参与安宁疗护专科护士的培训与锻炼。第二是团队内部交流分享，通过讲座分享、案例交流、方法讨论等，促使团队形成一致的服务理念，如每个人，即使临终老人，都有人权和尊严，每个人都享有选择以何种方式度过生命晚期的权利，每个人应享有免于死亡的恐惧和痛苦的权利等。第三是服务经验总结提炼，团队每年梳理服务案例总结服务经验，目前已经有"老年安宁服务中的灵性照顾""老骥迎日暮，防跌全守护——失能老人防跌倒综合服务案例"等较为完整的案例。

三 问题与反思

B 机构开展安宁疗护服务已经多年，虽然积累了一定的经验，形成较为有效的工作模式，但依然会遇到现实问题，有些是实际工作中的难题，有些则是文化和传统层面的挑战。

（一）专注于机构内部服务探索，没有充分发挥养老机构的作用，不利于建立"机构和居家相衔接"的补充安宁疗护服务模式

相对于北京市安宁疗护指导中心及示范基地的建设情况，B 机构更专注于自身内部的服务完善与发展，并没有和其他医院、机构、社区形成联动。首都医科大学附属潞河医院深入区域内 20 余家养老机构参与"医养结合"项目，承接医疗工作并对需要安宁疗护的老年人进行服务，对工作及照护人员进行安宁疗护理论授课，实施双向对接工作。北京市隆福医院除开展病房工作以外，还在合作的养老机构、微型养老院和周边社区开展安宁疗护工作，为养老机构的老人提供定期巡诊服务，对不愿意住院治疗的部分老人提供综合评估、症状控制、舒适护理的指导工作，帮助老人在自己喜欢的环境中度过人生的最后阶段。协和医院，注重建设辐射二级医院、社区、养老院

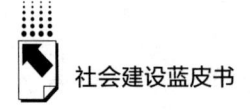

的安宁疗护服务网络，建立协和三级联动机制。北京地区12个社区联动的安宁疗护网络已经开始发挥成效，已有多位患者转诊，实现了连续性医疗。北京医院认为安宁疗护最终还是要落地在二级医院及居家照护，积极与距离较近的二级医院、社区医院合作，建立转介网络，2020年转介多名病人至鼓楼中医院进行缓和医疗，2018年与隆福医院的中期照护、长期照护院区签订老年医师专科培训合同，构建合作关系。

北京市文件中提到"要优化安宁疗护服务资源布局，加快建设以社区和居家为基础，机构为补充，综合、连续、机构和居家相衔接的安宁疗护服务体系"。因而养老机构更应该发挥"在地"作用，从而不仅能够和综合医院有更多联结，还能够辐射周边社区，探索"机构+居家"安宁疗护服务模式。

（二）注重老人的生命教育，但灵性照顾遇到文化、标准和伦理的难题

全人照顾是"身心社灵"的全方位关怀，但是一般从业者擅长对身体、心理和社会支持的关怀，并不擅长灵性照顾。B机构安宁疗护团队应用专业知识、理念、技术提供灵性照顾时遇到难题，具体体现在以下三点。

第一，根植于本土文化的困惑，服务对象对"灵性"服务接纳度低，常误以为是"宗教""玄学"，即便是医生、护士、社会工作者提供了灵性照顾，但服务对象认为自己接受的是关怀服务，是安宁服务，因而如何推动服务对象乃至社会公众认识灵性，是整个安宁疗护行业共同的一项使命，任重而道远。

第二，专业衡量标准的困惑。邹丽燕等提出灵性评估可通过观察、询问以及测量进行，Puchalshi提出"FICA"的灵性评估法，宇寰等指出该量表是目前国际普查姑息护理患者生活质量灵性照护需求的标准化工具之一，门华琳等认为学者许雅文参照华人长者灵性量表（Spiritual Scale for Chinese Elders，SSCE）提炼出的老年人灵性评估指标专门针对老年群体进行编制且具有良好的信效度，可作为我国老年人灵性评估的精准化测量工具。在实际

服务过程中，灵性是一种主观感受和内在体验，如何将这种主观体验客观化并以恒定的标准进行评估是困难的。

第三，服务模式、服务方法个性化和流程化的伦理困惑。目前在灵性照护的工作流程上存在两种观点：一种观点认为，不要按照固定的流程进行，以提高灵性照护的灵活性和个体适应性；另一种观点认为，应该制定灵性照护的流程，不同服务对象存在多元化的灵性需求。安宁服务团队在尊重个别化原则的前提下，亦要考虑从个别化的个案服务中总结工作模式，形成可提炼、可借鉴、可推广的灵性照顾工作模式。

（三）安宁疗护服务收费相对较低，难以维持运营

有学者提出，安宁疗护服务收费是否能使用医保，关系着养老机构安宁疗护服务的发展，对居家安宁疗护发展也同样重要。B机构运用了养老床位和医疗床位互相转化的制度设置，老年人在A区日常使用养老床位，当出现病症需要治疗时，转为医疗床位，并使用医保办理入院，但老人实际床位没有变化。医保的有效使用，降低了患者的医疗花费，另外安宁疗护服务的定位是以最少的医疗干预减轻患者的痛苦，所以医疗干预的花费相对较少。

另外，个案服务、灵性照顾等服务虽然重要，但难以计费。B机构属于公立养老机构，目前所有关怀慰藉服务均是免费提供的。有些专家指出，"安宁疗护中的人文支持部分在目前医保的框架下根本无法收费"。

总体来看，安宁疗护服务机构运营成本有房屋租金、人员工资以及水电费等，特别是人工成本上升很快，但服务收费相对较低。有的医院为了保证安宁病房试点能够正常运行，目前将其定位为公益科室，病房设施、设备、耗材、水电及医护人力成本等所有费用均由医院承担。与公立机构相比，民营机构的安宁疗护服务更是运营艰难。目前，服务机构考虑充分发挥基金会、慈善机构等社会组织的作用，规范社会捐赠资金、物品的使用，多途径链接社会资源以推动安宁疗护服务发展。日后，为了安宁疗护服务能够稳步发展，还需要更多政策和资源投入。

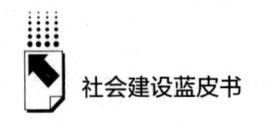

四 发展建议

(一)发展适合我国国情的安宁疗护服务模式,出台指导性文件和操作性工作指南

目前在我国安宁疗护服务整体发展的形势下,安宁疗护服务群体逐步细化,如肿瘤患者、儿童患者、老年患者等,需要制定适合的标准化服务流程,以应对不同患者的共性需求。然而,国内安宁疗护相关的指导性文件较少,对于如何实施安宁疗护还需要进一步的指导意见,特别是细致专业的工作指南,具体可制定详细的诊断标准及转诊、照护和治疗标准,明确相关专业人员的资质认定等。

(二)普及生命教育及死亡教育,推动大众正视和正向思考生命与死亡的话题

生命教育是一项长期的、全民的事业。我国开展安宁疗护服务受到传统生死观念的束缚。尽管有些老年患者对生死有深入思考,但是碍于家属的困惑,不能与家属探讨和交流,家属也不能支持老年患者做出生命选择,从而影响了老年患者安宁疗护服务的质量。在我国将生命教育、死亡教育前置,有利于推动安宁疗护服务发展。引导大众树立新时代生命观,开展多种形式的生命教育,大力弘扬中华民族孝亲敬老传统美德,努力营造全社会关心、支持、参与安宁疗护服务的良好氛围。

(三)加强专业人才队伍建设,完善专业教育和职业培训体系,提升从业人员工作获得感和价值感

加强医学(含中医)、护理、药学、心理、营养、社会工作、志愿服务等多学科安宁疗护专业人员培养。在医学继续教育培训工作中,增加安宁疗护服务相关知识和技能的内容和比重。社会工作人员普遍缺乏医学、护理学常识，需要在职业培训中补充，并且需要积累专业经验，在团队联动中承担职责，才能形成良好的互动团队。安宁疗护作为针对生命终末期患者的治疗方式，工作人员经常需要面对死亡，不同于其他很多学科经常可以看见患者康复、看到希望，所以安宁疗护服务从业人员更需要增强心理承受能力，并需要在工作中有获得感和价值感。

参考文献

刘继同：《人类灵性概念框架范围内容、结构层次与中国本土灵性社会工作服务体系建构》，《人文杂志》2015年第2期。

陈劲松：《当代灵性社会工作的理论与实践初探》，《社会工作》2013年第4期。

邹丽燕、曹梅娟：《灵性健康及其评估方法现状》，《护理学杂志》2015年第21期。

宇寰：《空巢老人灵性照护现状及研究进展》，《护理学报》2012年第15期。

门华琳、李鹏阳、郭茜茜等：《老年人灵性照护的研究进展》，《护士进修杂志》2019年第23期。

Puchalshi C. M., *Spiritual Assessment Tool*, Palliative Med, 2000.

B.12 北京市医务社会工作的发展状况研究

魏亚萍 刘晓倩*

摘　要： 医务社会工作是指在卫生健康领域，社会工作者运用社会工作价值理念与专业方法，帮助患者及家属预防、缓解和解决因疾病所导致的情绪、心理和社会问题，提升医疗效果，促进公众健康的职业活动。本研究以北京市医务社会工作为研究对象，探讨常态化疫情防控制度环境下北京市医务社会工作发展的特点，分析社会工作者融入医疗机构、医务社工均衡发展和稳定持久发展面临的挑战，有针对性地提出政策建议。

关键词： 医务社会工作　疫情防控常态化　新制度主义理论

一　研究背景

2017年，党的十九大报告提出"健康中国"战略，以国家战略的定位，探讨全面、全程、全方位的健康服务与健康保障。医务社会工作作为医疗服务领域的一个组成部分，是医学人文学科中的重要力量，能够用专业服务提升全民的健康福祉，切实地回应了我国当下及未来的发展需求。"健康中国"战略提出后，全国多个地区开始着手推进医务社会工作发展，使得中国医务社会工作有了一定的发展成果。

---

* 魏亚萍，北京工业大学文法学部社会工作系副教授，硕士生导师；刘晓倩，北京工业大学文法学部社会工作系硕士研究生。

组织社会学研究关注组织与环境的互动，新制度主义理论将组织所处的环境分为制度环境和技术环境。新制度主义理论奠基人约翰·迈耶（Meyer J. W.）对过去组织研究只强调技术环境对组织的影响进行反思，认为组织是技术环境和制度环境的产物，也需关注制度环境对组织的影响，制度环境中的"制度"指的是文化、认知、政策、规则、共识等社会普遍坚持的信念，包括医疗机构在内的公用事业组织受制度环境影响更大。约翰·迈耶还进一步分析了组织趋同现象的产生机制，即"合法性机制"，合法性机制是指迫使组织采纳在外部环境中具有合法性的组织结构或做法的制度力量。2020年10月，北京市卫生健康委员会联合市委社工委、市民政局、市教委、市财政局、市人力社保局等部门，印发《关于发展医务社会工作的实施意见》（以下简称《实施意见》），是北京市出台的第一份直接推动医务社会工作发展的政策文件，为医疗机构开展医务社会工作服务提供了合法性政策支持。

2020年初，新冠肺炎疫情突袭而击，面对特别重大突发公共卫生事件，全球都面临着医疗资源紧张、死亡、混乱、经济冲击等一系列问题。在紧急情况下的医疗场域内，除医生、护士之外，医务社会工作者在危机处理、资源链接和心理调适等多方面开展的服务受人瞩目。自2020年5月，我国新冠肺炎疫情正式进入防控常态化阶段，面对疫情暴露出的医疗资源不足与资源不均、健康预防与保健知识普及缺乏、医务工作者心理关怀与支持薄弱等问题，医务社会工作承社会之期，发展之责更加紧迫。在当前疫情防控常态化背景下，北京市医务社会工作服务发展得怎样？是否受到常态化疫情防控这样的制度环境因素影响？会面临怎样的挑战？

本报告以组织社会学研究中的新制度主义理论组织趋同研究为理论基础，使用个案分析方法尝试探讨常态化疫情防控制度环境背景下，北京市医务社会工作服务发展的特点，分析处于医疗机构中的医务社会工作在服务场域、岗位设置、人员配置、服务内容等方面出现的新变化。

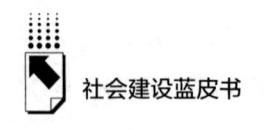

二 研究设计

（一）研究方法

为深入了解疫情防控常态化背景下北京市医务社会工作的发展状况，笔者运用观察法和访谈法进行资料收集工作。结合资料收集情况，笔者从已开展医务社会工作服务的医疗机构中，选择了4家医疗机构，对其疫情防控常态化背景下医务社会工作服务的发展情况进行个案研究，总结北京市4家医疗机构基本情况（见表1）。

表1 北京市4家医疗机构基本情况

医疗机构名称	医疗机构类型	医疗机构等级	成立时间(年)	病床数量(床)	职工数量(人)
北京市R医院	综合医院	三级	1918	1500	4200
北京市Q医院	综合医院	三级	2014	1500	2000
北京市B康复医院	综合医院	三级	1988	1100	1700
北京市D社区医院	社区医院	一级	2007	30	139

根据医疗机构类型、规模以及提供医务社会工作服务的内容，本研究选取的北京市4家医疗机构各有特点，其医务社会工作服务开展情况比较具有典型性，能够从某种程度上呈现北京市医务社会工作服务发展的状况。

北京市R医院是历史悠久的公立三级综合医院，2009年成立医务社会工作部，是北京市首批医务社会工作试点医疗机构。

北京市Q医院是新建公立三级综合医院，2014年随建院设立医务社会工作部，2021年当选为北京医院协会医务社会工作专业委员会主委单位。

北京市B康复医院是以康复为特色的公立三级综合医院，是我国改革开放后第一家设立医务社会工作部门的医疗机构。

北京市D社区医院为公立一级社区医院，是北京市项目制派驻医务社会工作者试点单位，2018年成为北京市第一家设置医务社会工作岗位的社区医院。

（二）组织趋同理论

新制度主义理论奠基人约翰·迈耶提出组织趋同问题，认为组织研究需要关注制度环境对组织的影响[①]，包括医疗机构在内的公用事业组织受制度环境影响更大。约翰·迈耶还进一步分析了组织趋同现象的产生机制，即"合法性机制"，合法性机制是指迫使组织采纳在外部环境中具有合法性的组织结构或做法的制度力量。组织为获得合法性接受运行环境的正式和非正式压力要求，而形成一致走向趋同。

三 疫情防控常态化背景下北京市医务社会工作发展的特点

（一）医疗机构中医务社会工作岗位设置和人员配置趋同

1. 北京市相关政策制度推进的合法性建构

2020年10月，北京市卫生健康委员会联合市委社工委、市民政局、市教委、市财政局、市人力社保局等部门，印发的《实施意见》中明确了医务社会工作的服务内容、岗位设置、人员配置、专业人才的晋升渠道、专业人才培养方向以及发展的保障机制等重点内容。[②]《实施意见》设置了北京市医务社会工作发展的三阶段目标，要求在2020年、2020~2022年、2025年三个时间点（段）内完成（见表2）。

[①] Meyer, J. W., Rowan, B., "Institutionalized Organizations: Formal Structure as Myth and Ceremony", *American Journal of Sociology*, 1977, 83 (2).

[②] 北京市卫生健康委员会、北京市教育委员会、中共北京市委社会工作委员会、北京市民政局、北京市财政局、北京市人力资源和社会保障局：《关于发展医务社会工作的实施意见》2020年10月23日。

表2 北京市推进医务社会工作发展的三阶段

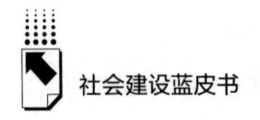

阶段	时间	工作重点	发展范围	发展评价维度
第一阶段	2020年	开展试点	部分综合医院、专科医院、社区卫生服务中心	覆盖范围
第二阶段	2020~2022年	全市推进	全市医疗卫生机构	覆盖范围
第三阶段	2025年	全覆盖 专业化	全市医疗卫生机构 公共卫生机构	服务体系、专业化程度、社会认同度

2. 合法性追求导致医务社工岗位设置与人员配置趋同

在疫情防控常态化背景下，医疗机构追求北京市政策制度建构的合法性，出现了岗位设置和人员配置趋同化发展的状况。医疗机构内医务工作者担任医务社会工作者，或配置无岗无编的项目制派驻社会工作者。

2020年10月印发的《实施意见》中明确指出"将医务社会工作岗位纳入专业技术岗位管理范围……建立职业资格与专业技术职称对应关系"，人员配置"鼓励社会招聘、部门转岗、购买服务等方式"。

面对合法性建构内容要求，将社会招聘的有岗无编的行政职能医务社会工作者，转化为有岗有编的专业技术医务社会工作者，需要医疗机构使用公共卫生领域紧缺的编制资源，相比之下，无岗无编的项目制派驻社会工作者损耗的资源最少，医疗机构更倾向于使用最少的资源追求合法性，于是出现了配置无岗无编的项目制派驻社会工作者趋同化现象。

同时，《实施意见》也为北京市各类慈善基金会、社会工作事务所推进项目制派驻医务社会工作者提供了合法性依据。

以北京市Q医院为例，北京市Q医院医务社会工作部与北京FL社会工作发展中心签订医务社会工作者派驻合同，分别于2020年11月和2021年5月，向北京市Q医院医务社会工作部派驻1名医务社会工作者。

以北京市R医院为例，北京市R医院医务社会工作部与众筹平台及基金会合作，由众筹平台及基金会购买社会工作事务所派驻服务，社会工作事务所于2021年9月派驻1名医务社会工作者到北京市R医院医务社会工作部。

（二）疫情防控制度背景下医务社会工作服务场域和规模趋同

1.疫情防控常态化背景下制度合法性建构

2020年2月24日，北京新型冠状病毒肺炎疫情防控工作领导小组医疗保障组印发《关于狠抓细节管理强化医疗机构感染防控工作的通知》（以下简称《通知》），向医疗机构提出了16条疫情防控具体要求，其中，为防止医疗机构内发生交叉感染，医疗机构需严格落实探视人员管理要求；严格控制各类人员到其他科室、部门走动，不在狭小封闭空间召开多人参加的会议等。

2020年5月8日，国务院联防联控机制印发了《关于做好新冠肺炎疫情常态化防控工作的指导意见》，标志我国新冠肺炎疫情防控工作从应急状态转变为常态化状态。疫情防控常态化后，医疗机构作为疫情防控突出重点环节的地位未发生改变，北京市医疗机构需严格遵守相关管理条例，加强对临床病房、发热门诊等重点区域的消杀管控。疫情前，医务社会工作者以临床病房为主要服务场域开展服务，而在疫情防控常态化政策制度要求下，医疗机构长期、严格执行疫情防控管理要求，进而使北京市医务社会工作在服务场域、服务规模方面逐渐趋同化。

2.医务社会工作服务场域趋同化

疫情发生后，北京市R医院对临床病房实施严格的疫情管控，除临床医务工作者外，患者及其家属不得随意进出临床病房。医院医务社会工作部停止了以临床病房为服务场域的志愿服务。除志愿者无法进入临床病房提供志愿服务外，医务社会工作者作为行政职能岗位人员，在进出临床病房时也受到了限制。医务社会工作者无法像疫情前那样，以临床患者为服务对象开展长期、稳定、面对面的专业服务。当前，医院医务社会工作部小组工作服务项目的服务对象为医务工作者，而针对患者的服务只能转变为互联网线上支持性小组服务、线上咨询类服务。

3.医务社会工作专业服务规模趋于缩小

受疫情防控常态化影响，住院患者沟通交流需求增大，但医院疫情防控

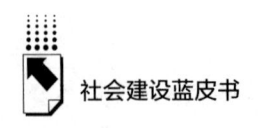

要求医务社会工作者减少或不举办大范围的专业服务，人群密集和多主体参与的医务社会工作服务受到限制，医院内外聚集性的活动被限制。

新冠肺炎疫情发生后，北京市Q医院医务社会工作部品牌项目——公益路跑服务项目和病房图书车服务项目暂停举办，其中公益路跑为人群密集服务项目，病房图书车为多主体参与服务项目且服务场域为临床病房。北京市B康复医院要求医务社会工作者控制节庆人文关怀类活动的开展规模，限制单次社会工作小组服务人数在10人以内。

（三）资源链接服务成为医疗机构社会工作服务的主要内容

1.疫情防控常态化背景下的共识规范强化

北京市以三级医院为代表的医疗机构具有发展速度快、专业程度高、服务辐射范围广等特点，收治患者异质性强，且很多患有急症、难症、疑症，花费高昂，患者的资源链接需求急迫、强烈、多样。在患者需求角度，医务社会工作提供的包含经济救助在内的资源链接服务，与以传统医务社会工作三大方法为载体的服务项目是同等重要的。

> 曾为北京市E医院医务社会工作部实习生的G同学说："我们还有单独拎出来的资金救助（服务），因为医院的患者可能面临的很大问题是经济问题，这是非常重要的一个服务点，需要整合很多基金会的资源来提供服务。"

医疗机构在医疗卫生体制市场化改革过程中，形成了"专业程度"决定"创收多寡"的共识规范，而受疫情影响，医疗机构收入下降，创收压力大幅增加，福利属性的医务社会工作以患者为服务对象，资源链接服务能够在损耗医疗机构内部资源最小化的情况下满足患者需求，帮助医务社会工作者应对"创收"的共识规范压力。

同时，疫情初期，医疗用品资源紧缺为医疗机构带来的危机与挑战，强化了"资源链接服务重要且紧急"的医疗机构组织内共识。而且资源链接服务并不受必须见面交流的限制，可充分使用便捷的互联网沟通平台，在当前疫情防控背景下，为各医疗机构积极开展以资源链接为主要内容的社会工作服务提供了契机。

2. 资源链接专业服务为医疗机构所普遍接受

受疫情防控常态化下组织内共识规范要求影响，北京市医务社会工作出现资源链接专业服务发展趋同。

以北京市 R 医院为例，疫情初期，北京市 R 医院医务社会工作者链接基金会资源，在医院内新建 4 座核酸检测亭，以降低医务工作者样本取样过程中的感染风险；链接企业资源，为医务工作者提供物资保障。

疫情防控常态化背景下，北京市 R 医院医务社会工作部经医院组织结构调整，成为门诊部二级行政职能科室，组织结构调整后，医务社会工作部为门诊部链接充电宝、冬季棉衣等物资；因无法在临床病房开展大规模专业服务，医务社会工作者链接外部资源，带领结束阶段性化疗的白血病患儿走出病房，在院外开展专业服务。

面对疫情防控临床病房服务场域的限制，北京市 Q 医院医务社会工作部则链接周边街道、社区资源，将社工服务场域引向医院外的社区。

四　疫情防控常态化背景下北京市医务社会工作发展挑战

（一）对社会工作者融入医疗机构的挑战

疫情防控常态化背景下，北京市政策制度在医疗机构外进行了合法性建构。国家机构建构的合法性一般以强制性奖惩为基础，即组织遵从政策制度做出合法性行为会得到奖励，而违反政策制度，做出非法性行为会得到惩罚，在强制性奖惩的合法性基础下，组织在考量自身利益后会被迫做出合法性行为，以换得相应的奖励。《实施意见》虽未明确说明合法性的强制性奖惩，但具体的医务社会工作发展阶段目标，迫使医疗机构出于自身利益做出

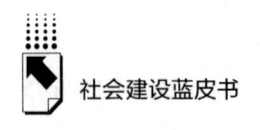

合法性行为,即在医疗机构中发展医务社会工作服务。

作为北京市推进医务社会工作服务发展的第一份政策文件,《实施意见》存在合法性建构缺乏强制性的问题,会引发医务社会工作融入医疗机构的挑战。《实施意见》向医疗机构提供了三种医务社会工作的人员配置方式,即社会招聘、部门转岗和购买服务,而社会招聘和部门转岗两种人员配置方式需设置医务社会工作岗位,故《实施意见》又进一步规定了医务社会工作岗位类型和晋升渠道。在合法性建构缺乏强制性,医疗机构自由选择的情况下,出于自身利益考虑,医疗机构会选择合法性要求少、资源使用少、资源投入时间短的人员配置方式,即医疗机构购买项目制派驻社会工作者服务,获得无岗无编的医务社会工作人员配置。

无岗无编项目制派驻社会工作者存在融入医疗机构的挑战,影响医务社会工作服务开展。从历史经验的角度,美国医务社会工作为政府配备的有岗有编医务社会工作者;上海市强制性要求医疗机构聘请有岗有编医务社会工作者。这证明了有岗有编医务社会工作者更能发挥医务社会工作专业价值,能够长期性、系统化地深入医疗机构中推动专业化发展,为服务对象提供服务,而医疗机构购买项目制派驻社会工作者进行人员配置的方式,存在项目制服务缺点,无法真正达到融入医疗机构,促进医务社会工作专业服务发展的目的。

疫情防控常态化背景下,医疗机构追求地方性政策制度合法性,又以利益主导选择岗位设置和人员配置方式,导致无岗无编项目制派驻社会工作者的岗位设置和人员配置方式出现趋同。项目制派驻社会工作者面对融入医疗机构的挑战,医务社会工作融入医疗机构困难,难以协同医务工作者为患者提供专业服务,难以获取并统筹资源实现"创收",继而医疗机构对医务社会工作服务必要性的共识难以形成。

(二)医务社会工作均衡发展的挑战

《实施意见》设定了北京市医务社会工作发展的阶段目标,从范围看是由三级医院开始，逐渐向一级医院扩散的发展方式。《实施意见》出台后北京市卫生健康委员会的配套举措也侧重于三级医院。如政策出台1个月后拨款80万元遴选医务社会工作培育项目承担单位，优先发展已开展医务社会工作服务的医疗机构。据北京市卫生健康委员会统计，截至2021年底，北京市共有89家医疗机构开展了医务社会工作服务，其中三级医院52家，占开展医务社会工作服务医疗机构一半以上。

医务社会工作试点基础与资源分配倾斜使三级医院医务社会工作服务发展基础稳固，但一级医院医务社会工作服务发展则存在滞后问题，造成三级医院和一级医院医务社会工作服务的不均衡发展。疫情防控常态化背景下，一级社区医院原有医务社会工作服务受影响小，且疫情催生新需求，推动了医务社会工作发展。以北京市D社区医院为例，北京市D社区医院在疫情后新开展了疫苗接种保障、社区疫情防护知识宣讲等服务。同时，医务社会工作者作为北京市D社区医院突发诊治联动机制成员，发挥了沟通、协调、链接等一系列重要功能。

（三）医务社会工作稳定持久发展的挑战

北京市医务社会工作政策制度在强制性奖惩基础上进行合法性建构，使医疗机构在考量自身利益后被迫做出合法性行为以换得相应的奖励。医疗机构受以强制性奖惩为基础的合法性机制影响发展医务社会工作，是医疗机构从自身利益出发进行的策略选择，医务社会工作服务持续发展取决于合法性行为持续、稳定地获得强制性奖惩。

以北京市R医院为例，北京市R医院作为中央第一批地方性医务社会工作服务试点单位快速发展，但因合法性机制持续性衰弱、强制性奖惩强度下降，北京市R医院医务社会工作部出现发展乏力、难以持续问题。

《实施意见》中医务社会工作发展规划截止到2025年，北京市医务社会工作服务已经面临合法性机制撤销下的持续发展问题。政策制定者需要意识到，以疾病治愈为目标的医疗卫生政策，具有推行速度快、治理难度小等优势，但持续的高额投入既为财政带来巨大压力，又远无法满足快速增长的医疗卫生需求。英国医务社会工作发展经验①证明，转变政策目标，加大对预防保健、康复治疗的财政投入，能够减少医疗卫生开支、践行"大健康"理念、实现"健康中国"目标。当前阶段，在合法性机制作用下，北京市医务社会工作服务需要探索"医疗机构外合法性追求发展向医疗机构内共识规范要求发展"转化的道路，医疗机构内共识规范要求的约束力和持续性远强于医疗机构外的合法性追求。

五 政策建议

（一）医务社会工作服务"嵌入"分级诊疗体系，促进针对性服务发展

为解决"慢病多、看病难、看病贵"等长期阻碍我国公共卫生领域发展的重要问题，2017年习近平总书记将分级诊疗制度定为我国基本医疗卫生制度之首，近两年，北京市逐步建设、落实分级诊疗制度，已基本形成分级诊疗体系。

疫情防控常态化背景下，北京市医务社会工作服务需"嵌入"分级诊疗体系，依据医疗机构等级、诊疗特色等情况发展针对性服务，为服务对象提供多样化服务，推动医务社会工作服务全面化、整体化、持续化、专业化。对于不同的分级诊疗体系，医务社会工作服务有不同的发展侧重点，一级医院辐射周边社区开展医务社会工作服务，尤其疫苗接种及防疫健康知识普及等咨询宣传服务是当前社区医务社工开展服务的主要阵地。二级医院注重链接资源等全方位开展医务社会工作服务。三级医院加快推进医院特色化的医务社会工作服务。考虑疫情防控常态化管理的实际影响、医疗机构合法性追求的资源损耗等因素，当前阶段，一级医院比三级医院更易推进医务社会工作发展。

---

① Gosling George Campbell, "Gender, Money and Professional Identity: Medical Social Work and the Coming of the British National Health Service", *Women's History Review*, 2018, 27 (2).

（二）推进医疗机构医务社会工作资源链接服务的专业化探索

疫情防控常态化背景下，医务社会工作资源链接服务需求广泛、推进快速，在医务社会工作服务中充满希望，展望未来，医疗机构中医务社会工作需要有侧重地开展资源链接服务的专业化探索。

资源链接服务作为医疗机构内共识规范要求的医务社会工作服务内容，推进专业化探索就是在医务社会工作者开展专业服务的过程中，将以资源链接与社会工作三大方法为载体的服务作为同等重要的服务内容推进发展。

（三）创新发展线上远程医务社会工作专业服务的内容与技巧

疫情防控常态化背景下，医务社会工作服务场域受到限制，医疗机构中以临床病房为服务场域的服务项目大幅减少，高校社会工作专业进入医疗机构实习困难，但疫情发生后，服务对象对医务社会工作服务的迫切程度不断加深，因临床病房探视管控导致社会支持不足等问题，亟待医务社会工作的专业回应。

同时，疫情防控常态化要求医务社会工作者和患者在服务过程中佩戴口罩，会给医务社会工作面对面专业服务带来挑战。以社会工作个案工作为例，医务社会工作者和服务对象进行面对面个案会谈的过程中，会借助表情表达真诚与专注，营造积极良好的会谈氛围，推动医务社会工作者和服务对象快速建立安全、信任的专业关系，但是佩戴口罩必然会阻碍社工沟通技巧发挥作用。疫情防控常态化背景使医务社会工作服务受到的影响更具持续性。

以上现实情况决定了，在疫情防控常态化背景下，创新发展线上远程医务社会工作服务具有必要性和急迫性。向国外医务社会工作疫情应对经验学习，医务社会工作协会、政策制定主体应优先关注、探索、发布医务社会工作线上远程服务规范和服务伦理要求，医疗机构中的医务社会工作者在服务规范和伦理的指导下，探索发展新的技术支撑、服务形式等。

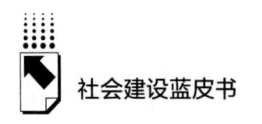

（四）医务社会工作三方主体共同参与推进人才培育专业发展

医务社会工作服务发展需要注重人才培育专业化，疫情防控常态化背景下，面对日益增长的医务社会工作服务需求，人才培育发展需要群策群力，其中涉及三方主体。

第一，高校要以提供优质医务社会工作课程、筛选优质医务社会工作实习地点、产出高质量医务社会工作研究成果为目标，重视医务社会工作课程教育和培养，与医疗机构形成教育合力，既要要求学生"走出去"到医疗机构中开展医务社会工作实务，还要邀请医疗机构中的医务社会工作者、医务工作者"走进来"，到高校课堂讲授医务社会工作和医学知识，实现理论发展与实务现状的有机结合。

第二，医疗机构中的医务社会工作部应以产学研为发展内容，以发展高质量的医务社会工作服务、医务社会工作教学、医务社会工作研究为目标；医疗机构提高对医务社会工作者的科研要求，制定配套科研激励举措，打通医务社会工作者晋升渠道；医疗机构应与高校联合，为医务社会工作实习生提供必要的实习保障和基本实习待遇。

第三，政策制定要以探索医务社会工作人才梯队建设为发展目标，国外医务社会工作发展积累了一定经验可供借鉴，美国医疗机构中的临床社会工作者需要兼修医学知识与社会工作知识，专业要求最高，除临床社会工作者之外的公共卫生社会工作者专业要求较低。北京市具有丰富的社会工作教育资源和临床实践资源，应在全国率先探索医务社会工作人才梯队建设，为"嵌入"分级诊疗体系针对性发展医务社会工作提供保障。

参考文献

北京市卫生健康委员会、北京市教育委员会、中共北京市委社会工作委员会、北京市民政局、北京市财政局、北京市人力资源和社会保障局：《关于发展医务社会工作的实施意见》2020年10月23日。

湛正群、李非：《组织制度理论：研究的问题、观点与进展》，《现代管理科学》2006年第4期。

文军：《新型冠状病毒肺炎疫情的爆发及共同体防控——基于风险社会学视角的考察》，《武汉大学学报》（哲学社会科学版）2020年第3期。

俞睿：《社会冲突与政治妥协：社会和谐的内在张力》，《探索》2008年第6期。

张梦情、任晓丽：《健康中国背景下医务社会工作的评估模式探索——基于ICF的全健康理念》，《中国卫生产业》2019年第10期。

Meyer, J. W., Rowan, B., "Institutionalized Organizations: Formal Structure as Myth and Ceremony", *American Journal of Sociology*, 1977, 83 (2).

Dimaggio, P., Powell, W., "The Iron Cage Revisited: Institutional Isomorphism and Collective Rationality in Organizational Fields", *Social Science Electronic Publishing*, 1983, 48 (2).

Kasperson, R. E., Renn, O., Slovic, P. et al., "The Social Amplification of Risk: A Conceptual Framework", *Risk Analysis*, 1988, 8 (2).

Sen, R., Kerr, C., Macintyre, G. et al., "Social Work under COVID-19: A Thematic Analysis of Articles in SW2020 under COVID-19 Magazine", *The British Journal of Social Work*, 2022 (5).

Gosling George Campbell, "Gender, Money and Professional Identity: Medical Social Work and the Coming of the British National Health Service", *Women's History Review*, 2018, 27 (2).

Rowlands, A., "Medical Social Work Practice and SARS in Singapore", *Social Work in Health Care*, 2007, 45 (3).

B.13
北京市居民绿色出行调查报告

胡建国　朱颖佳*

摘　要： 本报告基于问卷调查，分析了北京市居民绿色出行行为与意愿。从分析结果来看，北京市居民采取公共交通绿色出行方式的比例相对较高，但是还有提升的空间。在新能源汽车购置和替换方面，公众接受程度还不高，不过相关政策措施对于促进公众接受和使用新能源汽车有积极的作用。另外，在公共交通绿色出行方面，强化鼓励措施也能够激发公众绿色出行的积极性。基于研究发现，报告提出充分运用经济杠杆，提高居民绿色出行便利性，增强居民绿色出行体验的建议，以推进居民绿色出行。

关键词： 碳中和　绿色出行　城市治理　民生事业

　　近年来，碳中和日益走进人们的生活与工作，开始影响经济社会发展和人们生产生活方式。碳中和是指通过植树造林、节能减排等形式，抵消国家、企业、产品、活动或个人在一定时间内直接或间接产生的二氧化碳或温室气体排放总量，实现正负抵消，达到相对"零排放"。2021年2月，《国务院关于加快建立健全绿色低碳循环发展经济体系的指导意见》指出要全面贯彻生态文明思想，坚定不移贯彻新发展理念，全方位全过程推行绿色规划、绿色设计、绿色投资、绿色建设、绿色生产、绿色流通、绿色生活、绿

---

* 胡建国，博士，北京工业大学文法学部教授，首都社会建设与社会管理研究员；朱颖佳，北京工业大学社会学专业硕士研究生。

色消费，使发展建立在高效利用资源、严格保护生态环境、有效控制温室气体排放的基础上，统筹推进高质量发展和高水平保护，建立健全绿色低碳循环发展的经济体系，确保实现碳达峰、碳中和目标，推动我国绿色发展迈上新台阶。①

在衣食住行民生领域，交通出行碳中和的体现则是绿色出行。近年来，我国机动车保有量增长快速，随之而来的不仅是城市交通拥堵问题的日益严重，还有中国空气污染的加剧。在此背景下，近年来政府大力倡导绿色出行方式，呼吁公众通过乘坐公共汽车、地铁、合作乘车、环保驾车以及步行、骑自行车等方式，低碳排放、降低污染。为了推动绿色出行，北京市政府进行了多项尝试，一方面积极鼓励引导居民合理选择出行工具，另一方面不断加大研发投入以支持新能源汽车产业发展。然而，有效引导居民选择绿色出行方式，除了推动低碳消费的激励政策外，还需要综合考量居民自身因素。对此，2022年4~5月北京工业大学课题组对北京市居民进行了问卷调查，调查在碳减排激励政策下的绿色出行行为与意愿。采用非随机的方式共调查402名北京市居民，其中男性占53.2%，女性占46.8%；平均年龄32.7岁（标准差9.9岁）。基于该问卷调查，课题组分析了北京市居民绿色出行意愿与行为，根据调查结果提出推进绿色出行的相关政策建议。

一 居民出行特征

（一）出行交通工具选择

问卷调查显示，目前北京市居民最常使用的出行方式为私家车，有25.1%的被调查者选择这一出行方式；其次是地铁，有15.4%的被调查者选择这一出行方式；再次是"地面公交+地铁"的组合出行方式，占比为14.9%。

---

① 《国务院关于加快建立健全绿色低碳循环发展经济体系的指导意见》，中国政府网，http://www.gov.cn/zhengce/content/2021-02/22/content_5588274.htm，2022年6月7日。

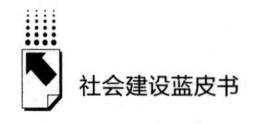

另外，也有相当比例的被调查者选择"自行车+公共交通""私家车+公共交通""电动自行车""自行车"等出行方式。比较来看，选择出租车（含网约车）作为出行方式的比例最低，仅占 2.2%；此外，单纯选择地面公交出行的比例也很低，仅占 4.2%（见图1）。整体来看，公共交通出行比例较高。

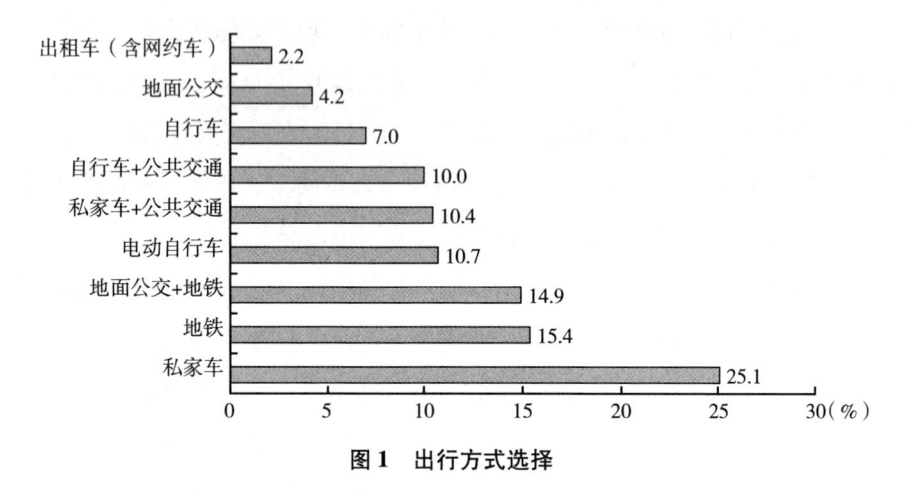

出行方式	比例(%)
出租车（含网约车）	2.2
地面公交	4.2
自行车	7.0
自行车+公共交通	10.0
私家车+公共交通	10.4
电动自行车	10.7
地面公交+地铁	14.9
地铁	15.4
私家车	25.1

图 1　出行方式选择

进一步分析不同代际群体出行方式上的差异，从表1可以看出，"80后"和"70后"群体出行方式更偏好于私家车，是各代际群体中私家车出行比例最高的群体；"90后"和"00后"群体出行方式更偏好地铁或地铁与地面公交混合出行方式；"60后"群体则更偏好私家车与公共交通混合出行方式。另外，笔者也注意到，整体上，约1/3的居民选择两种交通工具混合出行，从不同代际群体来看，除"80后"群体，其他代际群体中交通工具混合出行的比例也均在三成以上，这是值得关注的现象。

表 1　不同代际群体出行交通工具选择

单位：%

出行方式	"60后"	"70后"	"80后"	"90后"	"00后"	整体
私家车	27.8	37.1	40.9	20.1	5.7	25.1
出租车（含网约车）	5.6	1.6	1.1	3.0	1.4	2.2
地面公交		3.2		4.3	11.4	4.2

续表

出行方式	"60后"	"70后"	"80后"	"90后"	"00后"	整体
地铁		4.8	12.5	20.1	21.4	15.4
电动自行车		9.7	18.2	11.0	4.3	10.7
自行车	27.8	9.7	2.3	6.7	5.7	7.0
地面公交+地铁	5.6	6.5	6.8	20.1	22.9	14.9
私家车+公共交通	33.3	22.6	9.1	4.3	10.0	10.4
自行车+公共交通		4.8	9.1	10.4	17.1	10.0
合计	100.0	100.0	100.0	100.0	100.0	100.0

不同收入群体的出行交通工具选择存在差异。选取 5 种有代表性的交通工具进行分析发现，除了低收入群体外，其他收入群体选择私家车出行的比例大体相当，但是随着收入增加，选择地铁和地面交通出行的比例出现下降趋势，但是选择出租车出行的比例有所上升（见图 2）。整体来看，人们在选择出行方式时会因经济状况而呈现差异。低收入群体出行次数较少、距离较近、耗时较短，所以对出行的要求也相对较低；中等收入群体出行次数较多、距离较远、耗时也较长，在选择交通出行方式时更在意经济效率；高收入人群因其财务相对自由，在选择出行方式上也更加从容，注重体验。

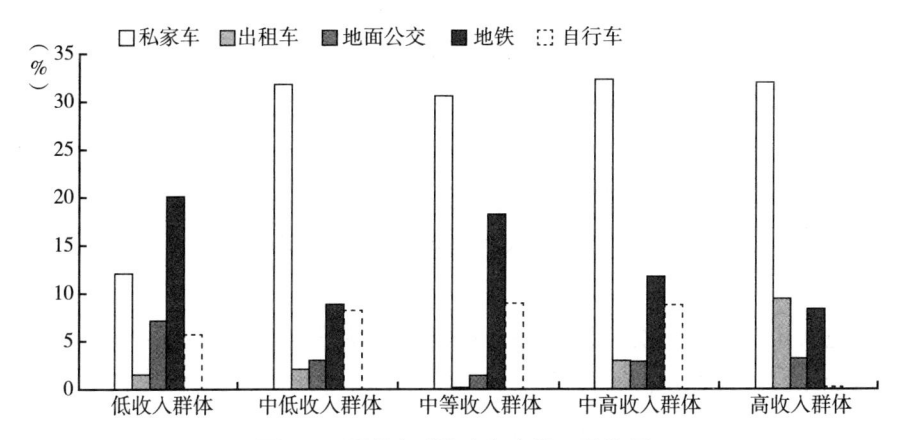

图 2 不同收入群体出行交通工具选择

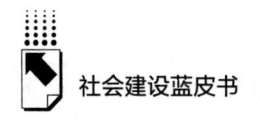

（二）出行行为特征

1. 出行频率与时间成本

从调查结果来看，居民日均出行次数为2.7次（标准差1.4次），可以看出除了日常上下班往返出行之外，客观存在其他社会交往与活动出行需求。从单次出行距离来看，平均为13.6公里（标准差为11.8公里），单次出行耗时为34.1分钟（标准差为22分钟）。整体来看，北京市居民出行较为活跃，但是出行距离与耗费时间相对并不短。进一步分析不同代际群体的出行距离和耗费时间（见图3），在单次出行耗时方面，耗费时间最多的是"60后"群体，为38.2分钟，最少的是"70后"群体，为32.8分钟；在单次出行距离方面，距离最远的是"80后"群体，为15.9公里，最近的是"00后"群体，为11.6公里。对此可能的解释是"80后"群体作为社会中坚力量，在上下班交通高峰时段耗费时间较多。

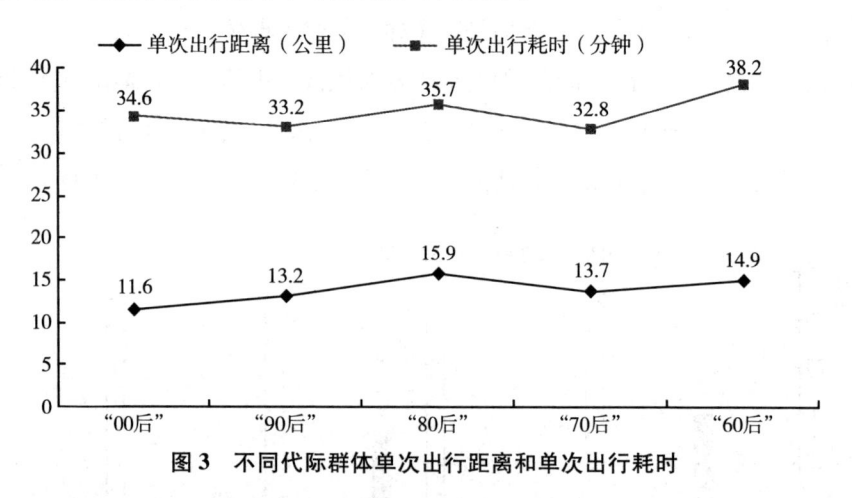

图3 不同代际群体单次出行距离和单次出行耗时

进一步分析不同收入群体出行行为特征，从调查结果来看，不同收入群体日均出行次数存在显著差异，整体呈现"两头低，中间高"的特征（见图4）。其中，中低收入群体日均出行次数最多，接近3次；而高收入群体日均出行次数最少，为2.45次，低收入群体日均出行次数仅高于高收入群体，为2.54次。在单次出行距离和单次出行耗时上，不同收入群体同样存在差异（见图5）。除了高收入群体之外，在其他收入群体中呈现随着收入提高，居民出行距离和出行耗时有所增加。

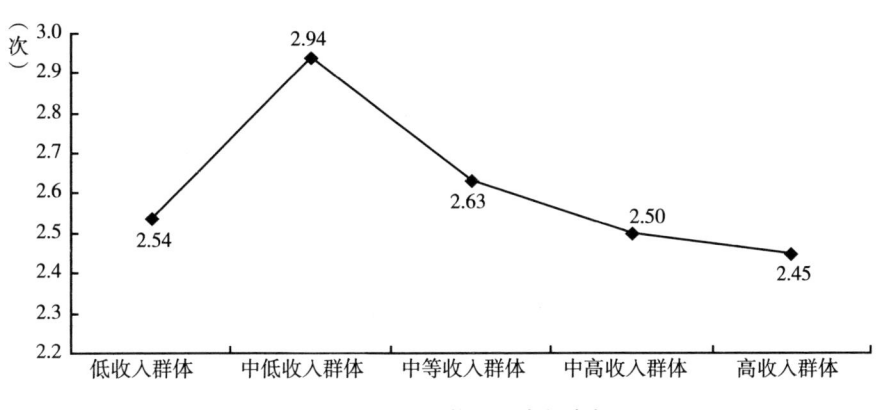

图4　不同收入群体日均出行次数

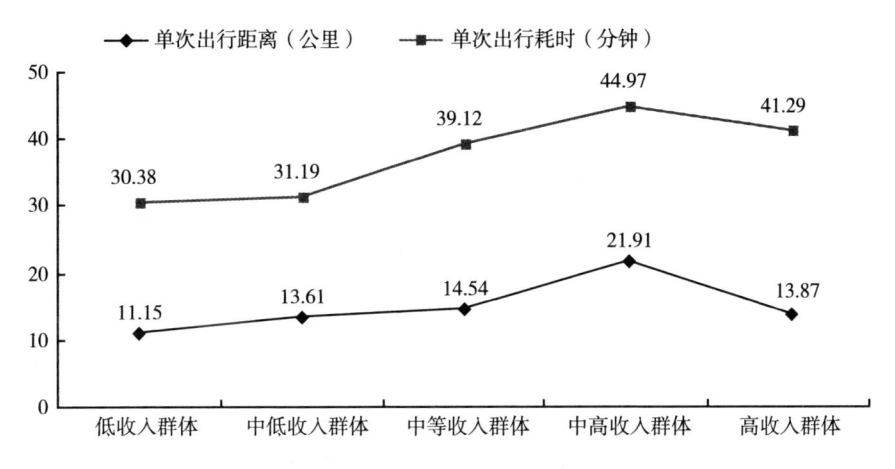

图5　不同收入群体单次出行距离和单次出行耗时

2. 出行方式考虑因素

在选择出行方式时人们考虑哪些因素，对此课题组进行了分析。从调查结果来看，人们最看重的因素是出行时间是否稳定可靠，其次是出行耗费时间长短，再次是出行环境是否舒适，最后是出行花费多少。对此，进一步对不同代际群体进行比较分析（见图6），"80后"群体均对上述4个方面因素最为看重，他们追求准时、快捷、舒适、成本可控，对于出行有很高的要求。"90后"和"70后"群体的要求相对次之，追求准时和快捷，同时对舒适和费用也有较高要求。而"00后"和"60后"群体对于这些因素的要求整体上弱于其他群体。可以看出，不同代际群体选择出行方式时考虑因素存在较大差异，这与不同代际群体的生活工作方式有关。比较而言，"70后"至"90后"群体，尤其是"80后"群体作为社会中坚力量，出行需求高，经济能力强，因此在选择出行方式时对时间可靠、环境舒适、耗时长短以及出行花费方面的考虑均强于其他代际群体。

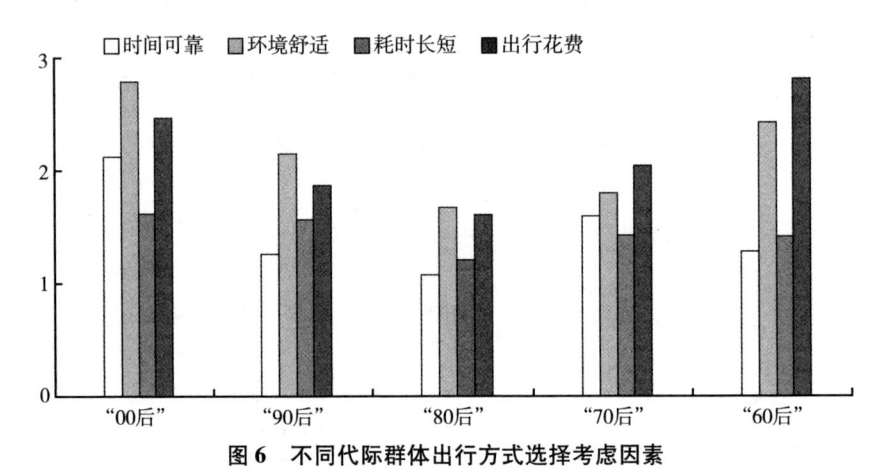

图6　不同代际群体出行方式选择考虑因素

注：评价赋值在1~4区间，值越小表示越重视。

二　居民绿色出行意愿

绿色出行意愿是指北京市居民在日常活动中选择二氧化碳排放量较低的交通方式的主观意愿。鼓励居民绿色低碳出行、提高居民环境保护意识，是减少交通污染和降低碳排放的重要途径。就现实来看，近年来政府在鼓励人们绿色出行方面采取了多种措施，如积极推进共享单车，对于居民购买新能源汽车给予补贴和税收优惠等。那么北京市居民绿色出行意愿状况如何，课题组对此做进一步分析。

（一）新能源汽车购置意愿及鼓励政策

从调查结果来看，有53.5%的被调查者拥有燃油私家车，有7.2%的被调查者拥有新能源汽车，还有近四成被调查者没有私家车（见图7）。整体来看，被调查的北京市居民中超过六成拥有私家车，这一拥有量呈现较高水平。私家车由于出行方便、时间灵活、自由度高和便捷等，成为人们出行的首选。但是，新能源汽车占比并不高，一方面是因为新能源汽车近年来才开始逐步普及，另一方面则是技术上与传统燃油车相比，新能源汽车还没有得到人们的充分认可，因此占比并不高。进一步分析发现，在被调查的北京市居民中，有33.1%的北京市居民打算购置新能源汽车，66.5%的居民则没有购置新能源汽车的计划。整体上看，对于新能源汽车的接受度还需要进一步提高。对此，课题组分析了不同鼓励政策对居民购买和使用新能源汽车的影响。

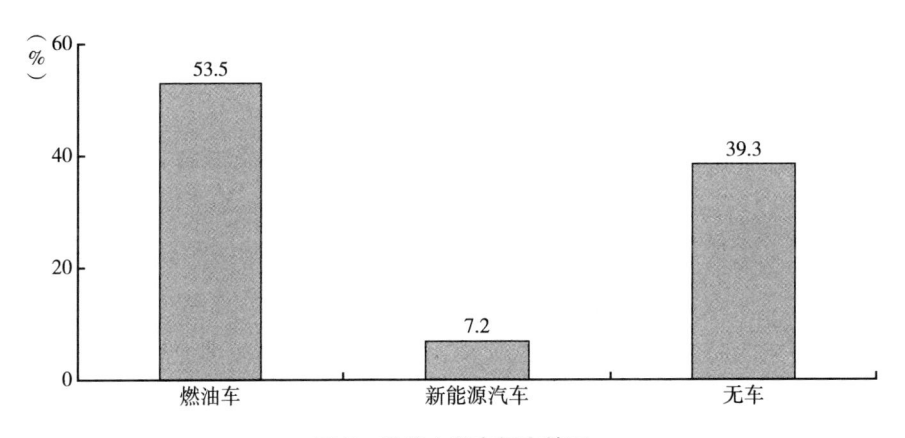

图7 私家小客车拥有情况

第一，新能源汽车购买补贴政策。虽然受北京市小客车指标调控政策的影响，人们购买新能源汽车受指标限制，但是截至2020年，北京市拥有机动车超过650万辆，其中大部分是私家燃油小客车，如何鼓励这些存量燃油小客车在更换时选择新能源汽车，是政府推进绿色出行需要面对的重要问题。调查结果显示，政府购车补贴力度对居民购买新能源汽车意愿有显著影响，居民购买新能源汽车意愿随着政策补贴力度的增加而增强（见图8）。将人们购买新能源汽车意愿从低到高赋值1~10分，可以发现只有在补贴力度达到20%及以上的情况下，人们购买新能源汽车的意愿超过6分，也就是说才能真正激发人们购车意愿。而在25%补贴的鼓励下，居民购车意愿增强到8.55分。按一辆新能源汽车15万元计算，15%补贴需要2.25万元，25%补贴需要3.75万元，对此，现行政策可以适当进行调整。

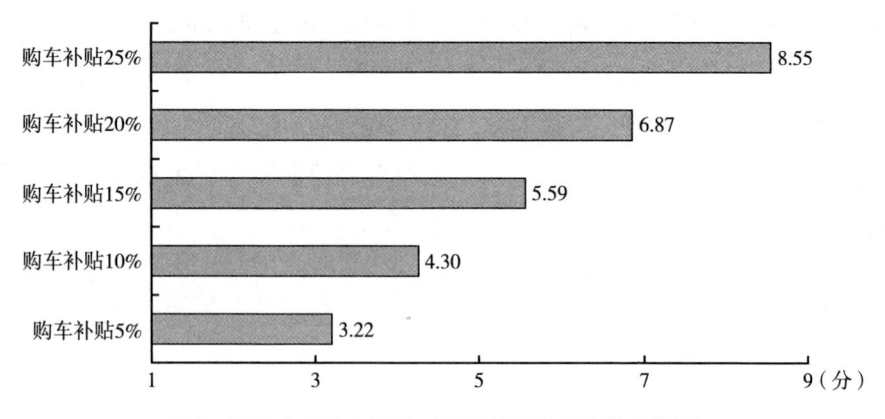

图8 不同力度购车补贴对居民购买新能源汽车的影响

第二，停车费用优惠政策。停车费用折扣对居民使用新能源汽车出行也会产生影响，从调查结果来看，停车费用优惠力度越大，居民越会考虑使用新能源汽车出行（见图9）。将人们使用新能源汽车出行意愿从低到高赋值1~10分，停车费用优惠对居民使用新能源汽车出行均有积极的影响，可以看出停车优惠政策是促进居民使用新能源汽车出行的重要政策工具。

第三，新能源汽车不限行政策。目前北京市执行机动车限行政策，但是新能源汽车不受尾号限行措施的限制，每个工作日均可出行，这对居民使用新能源汽车出行有多大程度的影响，是调查关注的问题。从调查结果来看，将人们使用新能源汽车出行意愿从低到高赋值1~10分，在

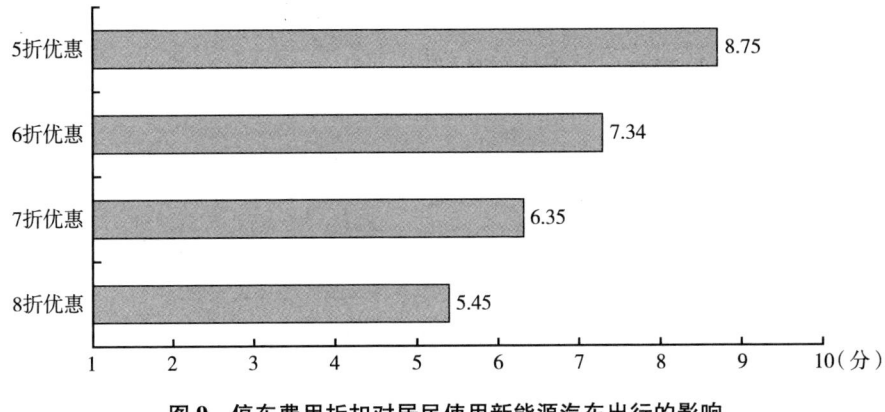

```
5折优惠  ████████████ 8.75
6折优惠  ██████████ 7.34
7折优惠  █████████ 6.35
8折优惠  ███████ 5.45
        1  2  3  4  5  6  7  8  9  10(分)
```

图9 停车费用折扣对居民使用新能源汽车出行的影响

机动车限行政策下，由于新能源汽车不受限行政策的影响，仅有3.8%的被调查者表示不会选择新能源汽车出行，大多数居民表示会选择，其中近5成被调查者强烈表示会选择新能源汽车作为出行工具（见图10）。可见新能源汽车不受禁行限号限制的政策，对居民增加选择新能源汽车出行的可能性具有显著影响。

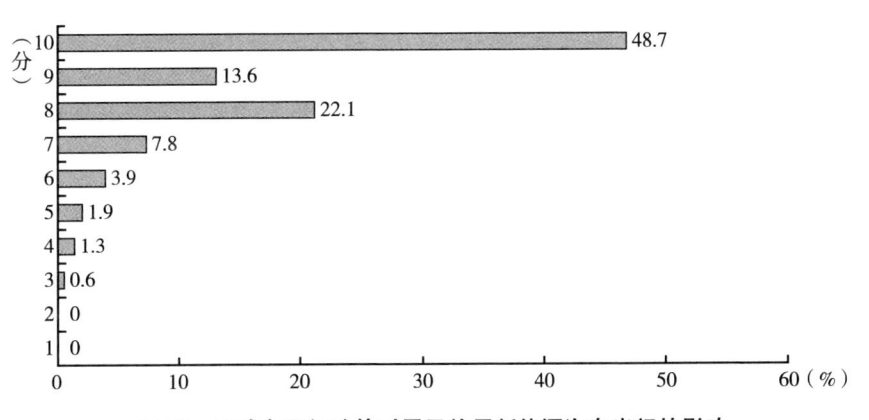

```
(分)
10  ████████████████████ 48.7
 9  ██████ 13.6
 8  █████████ 22.1
 7  ███ 7.8
 6  █ 3.9
 5  | 1.9
 4  | 1.3
 3  | 0.6
 2  | 0
 1  | 0
    0    10   20   30   40   50   60(%)
```

图10 机动车限行政策对居民使用新能源汽车出行的影响

第四，对燃油私家车征收额外燃油附加税或碳排放税。如果不同程度地对燃油私家车征收额外燃油附加税，是否会促使人们选择使用新能源汽车？调查结果发现，在征收油价10%的额外燃油附加税或碳排放税时，被调查

203

者使用新能源汽车出行的意愿即达到5.60分（见图11）。可以看出，对燃油私家车征收额外燃油附加税或碳排放税，对于促使人们选择使用新能源汽车具有强烈的效果。

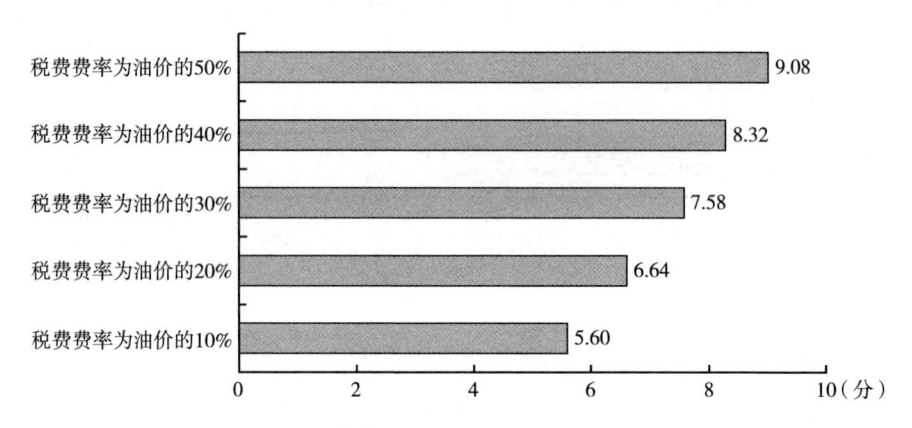

税费费率	得分
税费费率为油价的50%	9.08
税费费率为油价的40%	8.32
税费费率为油价的30%	7.58
税费费率为油价的20%	6.64
税费费率为油价的10%	5.60

图11 燃油车税费费率对居民使用新能源汽车出行的影响

概括来看，在居民购买和使用新能源汽车意愿上，无论是购买补贴还是停车优惠，抑或是征收燃油车税费及限行政策，都会产生显著的影响。目前，新能源汽车不限行的政策已经实施，其他政策可以进一步考虑在时机成熟时适当推行。当然，也应规避政策风险，比如增加居民用车经济负担是否会引发不满情绪，是需要考量的重要因素。

（二）绿色出行意愿及政策促进

为鼓励居民绿色出行，近些年来政府大力发展公共交通，借助互联网发展共享单车市场，提高人们出行的便捷性和准时性。对此，本次调查也进一步展开了不同政策对于促进居民绿色出行意愿的影响。

1. 公共交通票价优惠

公共交通是居民绿色出行的主要方式之一，而票价优惠政策也是吸引居民选择公共交通出行的因素之一。目前，北京市公共交通票价优惠政策已经实施。不同优惠程度对于促进居民公共交通绿色出行的影响有什么差异，是本次调查关注的问题之一。从调查结果来看，票价折扣力度越大，居民选择公共交通出行的意愿越强烈。根据意愿从弱到强赋值 1~10 分，可以看出，票价折扣力度在 8 折及以上后，居民选择公共交通出行的意愿显著增强（见图 12），显示出积极的政策效应。

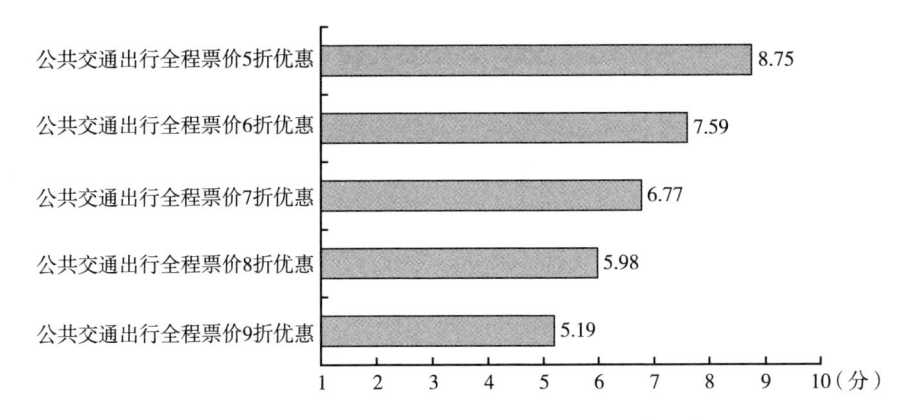

政策	得分
公共交通出行全程票价5折优惠	8.75
公共交通出行全程票价6折优惠	7.59
公共交通出行全程票价7折优惠	6.77
公共交通出行全程票价8折优惠	5.98
公共交通出行全程票价9折优惠	5.19

图 12 票价优惠政策对居民选择绿色出行的影响

2. 共享单车骑行补贴政策

共享单车为传统绿色出行提供了全新的模式和生命力，填补了制约绿色出行发展的"最后一公里"短板。在不同力度共享单车骑行补贴政策下，居民出行选择共享单车的情况又如何呢？从调查结果来看（见图13），随着月卡补贴的增加，居民选择共享单车绿色出行的意愿大幅提升，尤其是在购买月卡享受 20% 及以上的补贴的情况下，这种影响更加明显。由此可见，折扣力度较大的共享单车骑行补贴政策可显著增强北京市居民绿色出行意愿。

3. 碳中和奖励幅度影响

在鼓励居民绿色出行的政策讨论中，如果居民采取公共交通出行或共享单车骑行达到一定次数后，给予一定额度的一卡通充值作为碳中和奖励，是引人关注的可行政策。那么，多少出行次数能够有效调动居民采取这种方式出行的积极性呢？从调查结果来看（见图14），居民选择绿色出行的意愿随着被要求出行次数的增加而降低，但是整体来看，在公共交通出行或骑行

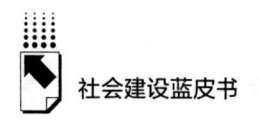

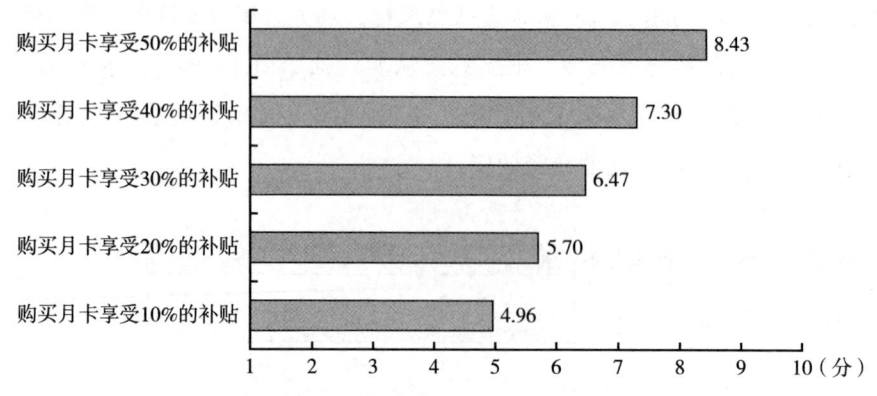

购买月卡享受50%的补贴　8.43
购买月卡享受40%的补贴　7.30
购买月卡享受30%的补贴　6.47
购买月卡享受20%的补贴　5.70
购买月卡享受10%的补贴　4.96

图13　共享单车骑行补贴政策对居民选择绿色出行的影响

100次及以下给予相应奖励时，居民意愿维持在6分以上，这应是相对合适的政策操作点。

公共交通出行或骑行约140次　4.58
公共交通出行或骑行约120次　5.27
公共交通出行或骑行约100次　6.03
公共交通出行或骑行约80次　7.00
公共交通出行或骑行约60次　8.24

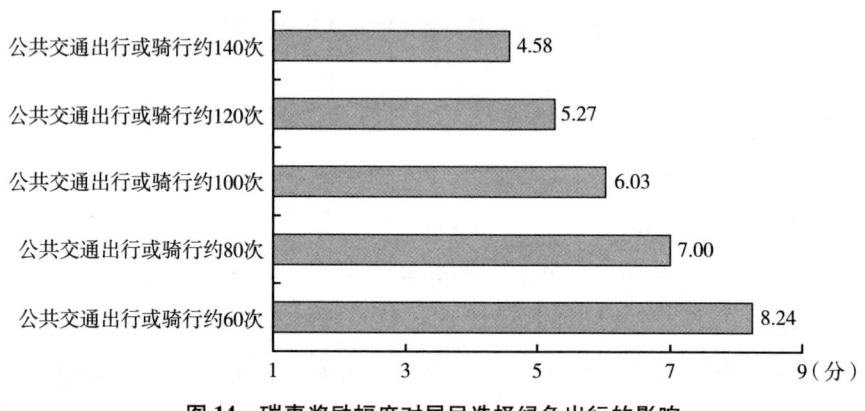

图14　碳惠奖励幅度对居民选择绿色出行的影响

（三）交通设施改善与居民绿色出行意愿

近些年来，随着城市交通设施不断优化，越来越多的公交和地铁线路开通，加上共享单车等新的交通方式出现，轨道、公交站点接驳步行通道、自行车通道的慢行系统也越发完善，极大方便了人们的出行。但是，随着城市空间拓展以及居民生活水平日益提高，城市居民对公交服务设施和服务水平的要求也在不断提高。对此，本次调查关注了公共交通设施改善对增强居民绿色出行意愿的作用。

1. 地面公交服务设施改善

从调查结果来看（见图15），地面公交服务设施的改善对于促进居民绿色出行有积极的作用。其中，设置公交专用道，保障公交车优先通行最能增强居民绿色出行意愿，得分为8.13分；其次是改善公交车乘坐舒适性，得分为7.72分；在公交站点设置防护设备得分最低，为6.13分。这表明，居民更在意乘坐地面公交时的时间成本以及乘坐体验，而这也是影响人们选择绿色出行的重要因素。

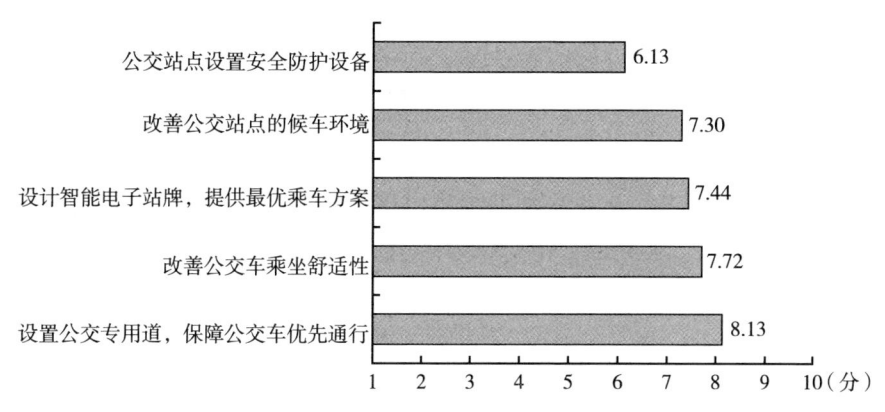

项目	得分
公交站点设置安全防护设备	6.13
改善公交站点的候车环境	7.30
设计智能电子站牌，提供最优乘车方案	7.44
改善公交车乘坐舒适性	7.72
设置公交专用道，保障公交车优先通行	8.13

图15　地面公交服务设施对居民选择绿色出行的影响

2. 慢行设施改善

城市慢行设施对于保障居民绿色出行有积极意义，但是城市慢行设施在不同程度上存在空间被占为他用、设施不完善、使用不友好的现象。从调查结果来看（见图16），不同慢行设施的改善对居民选择绿色出行意愿的影响力度较为相似。清理占路停车，防止机动车驶入慢行空间对增强居民绿色出行意愿的影响最大，得分为7.95分；拓宽既有干道，保障慢行空间的影响最小，得分为7.43分。这表明慢行设施为居民带来的体验感，是影响人们选择绿色出行的主要原因。

拓宽既有干道，保障慢行空间 7.43

增设无障碍设施 7.61

建设完整林荫路和休憩区 7.66

防止机动车驶入慢行空间 7.95

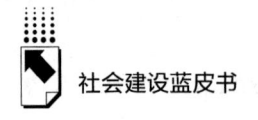

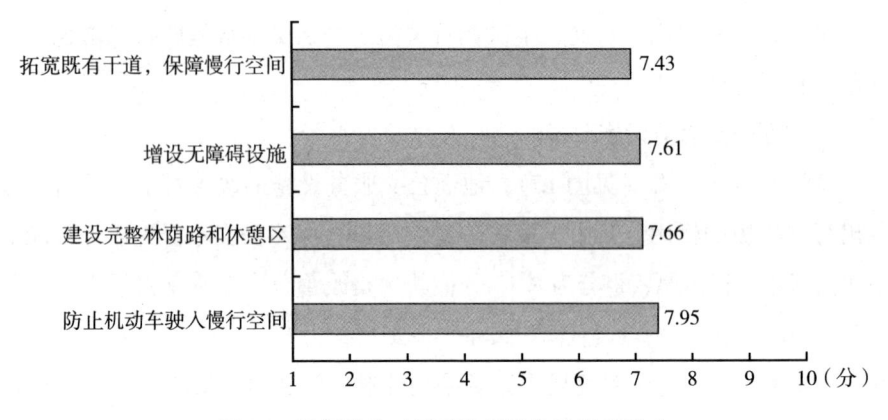

图 16　慢行设施对居民选择绿色出行的影响

三　政策建议

在碳中和日益走进人们生活与工作，开始影响经济社会发展和生产生活方式的背景下，以绿色建设、绿色生产、绿色生活、绿色出行、绿色消费等为内核的绿色发展被摆在更加重要的位置。根据调查研究结果，课题组提出如下对策建议。

1.充分运用经济杠杆，鼓励居民绿色出行

调查发现，经济成本是影响居民绿色出行的重要因素。对此，政府可通过相关激励政策对居民绿色出行给予经济上的补贴，同时大力支持绿色出行企业的发展，降低居民绿色出行的成本，从而增强居民绿色出行的意愿。

一方面，在新能源汽车普及方面，采取新能源汽车购车补贴、停车优惠、不受限行等多种措施鼓励居民使用新能源汽车。根据本文调查结果，这些措施有积极的作用，能够降低居民使用新能源汽车的经济成本，同时提高出行的便捷性。本文调查研究发现，对燃油私家车额外征收燃油附加税或碳排放税，也能反向推动居民尤其是燃油车车主选择使用新能源汽车，但是这也在一定程度上增加居民的用车成本，可能存在政策风险点，因此建议慎重采用此政策。

另一方面，进一步推进公共交通绿色出行。目前，北京市共享单车优惠政策提供周卡、月卡等优惠套餐，但是对于居民的吸引力有待增强。对此建议可在原有基础上加大共享单车骑行优惠力度，进一步吸引居民选择此种方式绿色出行。政府可相对加大对绿色出行企业组织的扶持力度，更好地发展相关市场与行业。

2. 发挥绿色交通优势，提高居民绿色出行便利性

提高居民出行便利性，对于促进绿色出行有重要的意义。例如，目前北京市新能源汽车不受尾号限行政策的限制，解决了居民因燃油车限号而带来的种种不便，在一定程度上增强了居民选择新能源汽车出行的意愿。再如，城市主要交通干道上设置公交专用道，保障早晚高峰拥堵时段公交车优先通行，极大增强了居民出行的便利性，也能够发挥积极的导向作用。调查显示，不少居民采取私家车与公共交通相结合的出行方式，即在出行时选择多种出行方式。需要重视各个交通系统间的有机融合，设计合理的绿色出行交通布局，提升居民绿色出行的便利程度，增强居民绿色出行意愿。

3. 完善交通基础设施，增强居民绿色出行体验

交通基础设施是居民选择绿色出行的基础，完善的基础设施建设不仅能够提高居民出行便利程度，而且能够提高居民绿色出行体验感。对此应通过改善公交车候车环境、提升座椅舒适性、建设林荫路等方式，完善公交服务设施和修建环境宜人的慢行环境，提高居民绿色出行舒适度。除此以外，还要保障居民在乘坐公共交通工具时的人身安全，例如修建防护栏和阻车墩、增设无障碍设施等，避免各类交通事故。通过提供更好的绿色出行保障，提高居民绿色出行舒适度，这对于促进绿色出行有重要的作用。

社会治理篇
Social Governance

B.14
北京市街道"大部制"
改革的实践现状与问题对策研究

安永军*

摘　要： 本研究采取"重点剖析、面上比较"的调研思路，选取5个街道进行实地调研，对北京市街道"大部制"改革进行全面剖析，并提出深化改革的对策建议。研究发现不保留科室和保留科室是街道"大部制"改革的两种模式，"大部制"改革从资源统筹和内部协调两个方面提升了体制运转效率。"大部制"在实际运行中存在内部有机融合程度不深、对外对上对下协调不畅、科级干部职责不清与层级不明等问题。"大部制"改革的深化，一方面需要拓展大部门内部的融合深度，更加彻底地释放"大部制"的改革红利；另一方面也需要解决"大部制"改革引发的新问题，提升大部门的外部协调效率和科级干部的

---

* 安永军，北京工业大学文法学部/北京社会管理研究基地，博士，讲师，主要研究方向为城乡基层治理、农村社会学。

激励强度。

关键词： 街道管理体制 "大部制" 基层治理

一 引言

《中共中央 国务院关于加强基层治理体系和治理能力现代化建设的意见》指出"基层治理是国家治理的基石，统筹推进乡镇（街道）和城乡社区治理，是实现国家治理体系和治理能力现代化的基础工程"。北京市以党建引领为统领，紧紧围绕共建共治共享的社会治理方向，不断进行体制机制创新，积极构建基层治理新模式，基本形成了具有时代特征、中国特色、北京特点的基层治理工作框架体系；同时，在"十四五"规划的开局之年，北京市进一步提出了"构建具有首都特点的超大城市基层治理体系"的治理目标。街道是城市管理和社会治理的基础，街道管理体制改革是提升基层治理能力的重要路径，2019年2月，北京市出台的《关于加强新时代街道工作的意见》提出要"推进城市治理重心下沉，构建简约高效的基层管理体制"，并启动了深化街道机构综合设置改革即"大部制"改革，按照精简、效能、便民的原则，整合相近职能，将街道原来的20多个小科室整合成为党群工作、民生保障、城市管理、平安建设、社区建设、综合保障等6个内设机构和1个街道综合执法队。那么，街道"大部制"改革推行两年多来，其实际运行状况如何？是否实现了改革的预期目标？

在上述背景下，本研究将紧密结合北京基层治理的新阶段新形势，通过实地调研的方式对北京市街道"大部制"改革展开研究。首先，掌握和了解"大部制"改革的实践现状，"大部制"改革在基层的推进并不同步，少数地区如东城区推进力度较大，其他地区推进力度较小，需要对"大部制"改革的实际推进情况进行摸底调研。其次，厘清"大部制"改革的核心梗阻点，定位"大部制"改革推进过程中面临的难点问题，并深入分析其生

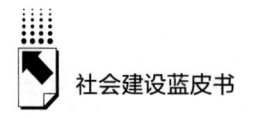

成原因。最后,提出深化"大部制"改革的政策建议,"大部制"改革的核心目标是建立一个简约高效的基层管理体制,针对"大部制"改革存在的主要问题,针对性地提出政策建议,推动"大部制"改革不断深化。

本研究采取"重点剖析、面上比较"的调研思路在北京城区开展选点调研。首先,从改革推进力度较大的东城区以及改革推进力度较小的海淀区分别选取1个街道进行重点调研,形成对"大部制"改革的基本判断。其次,在形成基本判断的基础上,进一步扩大调研范围,增加街道调研的数量,并将其与前期重点调研街道进行面上比较,对前一阶段形成的基本判断进行验证和补充,进而形成对北京市"大部制"改革现状的总体判断。

根据代表性和典型性原则,综合考虑街道的人口规模、辖区特点等不同因素,共选取全市3个区的5个街道作为案例研究点。重点剖析案例为东城区的东四街道与海淀区的中关村街道;面上比较案例为东城区龙潭街道、海淀区海淀街道和朝阳区垡头街道。案例选择情况如表1所示。

表1 案例选择情况

区域	街道/单位	街道特点
东城	东四街道	人口规模较小;胡同社区
海淀	中关村街道	人口规模较大;商品房社区
东城	龙潭街道	人口规模较小;胡同社区
海淀	海淀街道	人口规模较大;商品房社区
朝阳	垡头街道	人口规模较小;政策房社区

本研究以街道为单位展开调研,重点的调研对象包括街道办事处和社区,主要采取半结构式访谈、集体座谈等方式收集材料。街道层面访谈对象为:街道副职领导、负责"大部制"改革的党群办负责人、各个办公室的主要负责人、各个办公室的普通科员,主要收集关于"大部制"改革的实施过程、改革后街道内部工作模式和不同岗位层级街道干部的主观认知等材料。社区层面访谈对象为:社区党委书记或居委会主任、居民积极分子等,主要收集社区和社区居民对"大部制"改革效果的认知和感受等信息。

二 北京市街道"大部制"改革的实践现状

调研发现,不保留科室与保留科室是街道"大部制"改革的两种模式;"大部制"改革从资源统筹和内部协调两个方面提升了体制运转效率,取得了一定的改革成效。

(一)不保留科室与保留科室:两种改革模式

此次调研的 5 个街道,虽然都从形式上将原来的小科室职能整合进新设立的"6+1+3"组织架构中,即党群工作、民生保障、城市管理、平安建设、社区建设和综合保障 6 个内设机构,1 个街道综合执法队,以及服务窗口类、治理平台类、党建活动类 3 个街道所属事业单位。但是,根据"大部制"建立后科室是否运行可以区分为"不保留科室"和"保留科室"两种模式。所谓"不保留科室",即打破原来的小科室体制,将原有的小科室职能和人员整合到新设立的大部门,且以大部门为单位开展工作。东城区的东四街道和龙潭街道采用的就是这种模式,也能代表东城区的普遍情况,具体改革举措体现在以下几点:①将原有的 25 个内设科室整合为 6 个大办公室,同时由街道副职领导兼任大办公室主任,另设立 2 名科级副主任;②由于科室合并,大办公室的科级岗位减少,多出来的科级干部下沉到社区,成为专职的社区专员,指导社区工作;③大办公室的 2 名副主任分管各项业务工作,并对人员进行分工,人员可以在大办公室范围内进行统一调配。

所谓"保留科室"即虽然新设立了大部门,但是工作运行仍然以原有的小科室为单位,大部门更多的只是一个对外和对上的称号。海淀区的海淀街道和中关村街道、朝阳区的堡头街道都采用这种模式,这也能代表两个区的普遍情况,具体的改革举措如下:①由街道副职领导兼任大办公室主任,同时设立 2 个科级副主任,但副主任实际上由原来的小科室主任兼任;②虽然名义上不再存在小科室,但是原来的小科室在实际工作中仍然存在,科级领导职数没有变动,只是将职能相近的小科室合并到一个大的部门并固定由

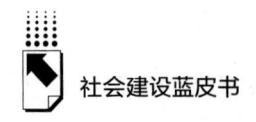

一个街道副职领导主管，例如民生保障办公室是由民政办、残联、住房保障办、劳动保障办等小科室合并而来的，实际工作仍然以小科室为单位开展，需要以大办公室名义开展的活动由主管领导指定一名副主任参加；③人员仍然以小科室为单位进行配置，大办公室副主任无法对小科室人员进行调配，小科室之间的壁垒仍然存在。

两种改革模式各有其优劣势。不保留科室模式下，大部门内部融合程度更高，有利于"大部制"改革红利的充分释放。而保留科室模式的优势则在于保留了原有的小科室体制，有利于新旧体制的衔接。

（二）资源统筹与内部协调："大部制"改革成效

街道"大部制"改革的目标是建立简约、高效、便民的基层管理体制，改革在一定程度上也提升了基层管理体制的行政效率，具体体现在资源统筹和内部协调两个方面。

1. 资源统筹

在小科室体制下，人员和经费等各项资源是以科室为单位配置的，科室之间存在壁垒，难以根据工作实际对资源进行统筹分配，因而可能出现资源利用低效的情况。"大部制"改革打破了原有的小科室体制，以新成立的大部门为单位对资源进行统筹，提高了资源利用效率。东四街道党群办副主任对"大部制"改革最深的体会就是"壁垒打破了"，在"大部制"中所有人员同属于大办公室，虽然仍然存在分工，但是可以根据人员特点随时进行调配；另外，副主任在安排工作时，可以将相同或相近的工作统一安排，节省了人力物力，比如组织科和共青团、妇联等群团组织整合到党建办之后，就可以将党建活动和群团活动统一安排。保留科室模式由于没有打破原来的小科室体制，因此资源统筹方面表现的不是很明显，但是街道干部说"大部制的概念和氛围也出来了"，因为大家都是一个大办公室的，在人手不足的临时性工作如换届选举等工作中也更加容易调配。

2. 内部协调

职能相似或相近职能的部门之间业务往来较为频繁，涉及大量的沟通协调工作，"大部制"将相似或相近的职能整合到一个部门，将跨部门的协调转变为部门内的协调，大大降低了内部协调成本。在不保留科室模式中，小科室合并以后的业务工作由2个副主任分担，每个副主任分管原来的几个小科室的工作，因此可以对几项工作统筹安排；另外，大办公室每半月召开一次部务会，可以对所有工作进行全盘统筹。在保留科室模式中，相似或相近的职能整合到一个大部门后固定由同一个街道副职领导分管，这样也有利于加强内部协调。例如，中关村街道的安全生产工作和综治工作以前是不同领导分管的，组建平安建设办之后统一由一位领导主管，由于这两项工作业务往来较多，同一个领导主管大大提升了内部协调效率。

三 北京市街道"大部制"改革的主要问题

街道"大部制"改革在取得一定成效的同时，在实际运行中仍然存在一些不顺畅的"梗阻点"，这些"梗阻点"是"大部制"改革当前面临的主要问题。

（一）大部门内部有机融合程度不深

"大部制"改革虽然从形式上建立了大部门的体制框架，但是大部门内部并没有融合成为一个有机的整体，实际运作中仍然没有完全摆脱原有小科室的影子。这一点在保留科室模式中表现尤为明显，保留科室模式中原有的小科室体制仍然在运行，科室之间的界限仍然清晰存在，这使得"大部制"的资源统筹和内部协调功能发挥都受到一定的限制。由于对"大部制"改革的感受不明显，有的街道干部觉得改革没有实现1+1>2的效果。小科室仍然是主导的工作模式，具体体现在以下方面：①日常管理，如出勤情况考核；②上下级对接，上级部门的文件通过OA系统下发给街道后，由综合办公室根据小科室职能转发给小科室承办；③科室包社区，以小科室为单位结

对帮扶社区；④办公空间，各个小科室仍然在原来的地方办公，并没有在办公空间上整合。而大部门只在预算填报、年终考核等工作中才会出现，而且这些工作是上级要求必须以大部门为单位进行的，多是为了满足上级的要求。

之所以出现融合程度不深的问题，主要有以下两个原因：一是小科室体制的制度惯性，小科室体制已经运行很长时间，虽然存在各种弊端，但是街道干部已经非常适应这套体制，改革需要改变街道干部习以为常的行为模式，面临一定的改革成本，很多街道在改革中的首要原则就是"减少动荡"，以避免对日常工作产生过大的影响；二是职能之间的关联程度不高，例如民生保障办整合的小科室较多，但无论合与不合，住房保障、劳动保障等专业性事务都只能由专人去干，很难将它们硬揉在一起。

（二）大部门对外对上对下协调不畅

"大部制"改革虽然加强了街道的内部协调，但同时也导致对外对上对下协调不畅，这一点主要体现在不保留科室模式中。"大部制"改革的一个初衷是落实"便民"的原则，将"向上对口"的科室设置改变为方便居民的"向下对应"。但是，从实际情况来看，"大部制"改革却并不一定方便市民，反而造成对外协调不畅。小科室虽然散，但是有一个很大的优点，就是职能明确，市民可以直接从名称上看出它的职能，比如残联就是专管残疾人事务的，而大部门的职能反而变得模糊，比如民生保障办公室包括的职能繁多，但市民要解决的问题又是非常具体的，很难根据名称判断该去找哪个部门。与市民相关的另一个问题是部门推诿问题，但由于市民最需要的是政务服务，而政务服务可以通过便民服务中心的"一站式"窗口提供统一服务，能够有效解决部门推诿的问题。

大部门对上协调不畅集中体现在大办公室副主任这个角色上。在"实部制"改革中，2名副主任承担原来由多个小科室主任承担的职能，负责的业务工作增加，与上对接的部门数量也增多，但其精力是有限的。

大部门对下与社区的协调也面临上下不匹配的问题。因为社区的工作是分工到每个社工，每个社工负责的事务非常具体，而大部门的职能非常广泛，社工需要从部门的下派任务中寻找与自己相关的部分，这其中也产生了额外的协调成本。

之所以出现上述协调不畅的问题，最根本的原因就是"大部制"改革导致上下级之间的体制不匹配性，这也是地方政府进行"大部制"改革面临的一个主要问题。我国是一个单一制国家，从中央到基层的"职责同构"是一个显著特征，如果不是自上而下的统一改革，而只是某个政府层级的体制改革，就会产生上下不匹配的问题，进而增加了体制运作的协调成本。

（三）科级干部职责不清与层级不明

在"大部制"改革中，科级干部是受到影响最大的群体，虽然科级干部的职数总量并没有减少，但是其岗位设置发生了变化，进而产生职责不清和层级不明的问题。

首先是科级干部职责不清。以东四街道为例，改革前共有25个内设科室，与之相应有25个正科级实职干部。改革以后，6个大办公室每个办公室2个正科级副主任，总计12名正科级实职岗位，因此空出来13个正科级干部。为了解决这些正科级干部的安置问题，东城区设置了社区专员制度。但是，社区专员制度在运行中面临的一个问题是缺乏专门的职责。社区专员是一个介于街道和社区之间的协调性角色，以问题为导向并结合各个社区的特点开展协调工作，比如将信访科科长下派到信访问题较为突出的社区，指导化解信访问题。但是，每个社区的情况存在差异，导致社区专员的职责也很难统一化，而且与社区组织的职能容易发生重叠。

其次是科级干部层级不明的问题。每个大办公室有1正2副3个主任，但是由于正主任是由街道副处级副职领导干部兼任，其行政层级高于2个副主任，因此正副主任之间层级较为明晰。2个副主任由于都是科级干部，行政级别相同，但是岗位职责却有大小之分，层级不够明确。在实际运行中，2个副主任各自分工负责一块业务工作，但是涉及整个部门的不可分事务则

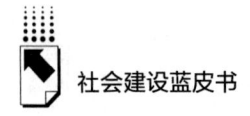

必须由其中 1 个副主任来完成，由此在实际工作中形成"大主任"和"小主任"之分，这种区分又不体现在行政层级上，这也是"大部制"改革的有机融合难以实现的一个深层因素。

之所以会出现职责不清和层级不明的问题，原因在于改革减少了实职科级干部的岗位数量，产生了冗余干部。目前，这些新设岗位只是作为安置冗余干部的过渡性措施，这批岗位不需要长期设置，这个问题只是暂时性的，但会产生另外一个问题，即科级实职岗位职数总量减少，这样一来又会压缩年轻干部的晋升空间，进而弱化对年轻干部的激励。

四 北京市街道"大部制"改革的对策建议

北京市街道"大部制"改革提升了基层管理体制的运转效率，但是在实践中仍然面临一定的问题，从根本上提升"大部制"改革的实践效能仍然任重而道远。未来"大部制"改革的深化，一方面需要进一步拓展大部门内部的融合深度，更加彻底地释放"大部制"的改革红利；另一方面也需要解决"大部制"改革引发的新问题，提升大部门的外部协调效率和科级干部的激励强度。

（一）加强整合，拓展大部门内部融合深度

在保留科室模式中，大部门内部的融合程度不深，对大部门的认同尚未有效建立起来，为此应当加强大部门内部的整合，加强整合的关键在于要将"大部制"用起来，使其在实际治理中发挥更大的作用。

1. 促进办公空间的整合

办公空间的整合有利于加强大部门内部的干部互动和工作联系，有利于从空间上建立大部门的外部边界，进而起到加强大部门认同的效果。虽然少数大部门确实由于办公空间的物理限制而难以整合，比如有的街道安全生产科由于协管员数量较多是一个单独的办公空间，在新成立的平安建设办公室中，很难和综治科等其他科室的办公空间整合，但是大多数原有的小科室由

于规模较小,是具备集中办公条件的,比如将同一个大部门的办公空间集中在同一楼层。

2. 建立常规化的运行制度

"大部制"建立起来之后,需要通过常规化的运行制度将其激活,使其转变为日常工作中的有机组成部分。东四街道的大科室每半月开一次全部门例会,对部门内事务进行总体统筹,效果较好,值得借鉴。

(二)创新机制,提升大部门外部协调效率

"大部制"改革显著加强了街道内部协调,同时也在对外对上对下的协调中面临不畅通的问题,但这个问题本身就是"大部制"改革引起的衍生问题,需要在机制创新的层面才能有效解决。

1. 建立街道内部群众接待部门的引导机制

由于大部门的职能更加繁杂,上门办事的群众可能会存在找不到相关责任人的情况,为此,街道内部的信访和办公室等群众接待部门应当统一接待办事群众,并根据部门职责将其指引到具体的负责人处。

2. 建立大部门对上对下的对接机制

"大部制"改革后,取消了原来的小科室,每个大部门的业务范围大大扩展,向上对接的委办局和向下对接的社工数量也大大增加。"大部制"改革以后,部门内部的业务由于各自的专业性不同,仍然需要进行分工,因此在部门主任和副主任精力有限的情况下,可以指定承担相关业务的骨干科员负责对上对下的协调工作,骨干科员难以协调的事务再通过部门主任来协调,以提高对上对下协调效率。例如,残联在合并到民生保障办之后,不再是单独的一个科室,但其与上级残联部门和社区残联干事的上下协调工作依然存在,为此应当指定承担残联业务的骨干科员承担对上对下协调工作。

(三)明晰职责,提升科级干部的激励强度

科级干部是"大部制"改革中受冲击最大的群体,在新的"大部制"体制下,需要建立与之相适应的科级干部岗位职责体系,进一步提升对科级

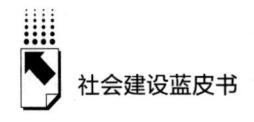

干部的激励强度，有利于减少改革的阻力并增强"大部制"运行活力。

1. 明晰社区专员等新设岗位的岗位职责

社区专员是东城等地"大部制"改革中新设立的岗位，由于其主要承担街道与社区之间的协调性角色，其职能也较为模糊。为此，有必要从区级层面进一步明晰其工作职责，尤其需要避免与社区或街道业务科室的职能重合。

2. 明确同级别副主任的岗位层级

在新成立的大部门中2名副主任的行政级别均为科级，但是两者在实际工作中又存在谁能代表大部门的问题。因此，应当进一步从制度上明晰2位副主任的层级，比如可以将其中1位副主任岗位设置为常务副主任。

参考文献

竺乾威：《地方政府大部制改革：组织结构角度的分析》，《中国行政管理》2014年第4期。

朱光磊、张志红：《"职责同构"批判》，《北京大学学报》（哲学社会科学版）2005年第1期。

B.15
社会组织参与北京社区垃圾分类的现状与对策研究*

邢宇宙 刘艺锋**

摘 要： 生活垃圾分类是首都城市高质量发展、精细化治理、国际和谐宜居之都建设的"关键小事"之一，近年来随着政府和社会广泛宣传和动员，居民在垃圾分类意识和行动层面都有了极大提升和改观。新修订的《北京市生活垃圾管理条例》实施两周年来，社会组织作为社会治理体系中的主体之一，是推动多元主体共同参与社区垃圾分类的重要力量。本报告通过若干社会组织参与推动社区垃圾分类的实践案例，基于协同共治视角分析社会组织参与的作用和存在的问题，并从政策支持、培育发展、作用发挥和能力提升等维度，提出进一步扩大社会组织参与的对策。

关键词： 社会组织 社区垃圾分类 协同共治

一 导言

改革开放 40 年多来，随着人口数量不断增长和经济社会快速发展，我

---

* 本文系北京市社会科学基金研究基地项目"社会组织参与北京社区垃圾分类治理的机制研究"（项目编号：18JDSRB008）的阶段性成果。
** 邢宇宙，北京工业大学文法学部副教授、北京社会管理研究基地研究人员，主要研究方向为社会组织与社会治理；刘艺锋，北京工业大学文法学部研究生，主要研究方向为社会组织。

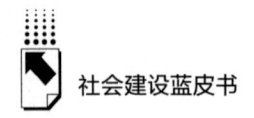

国许多城市出现了"垃圾围城"的现象。近年来，我国城市生活垃圾清运量保持上涨趋势，每年清运的垃圾重量以亿吨计。作为超大城市，北京市2016年垃圾清运量为629万吨，2020年则达到797.5万吨，相较于2016年垃圾清运量增长26.79%。[①]"垃圾围城"带来了环境污染、生存空间被挤压和资源浪费等问题。目前全社会开展生活垃圾分类收集是破解这些问题的举措之一。20世纪末21世纪初，国家多次推动生活垃圾分类收集，还在部分大城市设立生活垃圾分类试点，但是收效甚微。北京作为首都，早在2000年就作为全国首批8个生活垃圾分类收集试点城市，从中心城区开始由政府启动垃圾分类的试点工作。但是实践表明，当行政力量撤出后，居民垃圾分类行为便趋于懈怠，以至于出现资源周期性投入、垃圾运动式分类的现象。因此，回顾过去城市管理部门尝试推行垃圾分类制度的历史，虽然一直受到社会各方关注，包括少数环保类社会组织的倡导等，但是总体来说实施效果并不理想。

2016年12月，习近平总书记在中央财经领导小组第十四次会议上强调要普遍推行垃圾分类制度。由此推动城市垃圾减量化、资源化和无害化处理成为城市治理和精细化管理的重要目标。2017年3月18日，国务院办公厅转发国家发展改革委、住房城乡建设部联合颁布的《生活垃圾分类制度实施方案》（国发办〔2017〕26号）（以下简称《实施方案》），明确指出垃圾分类治理的主要目标是："到2020年底，基本建立垃圾分类相关法律法规和标准体系，形成可复制、可推广的生活垃圾分类模式，在实施生活垃圾强制分类的城市，生活垃圾回收利用率达到35%以上"，也提出要加快建立分类投放、分类收集、分类运输、分类处理的垃圾处理系统，形成以法治为基础、政府推动、全民参与、城乡统筹、因地制宜的垃圾分类制度，并提出"部分范围内先行实施生活垃圾强制分类"，将北京、上海等46个重点城市列为生活垃圾强制分类试点城市。2019年4月26

---

① 数据由笔者依据中国统计出版社出版的2016~2020年《中国统计年鉴》计算所得，http：//www.stats.gov.cn/tjsj/ndsj/。

日，住建部等部门发布通知，在重点城市先行先试的基础上，自2019年起全国地级及以上城市全面启动生活垃圾分类工作，北京、上海、深圳等城市先后出台针对垃圾分类的地方性法规，比《实施方案》规划的时间表提前。

2019年11月27日，北京市人大常委会通过了修正《北京市生活垃圾管理条例》的决定，2020年5月1日施行，条例首次明确单位和个人是生活垃圾分类投放的责任主体，并对个人违规投放垃圾的行为，实行教育和处罚相结合的举措。这也标志着首都垃圾分类正式步入法治化和系统化的阶段。2020年9月25日，该条例再次修正实施，主要是加大违规处罚力度。据此垃圾分类作为"关键小事"，被市区各级政府提上了重要日程。为了避免政府主导下资源投入出现不可持续性的问题，在推动垃圾分类活动中政府越发重视社会力量，推动社会组织广泛参与。早在2017年11月10日，《北京市人民政府办公厅关于加快推进生活垃圾分类工作的意见》（京政办发〔2017〕44号）中明确提出"引导社会力量参与垃圾分类治理，研究出台支持专业化企业和社会组织参与垃圾分类的措施，充分调动社会力量参与垃圾分类治理的积极性"。因此在若干示范社区，引入社会组织加强社区层面的宣传和动员，持续探索开展垃圾分类工作的路径和机制。那么，作为参与主体的社会组织如何推进当前的社区垃圾分类，在这个过程中有着怎样的经验与困境。本报告通过总体情况和典型案例考察，对社会组织参与社区垃圾分类工作的行动策略、经验和问题进行概括和分析，并基于协同共治视角提出若干对策建议。

二 社会组织参与社区垃圾分类的典型案例

新版《北京市生活垃圾管理条例》实施两年以来，为推动社会组织参与，政府相关部门通过召开座谈会等各种形式，号召社会组织设立专项基金、参与购买服务项目等方式和渠道，并在社会组织等级评估等各项管理工作中予以支持，引导和促进各类社会组织更加重视和更广泛地参与垃圾分类工作。在2022年北京冬奥会期间，社会组织发挥专业优势，将垃圾分类宣传和培训活动与国际重大体育赛事相结合，提升居民参与垃圾分类的积极性。如中华环境保护基金会联合东城区城市管理委员会、前门街道办事处开展的"冬奥会2022垃圾要变宝，分类更环保"主题宣传活动，在融入冬奥元素的基础上，通过宣讲、游戏互动与旧物置换等方式吸引居民参与，增强居民对垃圾分类的认知，倡导居民参与垃圾分类。[1] 又如北京市地衣社会工作服务中心进入魏公村北区社区，对垃圾分类志愿者进行专业知识培训，以志愿者带动周边居民参与垃圾分类这件"小事"。[2] 总之，大型基金会扮演着示范引领和资源供给的角色，一线社会组织则主要通过深入社区开展宣传和教育工作，发挥居民动员的作用。

（一）平台型组织的政策与社会倡导

国际上"零废弃"是指对垃圾进行源头减量、重复利用、循环利用，让填埋垃圾减到最少的环保理念。零废弃联盟是由数家关注垃圾减量与分类、环境保护的社会组织于2011年12月10日共同发起成立的联盟性组织，目前该联盟已有35个团体及个人成员，由芜湖生态中心、自然之友、自然大学、宜居广州四家机构共同组成零废弃联盟秘书处。零废弃联盟的愿景是中国实现零废弃，使命是以零废弃理念为原则，通过政策影响、社群联合与发展，推动构建可持续的综合垃圾管理体系，定位是引领者（理念）、支持者（行动）、联结者（人）。[3] 作为联结社会各界针对垃圾管理进行交流合作的平台型组织，近年来零废弃联盟根据不同行动策略发起多项计划。

---

[1]《冬奥会2022垃圾要变宝，分类更环保》，北京市城市管理委员会网站，http://csglw.beijing.gov.cn/zwxx/zwdtxx/mtbd/202201/t20220105_2583009.html，2022年1月5日。

[2]《【第2期】北京市社会组织工作动态》，社会组织众扶平台微信公众号，https://mp.weixin.qq.com/s/cG31-7uAWA9o5mMbUV9X_A，2022年1月13日。

[3]《二〇二一年度总结》，零废弃联盟网站，http://www.lingfeiqi.org/sites/default/files/datadoc/ling_fei_qi_lian_meng_er_0er_yi_nian_du_zong_jie_-dan_ye_dian_zi_yue_lan_ban_.pdf。

一是通过试点项目推动城市社区垃圾分类进程。在北京垃圾分类的实施过程中,零废弃联盟发起了"助力北京垃圾分类项目"。2020年8月至2021年10月,该项目采取资助、培训、举办论坛等方式支持北京社会组织参与社区垃圾分类,项目涉及6家社会组织,覆盖石景山区、海淀区、昌平区、大兴区、东城区等城区,通过典型示范推动北京社区垃圾分类的进展。与此同时,在推动全国城市垃圾分类中,零废弃联盟发起了"壹起分社区计划",联合全国公益组织在各地社区开展垃圾分类工作,增强居民环保意识,推动社区垃圾分类。以2021年为例,全国共有129家壹起分伙伴加入计划,开展垃圾分类宣导、堆肥活动、志愿者培训等多项行动,不仅培养了居民的环保意识,也在行动中直接实现了垃圾减量。此外,零废弃联盟开展牛奶可回收科普与实践项目,吸引公众对垃圾分类的关注。总体上零废弃联盟开展的社区试点项目,积极推动了北京城市生活垃圾分类工作的落地实施,也在更多城市传播了垃圾分类理念。

二是基于废弃物管理举措的实地研究开展政策倡导。零废弃联盟密切关注国家和地方有关垃圾分类等废弃物的政策动态,积极开展调研,提出法律修订和政策建议,先后向国务院、全国人大提交《中华人民共和国固体废物污染环境防治法(修订草案)》的逐条意见和理由;[1] 指出"十三五"规划中存在的缺乏全过程和综合性视角,忽视跨部门协作;征求意见稿的文本存在不规范的地方;未跟上中央的部署要求等诸多问题,并提出相应建议。[2] 此外,还提出关于全面推广酒店禁止免费提供一次性用品的倡议等。[3]

在北京垃圾分类的政策倡导方面,零废弃联盟主要关注政策影响与社区案例的总结。2019年8月,零废弃联盟针对北京市人大代表借助"条例"

---

[1] 《关于全国人大〈中华人民共和国固体废物污染环境防治法(修订草案)〉的逐条意见和理由》,零废弃联盟网站,http://www.lingfeiqi.org/node/51。
[2] 《关于全面推广酒店禁止免费提供一次性用品的倡议》,零废弃联盟网站,http://www.lingfeiqi.org/node/49。
[3] 《不进反退,"十三五"需从垃圾处理彻底迈向垃圾管理》,零废弃联盟网站,http://www.lingfeiqi.org/node/42。

修订工作走进基层征求民意这一机会,提出了《关于加强北京市垃圾分类管理顶层设计的建议》。2019年11月,零废弃联盟在万科基金会的支持下,在北京举办了"《北京市生活垃圾管理条例修正案(草案送审稿)》研讨会",共有60多位专家和居民代表参会,提供来自一线实践者的声音,并就修正案(草案送审稿)提交了建议,包含对垃圾的总量控制、从投放到收运再到处理的全过程建议,涉及政府、小区、居民等多元主体的参与规划及绩效考核。[1] 2021年10月,零废弃联盟针对北京市垃圾分类工作存在的问题,通过北京市政协渠道提出了《关于建立统一标准、提升北京市垃圾分类实效的建议》。[2] 这些举措得到政府相关部门的关注和反馈,有助于相关政策的出台和完善。

三是基于社会组织参与垃圾分类的实践,积极开展案例调研。零废弃联盟与北京泽乡惠众生态环境科学研究院合作,在万科基金会支持下对昌平区兴寿镇开展案例调研,总结出多元主体共治共享的"兴寿模式"。该模式的特点是动员村民参与、政社合作、多元共治;从村庄实际出发,仪式感与精细化并重,建立低成本可持续的收运体系,实现垃圾减量与村庄发展并行。并对此模式在计量体系、激励与奖惩机制、志愿者群体等方面提出了改进建议。[3] 这种案例调研和总结报告的公开发布,给社区与社会组织参与提供经验参照。

四是通过社会倡导提高公众对零废弃理念的认识,推动更多公众参与垃圾分类行动。零废弃联盟于2013年发起零废弃论坛,组织政府、企业、专家学者、社区工作者等众多参与方,针对政策解读、社区垃圾多

---

[1] 《2019零废弃联盟年报》,零废弃联盟网站,http://www.lingfeiqi.org/sites/default/files/datadoc/2019nian_ling_fei_qi_lian_meng_nian_du_bao_gao_.pdf。
[2] 《二〇二一年度总结》,零废弃联盟网站,http://www.lingfeiqi.org/sites/default/files/datadoc/ling_fei_qi_lian_meng_er_0er_yi_nian_du_zong_jie_-dan_ye_dian_zi_yue_lan_ban_.pdf。
[3] 《多元主体共治共享的垃圾分类体系——北京市昌平区的"兴寿模式"》,零废弃联盟网站,http://www.lingfeiqi.org/sites/default/files/datadoc/duo_yuan_zhu_ti_gong_zhi_gong_xiang_de_la_ji_fen_lei_ti_xi_-bei_jing_shi_chang_ping_qu_de_xing_shou_mo_shi_ya_suo_ban_.pdf。

元治理、公众倡导等进行对话。2013~2021年，联盟分别在上海、南京、北京等城市举办9届零废弃论坛，参会人数超过2000人，通过媒体传播产生了较大的影响力。此外，2018~2021年，零废弃联盟还发起4次"零废弃日"全国公益倡导活动，联合100多家组织，覆盖20多个省区市80多个城市，借助媒体的力量对零废弃理念进行全国性传播。[1] 零废弃联盟垃圾分类倡导活动的开展，在更多城市营造了垃圾分类的良好社会环境。

（二）基金会与枢纽型组织协同赋能

北京市全面推动垃圾分类以来，社会组织在垃圾分类治理中的专业性得到了一定的认可，其中不乏基金会与枢纽型组织的关注。在北京市社会组织管理中心指导下，2021年2月3日由北京市社会组织发展服务中心及其运营方北京市协作者社会工作发展中心发起，合作伙伴万科公益基金会出资165万元，启动了"公益1+1"资助行动之绿缘计划，资助社会服务机构参与垃圾分类工作，旨在充分发挥社会组织专业功能，促进首都垃圾分类工作深化，推动可持续社区环境建设。[2] 目前绿缘计划在第一期的基础上，正在启动第二期资助机构的招募和评选，持续推进社会服务机构参与社区垃圾分类工作。

一是枢纽型组织发挥平台作用提供专业支持，赋能社会服务机构的组织发展和能力提升。由北京市社会组织发展服务中心及北京市协作者为接受资助的社会服务机构提供能力建设、监测评估和行动研究等一揽子专业支持计划，保障社会服务机构的项目质量和可持续发展。[3] 除了资金支持外，协作

---

[1] 《二〇二一年度总结》，零废弃联盟网站，http://www.lingfeiqi.org/sites/default/files/datadoc/ling_fei_qi_lian_meng_er_0er_yi_nian_du_zong_jie_-dan_ye_dian_zi_yue_lan_ban_.pdf。
[2] 《北京垃圾分类一周年 公益1+1之绿缘计划支持21家社会组织参与助力》，北青网，https://t.ynet.cn/baijia/30843055.html，2021年5月21日。
[3] 《北京垃圾分类一周年，万科公益基金会在行动》，北青网，https://t.ynet.cn/baijia/30784516.html，2021年5月11日。

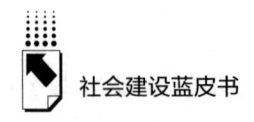

者为入选项目提供多元化的专业支持，包括培训辅导、采访交流、导师督导、项目推广等。① 协作者的支持涉及社会服务机构参与的全过程，为项目的高效高质实施提供了保障。

二是受资助的社会服务机构面向城乡社区开展垃圾分类、垃圾减量、节能节水、社区花园建设等项目。在绿缘计划第一期资助下，2021年5月到2022年3月，共有21家社会组织获得资助，覆盖北京市48个社区，集中开展垃圾分类志愿者队伍培育、空间改造、多方联席会议、垃圾分类打卡、堆肥讲座等不同类型服务超过590次，直接服务近6万人次，培育社区志愿者超过1000人。② 这些社会服务机构走进社区开展各项活动，有力地推动了所在社区垃圾分类工作的开展。

三是社会服务机构在不同类型的场景探索开展垃圾分类工作。如北京市东城区三正社工事务所，在胡同院落开展以零废弃为目标的行动，链接多方资源，根据每个院落具体情况，以居民为行动主体、多方主体协同参与的方式，打造"零废弃"院落。朝阳区启明国风双语幼儿园"零废弃校园"探索项目，在校园内向小朋友教授处理垃圾的方法，培养幼儿建立低碳生活习惯，同时注重园区与家长、社区联动，将零废弃理念传递到幼儿家庭、社区，带动家庭辐射社区。昌平区仁爱社会工作事务所，在大型居民住宅区内探索以"党建引领、多元参与、协商共治"为核心，整合志愿者力量、推动社区家庭参与垃圾分类、议事协商—多方共建的共建共治共享工作机制，推动了社区环境建设与居民环保理念的形成。③ 在不同场景中，这些一线社会组织结合各类社区的现状，挖掘关键群体和整合资源，推动社区垃圾分类工作的落地见效。

---

① 《"公益1+1"之绿缘计划项目征集，百万资金助力可持续社区环境建设》，万科基金会公众号，https：//mp.weixin.qq.com/s/4Qixyz-FZ1v5TnM24p3TxA，2021年4月2日。
② 《案例 | 公益1+1助力"五社联动"，推动社区可持续发展》，公益时报公众号，https：//mp.weixin.qq.com/s/nkyeeT2rvW4hlE2G2BEyWA，2022年4月6日。
③ 《"公益1+1"之绿缘计划："五社联动"推动社区可持续发展》，北京社会建设和民政公众号，https：//mp.weixin.qq.com/s/boJf29ukIWLsyNKZCfShfw，2022年4月20日。

社会组织参与北京社区垃圾分类的现状与对策研究

（三）一线社会组织的社区参与实践

随着新修订条例的出台，环保类社会组织对于社区垃圾分类议题的关注和行动，可以分为先期的试点探索和近年来的政社协同两个阶段，若干扎根一线的社会组织根据组织理念、发展目标和自身能力，探索既契合组织专长也适合社区的垃圾分类行动，从宣传教育、公众倡导、社区参与到大型场域活动等，打造了众多特色社区垃圾分类项目，以下为4个典型案例。

一是持续引领垃圾分类倡导行动，探索大型赛事和活动零废弃的自然之友。20世纪90年代以来，出现了一批关注生态环保议题的民间社会组织，在生物多样性保护等重大议题上产生了广泛影响力。1993年成立的自然之友是中国最早的环保类社会组织之一，主要聚焦公众参与环境保护，目前全国志愿者数量累计超过30000人，月度捐赠人超过4000人。自然之友的行动领域涉及气候变化与低碳发展、公众健康、可持续社区、生物多样性、海洋；行动方式有环境公益诉讼、绿色公民行动支持、政策倡导、环境教育、调查研究、广泛合作；行动区域包括中国与国际。[①] 从最初关注自然生态扩展到城市生态，自然之友注重人与自然的和谐发展，强调塑造"绿色公民"的价值。

早在2009年，自然之友因北京六里屯垃圾焚烧事件开始介入垃圾治理行动。到《北京市生活垃圾管理条例》正式施行以来，在垃圾分类问题上，自然之友已积累了更多的行动经验。自然之友并不仅仅把目光放在社区层面，而是积极探索大型场域的可持续发展，推动越来越多绿色公民的出现与成长。自然之友借助诺路环保组织对大型场域的环境可持续发展进行探索，参与了基于零废弃赛事、零废弃景区、低碳校园、绿色办公等诸多场域的环保方案策划及执行。诺路环保组织在零废弃景区开展"故宫零废弃"导游赋能项目，发动导游群体在故宫内向游客宣传零废弃理念；聚焦校园零废弃，将环保理念深植下一代，提供中小学校园"碳管理"项目式学习计划，

---

① 自然之友网站，http://www.fon.org.cn/action。

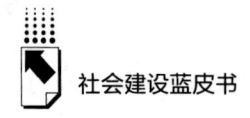

使学生了解碳的原理并找到减碳空间；为捷成绿色办公提供咨询，开展绿色办公行动。① 值得注意的是，自然之友并不限于具体的特色活动，而是注重先锋性、引领性，尤其是环保价值和理念在青少年群体中的传播。

二是将垃圾分类与绿色生活方式相结合，打造"垃圾换有机"特色项目的时尚环保联盟。该组织于2007年形成志愿者团队雏形，并以2008年奥运会为契机，开始关注社区层面的生活垃圾治理问题，基于社区项目开展调研工作，随后于2011年在市民政局注册登记，承接了市区各级各类垃圾分类试点项目工作。该组织的核心理念、宗旨和口号分别为身体力行做环保敬天惜物爱地球、致力于人与自然健康和谐的生活方式、环保让生活更美好，主要关注环保和绿色可持续生活层面。不过，时尚环保联盟10余年的发展并没有实现组织规模的扩大，主要由6名左右的专职人员和300余人的志愿者团队构成。

其中，品牌项目"垃圾换有机"形成了较为成熟的项目运行模式。该项目从源头开始，专注厨余垃圾分类与源头减量；从参与者切身利益出发，整合城市周边的农场生产基地，搭建一个全息健康生态循环产业链促进绿色健康饮食；并参与到北京市政府市级社会建设专项资金支持项目"垃圾换有机 厨余零废弃"。"垃圾换有机"项目，为社区居民在环境治理和食品安全自我行动方面搭建综合服务体系，集社区环境居民自治、食品安全科普宣讲、家庭健康饮食倡导和本地有机食材进社区于一体，致力于食品安全在基层的推广，促进社区居民形成环境治理、食品安全、健康饮食和可持续生活方式，链接生产者与消费者，进入社区开展居民动员。

三是从农村到城市，注重社区垃圾分类的志愿者培训和参与的阿牛公益。阿牛公益成立于2020年5月，倡导人与自然和谐共生，坚持"不是有希望才去做，而是做了才有希望"的理念，从城乡垃圾治理入手，建立自给自足的生态社区（社群），使"零废弃"成为每个人的生活方式，推动政

---

① 《自然之友2021年报》，自然之友网站，http://www.fon.org.cn/Uploads/file/202205 13/627dfa6832c47.pdf。

府、社会、企业多元共治格局的形成,实现绿色可持续发展。阿牛公益成立时间短,组织规模小,主要开展社区动员、培训与倡导工作。

阿牛公益也是少数项目涉及乡镇农村与城市社区两个层面的社会组织,一定程度上示范和推动了城乡垃圾分类工作的均衡发展。首先是在乡村,阿牛公益开展了志愿者跟车活动,入户指导、精准宣传垃圾分类;为兴寿镇卫生院开展垃圾分类培训;参与辛庄垃圾分类年庆;在兴寿镇秦城家园开展垃圾分类知识宣传活动等。其次是在城市社区,阿牛公益参与海淀社区多元参与垃圾分类项目,在社区内开展宣传和志愿者与保洁员培训等活动。此外,阿牛公益撰写了《农村垃圾分类"兴寿模式"》《欧洲可持续厨余考察之旅:西班牙分散式堆肥的工具和方法》,为垃圾分类在更多地区推广积攒经验。[1] 阿牛公益组织的成立几乎与北京推进社区垃圾分类同步,并实现了与市城管委等职能部门的联动,快速成长为首都社会组织中聚焦垃圾分类议题的重要力量。

四是扎根胡同社区,注重居民参与和社工的联动,打造零废弃院落的三正社工事务所。该社工事务所成立于2018年9月,主要提供专业社会工作服务以及社会工作人才开发服务,机构使命是扎根前门辐射东城,协助街道开展众多社工队伍建设、社会组织培育项目,助力基层社会治理创新实践。[2] 随着垃圾分类成为首都基层治理中的重要工作之一,三正社工也积极参与该项工作。

由于三正社工深耕前门街道开展社区工作,有较强的专业能力与广泛的群众基础,因此获得绿缘计划的支持开展社区垃圾分类工作。在前门街道建设"零废弃"院落中,三正社工首先组建居民与社工的环保先锋组织,带动居民了解零废弃循环理念;然后发动居民参与垃圾分类,进行日常零废弃实践,举办园艺工作坊活动再利用家中常见废旧物品,和居民一起学习

---

[1] 《机构动态 | 阿牛公益2020年中回顾》,北京阿牛公益公众号,https://mp.weixin.qq.com/s/z757Yj50F1lG_YPq8ia1Nw,2020年11月4日。
[2] 《走过三年,感恩有你……》,三正社工公众号,https://mp.weixin.qq.com/s/rJKvH_vqin7_Cf61cLb0Vw,2021年8月28日。

"波卡西"堆肥法循环利用厨余垃圾；最后链接多方资源，根据院落居民生活习惯，进行独特环保设计，建成"零废循环"院落。① 整个行动过程经历了认知、参与到赋能，真正从改善居民生活环境出发，不仅增强了居民的环保意识，也提高了居民参与社区环境治理的积极性。

三 社会组织参与的启示与问题

（一）经验与启示

两年多来，政府在资金、政策、机制建设等方面的推动，基金会、平台型社会组织等的支持，社会服务机构等一线社会组织的积极参与，社会组织参与社区垃圾分类大体上已经形成若干相对成熟、固定的项目模式。作为推动社区垃圾分类体系的主体之一，社会组织相对于政府部门和物业企业等主体，在居民参与和自下而上的社会动员方面有着相对优势，为全社会参与的垃圾分类体系建设提供了可能性。其优势主要体现在以下几方面。

一是在治理层面，垃圾分类是基层社会治理中的重要一环，社会组织是基层社会治理体系中的组成部分，社会组织的参与也是完善基层治理体系和提升治理能力的重要手段和方式。作为国家与市场之外的第三部门，社会组织可弥补自上而下的行政治理体系中的灵活性不足，贴近居民的实际需求，发挥社会组织专业性，丰富社会力量参与的形式与手段，促进居民广泛参与社区自治，完善自下而上的基层治理体系，探索政府、市场、社会各方主体之间的协同共治。

二是在政策与社会倡导层面，社会组织对于政策的完善和落地、社会共识的达成都有着重要作用。尤其是若干环保类社会组织作为长期关注垃圾分类等生态环保类议题的组织，通过搭建平台，对政策的解读、宣传及落地吸

---

① 《分享交流丨前门草厂：胡同小院居民过上"零废循环"环保生活》，三正社工公众号，https://mp.weixin.qq.com/s/NV8YP53PXPoyhMkvCsaURA，2022年3月30日。

引媒体与社会各界的关注，能够促进社会各界形成合力，推动垃圾分类深度融入环境治理和生态文明建设的大局。

三是在社会参与层面，社会组织与企业合作，撬动社会资源，促成多元主体全面参与的格局。如与物业企业、社区周边商铺等的合作，不仅能近距离与居民互动，而且能调动社会资源，发挥不同主体的优势，营造良好的社区环境。总之，社会组织的多方合作放大了行动力量。尤其是枢纽型社会组织作为交流、合作与行动的平台，不断连接和支持关注垃圾减量与分类的行动者，通过各项行动计划，整合各方力量形成合力，整体上增强了行动效果。

最后，在"五社联动"背景下社区垃圾分类的推动迎来新契机。社区既作为基层行政事务的治理单元，也是居民日常生活的共同体单元。在治理重心下移的过程中，社会公益慈善资源提供资金支持，资助社会组织培育和组织社区志愿者队伍参与社区垃圾分类工作，充分挖掘和调动社区、社区社会组织、社区志愿者和社会工作者的资源和作用，带动社区居民参与垃圾分类，这种多元主体协同推动社区可持续发展，响应了"五社联动"的政策推动，加强了社区垃圾分类工作各个环节之间的系统性和协同性。

（二）存在的问题

尽管如此，社会组织参与尚未形成持续性的影响力带来大规模社区居民认知行为的改变，陷入项目制运作与难以持续见效的困境。这种困境表现为社区参与的诸多项目或模式相对成熟，并且曾在若干社区中推行，但是只有少数社区可以较为持续和稳定地实行。尤其是在居民层面，在由基层政府主导的运动式动员模式下，当街道与社区居委会没有持续表现出对社区和家庭生活垃圾分类的长期重视，撤桶并站和定时投放等措施未能持续和完全推进，或者缺少社区志愿组织和积极分子的监督和行为示范时，居民也会随之缺少持续参与垃圾分类的动力。最终使得项目产生的影响力较弱，形成项目模式相对成熟但尚未完全形成内生动力的局面。

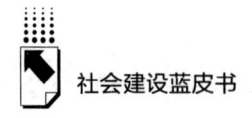

一方面是社会组织参与的空间仍然有限。在政府垃圾分类政策制定和实施方面，还未能建立政府职能部门与基层居民、社会组织之间有效的沟通反馈机制。目前对于垃圾分类政策的推行以基础设施建设为主，如社区垃圾桶站建设、中端和后端的垃圾清运和处理等。虽然从新修订条例实施的角度，垃圾分类进入"强制时代"，但是由于执法成本过高，无论是企事业单位还是居民个人，有些监管中的处罚措施难以落实，难以全面有效覆盖，因此大多仍然以倡导与正向激励为主。同时社会组织的角色也缺乏强制力，在项目实施过程中以宣教和倡导为主，在社区层面如何实现前端垃圾分类，缺乏强有力且可执行可操作的制度与政策保障，目前垃圾分类项目效果仅依赖于社区自治程度与居民自觉性。因此政府在推动社会组织参与方面，也缺少相应的政策工具，未能建立起社会组织全面参与的体制机制。

另一方面是社会组织自身能力存在不足。首先是社会组织在人才和资源等方面存在不稳定性。近年来，因为新冠肺炎疫情的影响，社会组织机构内部因为资源获取受限，存在严重的人员流失现象，造成项目运行管理上的人力资源短缺。因此也影响了项目实施过程中的人员配置、任务分工、组织协调、监测评估等环节，由此使得社会组织的专业性难以有效体现。此外，社会组织与各级政府的合作是获取资源的重要渠道，但无论是其与区县还是街乡社区的合作能力都有待提升。这些能力的欠缺也限制了社会组织自身的发展和持续参与。

四 扩大社会组织参与的对策思考

在垃圾分类体系社会参与机制的构建中，起点是扩大居民参与和进行社会动员，最终目标是居民环境认知和分类行为的改变。这两个层面的推动都具有很大的挑战性，也是垃圾源头治理体系中亟须破解的难题。通过案例研究发现，在垃圾分类的动员和参与中各方可以充分利用社会组织的"社会性"特征，在社区居民动员和社会倡导等层面发挥积极作用。因此，也有待进一步扩大社会组织参与的空间。

首先是各级政府增加推动社会组织参与社区垃圾分类的政策工具。目前政府对于社会组织参与垃圾分类的政策引导主要体现在宏观倡导层面，但是在资金、人员和能力建设等方面的具体支持政策较少。如前所述，社区垃圾分类是基层社会治理和社区环境整治的组成部分，在行政、市场与社会机制等不同层面，都需要地方政府给予政策、项目或资金方面的支持。在这个意义上，推动社会组织参与垃圾分类政策的可操作化，是扩大社会组织参与的重要保障，也是建立和完善全社会参与垃圾分类体系的基础。

其次是社区层面推进社区社会组织的发展和增强居民参与的内生动力。在社会组织参与社区垃圾分类动员过程中，居民参与的志愿者队伍、社区社会组织，作为外来社会组织与居民之间的中介力量，因为其与居民之间更加直接和相对紧密的联系，从而能够更好地发挥能动性和影响力，将外来社会组织的意图加以传递，有助于项目在社区落地和实施。同时，也能够利用其在地优势，对居民持续参与垃圾分类发挥重要作用。

再次是枢纽型社会组织参与的政策与社会倡导，营造全社会参与垃圾分类的良好环境。市区各级枢纽型社会组织应积极搭建政府、企业、社会、居民多方沟通对话平台，发挥专业社会工作人才的优势，充分运用社会工作倡导的技巧与方法，开展更大范围的政策和社会倡导。居民作为参与垃圾分类行为的主体，宣传教育和动员是推进居民准确实施垃圾分类的前提。但是如果没有宏观政策与社会环境，以及完整的闭环垃圾分类、清运和处理体系，实际上无助于形成全民参与的社会氛围。

最后是社会组织自身的能力建设。社会组织筹资渠道的多元化是部分解决目前资源和人才困境的重要路径之一，但更重要的是通过政府主管部门和社会组织协同，进一步加强关注垃圾分类议题社会组织的能力建设，既包括社会组织推动社区垃圾分类的技巧和方式，也需要推动与基层政府、基金会、企业等社会主体更广泛的合作，获取更多资源和支持，协同推动社区垃圾分类行动。

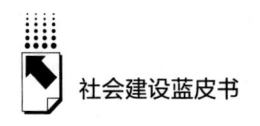

参考文献

陈毅、张京唐：《探寻社区常规化治理之道：三种运行逻辑的比较——以上海垃圾分类治理为例》，《华中科技大学学报》（社会科学版）2021年第4期。

高丽：《行动者与空间生产：社会组织参与城市社区绿色治理何以可能——以W组织为例》，《社会工作与管理》2019年第3期。

李健、李春艳：《政策介入、社区类型与社会组织行动策略——基于上海爱芬环保参与社区垃圾分类案例的历时观察》，《上海大学学报》（社会科学版）2021年第5期。

刘建军、李小雨：《城市的风度：城市生活垃圾分类治理与社区善治——以上海市爱建居民区为例》，《河南社会科学》2019年第1期。

易承志、张开羽：《当代中国环境治理中的网络式协同及其优化——以"零盟"为例》，《社会科学》2019年第3期。

B.16
培育社区社会组织：专业社工机构参与老旧小区改造的个案研究[*]

韩秀记 崔美玲[**]

摘　要： 改造老旧小区，改善居住环境，提升生活质量，成为近年来各级政府工作的重点，也是社区治理和社区服务的重要内容。本文以通州区 B 社区推进老旧小区综合整治改造为例，研究发现通过引入专业社会工作机构培育社区社会组织，指导、培育和支持社区社会组织参与社区综合整治实践，开展组织建构、居民动员、政策宣传、方案共定、议事监督、平台搭建等事宜，有效统一了居民诉求，传递了政策效果，加快了改造工作的顺利高效实施。这在基层社会治理方面产生了具有借鉴意义的推广示范价值。

关键词： 老旧小区改造　专业社会工作机构　社区社会组织

自 2014 年习近平总书记提出全面疏解非首都功能、加快推进北京城市副中心建设以来，北京市通州区各项建设加速进入快车道，以满足人民群众对美好生活的向往为出发点，"一年一个节点，每年都有新变化"，其中在基层社会治理和民生服务领域，推出一系列惠民生、促治理的举措，使城市副中心在城市风貌、人居环境、治理实践、功能实现等方面实现了很大的跃

---

[*] 项目信息：本文是北京市社会科学基金研究基地项目"北京城市副中心基层社会治理创新研究"（项目编号：19JDSRB004）的阶段性成果之一。
[**] 韩秀记，社会学博士，北京工业大学文法学部副教授，北京社会管理研究基地研究人员，主要研究方向为社区治理；崔美玲，北京工业大学社会工作硕士，主要研究方向为社区工作。

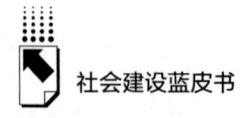

升。本文以通州区中仓街道白将军社区（以下简称 B 社区）深入实施老城双修、推进老旧小区综合整治改造为例，研究发现通过引入专业社会工作机构（北京市众合社会工作事务所，以下简称"众合社工"）培育社区社会组织，指导、培育和支持社区社会组织参与社区综合整治实践，开展组织建构、居民动员、政策宣传、方案共定、议事监督、平台搭建等事宜，有效统一了居民诉求，传递了政策效果，加快了改造工作的顺利高效实施。

一 问题的提出

随着城市化的快速推进，新城区不断生成和崛起，老城区却在某种程度上走向衰落。如何综合整治和改造老旧小区，复兴老城区，打造居住舒适、生活便利、环境优美、整洁有序、邻里和谐、守望相助的美丽家园，成为社区治理和社区服务的重要内容。近年来，北京城市副中心非常重视老旧小区综合整治和改造。2018 年，通州区制定完成老旧小区综合整治三年行动计划和《老城区城市双修和更新实施方案》，并将老旧小区综合整治工作纳入城市双修工作中，超越过去的单项改造方式，统筹开展各项改造提升工程，加速推进老旧小区综合整治。2020 年以来，通州区更是直接将老旧小区改造纳入区政府年度重要民生实事项目中，牵总落实。

1. 政府直接参与老旧小区改造的居民动员和组织工作，面临很多挑战

老旧小区改造涉及面广，牵一发而动全身，尽管通州区的改造工作取得了很大的成绩，但是从理论上看，也暴露出一些深层次问题。老旧小区改造作为党和政府推进的一项改善居民居住条件、美化社区环境、提升社区服务品质的民生工程，其发起方和出资方是政府及其相关部门，组织方是包括街道属地和城区化乡镇在内的基层政府，协调方是社区管理者和物业管理者，需求方和参与方是小区居民。在践行"以人民为中心"的发展理念，满足人民群众对美好生活的向往的价值引领下，政府（包括各级政府及其部门）与社区居民之间建立了精细化服务供给与精准化需求满足的合作关系。如何更好地提供服务和满足居民需求，很大程度上取决于居民如何组织和形成对

培育社区社会组织：专业社工机构参与老旧小区改造的个案研究

小区综合改造方案的统一性认识。换言之，社区居民的组织化参与，进而达成共识性需求，是老旧小区改造面临的最大难题和障碍。一次成功的老旧小区改造，可以说是一次社区居民的集体行动。不过，新公共管理理论的普遍共识是，若政府直接提供社会服务，其官僚行动逻辑会造成效率低下、成本高昂等"政府失灵"的问题。实际上，社区居委会还面临行政化工作占用、12345热线居民投诉问题解决、精力和能力不足等"内卷性"问题在协调和发动居民时捉襟见肘。同时，很多老旧小区没有物业服务公司，缺乏物业组织和管理主体。显然，如何协调和统一居民需求，确保政府提供的小区改造资源更好满足或照顾社区各类人群的利益与诉求，就变成一个专业性的问题，需要科学规范的专业路径和方法来解决。

2. 某种程度上，单纯的专业化介入并不能取得预想的效果

自2006年提出社会主义和谐社会，加快社会建设，到2013年党中央提出"国家治理体系与治理能力现代化"的总目标，再到党的十九大提出"共建共治共享的社会治理格局"，无论是过去的社会管理，还是今天的社会治理，都强调包括专业性社会工作机构在内的社会组织要成为党委领导、政府负责下社会治理体制和实施格局的社会协同力量。在基层社会，政府通过向社会组织购买服务、吹哨报到、接诉即办等多样化方式，通过"三社联动""五社联动"等工作机制，引导广大社会工作机构参与基层社会治理和社区服务，试图通过专业化力量和方法的介入来强化基层秩序与稳定，更好地满足广大社区居民的多样化、类型性诉求。不过，很多研究却表明，尽管专业服务进社区对社区居民和基层稳定发挥了重要的积极作用，但也面临机构"目标置换""行政化侵入""专业化程度""外来机构本地融入难"等难题和症结，影响了专业服务效果。

3. 通过构建新的实施路径，整合多主体发挥功能，可以缓解专业介入不足和政府干预过度的问题

在总结经验和借鉴理论之后，通州区中仓街道创新性提出了第三条路径（见图1），试图解决老旧小区改造动员难、组织难、共识难、精准服务难的问题。它将专业社工机构提供的协同支撑与社区社会组织培育结合起来，在

需求与供给的组织联络上，形成政府和社区管理主体—社工机构—社区社会组织—居民的主体传递路径，从根本上解决老旧小区改造中的组织动员问题。路径三通过专业服务机构与社区本地化组织力量的整合，形成专业服务与本地组织的双重优势，在社区居民与政府之间搭建起公共服务需求与供给的桥梁，显然，新的实践关系解决了政府直接动员和组织居民（路径一）带来的高成本和大阻力问题，降低了社区居民对科层制运行所出现的公权力的不信任程度；同时它也超越了路径二中通过引进外部专业社工机构带来的融入难、服务关系建立难等问题。

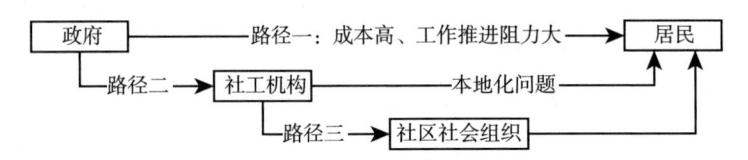

图 1　老旧小区改造的不同实施路径分析

借助社工机构的专业介入，搭建社区伙伴关系，在当地社区打造和培养一支专门从事老旧小区改造动员和组织的社区社会组织，并对该社区社会组织持续增能，充分发挥其作用。在这过程中，社区社会组织的角色是辅助者、联络者以及中间人，是社区居委会、施工方与居民之间的桥梁。其征集民意、沟通民意、反馈民意、安抚民意，将各类改造需求传达给居委会和施工方，降低交流成本，缓和改造中施工方与住户间的关系。这改变了以往社区社会组织"小散乱""娱乐化取向"等面貌，实现"授人以渔"式的专业支撑与"群众贴心人"式本地化群众基础的深度绑定和融合。

二　案例社区面临的问题与社会工作机构的介入优势

（一）小区基本情况和工作中的困境

B 社区隶属通州区中仓街道，地处通州主城区中心位置，属于典型的老旧小区；人口构成多样化，以汉族、回族为主，居住人口以老年人和老街坊为主，绝大多数为当地户籍常住人口，外来租户仅占小区人口的20%左右，老人比重大；辖区社会服务资源相对丰富，其中，包括3家辖区单位（均为机关事业单位），38家门店，1个小型农贸市场，1个全民健身运动场。

2019年，B社区启动综合整治改造工程，老旧小区改造内容涉及上下水、外墙保温、公共空间、停车位、门禁系统、综合环境等方面，其中既有规定项目，也有自选项目。对此，居民们普遍持欢迎态度，不过大部分居民不认可现有改造方案，认为政府推出的改造规划和方案没有充分满足居民需求，而居民又无法提出建议，只能被动接受。政社双方缺乏对话沟通机制，导致B社区多户多人拨打12345热线进行投诉，属地基层政府与居民形成严重的不信任与对立关系。根据政策规定，只有小区全部业主或产权单位同意后，改造工程才能正式展开。有居民不同意改造的话，改造工程就不能实施，政府等不能强迫居民参与改造或签订改造协议。于是，B社区的老旧小区改造项目一时陷入停滞。

（二）众合社工机构培育社区社会组织的优势分析

1. 社工机构总体实力比较强

面对上述困境，北京市众合社会工作事务所通过承接政府购买社会服务项目的方式进入B社区。众合社工成立于2014年，是通州区发展较早且较好的一家民办社工机构。2016年被北京市社工委评为先进基层党组织；2016年获北京志愿服务项目大赛金奖；2017年在寻找首都最美社工活动中获得"优秀社工团队"称号；2017年被评为北京市社会工作事务所规范化建设试点；2018年被北京市民政局评为3A级社会组织。机构现有全职工作人员12人，其中，机构主任为中级社工师，社会政策博士在读，副主任获社会工作硕士学位，为中级社工师；一线社工9人，机构人员全部为大专或本科及以上学历，大多数人具有社会工作专业背景或社会工作多年从业经历。

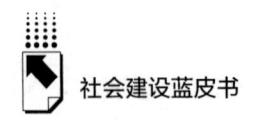

2. 社工机构具有丰富的社会服务和动员经验

众合社工机构曾开展过大量社区社会组织培育孵化、社区服务和治理、公益创投等项目。代表性项目有2017年阶梯计划"京津冀社会工作人才培养项目"、"通州区社会组织社会化发展运营孵化项目",2018年"通州区社会组织社会化发展运营孵化项目",2019年微力量"天桥湾社区自治模式探索项目"、"中仓街道2019年便民服务项目"等。

众合社工机构在社区动员和社区社会组织培养方面,具有丰富的成功经验。比如其承接的"L镇小巷管家志愿服务队"培育项目,通过对辖区问题进行精准分析,从社区居民动员入手,将社区志愿者骨干培育转化为"小巷管家",建立制度化的培育和运行机制,充分发挥"小巷管家"在社区问题曝光与反馈、社区文化和文明塑造、垃圾分类管理、城市管理秩序监督等方面的积极作用。

3. 属地政府的强烈需求也是社工机构介入的支撑性优势

改造工作一时陷入停顿后,中仓街道办事处便与社区居民进行交流和沟通。基层政府意识到问题的根源就是居民诉求如何被满足或疏通,差异化的需求如何统一,进而变得具有可操作性;解决问题的症结在于让原子化的社区居民进行组织化表达,避免"各说各话",这样也就使社区居民的需求具有了集体属性而成为政府服务的对象。如何使社区居民再组织化,显然不是传统政治动员或行政动员所能解决的。在这种情况下,属地政府准备通过向专业力量购买社会服务的方式,利用区级资金引入第三方专业组织,开展社区动员,通过第三方的专业力量和服务,培育社区社会组织,实现社区居民面对老旧小区改造项目时的再组织化。从最后的结果来看,专业社工机构的介入,不仅培育了一支社区社会组织队伍,还改善了政社关系。

三 社工机构参与B社区老旧小区改造的实务干预分析

众合社工机构进入社区后,率先开展了社区居民的需求分析,确定实施方案，根据问题表现，培育和建立"6组1队"社区社会组织，实现社区需求的组织化表达和工作开展的组织化保障，并通过协商议事的方式不断对社区社会组织进行增能建设，提高其专业认识水平和实践工作能力，最终建立起专业社工机构与社区社会组织的伙伴关系。

1. 进入社区，开展社区问题调研

众合社工机构的社工们在完成社区走访后，通过问卷调查和小区改造议事会座谈，收集居民诉求和难题。社工们分析梳理后，发现社区改造存在以下几点问题。

第一，居民参与积极性整体较低。众合社工机构的社工们发现，小区改造事宜刚启动的时候，政府相关部门和社区居委会的工作人员，曾开展过入户调查，并且积极宣传成功案例来鼓励社区居民接受改造，但总体来看，B社区居民参与情况并不乐观，只有少数居民和社区骨干表现得较为积极。调研发现，近一半的居民参与意愿并不强烈，对本小区改造内容以及方式并不关心，有些人认为，老旧小区改造，是由政府出资推动的，理应由政府负责，居民无法提出建议也没有权力提出建议，只能被动接受改造。同时，B社区作为老旧小区，小区内居民以老年人为主，还有少数以打工谋生的外来租户，两类群体在收入水平以及结构方面的差异化使得居民需求不一致，外来租户并不关心小区改造。

第二，居民参与主体间缺少交流表达。调研发现，居民们就改造问题较少进行沟通交流，各说各话，各有打算。以改造工程中的楼宇上下水改造为例，居民们并无统一的标准和诉求，有居民要求高额补偿，还有居民则因个人家中装修、工作时间不便等，坚决不同意改造。进入社区的社工们通过与居民交谈，发现有居民直接与街道办负责科室进行交涉，态度较为强硬，要求高额补偿。对此，社区居委会、施工方等则从居民情感、技术答疑等角度进行沟通，而非提供利益满足。在这种情况下，仍有求利居民不同意实施改造，这导致上下水改造无法实施（实施改造需要全体居民同意），反过来又造成其他要求实施上下水改造的居民产生不满。同意实施改造的居民并不是与立场对立的居民进行沟通交流，达成共识，而是直接拨打12345市民热线进行投诉,要求政府务必实施上下水改造。事实上,北京市其他老旧小区,往往会通过召开居民会议的方式使居民就小区改造问题进行充分沟通与交流,以增加改造同意率,但在B社区,这种各类主体间的改造动员和交流反馈会因种种原因并未召开,加之居民们原本缺乏沟通,也就造成改造工程启动后的工作停摆——居民们难以达成统一的诉求和标准。

第三,居民参与缺少意见整合平台。通过对居民以及社区居委会工作人员的调研,众合社工机构的社工们发现B社区对改造工程缺乏有效的互动反馈机制,绝大部分居民只是简单流程式地参与小区改造的前期调研,对改造规划和具体方案决策等相关内容几乎不参与。具体来说,大部分居民只是签署B社区改造同意协议书,之后便很少参与其他实施环节,少数居民的提议也难以及时得到回应——居民并不清楚"向谁提问、怎么提问、提问结果如何"。居民的认知通常来自其他不明细理的居民,既不准确也不全面。以楼房更换窗户为例,施工过程中B社区二号楼部分居民反映原来自家窗户是4开窗,改造后只能有2开窗,要求增加开窗数量,增加阳台东、西两侧的开窗,以便清理窗户。但居民多是各自寻找施工方或者居委会反映自己的诉求,并未引起足够的重视。诉求得不到解决后,不满的居民便会拨打12345市民热线进行投诉。市民热线投诉后的解决办法就是给投诉的居民增加开窗数量,反过来又激起其他已经完成施工的居民提出新的诉求——在给投诉居民增加开窗数量后,其他居民也相应要求增加开窗数量。这导致施工方重复施工,降低施工效率。

2.确定专业服务和介入目标

众合社工机构的社工们基于对社区问题的分析和症结的认识,集体研讨后认为要以老旧小区改造为介入契机,在B社区培育和建立一支社区社会组织,推动老旧小区改造工程的顺利进行。具体目标有三。

第一,培育一支社区社会组织,协助和推动老旧小区改造工程顺利进行。具体而言,针对B社区老旧小区改造中出现的问题以及需求进行有效评估,搭建B社区社会组织架构,明确社区社会组织的功能,完善社区社会组织内部人员分工,对成员开展志愿服务精神、活动开展技巧、交流沟通技巧等培训,引导社区社会组织成员参加社区志愿服务,提高社区社会组织成员服务社区居民以及本社区的意识。

第二,对社区社会组织的骨干成员进行赋能培训。根据社区出现的问题以及社区居民的需求,众合社工机构提供专业支持,对社区骨干进行培训,提高社区骨干对社区事务的管理能力和服务能力。

第三,通过搭建多元主体协商平台,助力社区社会组织的作用发挥。为促进社区居民参与社区实务,众合社工以社区协商平台为载体,内化形成老旧小区各主体"多元协同"回应居民需求的"惯习",也从原来的小区改造逐渐向相邻领域扩展、延伸,实现"多元协同"协商式服务从小区改造到其他治理工作的完美转移。

3.制订社区社会组织培育方案

众合社工机构制订了在B社区开展社区社会组织培育工作的实施方案。B社区老旧小区改造培育社区社会组织的实施方案主要由团队成员共同讨论框架,由该项目负责人进行撰写。在撰写实施方案过程中,由该项目成员共同讨论可行性以及实施中可能出现的风险隐患并进行修改,确定最终的实施方案。当遇到问题时则由社工专业督导予以指导,以保证质量。

最终确定的培育方案,计划在B社区培育"6组1队"社区社会组织来参与辖区老旧小区改造。"6组1队"社区社会组织以"居民自治,共建家园"为宗旨,协调改造施工方与业主关系,挖掘并反馈居民改造需求,监督劝导不文明、不安全施工行为,维护广大业主利益,促进小区改造工作稳步推进。

要培育的"6组1队"社区社会组织具体包括通知宣传组、意见征集组、秩序引导组、矛盾调解组、文明施工组、质量监督组以及志愿服务队。具体职能分工如下。

(1)通知宣传组

通过上门走访、张贴海报和单页问卷发放、宣传活动策划等形式落实相关宣传工作。改造开始前将改造的施工日期、本小区改造内容细则、改造注意事项、进度安排等信息进行宣传告知;改造中随时公示、通知改造进度及

突发状况应对措施；改造结束后总结改造工作成果及经验教训，并宣传分享。

（2）意见征集组

在改造工作的全期，通过电话、微信、问卷等形式，协助各工作小组征集居民对改造工作的意见，并分类整理提交给相关工作小组（主要针对容易引发争议的改造热点）。

（3）秩序引导组

结合意见征集组工作，针对部分容易引发争议的改造热点问题（民需相关）拟定管理办法和应对措施，并提交居委会工作组。经居委会工作组批复的改造热点管理办法由秩序引导组贯彻落实（讲解、告知、劝导）。

（4）矛盾调解组

居委会工作组将针对改造热点问题（民需相关）为矛盾调解组进行定期培训，授予矛盾调解组就相应问题解释、说明、调解的权力。矛盾调解组可在改造过程中，就培训范围内的改造热点问题落实矛盾调解工作。针对培训范围外的改造相关矛盾和无法调解的矛盾，矛盾调解组应及时上报居委会工作组。

（5）文明施工组

坚持"文明施工、安全施工"原则，日常巡查、收集施工方安全施工情况并及时上报居委会工作组。巡查中遇到不文明、不安全施工行为可及时适当提醒，并将反馈结果记录上报。

（6）质量监督组

日常巡查、了解施工情况，主要从实际体验的角度监督施工质量。收集居民针对施工质量的主观反馈，结合自身了解到的施工质量情况，整理分类并经过居委会批复后向相关施工部门询问了解，督促落实。

（7）志愿服务队

由居民代表、众合社工机构的社工等组成志愿服务队，为B社区居民、施工方等营造一个"有温度"的小区。结合实际施工情况，为各类主体提供包括但不限于"防暑降温""后勤物资配送""暖心福利策划"等一系列志愿支持服务。

4. 做好社区社会组织的支持保障工作

对社区社会组织长效发展来说，资源和自我输血能力是社区社会组织不断发展的重要保障。对此，众合社工机构积极协调，做好资源支持工作，保障"6组1队"作用发挥。第一，政府资源输入，利用社区发展基金为社区社会组织配备基本的活动设施和设备，使"6组1队"在开展活动中具备基础性条件。第二，社工机构提供治理资源支持，组织"6组1队"成员参加沟通技巧培训、居民参与社区治理方法培训等理论培训活动，为"6组1队"参与B社区改造提供支持；组织每周协商议事会的开展，并对组织成员在参与小区改造过程中的问题给予解答和提供帮助。第三，社区居委会提供治理资源支持，在"6组1队"参与小区改造过程中，社区居委会对接施工方等第三方，并从中协调和监督第三方解决问题。社区居委会梳理协调政府、施工方、社区社会组织的工作，整理改造资料以及改造宣传等工作，协助培育孵化"6组1队"社区社会组织，并引导其发挥社区社会组织的优势和作用，配合其他工作组推进小区改造工作。

5. 建立协商周例会制度，发挥社区社会组织的平台功能

众合社工机构建立B社区老旧小区改造工作协商周例会制度，每周日召集各方沟通交流，协商解决存在的问题。"6组1队"社区社会组织在每周日的协商议事会上将收集到的需求和问题，反馈给各方，通过协商议事的方式与社区居民、施工方集体沟通，将需求和问题与各方对接。通过前期的宣传，B社区居民遇到问题时能够第一时间找到"6组1队"成员，将问题进行反馈。施工方等面对难以做通工作的居民也将交给"6组1队"成员，力争让居民同意施工工作。

6. 向"6组1队"社区社会组织赋权增能

社会工作者在开展服务过程中应尽可能地创造条件使服务对象能够自立或自我发展。对此，众合社工机构借助协商周例会，对"6组1队"社区社会组织成员赋权增能，举办定期培训活动，提升"6组1队"社区社会组织服务技能，开展沟通技巧、协商议事、领导力、需求识别等相关培训，提高

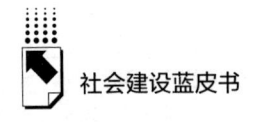

组织成员沟通能力和引导居民参与能力。

总结来看，众合社工机构的社工们在培育"6组1队"社区社会组织过程中主要担任了组织者、资源筹措者、支持者等角色。其中，社会工作者作为组织者，挖掘社区骨干，招募团队成员，组织居民成立社区社会组织；作为资源链接者，通过链接资源，协调资金支持；作为支持者，对"6组1队"社区社会组织成员赋权增能，在常规的培训中，根据社区社会参与老旧小区改造提出针对性建议，对组织成员在参与过程中遇到的问题积极指导，与社区社会组织成员共同商讨问题。

四 专业社工机构参与带来的积极变化和影响

在多元主体参与社区治理的背景下，社会工作者经过实地调研并整合问题，从居民需求出发，链接所需资源，根据B社区的问题开展社区服务，对社区社会组织进行专业培训，使小区改造不再是政府单方面的事务，居民参与社区治理的意识逐渐提升，社区治理能力显著提高，显著改变了社区。

1. "6组1队"社区社会组织在改造动员中发挥关键作用

"6组1队"的动员和组织，提升了社区居民参与的积极性。在未培育"6组1队"社区社会组织之前，政府部门主导B社区改造工作，社区居委会没有重视居民的参与，居民意识仍停留在社区要为我服务的层面，处于一种被动状态，在小区改造中没有发言权。通过培育和培训，"6组1队"社区社会组织参与主动性增强，服务意识也有所提高，主动向专业力量学习，寻求资源，增强自身工作能力。通过"6组1队"的带动，居民参与率达到90%，社区主人翁意识明显增强。

通过"6组1队"的组织运行，需求反馈、邻里沟通、监督监察等，为广大社区居民提供了参与平台。该组织成功推进B社区改造，其中，及时反映上下水管道、窗户安装朝向、便民扶手等居民诉求和建议共计600余条，协助宣传引导1800余次。这也为整个社区走向协商共治提供了很好的组织基础。

2. 社会工作机构和人员的专业价值在基层社会治理中发挥价值引领、组织培育、工作支撑作用

众合社工机构在培育"6组1队"期间，与B社区居委会建立了良好的协同合作关系，其专业价值获得B社区的高度认可。同时，社区居委会也越发重视社区居民的作用，逐渐转变社区治理的理念，意识到在社区治理中，居民是社区治理的主体，应发挥居民的主体作用。众合社工机构通过"干中学、学中干"的培训方式，使社区居民认识到自己作为社区的主体，应该做到"我要做"，强化居民的主体价值自我认知，增强主体参与自信。

五 结论与建议

在多元参与、协商共治的基层社会治理实践中，如何将专业力量与居民主体的作用充分发挥出来，既能不断提升社会治理和社会服务的专业化水平，又能推动社区居民实现真正的主体参与，这对参与基层治理和社区服务的各类行动主体都提出了严峻考验。对于政府而言，要不断加强法治政府建设，强化政府的行为规范与责任边界，要从一个大包大揽的全能型政府走向一个权责统一、职责明确的小而有为的政府，基层工作重心转向城市管理、社会治理和公共服务。对于社工机构这类社会性力量，则要借助多元化的资源供给和专业化的服务供给，实现社会治理的专业性参与，充分发挥"社会协同"的支持性功能。通过培育和发展社区社会组织，引导其在社区治理和社区服务中发挥具体作用，这不仅是社区自治的重要内容，也是实现社区问题解决和需求满足的关键环节，社区社会组织是当前社区原子化背景下的社区再组织，是对自由竞争市场带来弊端的有效回击。概括起来，面对当前社区治理和社区服务的困局，破解之道就在于实施社区协商共治。理性高效的协商共治离不开原本最薄弱的社区主体力量，包括社区社会组织和广大居民的参与和发挥作用。而这也是当前推动社区组织力量不断发育、开展社区实践教育、促进社区发挥自主性和主体性功能的最有效思路和途径，进而在社区共治实践中不断推动社区自治发展，重构社会运行和社会秩序的基础

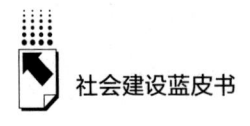

体制。

老旧小区改造是一项系统工程，推动老旧小区改造离不开社会力量、社区社会组织和广大居民的参与。通过对本案例的分析，我们认为培育社区社会组织参与老旧小区改造应注意以下几点：第一，社区社会组织成员应扩大群体涵盖范围。在老旧小区中，注重多群体社区居民的参与，扩大参与群体范围，将外来务工者、本土居民、老年人以及年轻人纳入，充分考虑各方群体需求。第二，社工机构培育社区社会组织应发挥组织培育、工作支撑、价值引领作用。社工机构应对社区社会组织赋权增能，增强社区社会组织自我造血能力，给予社区社会组织成员自主性，强化居民主体价值自我认知，增强居民主体参与自信。第三，加强宣传，刺激居民需求动机。拓宽信息沟通渠道，拓展居民参与广度，精神激励刺激居民成就动机，加强教育提高居民办事能力，加强社区认同，强化反馈机制，提高居民参与效度。

参考文献

张建东、高建奕：《西方政府失灵理论综述》，《云南行政学院学报》2006年第5期。

陈锋、宋佳琳：《技术引入基层与社区治理逻辑的重塑——基于A市12345政府服务热线的案例分析》，《学习与实践》2021年第4期。

康晓光等：《依附式发展的第三部门》，社会科学文献出版社，2011。

王思斌：《警惕政府购买社会服务中的目标偏离》，《中国社会工作》2014年第22期。

刘舒杨、王浦劬：《中国政府向社会力量购买公共服务的深度研究》，《新视野》2018年第1期。

齐海丽：《政府与社会组织依赖关系的发生机理与治理之道——基于政府购买社会组织服务的视角》，《学习与实践》2016年第2期。

彭少峰：《依附式合作：政府与社会组织关系转型的新特征》，《社会主义研究》2017年第5期。

B.17 合作、动员、陪伴：社会组织参与基层社区治理的实践路径探究[*]

李晓婷 张梦源[**]

摘　要： 在协同共治的基层社会治理结构中，社会组织作为重要外部力量参与基层社区治理，在规范引导、培育赋能、搭建平台、联动机制建设方面发挥了重要作用。通过实地调研发现，社会组织采用"系统性引导，陪伴式参与"的方式贯穿社会治理项目始终，面对不同的社区治理主体选择不同的参与路径：面对社区居委会，采取"服务效果"逻辑下的合作路径；面对社区居民，采取"需求导向"逻辑下的参与动员路径；面对社区社会组织，采取"有效运转"逻辑下的陪伴成长路径。面对存在的问题，需要从基层政府和社会组织自身出发继续深入探寻社会组织融入社区治理的路径。

关键词： 基层社会治理　社会组织　行动策略　协同共治

一　问题的缘起

在共建共治共享的社会治理格局下，国家倡导多元主体参与，即由国

---

[*] 基金项目：北京市社会科学基金项目"北京社会体制改革40年历史考察与经验研究"（项目编号18JDSRB009）。
[**] 李晓婷，北京工业大学文法学部副教授、北京社会管理研究基地研究人员，博士；张梦源，北京工业大学文法学部社会学专业研究生。

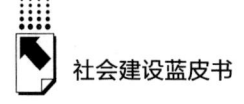

家、基层政府、社会组织、居委会、居民及社区社会组织等主体之间相互合作，协同共治。有学者提到，在多元主体共治的社会治理格局中，政府扮演着社会服务购买、评估和监督的角色，社会组织则直接提供服务。社会组织在基层政府和社区之间扮演着"中介"角色，合理利用资源优势和专业优势提供公共服务，成为基层社会治理体系中的重要一环。当前，政府购买社会组织服务是社会组织通过项目制参与基层社会治理的主要途径，项目服务类型多样，包括培育赋能、协商议事、环境改造等。

在协同共治的社会治理结构体系中，社会组织作为社会治理重心向基层下移的"推手"之一，它是如何参与到基层社区治理中去的，面对社区居委会、居民及社区社会组织这些社区单元里的共治主体又会采取怎样的行动路径，来提升社区及居民的治理能力？本文据此展开讨论。

二 文献综述与研究设计

（一）文献综述

国内关于社会组织的研究经历了长期的演化。从研究层次来看，分为宏观、中观和微观研究。从研究内容来看，主要围绕国家和社会、社会组织行动两条线路展开。

在宏观层面，研究主要探讨"国家—社会"关系。学者周俊和郁建兴通过具体案例研究，认为公民社会与政府结成了稳定的合作互动关系。马秋莎认为注重与国家建构互动关系、渐进式发展与走非对抗路径才是中国公民社会发展的特色。而法团主义一直认为要关注国家和社会之间的联合与协作，国家与社会是一个和谐的有机体，二者没有截然清晰的界限。学者们总结出"分类控制""行政吸纳社会""利益契合""控制与支持"等本土化特质来描述中国国家与社会的具体关系模式。

在中观层面，黄晓春通过聚焦地方政府在制度生产风险和弱激励的双重影响下发展社会组织的实践过程，识别当代中国社会组织发展特征。黄晓春和周黎安通过探究政府治理机制转型和社会组织发展，发展出"借道"机制，重新考察政府与社会组织的关系，揭示社会组织制度环境多样性的深层机理。此外，也有学者在新制度主义视角下探究制度对社会组织和结构的影响。李莉和宋蕾放对中国慈善组织结构的趋同性做出分析，探讨其作用机制。马迎贤也探究了合法性机制对非营利组织理事会行为的影响。

在微观层面，学界的研究集中于社会组织的行动分析，学者们不再局限于"国家—社会"的关系研究，转而更加关心社会组织作为行动者在实践过程中的复杂行动逻辑和策略。包括"非正式政治""做加法""非协同治理与策略性应对""去政治的自主性"等行动策略。朱兴涛和李琳琳在对社会组织的行动策略研究中发现"合法性"建构是影响社会组织成长环境不断优化和治理作用充分发挥的基础性因素和保障性条件。崔月琴和母艳春对公益组织的实践加以分析，认为社会组织处在"印象绩效"与"服务绩效"的双重逻辑中，在此逻辑下，组织表现出"展示性"与"实务性"结合的行动策略。王川兰通过"行动者—系统—结构"的多层次分析框架，分析社会组织参与公共服务购买的行动逻辑，发现社会组织参与公共服务购买遵循从"生存理性"到"价值理性"的发生与发展逻辑。

可以看出，社会组织参与基层社会治理的行动策略是学术界关注的重点之一，研究重点聚焦于制度环境下社会组织自身的行动策略和逻辑。将社会组织置身于基层社区治理体系中，面对社区居委会、社区居民、社区社会组织这三者之间复杂的利益结构关系时，社会组织如何协同参与基层社会治理并进行策略应对，需要进一步加以研究。

（二）案例介绍

B市D区是历史古迹较为密集的区域，辖区内老旧社区居多，面对众多复杂的社区大小事务，D区相关政府部门希望通过对社区治理实践的总结归纳，查漏补缺，以一个科学的指标体系为各社区提供参考标准，以提升基层社会治理能力。D区民政局与T机构合作，通过政府购买服务的形式，委托社会组织在D区下辖5个街道开展社区治理实践项目，项目内容涵盖居民

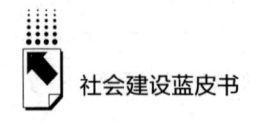

协商、社工培育、社区社会组织培育等类别。

T机构是在B市民政局正式登记注册的民办非企业单位,有业务主管单位,致力于参与、推动基层社会治理创新。T机构由于专业性较强,工作经验较为丰富,在行业内积攒了一些资源,为机构持续发展奠定一定的知识基础和人才基础。从组织结构设置来看,T机构有理事会及监事会,设主任办公室、项目部、财务部和行政部几个部门,组织结构相对完善。实施由项目总监、项目经理、项目主管、项目专员及项目助理组成的专业项目工作体系。从组织服务类型来看,服务类型依据机构特色,以基层社会治理为主,承接各级政府提供的社会治理项目,开展培育赋能类项目。从组织成员类型来看,逐渐扩展为由正式员工、兼职、实习人员以及志愿者组成的组织成员类型,共有组织成员22人,包括正式员工17人,兼职、实习人员共5人。人员合理调配至各个项目,合理利用人力资源,调动高校资源、志愿团体及其他行业人才。从组织业务范围来看,组织业务主要集中在B市D区,与D区多个基层政府部门开展过或多或少的相关工作,该组织长期与D区区级政府、街道及社区居委会协力打造共建共治社会治理格局。在此背景下,笔者于2021年7月至2022年4月前后三次进入该机构,参与多项社区治理实践活动,通过参与观察、日常访谈以及整理官方发布的相关信息收集资料,为本文提供真实丰富的研究材料。

三 社会组织在社区治理体系中的功能发挥

(一)引导规范,提高基层治理效能

具有专业能力和丰富社会资源的社会组织作为支持者成为基层社区治理体系的重要一环,与社区多元治理主体共同为规范引导社区治理工作贡献力量。社会组织在基层社区治理过程中,首要的功能是推动社区的规范化和制度化建设。包括协助社区制定协商议事制度、编写社区社会组织培育手册、制定公共空间使用守则等,在此基础上引导规范社区工作,提升基层社区治

理的效能。如"D区社区治理创新实践项目"在开展过程中,在社区治理层面总结出符合D区治理能力提升需求的实践指导手册,该指导手册通过具体的、科学的指标体系为街道和社区提供自测标准,并通过典型案例集为基层社区提供实际参照物。此外,在T机构参与的协商议事厅公共空间打造项目中,该机构与社区居委会、社区居民共同商讨确定公共空间管理制度规范、居民议事协商规范等进一步规范居民协商流程,提升居民自治意识和协商能力,促进居民参与社区公共事务。

(二)培育扶持,激发基层自治活力

就基层社区治理实际情况而言,社区居委会承担着行政任务和社区事务,面对居民的多样化需求常心有余而力不足,也难以提供精细化服务。因此通过支持类社会组织培育社区社会组织,带动其参与社区公共事务,挖掘居民骨干,能有效减轻社区居委会的压力,同时也激发基层社区的自治能力,推动基层行政部门职能转变。例如,T机构在S社区培育的志愿服务类社区社会组织,通过挖掘居民骨干、组建居民自治小组、带领小组成员开展小微项目,在实践中总结经验,赋予社区社会组织提供社区公共服务的能力。此外,T机构参与到J街道开展的市"优才计划",通过J街道已有的社区社工团队,结合社区居民需求和街道特点开展实训项目。T机构作为支持类社会组织,协助社工团队开展项目申请立案、具体实施、项目预算和支出结算等,系统地帮助社工团队整体把握项目进展,及时为他们答疑解惑,提升社区社工的专业能力,提供精细化、精准化服务。

(三)搭建平台,推动社区协同治理

为了满足基层社区的多元需求,同时促进多元主体参与基层社区治理,支持类社会组织凝聚社会力量并搭建资源协作平台,推动各种服务类社会组织包括心理服务、老年人服务、社区环保、儿童发展、安全教育、应急服务等社会组织共同参与到社区建设中,为社区和外部社会力量搭建沟通协作的桥梁,满足外部力量和社区双方的需求。在具体实践过程中,T机构与J街道联合举办的"交益汇"活动,是社区治理与服务供需对接会,为供需双方搭建了沟通交流平台。一方面展示各服务类组织风采,讲解经典实践案例,让社区了解各类组织;另一方面社区可以发布需求,寻找与之契合的社会组织提供社区公共服务。同时,促进社会组织之间的联系和协作,彼此分享优秀工作经验,共享信息,形成合作联盟,推动实现社区协同治理。

(四)整合资源,推动"五社联动"机制运转

随着我国基层社会治理体系与治理能力现代化进程的加速推进,原有的"三社联动"机制已经难以适应基层社会治理的现实需求①,社区志愿者和社会慈善资源作为新的基层治理力量被纳入其中并形成"五社联动",加快推进从"三社联动"向"五社联动"的转型是基层社区治理的必然选择。在联动社区志愿者方面,T机构根据S社区特色,组建了社区志愿者服务队,并为居民提供日常生活服务。首先发布志愿者招募通知,组建志愿者服务队;其次建立志愿者积分奖励机制,提升志愿者参与社区服务的积极性;最后社区居委会合理安排志愿者参与社区公共服务,如"垃圾盯桶值守"服务和慰问孤寡老人、社区消防安全宣传等活动,发挥社区志愿者服务功能,协助社区解决民生问题,体现志愿者自身价值。在整合社会慈善资源方面,T机构前期通过向市慈善协会、慈善法专家、正常运转的社区专项基金会等慈善领域专家了解成立条件、法律法规以及优秀经验,在街道的大力支持下,协助社区和驻区单位成立社区专项基金会,设立专门账户以及详细的支出和接收标准,规范社区专项资金的使用。除此之外,在S社区开展的慈善义卖活动中调动老中青群体积极参与,培育和激发居民的慈善热情。社区志愿者的培育和慈善资源的整合壮大了社会公共服务供给的力量,扩充了公共服务供给所需的资源。

---

① 《"五社联动":社会力量参与基层社会治理的现实选择》,光明网,https://news.gmw.cn/2021-12/23/content_35399971.htm,2021年12月23日。

四 社会组织面对社区不同治理主体的行动路径

社会组织积极响应政府号召，发挥社会力量的作用参与到政府购买社会组织服务过程中，推动基层社区治理创新。T机构与D区民政局在创新社会治理，打造社会治理案例集的共同目标下展开合作。T机构作为多元治理主体中的一元，既作为支持者在场外引导，又作为实际参与者陪伴其他治理主体成长，为其他治理主体赋能，因此将社会组织参与基层社会治理过程中面对不同治理主体所采取的行动策略概括为"系统性引导，陪伴式参与"。"系统性引导"可理解为T机构在与D区民政局达成合作的基础上，自上而下地渗透基层社会治理具体目标，作为支持者为治理主体解惑答疑，更好地引导D区各街道深入挖掘社区治理典型案例。"陪伴式参与"则理解为参与实践层面的具体行动。T机构在挖掘典型社区治理案例过程中，为了提升各主体治理能力，给予社区社工、居民骨干等治理主体陪伴支持，作为参与者直接参与到社区治理中并带动各治理主体参与基层社会治理。结合复杂多元的基层治理主体及基层的复杂权力关系结构，社会组织在"系统性引导，陪伴式参与"综合策略下发展出以下行动路径：面对社区居委会采取"服务效果"逻辑下的合作路径，面对社区居民采取"需求导向"逻辑下的参与动员路径，面对社区社会组织采取"有效运转"逻辑下的陪伴成长路径。

（一）面对社区居委会：社会组织采取"服务效果"逻辑下的合作路径

随着我国城市社会逐渐转向社区制，居民也从单位人转向社区人。社区居委会作为"行政末端"和"自治前端"的基层社会治理主体之一，既要行使好国家权力，也要充分维护好居民权利，并借助外部社会力量，组织动员多元治理主体参与基层社会治理。社区居委会具有双重角色，更具有行政性和社会性双重职能。在实践中，社区居委会迫于行政事务的压力，在工作中不得不以"服务效果"逻辑开展工作，一切以满足居民需求为目的，为

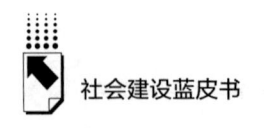

居民提供服务，推动实现社区的有序运转。在D区民政局与T机构联合开展的创新基层社会治理项目中，以D区民政局下辖的具有不同类型特点的社区为试点开展治理项目。社会组织作为项目承接方与社区居委会的互动沟通是顺利开展工作的前提。在社区居委会陷于烦琐复杂的社区事务时，社会组织作为场外合作方进入基层社会治理场域，首先需要与居委会统一战线，以"服务效果"为行动逻辑开展合作。

社会组织与社区居委会的互动不是一蹴而就的，需要经过多轮协商并在沟通中互相了解对方的合作态度和程度。T机构参与D区各街道的社会治理项目过程中，往往以"服务效果"为前提做到以下几点，首先，T机构项目负责人与社区居委会书记面谈，了解社区居委会的基本情况，参与基层社会治理的实践经验，从交谈中感受社区工作者对待基层工作的态度。其次，开展社区摸底调研。一是为开展项目做基础准备工作，二是向社区居委会以及社区居民传达社会组织所扮演的角色，获得社区居民的信任。最后，在项目开展过程中社区居委会与社会组织相互配合，发挥各自优势为服务居民做好本职工作。社区居委会帮助社会组织协调场地、协调时间、调动居民群众参与，相应的社会组织也拿出自己的专业能力和社会资源协助居委会共同开展项目。T机构在开展基层社会治理项目时，通过与社区居委会统一战线，两个行动主体相互配合，把项目运作渗透到社区工作中，以"服务效果"为目的开展合作，共治基层社会，共享治理成果。

（二）面对社区居民：社会组织采取"需求导向"逻辑下的参与动员路径

社区居民的社会参与和自治能力的提升是基层社会治理中的重要任务。居民参与社区公共事务的讨论能提升居民的自治意识，为培养居民的自我管理和自我服务意识做出贡献，使居民能够更直接地表达诉求，实现居民与政府的有效沟通，一定程度上弥补政府服务的不足，缓解政府服务的压力。就目前城市社区居民参与社区公共事务的情况来看，参与率低、参与主体单一、参与效果差是普遍存在的问题。参与率低的主要原因在于社区开展的活动与居民自身利益关联性较弱,难以调动居民参与的积极性。参与主体单一主要表现为老年人参与较多,青少年和年轻人很难参与到社区公共事务中。参与效果差则表现为大多数参与者仅是响应社区居委会工作人员的号召而参与,并不真正关心社区公共事务。由此看来,社区居民参与不足长期存在,一直是基层社会治理的难题。

T机构在S社区开展的创新社会治理项目中也面临居民参与不足的问题,T机构面对这个难题采取"需求导向"逻辑下"先易后难"的参与动员行动策略。一是社会组织与社区居委会工作人员在开展活动时邀请已有社区老党员、居民骨干参与其中,调动容易动员的居民。二是让社区老党员和居民骨干"以老带新",据此发动新党员以及周围邻居朋友一起参与社区公共事务。三是挖掘参与社区事务的潜在积极分子。通过"S社区公共空间环境改造"议题,以在楼门张贴海报、发布微信群消息等形式确保涉及公共环境改造的居民都能够得知消息。并组织开展居民议事协商活动收集居民诉求和改造意见,带领居民真切参与改造过程,做到民事民议民办,满足居民需求,提升居民参与的获得感。T机构项目负责人说道,"居民协商议事,必须让他们议与自身利益切实相关的事,并带领他们把这件事落地实施,这样居民才能觉得自己的想法实现了,提升获得感,才有可能参与之后的活动"。通过"需求导向"逻辑下"先易后难"的参与动员行动策略带动老党员、居民骨干、潜在积极分子参与社区公共事务,在开展居民协商议事、公共空间改造及日常维系等事务中,引导居民提升自治意识。

(三)面对社区社会组织:社会组织采取"有效运转"逻辑下的陪伴成长路径

实现社区与社会组织、社会工作者的"三社联动",是我国多年来推动社会力量参与基层社会治理的基本机制。然而,随着我国基层社会治理体系与治理能力现代化进程的加速推进,又将社区志愿者和社区慈善资源纳入其中形成"五社联动"。民政部也发布《关于大力培育发展社区社会组织的意见》，指出要引导社区社会组织健康有序发展，充分发挥社区社会组织的积极作用。① 其中，社区社会组织承担着实施社区公益项目，组织居民开展自助互助服务，提供社区服务、扩大居民参与的功能。据此，社区社会组织发展成为各地加强和创新社会治理的生动实践，各省市也相继发布培育社区社会组织的实施方案。由此可以看出，社区社会组织的培育赋能也是 B 市各个社区行政任务的重要内容之一。为了实现社区社会组织独立自主开展社区服务，社会组织作为具有专业社工人才的外部资源，采取"有效运转"逻辑下的陪伴成长行动策略，助力发挥社区社会组织服务功能。

T 机构参与的 D 区创新社会治理项目涵盖了对社区社会组织的培育赋能。为实现社区社会组织从无到有、从有到优，发挥社区社会组织的服务作用，确保在社会组织撤出社区工作后，社区社会组织依然能有效运转。T 机构在 J 街道展开社区社会组织培育赋能项目。T 机构项目负责人先与街道社区办负责人商讨确定需要培育的社区社会组织，以及现存的社区社会组织需要提升哪些方面的能力，并依据 J 街道社区社会组织培育指导手册，按照社区社会组织发展的不同阶段对应描述 J 街道社区社会组织现状，针对不同类型和不同发展阶段的社区社会组织制订具体培育方案，带领其开展社区活动，引导其根据项目书撰写—项目申请—项目预算—报销流程等完成项目，陪伴成长，赋予社区社会组织独立运转的能力。"陪伴成长"的行动策略虽过程漫长，但很大程度上能够确保社区社会组织在之后独立有效运转。

五 社会组织融入社区治理体系的思考

（一）社会组织融入社区治理体系存在的问题

1. 政府购买服务成效不足

基层政府行政压力过大，需要迅速实现项目成效，导致与社会组织的项

---

① 《民政部关于大力培育发展社区社会组织的意见》，http：//xxgk.mca.gov.cn：8011/gdnps/pc/content.jsp? id=13167&mtype=1，2017 年 12 月 7 日。

目合作仅停留在完成项目的层面,对项目的实施效果缺乏考量。一方面,社会组织融入社区治理体系依托政府购买服务来实现,形成"服务购买方—提供服务方—服务对象"三方互动的服务形式。基层政府部门依然处于主导地位,按照"自上而下"的治理模式,推动社会组织深入社区,社会组织则作为"中间人"发挥上传下达作用。基层政府给社会组织施压,或是督促社会组织短时间内完成任务,或是临时给社会组织指派任务,对社会组织的实际处境缺乏周全考虑,这也造成社会组织工作成效不足。另一方面,在项目执行过程中,有时基层政府部门会否决社会组织提出的工作建议,表示按照项目基本要求执行即可。

2. 社区居委会与社会组织配合度不高

社区居委会的社工人力和能力存在不足,难以高效配合社会组织开展工作,使得公共服务效果欠佳。其一,不固定的协助人员阻碍了项目进程。具体表现为,在以项目为载体的合作中,时常出现社会组织不知道找谁配合的情况,一个社工往往掌管片区的大小事务,同时被几项工作支配,因此谁有空谁来配合工作,难以稳定开展后续工作。其二,社区居委会的工作态度也会影响服务效果。社会组织在开展项目过程中往往会判断社工队伍的工作态度。其中有些社工团队缺乏年轻活力,抱着求稳的工作态度,依照老派的工作作风开展合作,完成基本任务即可,服务效果不佳。

3. 居民对社会组织的认同感不强

社区居民是社区公共服务的对象,大小事务找居委会解决,对外来社会组织往往持不关心或不认同的态度。一方面,社区居民与居委会联系较为紧密,部分居民认为为居民服务的是居委会,有事找居委会。如果居民日常诉求得到合理解决,对居委会的认同感将会提升;若是居民诉求长期得不到解决,对居委会的信任度、认同感将会降低,连带着对以政府购买服务为依托的社会组织的认同感也降低,社会组织将更难融入社区。另一方面,即使居民参与社会组织举办的社区活动,大多数情况下只是知道有活动,对于社会组织为什么要来社区,在社区中发挥的作用和扮演的角色,居民认为事不关

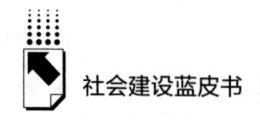

己。整体来看，居民对社会组织定位不清晰，认同度较低，给社会组织融入社区治理增加难题。

（二）社会组织融入社区治理体系的实现路径

从国家和社会对社会组织的现实需求以及我国社会组织的发展情况来看，社会组织具有丰富的社会资源和专业能力，可发挥规范引导、培育赋能、链接资源、整合资源的功能，作为合作者、参与动员者、陪伴参与者参与社区协同治理，促进社区良性运行。但是社会组织深入基层社区治理体系中所发挥的功能和扮演的角色并不是一成不变的，而是在不同时期随政策指向的变化而变化。社会组织如何更好地融入社区治理体系并发挥功能，针对现存的问题可以从基层政府和社会组织自身建设两方面着重探讨。

一是基层政府应明确社会组织职能定位。现阶段，社会组织参与社区治理大部分仍然依托政府购买服务，因而基层政府处于主导地位支持社会组织工作，应把社会组织视为平等合作伙伴，适当放权，接受社会组织提出的合理化建议。一方面，基层政府应明确社会组织职责分工，提高社会组织工作效率。另一方面，基层政府与社会组织遇到难题时应共同面对，商讨解决对策，充分发挥双方作为治理主体的职能，实现项目效能最大化。

二是社区居委会组建协调小组配合社会组织工作。一方面，不断吸纳专职社工，特别是年轻有活力的社工参与社区工作，缓解社区社工人才不足的压力，更好地配合社会组织开展工作。另一方面，成立2人的社工小组协助社会组织开展工作。协调小组前期可以帮助社会组织了解社区居民特色、社区日常活动开展、居民需求诉求等情况，后期为调动居民参与、协调活动场地、保障后勤服务贡献力量，增强社工小组与社会组织的默契，提高工作效率。

三是提高居民对社会组织的认同感。一方面，社会组织通过做实事拉近与居民的距离，获得居民认同。首先，与社区居委会配合为社区居民搭建协商平台，拓宽居民合理表达诉求的渠道。其次，带领居民开展协商议事活动，激发居民的自治意识。最后，带领居民落地实施协商议事结果，让居民感受到民事民议，满足其需求，提高居民的归属感和认同感。另一方面，社会组织可以进入社区面向居民开展宣讲活动，包括社会组织的服务领域、优秀的服务案例，让居民明确社会组织的工作内容，提高居民对社会组织的熟悉度。

四是加强社会组织团队建设，增强内在驱动力。首先，社会组织团队要不断吸纳专业人才，优化人才构成。可与高校开展交流合作，为高校提供实习平台的同时缓解社会组织人手不足的困境，为理论学者提供实践经验，促进组织发展。其次，不断完善组织结构，制定组织规章制度，规范组织成员行为。完备的组织结构和规章制度给组织成员明确了行为职责，提升了工作效率。最后，明确目标，发展并深耕组织特色，积累资源并搭建社会资源链接库。发挥社会组织链接社会资源的能力，更好地为社区提供精细化、精准化服务，为更好地融入社区做好基础保障。

参考文献

廖鸿冰、廖彪：《以社区为基础的政府购买社会服务路向研究——基于社会治理结构变迁视角》，《广西社会科学》2021年第2期。

周俊、郁建兴：《中国公民社会发展的温州模式》，《浙江社会科学》2008年第6期。

纪莺莺：《当代中国的社会组织：理论视角与经验研究》，《社会学研究》2013年第5期。

陈家建：《法团主义与当代中国社会》，《社会学研究》2010年第2期。

韩恒、康晓光：《分类控制：当前中国大陆国家与社会关系研究》，《社会学研究》2005年第6期。

康晓光、韩恒：《行政吸纳社会——当前中国大陆国家与社会关系再研究》，《中国社会科学》（英文版）2007年第2期。

江华、张建民、周莹：《利益契合：转型期中国国家与社会关系的一个分析框架——以行业组织政策参与为案例》，《社会学研究》2011年第3期。

陶传进：《控制与支持：国家与社会间的两种独立关系研究——中国农村社会里的情形》，《管理世界》2008年第2期。

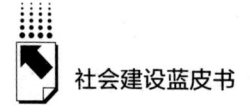

黄晓春：《当代中国社会组织的制度环境与发展》，《中国社会科学》2015年第9期。

黄晓春、周黎安：《政府治理机制转型与社会组织发展》，《中国社会科学》2017年第11期。

李莉、宋蕾放：《中国慈善组织结构的"趋同性"分析及反思——基于制度学派的视角》，《学会》2011年第11期。

马迎贤：《基于新制度主义的非营利组织理事会研究》，《商业时代》2007年第31期。

肖瑛：《从"国家与社会"到"制度与生活"：中国社会变迁研究的视角转换》，《中国社会科学》2014年第9期。

张紧跟、庄文嘉：《非正式政治：一个草根NGO的行动策略——以广州业主委员会联谊会筹备委员会为例》，《社会学研究》2008年第2期。

姚华：《NGO与政府合作中的自主性何以可能？——以上海YMCA为个案》，《社会学研究》2013年第1期。

黄晓春、嵇欣：《非协同治理与策略性应对——社会组织自主性研究的一个理论框架》，《社会学研究》2014年第6期。

唐文玉、马西恒：《去政治的自主性：民办社会组织的生存策略——以恩派（NPI）公益组织发展中心为例》，《浙江社会科学》2011年第10期。

朱兴涛、李琳琳：《合法性建构：民办社会组织的行动策略研究——以吉林省Y志愿者协会为例》，《社会工作》2019年第3期。

崔月琴、母艳春：《双重制度逻辑下公益组织的行动策略与发展张力——基于S公益组织与政府合作的实践分析》，《浙江社会科学》2021年第12期。

王川兰：《行动者、系统与结构：社会组织参与公共服务购买的行动逻辑——基于上海市S机构的实证研究》，《社会科学》2018年第3期。

王谢平、郝宇青：《双重角色的社区居委会何以调处多元主体参与社区治理——政治技术视角的分析》，《社会科学》2021年第8期。

冯婷、王小章：《城市居民的社区参与意愿——对H市的一项问卷调查分析》，《浙江社会科学》2004年第4期。

B.18 北京公共卫生事件新闻报道对公众情绪的影响

——基于"人民日报"官方微博的研究

鞠春彦 慕容凯欣[*]

摘　要： 新冠肺炎疫情作为"国际关注的突发公共卫生事件"，已经深刻影响国计民生。信息具有"不确定性消除"的作用，新闻报道是公众获得信息的主渠道。做好新闻报道和舆论引导是治国理政、安国定邦的大事，也是舆情应对突发事件处置中的必要环节和内容。本文聚焦2022年5月的北京疫情，以"人民日报"官方微博为研究对象，针对媒体新闻报道如何影响公众情绪进行实证研究。研究发现，新闻框架及新闻报道的情绪基调是影响公众情绪的显著因素。政务新媒体的适当报道策略有助于平复公众情绪，助力疫情防控。

关键词： 常态化疫情防控　政务新媒体　新闻报道　公众情绪

一　引言

信息论的提出者香农曾把信息定义为"不确定性的消除"，当然信息也会增加不确定性，这为后来的研究者以及现实社会的运行所证实。在大

---

[*] 鞠春彦，北京工业大学社会学系，北京社会管理研究基地，主要研究方向为社会建设与社会治理、舆情研究；慕容凯欣，北京工业大学社会学系硕士研究生。

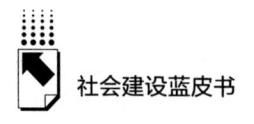

众都有麦克风的时代,信息繁杂冗余,如何识别"真信息"和"伪信息"已经成为公众"不可承受之重"。从根本上讲,公众愿意相信真相并且渴求真相,只是由于其欠缺科学、客观的辨别能力或者由于批判意识而对信息表示怀疑以及质疑。新闻报道,尤其是官方媒体的新闻发布与新闻报道,对于"不确定性的消除"具有重要的价值和意义。党的十八大以来,以习近平同志为核心的党中央高度重视新闻舆论工作。习近平同志明确指出:"加强和改善党对新闻舆论工作的领导,是新闻舆论工作顺利健康发展的根本保证。"在互联网所催生的前所未有的变革中,在顺应发展与变化的过程中,在"遵循新闻传播规律和新兴媒体发展规律"的过程中进行创新变革是大势所趋。"团结稳定鼓劲、正面宣传为主,是党的新闻舆论工作必须遵循的基本方针。"

2020年以来,突如其来的新冠肺炎疫情已经成为全世界普遍关注的公共卫生事件。病毒的肆虐深刻影响着人们的社会文化生活,改变着国际关系格局与社会结构,在潜移默化中给现代社会的不确定性加码。突发的重大公共卫生事件往往会在短期内引发舆情的急速变化,当新冠肺炎疫情成为传媒领域中的一项重要议题时,它也就成为冲击国内新媒体产业发展、加速主流媒体更新与变革的重要推动力量。2018年12月27日,国务院办公厅印发《关于推进政务新媒体健康有序发展的意见》以来,依托政务新媒体推进政务公开和优化政务服务的决策部署有序展开,以往主流媒体与自媒体相互分立割据的舆论生态格局进一步被打破。政务新媒体在新时代治国理政中发挥着越来越大的作用,它们在常态化疫情防控阶段充当着疫情防控信息的传播主体,在更新疫情动态、发布权威信息、科学普及防控措施等方面的角色和作用无可替代。相较于自媒体,政务新媒体的内部审核机制更加完善,信息源更加权威,它能在碎片化的信息中为受众及时提供真实而准确的资讯,且能在舆论发酵、谣言肆虐时及时"肃清谣言""拨乱反正",引导正确舆论走向。在疫情防控常态化阶段,政务新媒体作为最权威且最具影响力的媒体,作为官方信息集散平台,它在社会信息传播及舆论引导方面的价值更加彰显。那么,如何更好地在保证公众知情权的同时正确引导社会舆论走向,从而为社会大众凝心聚力、打赢疫情防控阻击战提供良好的舆论环境，是政务新媒体新闻报道过程中必须面对的现实课题。

二 研究回顾与研究设计

传播学家沃尔特·李普曼在其经典传播学著作《舆论学》中提出了"拟态环境"概念，他认为媒介会影响公众对于公共事物的认知，塑造出公众对客观世界的想象。① 1968 年，麦库姆斯正式提出了议程设置理论，认为大众传媒通过对某些问题的突出报道可以影响受众认知变化、塑造他们的思维方式。② 这意味着媒体在报道中的议题选择、框架建构、态度立场、文风基调都可能对受众的认知和行为产生影响。根据议程设置理论，学界主要把新闻报道如何影响公众情绪作为问题切入点进行研究。1974 年社会学家戈夫曼出版《框架分析》一书，首次将框架概念应用于传播情境中。戈夫曼认为"对于一个人来说，真实的东西就是其对情景的定义"。他说："人们是将日常生活中的现实图景纳入框架之中，以便对社会情景进行理解和反映。人们借助框架来识别和理解事件，对生活中出现的行为赋予一定的意义，否则这些行为和事件就没有任何意义。"这个文化社会学中的概念后来被引入大众传播研究中。随着该理论的发展和完善，"框架"的概念被看作媒体用来描述世界的一种视角，是新闻选择和内容凸显时的价值内核，由此产生了"新闻框架""媒介框架"等新的概念。心理学家恩特曼提出了一个认知过程中的概念"基模"，恩特曼认为，"框架"在本质上涉及选择和凸显，即选择可感知的现实的某一方面并使其在文本中更加突出，以此来反映相关事件的问题界定、因果解释、道德判断与对策建议。恩特曼还进一步提出了新闻框架分析的手段，即通过议程设置，来选择、遗漏或者凸显某一部分或某几个部分的内容，从而完成对信息的快速甄别。此外，他还发现两种机制会对新闻框架的建构与

---

① W. Lippmann, *Public Opinion*, New York: Macmillan, 1922.
② 麦克斯韦尔-麦库姆斯、郭镇之、邓理峰：《议程设置理论概览：过去，现在与未来》，《新闻大学》2007 年第 3 期。

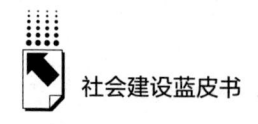

实现产生作用，分别是"报道规模控制"和"具体信息的呈现"。①

当前，新闻框架理论已经成为国内学者研究新闻传播内容的重要理论。代表性研究包括：刘婵君等通过分析"人民日报"微博官方账号发布的新冠肺炎疫情报道样本，发现报道主基调将影响评论中的用户情感反应，建设性新闻对引导舆论和受众反应具有重要的影响作用。②孙振虎等基于对三年网络群体性事件的分析，得出"时效性、新闻体裁和报道形式对公众情绪无显著影响，而新闻框架与新闻报道情绪基调则对公众情绪存在一定影响"的结论。③张悦等在框架理论视阈下考察新闻框架与公众情绪间的作用关系，认为不同的新闻框架对公众情绪的具体类型存在差异化影响。④张学波等对"人民日报"公众号的报道标题进行研究并证明了标题中蕴含的情感会显著性地转移至评论者中。⑤还有很多专家学者从"生产、内容、效果"出发研究新闻的框架。⑥

综上，新闻框架及新闻报道情绪基调是公众情绪的显著影响因素。但大部分学者将研究重点聚焦于"传播过程中的框架"，大多结合内容分析法进行内容框架的研究，却缺乏对新闻报道详细程度、新闻报道时段等影响因素的考察。实际上，新闻框架不仅受制于媒介组织单方面的立场，还受到媒体工作者的个人价值观，还有来自社会的文化、政治环境、意识形态的重要影响。如今随着时代的发展，大众接触的媒介信息不断增多、受教育水平明显提高，受众不再只是被动接受新闻框架的影响，也会通过生活经验、知识积

---

① 单佳豪：《对外传播中的新闻框架分析——基于CGTN对建党百年的报道为例》，《声屏世界》2021年第21期。
② 刘婵君、沈玥晨：《共识兼顾与集体取向：中国主流媒体建设性新闻实践——关于人民日报微博官方账号新冠肺炎疫情报道的分析》，《新闻与传播研究》2022年第4期。
③ 孙振虎、李佳咪：《主流媒体报道对微博舆论中公众情绪的影响研究——基于近三年网络群体性事件相关微博的分析》，《中国新闻传播研究》2021年第3期。
④ 张悦、魏晓红、吴辉：《框架理论视域下新闻报道对公众情绪的影响研究——以社会伦理报道为例》，《传媒论坛》2022年第2期。
⑤ 张学波、王卿：《社交媒体平台中健康报道标题对公众情绪影响研究——以人民日报微信公众号为例》，《传媒论坛》2022年第3期。
⑥ 杨瑚璀、蒋忠波：《"框架"概念再辨析——兼论近年国内外的框架研究》，《新闻爱好者》2015年第5期。

累、个人价值观、行为取向等多重因素，主动对媒体报道内容进行价值判断。本研究以 2022 年 5 月的"北京疫情"事件中"人民日报"这一大型政务官方微博为研究对象，采用内容分析、回归分析等方法进行定量研究，拟在新闻报道的操作定义中纳入新的影响变量，并对新闻框架和新闻报道情绪基调能否产生显著影响及如何影响公众情绪进行检验分析。

为探讨"人民日报"官方微博的新闻报道对公众情绪的影响，本研究将新闻报道操作化为四个自变量，分别为新闻报道详细程度、新闻发布时段、新闻报道情绪基调和新闻框架。其中新闻报道详细程度分为详细和简略；新闻发布时段分为上午、下午和晚上；新闻报道情绪基调以 Rost Content Mining6 内容分析软件对微博文本的情感分析结果为依据，分为积极基调、中性基调和消极基调；新闻框架根据恩特曼提出的框架理论构建了以下框架类型，道德评价框架、事实阐述框架、解释分析框架、结果框架、建议框架和责任归因框架。由于自变量皆为分类变量，因此需要在此基础上构建虚拟变量。因变量为公众情绪，本研究通过 Rost Content Mining6 内容分析软件对微博评论进行情感分析，为"人民日报"官方微博下方的微博评论赋值并计算出各条微博的评论均值，评论均值即为公众情绪的操作变量。根据软件赋分规则，情绪分析后的评论值若大于 0 则情绪倾向积极，等于 0 则情绪倾向中性，小于 0 则情绪倾向消极（见表 1）。

表 1 变量测量表

	变量	定义
自变量 X	新闻报道详细程度	0=简略；1=详细
	新闻发布时段	1=上午；2=下午；3=晚上
	新闻报道情绪基调	1=积极基调；2=中性基调；3=消极基调 X>0 为积极基调；X=0 为中性基调；X<0 为消极基调
	新闻框架	1=道德评价框架；2=事实阐述框架；3=解释分析框架；4=结果框架；5=建议框架；6=责任归因框架
因变量 Y	公众情绪	Y 为微博评论均值，Y>0 为积极情绪，Y=0 为中性情绪，Y<0 为消极情绪

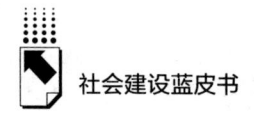

研究的基本假设包括以下四方面。

H1：在有关本轮北京疫情的新闻报道中，新闻报道详细程度对公众情绪存在一定影响。新闻报道越详细，公众情绪越积极。

H2：在有关本轮北京疫情的新闻报道中，新闻发布时段对公众情绪存在一定影响。在下午进行新闻报道对公众情绪具有正向影响。

H3：在有关本轮北京疫情的新闻报道中，新闻报道情绪基调对公众情绪存在一定影响。积极的新闻报道基调对公众情绪具有正向影响，中性的新闻报道基调对公众情绪无明显影响，消极的新闻报道基调对公众情绪具有负向影响。

H4：在有关本轮北京疫情的新闻报道中，采用不同的新闻框架对公众情绪存在差异化影响。

三 研究过程与基本结论

本研究主要使用Python软件对微博文本及微博评论进行爬取，在"人民日报"官方微博平台上爬取到2022年4月22日至5月31日发布的含有"北京疫情"词条的有效微博共90条，再于有效微博中各爬取热评前50条，共4500条微博评论。通过数据清洗筛选掉设置精选评论的微博共10条，最后的研究样本由80条有效微博和3390条有效评论构成。两位编码员对微博文本以及微博评论进行编码。为进行编码信度检验，在正式编码工作开始前，于"人民日报"微博平台中分别随机抽取与本轮"北京疫情"事件有关的10条微博和350条微博评论进行信度检验，检验公式为：$R = 2M/N1+N2$，计算得出微博文本与微博评论的编码信度系数分别为0.85与0.87，符合信度检验要求。

（一）描述统计情况

1. 新闻框架以事实阐述框架、结果框架和责任归因框架为主

2022年4月22日至5月31日，在"人民日报"官方微博发布的与本轮"北京疫情"有关的 80 条有效微博中,使用事实阐述框架的微博数量最多,共有 31 条(38.8%),使用结果框架的微博数量次之,共 19 条(23.8%),责任归因框架紧随其后,共 17 条(21.3%),使用道德评价框架、建议框架和解释分析框架的微博数量较少,分别为 6 条(7.5%)、4 条(5%)和 3 条(3.8%),如图 1 所示。新闻框架以事实阐述框架、结果框架和责任归因框架为主,以道德评价框架、建议框架和解释分析框架为辅。其中,事实阐述框架主要用于报告每日疫情情况与相关信息,结果框架用于发布疫情防控新规与公示事件处理结果,责任归因框架用于问责违反疫情有关规定的人员,道德评价框架用于赞扬在疫情防控中具有突出贡献的人员,建议框架用于宣传与倡导科学的疫情防控措施,解释分析框架则用于对疫情防控的新规新措进行解释说明。

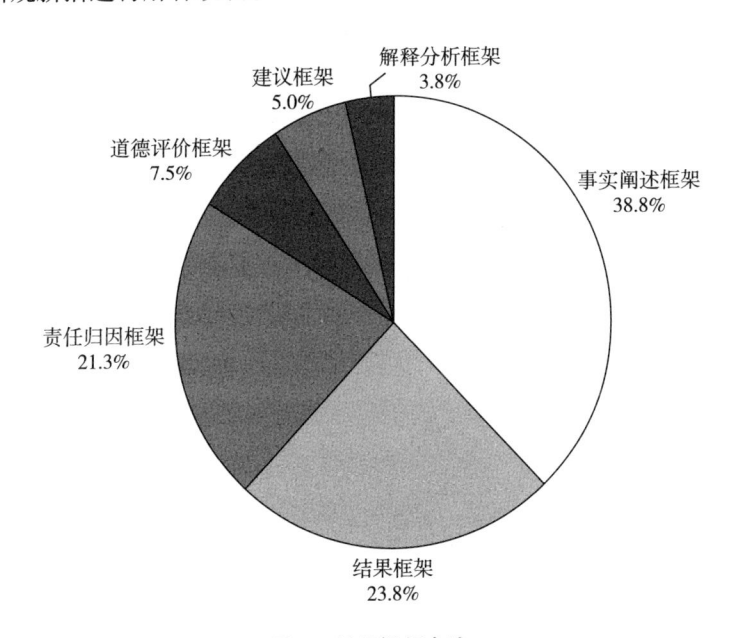

图 1 新闻框架占比

2. 新闻报道基调多倾向于积极

在"人民日报"官方微博发布的有关本轮"北京疫情"的 80 条有效微博中,采用积极基调的微博共 48 条(60%),采用中性基调的微博共 6

条（7.5%），采用消极基调的微博共 26 条（32.5%），如图 2 所示。表明新闻报道情绪基调以积极为主，采用积极基调的微博数量比消极基调的微博数量高出 27.5 个百分点，且具体事实与新闻报道情绪基调间不存在强关联性，即政务新媒体在选取新闻报道情绪基调时并不需要受限于事件本身的性质，可充分发挥能动性，主动选择应采取何种情绪基调以合理引导公共舆情。

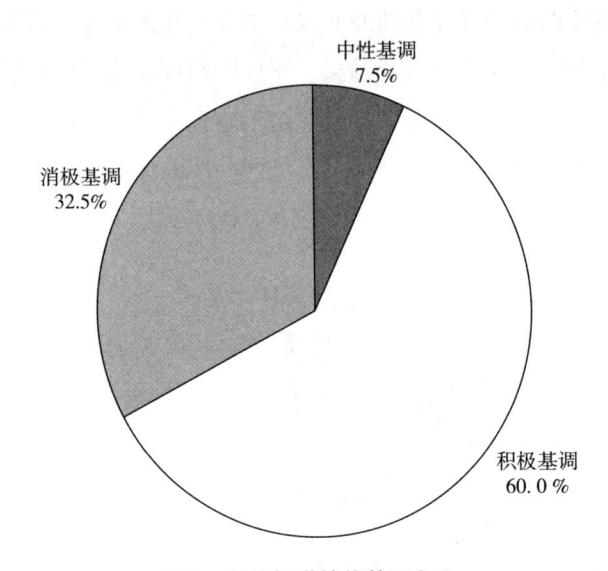

图 2　新闻报道情绪基调占比

3. 整体公众情绪偏向积极态势

本文使用 Rost Content Mining6 内容分析软件对所有微博评论样本进行情感分析，结果表明：表达公众积极情绪的微博评论共 1826 条（53.9%），表达公众中性情绪的微博评论共 1045 条（30.8%），表达公众消极情绪的微博评论共 519 条（15.3%），如表 2 所示。从统计结果可知，表达公众积极情绪的微博评论数量比消极情绪高出 38.6 个百分点，比中性情绪高出 23.1 个百分点，公众情绪的整体态势更偏向于积极，表明"人民日报"官方微博的新闻报道对公众舆情的引导效果较好。

表2 微博评论情绪分布统计

单位：条，%

公众情绪类型	频次	百分比	累计百分比
积极情绪	1826	53.9	53.9
中性情绪	1045	30.8	84.7
消极情绪	519	15.3	100
总数	3390	100	—

（二）回归分析

1. 新闻报道详细程度与新闻报道时段对公众情绪无显著影响

在公众情绪影响因素的OLS多元线性回归分析中，"新闻报道详细程度"（p>0.05）和"新闻报道时段"（p>0.05）这两个变量对公众情绪均无显著影响。这表明新闻报道无论是详细还是简略，发布时段无论在上午、下午还是晚上，对公众情绪的影响皆不存在显著性差异，因此可以否定H1与H2，认为"新闻报道详细程度"和"新闻报道时段"并不是政务新媒体进行与本轮"北京疫情"有关的新闻报道时需要关注的主要维度。

2. 新闻报道情绪基调对公众情绪具有显著影响，且消极报道基调更易引发公众的负面情绪

在"新闻报道情绪基调"这一分类变量中，本研究以"积极基调"为参照组进行回归分析。从统计结果可知，不同的新闻报道情绪基调对公众情绪具有显著的差异化影响。其中，积极基调与中性基调对公众情绪的影响不存在显著差异（p>0.05），但积极基调与消极基调对公众情绪的影响则存在较为显著的差异（p<0.001），当新闻报道情绪基调由积极转向消极时，公众情绪下降3.1分。消极基调与积极基调及中性基调相比标准系数值最大，表明当新闻报道采取消极的情绪基调时对公众情绪的影响作用最大，因此可以接受H3，认为政务新媒体进行与本轮"北京疫情"有关的新闻报道时，采取消极的报道基调更易引发公众的消极情绪，而采取积极的报道基调则有助于抑制公众消极情绪的产生。

3. 不同新闻框架对公众情绪具有显著的差异化影响

在"新闻框架"这一分类变量中，本研究以"责任归因框架"作为参照组进行回归分析。从统计结果可知，不同的新闻框架对公众情绪具有显著的差异化影响。其中责任归因框架与道德评价框架（$p<0.01$）、事实阐述框架（$p<0.001$）和结果框架（$p<0.01$）对公众情绪的影响差异显著。在所有新闻框架中，事实阐述框架的标准化系数值最大，表明事实阐述框架对公众情绪的影响作用最大。由表3可知，公众情绪得分最高的新闻框架为道德评价框架（4.663），事实阐述框架（4.41）次之，而解释分析框架（3.385）、结果框架（3.202）及建议框架（2.940）之间的得分差异并不大，责任归因框架（-0.003）的得分最低。以上统计结果表明，政务新媒体在新闻报道时使用事实阐述框架能最大程度对公众情绪产生影响，使用道德评价框架能使公众情绪最为积极，而使用责任归因框架则会产生最为消极的公众情绪（见表4）。

表3 不同新闻框架下的公众情绪得分

新闻框架	公众情绪平均值	标准差
道德评论框架	4.663	3.231
事实阐述框架	4.144	2.060
解释分析框架	3.385	2.708
结果框架	3.202	2.470
建议框架	2.940	4.146
责任归因框架	-0.003	1.758
总计	3.060	2.732

表4 公众情绪影响因素 OLS 多元线性回归结果

变量	非标准系数	标准误	标准化系数
常量	3.932***	0.378	—
新闻报道详细程度(详细=1)	-0.143	0.575	-0.033
新闻报道时段(参照组=晚上)			
上午	0.879	1.539	0.099
下午	1.979	1.270	0.301
新闻报道情绪基调(参照组=积极基调)			
中性基调	0.886	1.266	0.080

续表

变量	非标准系数	标准误	标准化系数
消极基调	-3.100***	0.667	-0.524
新闻框架(参照组=责任归因框架)			
道德评论框架	4.666**	1.329	0.430
事实阐述框架	4.148***	0.804	0.759
解释分析框架	3.388	1.759	0.225
结果框架	3.205**	0.922	0.487
建议框架	2.943	1.486	0.237
N		80	
F		11.968***	
调整 R^2		0.290	

注：* $p<0.05$，** $p<0.01$，*** $p<0.001$。

四　基本结论与建议

（一）沿用事实框架，回应社会关切

常态化疫情防控阶段时常伴随着偶发的疫情风险，新冠肺炎疫情发生后，公众面对突如其来的公共卫生事件时极易陷入恐慌、焦虑、惆怅等负面情绪中。在大众麦克风的时代，有些自媒体为了获得流量而不加辨别地发布不实信息，甚至刻意煽动公众负面情绪、制造或传播谣言等，引发社会失序导致"信息瘟疫"现象。信息的不确定性、信息难辨真伪，都会加剧负面情绪引发公众舆情的次生灾害。因此，在常态化疫情防控阶段，政务新媒体则更应当承担起主流媒体的责任，发挥好舆论主阵地作用。

在有关本轮"北京疫情"的新闻报道中，新闻报道沿用事实阐述框架对公众情绪存在积极影响，政务新媒体及时、准确、详细地通报疫情动态信息将有利于产生积极的公众情绪。在舆论走偏，谣言肆虐时，政务新媒体更

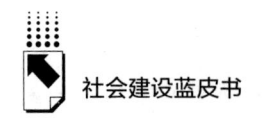

应多使用事实阐述框架,为大众甄别信息真假,传递最权威、最全面、最迅速的疫情防控信息,以及时回应社会关切,有效平复公众情绪。

(二)善用道德评价框架,弥合社会情绪

大众传媒所传播的信息会时刻影响大众对世界的感知,大众传媒能对新闻和信息进行选择、加工和报道,通过将信息重新结构化的方式向受众传递信息,加工后的信息所提示的环境会在受众脑海中形成"拟态环境",这种人为塑造的环境有别于真实的客观环境。政务新媒体作为媒体中的"意见领袖"与互联网时代的"舆论领袖",在"拟态环境"的构造中需承担正确引导公众舆论的重任。

本文研究结果显示,新闻框架及新闻报道情绪基调是公众情绪的显著影响因素,使用道德评价框架能对公众情绪产生最为显著的积极影响。在常态化疫情防控中,主流的政务新媒体常将传播疫情防控信息与树立国家形象进行绑定,通过对医生、护士、警察、军人、社区工作人员、志愿者等群体进行道德评价性的报道,善用道德评价框架,往往能起到鼓舞民心、疏散负面社会情绪、凝聚正面精神力量的作用。在本轮"北京疫情"防控期间,以"人民日报"、新华社、央视新闻三大央媒为首的政务新媒体承担着"官方舆论领袖"的独特作用,通过灵活运用道德评价框架,使用文字、图片、VR、视频、H5 网页等方式传递着中华民族"众志成城,共克时艰"的主题精神,强烈激发了受众的正面情感,起到了凝聚社会共识、引导公众舆论、团结社会力量、消弭负面情绪的效用。

(三)巧用结果框架,疏解社会分歧

在本轮"北京疫情"中,由于疫情突发的不稳定性,公众需要及时获得由官方发布的准确信息与有关政策安排,一旦疫情信息不能及时公开或缺乏透明度,就容易导致谣言肆虐,公众负面情绪快速发酵。此外,与本轮"北京疫情"有关的责任问责事件也极易在短时间内引发巨大的负面舆情,这将会降低政府及官方媒体的公信力,使公众敌对情绪频发,公众舆论走向

极化。

政务新媒体在突发性公共事件中应充当公众舆论的"减压阀"。在本轮"北京疫情"中，政务新媒体对部分核酸检测实验室伪造数据的新闻进行报道，这类报道在极短时间内便引发了大量民愤与质疑，而官方媒体并没有选择纯粹进行责任问责，而是在事件得出调查结果后，使用结果框架，通过报道相关人员的问责结果向公众交代。这一方面可以阻止负面舆论的进一步发酵；另一方面也能回应社会分歧，尽快平息公众的愤怒情绪。因此，在面向带有问责性质的新闻事件时，政务新媒体可考虑使用结果框架代替责任归因框架来进行报道，侧重于报道问责后的严肃处理结果，有利于将报道情绪基调由消极转为积极，以此稳定公众情绪，减少公众过激反应。

五 结语

本研究聚焦 2022 年 5 月的"北京疫情"，旨在探究常态化疫情防控的社会背景下政务新媒体应采取何种新闻报道才能更好地引导公众舆论，避免大范围公众负面情绪的产生，促使疫情防控工作顺利推行。研究结果表明：新闻框架及新闻报道情绪基调是公众情绪的显著影响因素。使用道德评价框架、事实阐述框架或采用积极的报道基调能对公众情绪产生显著的积极影响，而使用责任归因框架或采用消极的报道基调则易使公众情绪更倾向于消极。根据具体新闻事件选择合适的新闻框架以及新闻报道情绪基调是政务新媒体在新闻报道工作中需要关注的重点。疫情防控信息要及时、如实、准确地报道，针对疫情发展情况的新闻报道要继续沿用事实阐述框架来回应社会关切。当公众情绪呈消极趋势时可以适当增加道德评价类报道与积极词汇的使用频率。面向带有问责性质的新闻事件时，可使用结果框架代替责任归因框架来进行报道，侧重于报道问责后的严肃处理结果。政务新媒体应通过对新闻报道的适当调整以期最大限度保持公共舆情的稳定态势，为当前的常态化疫情防控工作助力。

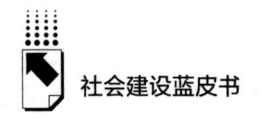

参考文献

臧国仁:《新闻媒体与消息来源——媒介框架与真实建构之论述》,三民书局,1999。

孙彩芹:《框架理论发展35年文献综述——兼述内地框架理论发展11年的问题和建议》,《国际新闻界》2010年第9期。

Entman R. M., "Framing: Toward Clarification of a Fractured Paradigm", *Journal of Communication*, 1993 (4).

W. Lippmann, *Public Opinion*, New York: Macmillan, 1922.

B.19
社区视域下的首都生活垃圾分类研究

李阳 张昭*

摘 要：《北京市生活垃圾管理条例》新修和实施以来，党委、政府、社会、公众共同参与城市生活垃圾管理，逐渐形成了维护公共环境和节约资源是全社会共同责任的环境观念，生活垃圾分类的物质基础、制度保障和实际效果得以强化。与此同时，社区作为居民生活垃圾分类的主要场域，呈现较大的差异性和不均衡性，不同类型社区具有的资源禀赋、采取的具体策略、参与主体的权力关系结构亦不相同。本文选取老旧社区和商品房社区的成功案例进行分析发现，尽管不同类型的社区存在诸多方面的差异，但是都尽可能地动员市场主体在社区垃圾分类中提供资源和服务。由此可见，多元主体的参与及其在此过程中的角色功能、协同关系是影响垃圾分类政策执行实效的关键因素。

关键词： 垃圾分类 社区场域 老旧小区 商品房小区

一 首都城市社区生活垃圾分类的总体状况

自 2020 年 5 月《北京市生活垃圾管理条例》（以下简称《条例》）新修和实施以来，北京市各级政府、基层居民组织、市场经济主体、社会组织、广大居民等多元主体均围绕生活垃圾分类进行了广泛参与。北京市统计

---

* 李阳，博士，北京工业大学文法学部社会学系讲师；张昭，北京工业大学文法学部 2019 级本科生。

局调查显示，2022年4月居民生活垃圾分类参与率达到99.4%，较《条例》实施前的2020年1月提升26.4个百分点。居民生活垃圾分类满意度达到92.2%，较《条例》实施前的2020年1月大幅提升34.8个百分点，较《条例》实施一周年的2021年4月提升1.5个百分点（见图1）。

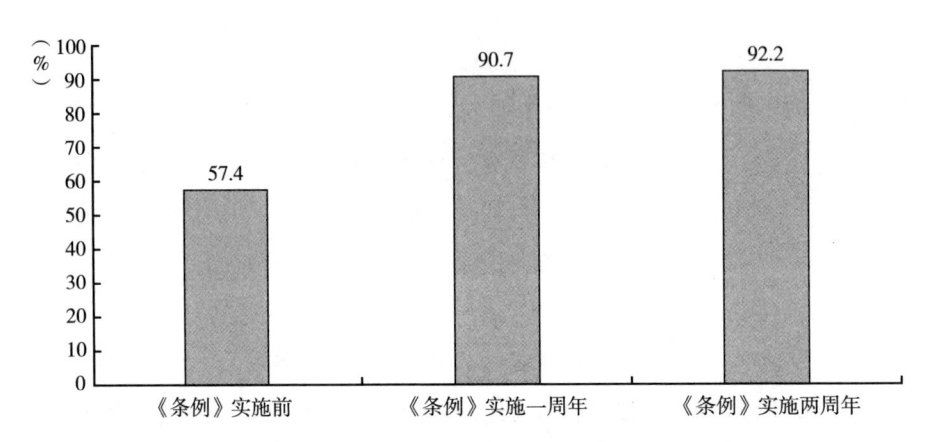

```
（%）
100 ┤                    90.7          92.2
 90 ┤                   ┌──┐          ┌──┐
 80 ┤                   │  │          │  │
 70 ┤                   │  │          │  │
 60 ┤      57.4         │  │          │  │
 50 ┤     ┌──┐          │  │          │  │
 40 ┤     │  │          │  │          │  │
 30 ┤     │  │          │  │          │  │
 20 ┤     │  │          │  │          │  │
 10 ┤     │  │          │  │          │  │
  0 ┴─────┴──┴──────────┴──┴──────────┴──┴──
       《条例》实施前   《条例》实施一周年  《条例》实施两周年
```

图1　《条例》实施前后居民满意度

生活垃圾管理需要将垃圾减量、垃圾收集、垃圾分类、垃圾转运和垃圾处理等环节形成闭环。在垃圾收集环节，2020年12月家庭厨余垃圾分出率为21.78%，分出量从《条例》实施前的309吨/日增长至4248吨/日，增长12.7倍。加上餐饮服务单位厨余1861吨/日，厨余垃圾总体分出量6109吨/日。此外，北京市开展可回收物体系建设，通过生活垃圾分类和再生资源回收两网融合，促进高、低值可回收物应分尽分、应收尽收，减量化取得了重要成效，2020年其他垃圾清运量同比下降1/3左右，生活垃圾回收利用率达到35%以上。

在垃圾分类环节，现已建成分类驿站1258座，达标改造固定桶站6.28万个，涂装垃圾运输车3290辆，改造提升密闭式清洁站805座，实现了分类投放、收集、运输、处理体系的规范化。在垃圾处理环节，房山循环经济产业园焚烧厂实现并网发电，目前运行总体平稳。顺义区生活垃圾处理中心焚烧三期工程正在进行桩基施工。安定循环经济园区残渣飞灰填埋场建设基本完成。全市12座焚烧设施的处理能力达到17650吨/日，24座生化设施的处理能力达8230吨/日；垃圾资源化率为61.45%，垃圾处理能力稳步提升，已基本满足全市垃圾分类处理需求。①

从政策执行上看，垃圾分类的监督管理力度得到加大。《条例》实施以来，600座生活垃圾分类驿站完成新建与改造并同步启用，北京市城管委逐一进行现场核验。每月通报垃圾分类问题有效投诉数量前20名的街道（乡镇）并挂牌督办，将结果纳入区级生活垃圾分类月度考核，已开展8个月度的通报治理，覆盖15个区的84个街道（乡镇），涉及问题诉求9305件。② 目前北京市垃圾桶前指导员和巡回员的值守率自2020年5月初至7月下旬，从20%~30%上升至56.2%左右③，有了较大幅度增加。

此外，相关部门对垃圾分类违规行为的执法力度也在加大。2021年6月起，北京市城管执法局调度全市城管执法部门开展3轮次的城管执法进社区，实现个人生活垃圾分类专项执法检查全覆盖。④ 经统计，2021年6~8月，北京城管执法部门针对居住小区（村）内个人不分类投放违法行为警告9326起，罚款1693起。与专项执法行动实施前相比，3个月的总处罚量环比增长近5倍。

综上所述，《条例》新修以来，政府主导、多元主体共同参与城市生活垃圾管理，使得生活垃圾分类的物质基础、制度保障和实际效果得以强化。但是与此同时，北京市生活垃圾分类工作与理想目标仍有差距，特别是在区域不均衡方面尤为突出。这种不均衡性不仅体现在传统的城乡差异，还表现为城区之间的不均衡——核心区、副中心、中心城区、平原新城和生态涵养

---

① 《市城市管理委2020年度工作总结》，北京市城市管理委员会网站，http://csglw.beijing.gov.cn/zwxx/zdgz/ndjxrw/202101/t20210112_2217903.html，2021年5月6日。
② 《2021年市政府重点工作进展情况》，北京市城市管理委员会网站，http://csglw.beijing.gov.cn/zwxx/zdgz/ndjxrw/202110/t20211008_2507804.html，2021年9月30日。
③ 《北京：家庭厨余垃圾分出量增4倍》，新华网，http://www.xinhuanet.com/local/2020-08/04/c_1126320957.htm，2020年8月4日。
④ 《非居民厨余垃圾将实行计量收费》，北京市发展和改革委员会网站，http://fgw.beijing.gov.cn/gzdt/fgzs/mtbdx/bzwlxw/202109/t20210902_2482569.htm，2021年9月2日。

区的生活垃圾管理不均衡，以及社区之间不均衡——传统街坊式社区、单一单位式社区、综合混合式社区、过渡演替式社区和现代商品房式社区之间呈现显著的异质性特征，在开展生活垃圾治理时，具有的资源禀赋、采取的具体策略和最终的实际成效亦不相同。社区是居民进行生活垃圾分类的重要场域，社区内的人力、物力、财力等对垃圾管理具有显著影响的因素在不同类型的社区中呈现显著的差异和非均衡性。从社区异质性、社区整合度等维度综合分析，老旧社区和商品房社区是各个类型社区中数量最多、最具代表性的。因此本文选取老旧社区B和商品房社区Z进行比较研究，讨论社区生活垃圾分类的可行性路径。

二 劲松模式下的老旧小区垃圾管理

B社区是改革开放后第一批成建制住宅小区，共有居民楼43栋，辖区总户数4199户，辖区总人口约11000人，其中60岁以上老年人口4000余人，占常住人口的36%，属于老龄化社区。在实施城市更新行动的过程中，B社区采用"劲松模式"引入民营企业"YJ集团"作为社会资本①参与社区改造，这一模式被写入北京市"十四五"规划。

企业作为社会资本参与社区改造，有助于破解"政府兜底、街道代管"模式的诸多困境，例如财政资金难以持续、后续维护难以支撑、居民服务需求与支付意愿难以平衡等。社区在改造过程中通过"区级统筹，街乡主导，社区协调，居民议事，企业运作"，形成和巩固了"五方联动"的治理格局，这成为社区各项工作开展的结构性因素。在此背景下，B社区的垃圾管理实践也表现出特殊性。根据课题组调查，物业是社区层面生活垃圾分类的主要执行者，在物业费收入可观的高档商品房社区，社区更容易推动物业开展垃圾分类。由于B社区既有房屋中，10%是收取物业费

---

① 文中提到的"社会资本"概念，在劲松模式的话语体系中指代市场主体，与其在社会资本理论中的含义不同。

的商品房，10%是直管公房，80%是未收取物业费的房改房，物业收入不足以支撑实施垃圾分类政策带来的成本。老旧社区由于物业服务水平较低通常采用社会动员的方法通过招募志愿者、组织党员值桶的方式。但是 B 社区的治理实践既不同于传统老旧社区的社会动员模式，也区别于商品房社区购买服务模式。

目前参与 B 社区垃圾分类的组织共有三种：党组织、行政组织以及经济组织。其中，各级党组织统合行政组织、经济组织以及居民共同参与到垃圾分类治理中，是治理秩序把控者，起到思想教育、监督制约等保障作用。行政组织及其延伸组织（居委会）负责制订垃圾治理方案、组织垃圾分类具体工作开展以及对市场力量进行整合。经济组织（企业）配合党政部门工作，发挥提供公共服务、提升居民生活品质的作用。

（一）党建引领，监督指导社区环境治理

党组织进入社区治理场域不仅可以高效解决社区问题，也是组织动员居民参与基层治理的法门。首先，街道党工委搭建了党建工作平台，以社区党委为统领，带领一区、二区共 8 个居民党支部以及物业党支部共同组成党建共同体，开启了党建引领助推社区治理和街区更新的新模式。

其次，社区党员干部带领群众参与生活垃圾分类，对居民参与垃圾分类起到了激励和监督作用。B 社区党委指导企业、组织物业党支部共同组建了由党员、积极分子、居民组成的社区管理者队伍，负责社区垃圾分类知识宣传，以及居民日常垃圾分类督导工作。

> 我们党员党性特别好，参与都特别积极。[1]
>
> 我们现在每天早八点到九点，晚六点到八点都在桶前轮流值守，大家看见我们在这里，就不好意思乱扔垃圾了。[2]

---

[1] 资料来源：社区工作人员访谈记录。
[2] 资料来源：社区党员干部访谈记录。

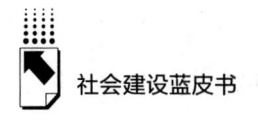

此外，党组织也对社区环境治理起到了监督、指导作用。区委领导曾多次前往B社区考察，听取老旧社区改造过程中的重难点，并开展指导、监督工作，防止行政工作形式化、虚假化，保证社区工作的顺利推进。

> 之前区委书记也来这边调研，看这块的综合改造情况，像垃圾分类这块的"无接触垃圾桶"，还有小公园那边的垃圾分类宣传墙的改造。①

综上，一方面，党组织利用其政治优势，凝聚多方社会力量，为社区垃圾分类工作的开展提供人力资本保障。另一方面，党组织也对社区环境治理工作起着监督、指导作用，保障工作稳定有序开展。

（二）行政主导，纵向规划实施垃圾分类

区政府在社区垃圾分类治理中起到了主导作用。一方面，区市政市容委牵头的垃圾分类工作办公室负责推动辖区街道的垃圾分类试点工作。另一方面，区政府也负责对企业进行筛选和引入，通过公开招标的方式引入企业进行辖区环境治理。

街道承担主要行政责任，负责制度设计、执行和资源配置。首先，街道办事处为落实《条例》，推进垃圾分类示范片区建设，制订了街道层面创建"垃圾分类示范片区"的实施方案。其次，街道与企业签订战略合作协议，共同开展街区社区环境治理。企业作为综合性物业服务单位，通过环境改造，提供保洁及宣传等服务推进居民参与，改善社区环境。综上，街道以政府适度扶持、企业合理收益、居民购买参与等方式推进社区垃圾分类协同治理。

居委会作为居民自治组织，接受街道指导，承担属地管理责任。首先，居委会接受所属街道下达的相关安排，积极落实相应政策，协助承担部分行政职能。

---

① 资料来源：社区工作人员访谈记录。

垃圾分类这块我们也是全力配合街道，比如落实街道下发的垃圾分类方案，还有宣传方面相关设施和活动的推进。[①]

此外，居委会还承担协调功能，利用社区内与居民建构起来的"熟人网络"，在政府、企业与居民之间的互动中发挥中介"桥梁"作用，为试点工作获取广泛群众支持，通过纳入多元社会力量，形成社区共商共治体系（见图2）。包括联合物业进行社区垃圾桶改造，调动楼门长、社区居干、社区党员力量进行包楼问需工作；开展宣传教育活动，提高居民的垃圾分类知识掌握量和环保意识；组织社区环境公益活动。据统计，2021年全年居委会发动辖区党员、志愿者、保洁员开展维护社区环境的公益活动10余次，参与人数近千人次。

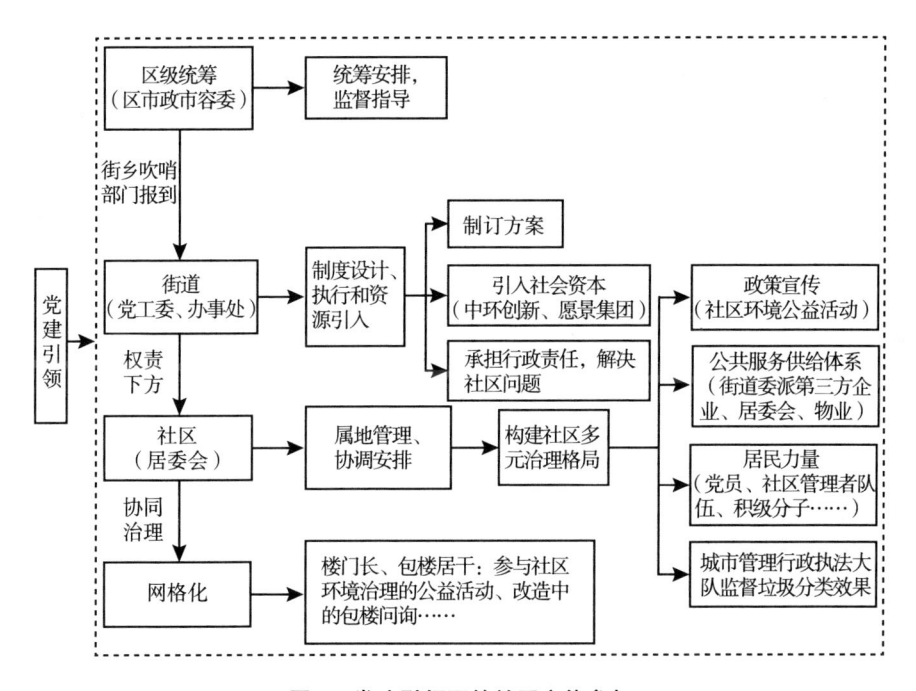

图2 党建引领下的社区主体参与

---

① 资料来源：社区工作人员访谈记录。

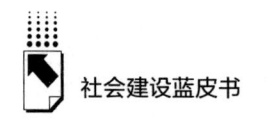

（三）企业参与，形成垃圾长效治理模式

居民参与是垃圾分类治理的重点。由于居民行动遵循效率机制，因此在不存在外在激励作用的情况下，垃圾分类带来的时间成本和人力成本使居民参与度难以提升。而社区引入市场力量不仅可以降低居民参与成本，还可以通过提高居民参与效益的方式，提高居民参与度。该社区共引入了 ZH 和 YJ 两家企业。

第一家企业 ZH 主要为社区垃圾分类提供硬技术服务支持。其研发的"一站式垃圾分类"工作模式，使居民在垃圾分类时无须东奔西走，节约了时间成本。以"绿馨小屋"为例，它是一个综合性服务站点，设置了可循环节约书架、太阳能电视机等设施，起到宣传作用。此外，它具备"两网融合"① 作用。以往居民常将可回收垃圾卖给商贩，将不可回收垃圾掷入垃圾桶。前者属于再生资源回收系统，具有商业属性，后者属于垃圾回收系统，属于公益属性。两套系统处于分离状态，这不仅造成可回收垃圾桶空置问题，拾荒者翻桶行为也造成垃圾混装情况，从而降低社区垃圾分类治理效率。而"绿馨小屋"则将这两套系统进行了融合，居民可以将分好的垃圾带到"绿馨小屋"，由固定的回收人员进行称重、档案记录和积分兑换工作，积分可以换取生活用品和社区"一刻钟服务圈"中的相应服务，充分贴合居民生活需要。

> 以前老是满处找收废品的，使用积分之后方便了，而且能换洗衣液、卫生纸什么的，也挺实用。②

第二家企业 YJ 则侧重软技术的服务提供。首先在宣传方面，企业在社区内进行问卷和访谈调查工作，了解居民垃圾分类执行度、认同度以及未能

---

① 林菲：《首创智慧环卫——做专业的咨询环卫运营服务商》，《城市管理与科技》2017 年第 2 期。
② 资料来源：居民 202211402 访谈记录。

进行垃圾分类投放的原因等。在掌握基本情况后，针对居民垃圾分类知识缺乏、参与积极性较低的情况，企业在后期通过组建社区管理者队伍、垃圾分类小游戏以及"正确垃圾分类"换积分活动等方式宣传垃圾分类知识，针对性提高居民的参与动力和环保知识掌握度。其次，在日常服务过程，YJ负责社区楼道、外围清理和垃圾清运工作。但目前保洁仍面临资金短缺、人手不足、楼道清洁不到位的情况。

> 我们楼内清洁频次是一周一次，毕竟物业费一个月才4毛3（0.43元/米^2），要是达到每天清理一次的频次，就还得加人，那物业服务的成本又上升了，亏损就更大了。①

（四）协同治理，共建垃圾分类合作网络

首先，党组织、行政组织及其延伸组织之间呈现一种复合关系，既有"分工"又有"合作"。从"分工"来看，党组织对行政及其延伸组织的工作起到监督、指导作用。而行政及其延伸组织则主要负责规划、组织具体垃圾分类工作的开展。

"合作"则主要体现在统筹多元主体力量和社区垃圾分类思想教育工作的开展上。在统筹多元主体力量上，党组织主要起到统筹人民力量的作用。利用政治优势，发动行政组织、企业、居民中的党员力量，利用其先锋带头作用，带动多元主体共同参与社区垃圾分类治理。而行政组织则负责引入市场力量，借助企业提供优质服务和对居民行为进行外在物质刺激等方式，提升居民的垃圾分类参与度。同时，社区通过给予企业一定的利润空间建立企业参与社区环境治理的长效机制。一方面社区和企业一同规划，盘活闲置空间，另一方面企业也着力推动停车收费管理以及其他便民业态的投资，保证投资回报平衡。而在宣传教育方面，社区党组织和行政

---

① 资料来源：物业工作人员访谈记录。

组织之间也呈现一种"融合"状态。社区党委与居委会目前是"两套班子，一队人马"，因此居委会可以直接动员社区干部和居民党员参与到垃圾分类宣传教育工作中，这减少了社区人力资本的投入，也降低了党政部门之间的沟通成本，提高了工作效率。同时，这样的治理方式也会带来"小马拉大车"的问题，特别是在目前治理重心下移、社区任务较重的情况下。

另外，党政机关与第三方企业之间也保持合作关系，党政机关在这一关系中处于主导地位。一方面，党政部门通过公开招标的方式对企业进行筛选，选择合适的企业进驻社区开展社区环境治理工作。另一方面，党政机关也对企业运作具有监察权，以避免企业出现腐败问题。

三 商品房社区的垃圾分类管理模式

T社区是2004年建成的高档商品房社区，辖区居民3800户，人员构成复杂，存在同一户中兼有京内、京外、外籍的户籍情况。这一复杂状况给社区垃圾分类带来巨大挑战。

社区与其他高端商品房社区类似，有收费水平和服务质量较高的物业公司。居委会作为政府臂力的延续统筹社区的日常管理事务。此外，2013年成立的业主委员会在垃圾分类政策实施过程中发挥了重要作用。由居委会、物业、业委会组成的"三驾马车"构成了社区事务开展的结构性背景。在推进生活垃圾分类的过程中，三方主体分工协作、相互支持，完成了垃圾桶下楼、硬件设施建设、值守人员调配等一系列工作。

T社区生活垃圾处理的流程是：居民在家中进行垃圾分类，再到楼下的垃圾桶站分类投放，物业雇用保洁公司的保洁人员值桶，确保居民正确分类和投放，物业将桶站收集的生活垃圾运输到街道指定的垃圾站进行处理。《条例》实施以前，垃圾桶作为生活便利设施在社区的各楼各层均有分布，这一设置曾是楼盘销售时的推销亮点之一。自2004年社区建成至今，大部分居民已形成固定的生活习惯，将垃圾混合投放于所在楼层的垃圾桶中。

原先的垃圾投放模式难以实现分类目标，一是垃圾桶分散造成值守人员短缺，二是垃圾分类增加的垃圾桶造成空间狭小具有安全隐患，因此"垃圾下楼"成为该社区开展垃圾分类的一个难题。除此之外，《条例》实施初期居民分类意愿不强、分类准确率和规范性不够，抵触情绪较强，通过向居委会反映、拨打12345投诉、向物业公司质询、联系业主委员会维权等方式进行抗争。最终在居委会及相关政府部门、业主委员会、物业公司的通力合作下，社区生活垃圾分类逐步规范化和制度化。

（一）居委会：动员引领与多元协同

首都生活垃圾分类政策由市级政府制定、自上而下逐级落实，居委会作为社区场域中承担实际管理工作的基层组织，是多元主体中推行分类政策动力较强的主体之一，也是社区垃圾分类的主导者和多元主体的协调者。T社区居委会在政策执行中的具体工作包括制订垃圾分类方案、动员多元主体参与、筹措人财物等资源等。

一是动员物业及保洁公司，提供人力物力。垃圾分类政策的实施需要具备设施基础和人员保障，包括建立桶站、更换标准桶、调度垃圾运输车辆、安排清洁人员和值守人员等。这些开支主要由物业承担，但是物业作为市场主体，其本质是盈利。社区想要在没有资金投入的前提下，使物业承担相应的工作和开支，需要运用非正式制度。

> 物业就一直希望社区能给钱，但是没钱给他们。为什么没钱给他们？政府的钱首先要投给那些没有一点力量的地方，比如说老旧小区，没有保洁员，也没有垃圾分类的那些系统。物业不愿意（承担垃圾分类增加的开支），那好，我就一天一天跟他在这磨，最后他开始动手弄这些。[①]

二是联络城管等相关部门，规范居民行为。居民行为遵循生活逻辑，无

---

① 资料来源：社区工作者访谈记录。

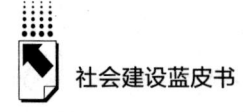

论是垃圾分类还是其他社区事务，便利程度是其决定配合程度的重要考量因素。在政策执行初期社区尚未形成垃圾分类的氛围，部分居民坚持原来的垃圾处理习惯，对其他居民造成了不良示范，居委会于是联络相关部门进行劝诫。

> 刚开始垃圾下楼的时候，有的人就扔在门口，然后我带着城管去敲他们的门，因为城管根据《条例》可以罚200块钱。但是城管跟我说得很清楚，这200元没有罚过。我们就拿这个来教育居民，然后慢慢地就下楼扔垃圾了。①

三是管理辖区内餐饮企业，落实分类要求。《条例》实施之前，餐饮企业的垃圾处理属于市场行为，出售厨余垃圾可获得相应收益。《条例》实施以后，政府为实现特定管理目标，指定辖区内的清运公司，并要求餐饮企业统一使用240L标准厨余垃圾桶。对于企业而言，更换桶具、无偿清运使得厨余垃圾从收入项变为支出项，因此企业没有主动参与垃圾分类的动机，需要居委会进行引导。

> 饭馆这些厨余垃圾最早是挣钱的，他们会卖给专门收泔水的单位。但是后来针对厨余垃圾，由于它的去向不明，政府要求统一处理。怎么统一呢？开始说是免费收，收去之后觉得不行了开始涨价，11元钱一桶，现在是29元、30元钱一桶。你想想看，每天加起来它就相当于一个人工成本了，这样让这些饭馆或者餐饮企业也逐步增加了压力。②

（二）业委会：政策宣讲与冲突化解

2011年底北京市住房和城乡建设委员会发布《关于推进住宅区业主大

---

① 资料来源：社区工作者访谈记录。
② 资料来源：社区工作者访谈记录。

会建设的意见》，提出积极推进业主大会建设，对于完善社区治理结构，提升社会管理水平，促进城市房屋建筑可持续发展，具有重大的现实意义。①在此背景下，T社区业主多次申请成立业主委员会，最终在居委会的支持下于2013年正式成立。居委会认为社区业委会在社区治理中发挥了不可或缺的作用，在垃圾分类政策执行过程中亦是如此。

> 我大概顶了有一个多月的时间，包括区纪委也找我，因为遭受居民大量的投诉，说楼上垃圾下楼。在垃圾分类里面，没有要求说垃圾必须下楼，但是垃圾如果在楼道里头，它是没法分拣的，你想楼道里头有多大地方？同样的事情（垃圾下楼），同样的物业，在其他社区没做到。原因很简单，当地的业委会不支持垃圾下楼，在垃圾分类没有明确规定的时候，就是可以选择。然后在垃圾分类这一块永远赶不上我。②

一是收集居民意见。由于政策制定过程缺乏居民参与，居民对于政策的态度并不明晰，业主委员会的成立拓宽了居民反馈意见的渠道。就垃圾分类政策而言，居民是否支持、存在哪些困难、有何解决方式，都关涉政策最终的实施效果。

> 一开始我们垃圾分类，所有垃圾桶下楼的时候，业主是有很多反对意见的，他不愿意，他觉得不方便。在楼上也可以分类，为什么一定要我们下来丢垃圾才能分类？楼梯间多放几个垃圾桶就行了。他不会考虑到现实能不能执行，只考虑到自己方不方便。③

---

① 《关于推进住宅区业主大会建设的意见》，北京市住房和城乡建设委员会网站，http://zjw.beijing.gov.cn/bjjs/fwgl/zcfg/315799/index.shtml，2011年11月14日。
② 资料来源：社区工作者访谈记录。
③ 资料来源：业委会成员访谈记录。

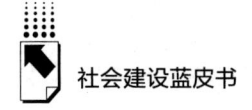

二是宣导政策法规。业委会委员的法律素养对于组织的运行至关重要，能够实现良性运行的业委会通常有法律相关的从业人员。因此业委会具有开展法律政策宣导的优势条件，帮助组织和居民明确政策实施中的权责关系。

业主来跟我们投诉物业，我们要跟他解释这个事情，我不站在物业的角度，我也不站在业主的角度，我跳出来跟他讲这件事。第一，垃圾分类是国家要求的，国家的政策我们必须执行。第二，你说物业做得不到位，我们可以敦促他整改。这两方面我都要说清楚。你提合理的建议，我们一定会转达给物业，让他们去调整。①

三是分担社区压力。在居民支持率和配合度不高的情况下，业委会通过对居民进行劝导和语解来支持并助力居委会工作的开展。如此可以化解一部分居民的抵触情绪，也会相应地分担居委会面对的压力。

业主有一个想法就是说，业委会就得向着我说话，但是我们推动业委会是为了保证大家的公共利益，而不是说某一家某一户的利益，我不能够不断满足你们个人的要求。这样业委会其实现在也顶着很大压力，比如说我以前一天要收 10 个举报，有了业委会，我可能一天只收一两个，其实它是分担我的压力。②

（三）物业公司：服务与成本收益均衡

物业公司是垃圾分类的资源供给者和服务保障者，在垃圾分类政策实践中不仅承担着提供物资、政策宣讲等间接性工作，还承担着桶站值守、协助

---

① 资料来源：业委会成员访谈记录。
② 资料来源：社区工作者访谈记录。

分拣、桶站清洁、垃圾运输等直接的服务和管理工作。但是，物业公司作为市场主体，其根本行为逻辑是逐利的，由于分类政策在社区层面没有配以稳定的财政投入，动员物业参与垃圾分类首先需要考虑如何降低或是补偿垃圾分类工作给物业公司增加的成本。

> 在（垃圾）没有下楼之前，咱们小区每一层都放了一个垃圾桶，都是我们自己晚上过了10点从楼上把它运下来的，其实这个工量比较大，所以之前我们有想过做垃圾下楼，但是都以失败告终。因为业主不愿意，当时卖楼的时候，一大亮点就是要把垃圾放在这个位置。这里面老业主特别多，他养成这个习惯，所以不愿意下楼仍垃圾。①

一是推动垃圾下楼。按照原先的垃圾投放模式，想要实现垃圾分类需要投入更多的人力进行分拣和收运，但是在没有经济投入的情况下，物业公司没有动力支持和参与垃圾分类。因此推动垃圾下楼是各方主体的利益公约数——居委会能够更加有效地动员物业，并控制以往垃圾在楼内堆积造成的消防隐患；物业能够减轻工作量和降低人员成本；业委会能够实现优化居民居住环境。

二是购买保洁服务。T社区的物业公司通过向保洁公司购买服务的方式，获取环境清洁服务所需的劳动力。一方面，保洁公司能够提供稳定的保洁员并对其进行管理，其成本低于物业公司自行雇用工作人员；另一方面，环境清洁问题是居民关注的重点物业服务之一，雇用第三方保洁员能够让物业公司在居民满意度降低时，更换合作单位而避免业主通过业委会更换物业公司。

三是负责桶站值守。物业雇用的第三方保洁人员在垃圾分类中承担了主要工作，劳动强度大、劳动报酬少。保洁员从早上6：00到晚上11：30，

---

① 资料来源：物业工作人员访谈记录。

除三餐用餐时间外几乎都在桶站值守。主管级别收入最高为月薪3200元，普通保洁员月薪为2900元。社区在统筹和动员第三方工作人员时，能够提供的物质支持十分有限，只有用于休息居住的地下室。除此之外，社区书记通过实地走访拉近距离、话语表达肯定、理解工作强度和难度等策略调动第三方工作人员的积极性。

> 如果想真正做到垃圾分类，必须有人值桶，要投入的人力非常大。(保洁员)除了回去吃点东西就睡觉，几乎没有休息日。为什么？因为一个桶站只有一个人，一旦休息了，这个桶站就没有人了。所有光鲜的表面背后全部都是有人在付出。现在咱们的垃圾分类要求非常高，但是没有把资金和重点投在他们身上，只是增加了工作量，增加得非常大。而且所有的投诉和抱怨都在他们身上，一个人面对这么多户的垃圾，非常辛苦。[①]

四 结论与建议

（一）商品房社区和老旧社区的差异比较

从产权属性上看，老旧社区主要是计划经济时期由政府和单位出资建设的职工社区，住宅所有权归单位所有，物业等社区服务由单位负责。[②] 因此，居民对社区的依赖程度较高。而商品房社区是一种以专有财产为核心、以共有财产为纽带的利益共同体，其住宅的所有权已经不再是任何单位，而是购房者本人。[③]

---

① 资料来源：社区工作人员访谈记录。
② 李红娟、胡杰成：《中国社区分类治理问题研究》，《宏观经济研究》2019年第11期。
③ 夏建中、张菊枝：《新型社区治理困境的破解及其可行性研究——以北京市品苑小区的社区自治实践为例》，《甘肃行政学院学报》2011年第2期。

从整合程度上看，老旧社区整合程度较高，商品房社区整合程度较低。老旧社区多为单位社区，邻里之间因工作和共同居住时间较长而熟识，人口流动性较小，易形成熟人社会。商品房社区中人口流动性大，邻里感情较为淡薄，居民对社区依赖性较低。

从参与意愿上看，老旧社区居民的社区参与意愿较强，超过了商品房社区居民。老旧社区中，集体主义文化具有深远影响，人们之间的互动关系较为亲密。而商品房社区中，由于邻里熟悉程度较低，社会互动减弱，居民参与意愿较弱。[1]

（二）多元主体协同共治的一致性经验

尽管老旧社区和商品房社区在居民异质性、整合程度、资源禀赋等维度，处于相反的两端。但是B社区和T社区的成功经验表明，多元主体的参与及其协同程度是决定垃圾分类效果的关键因素。

B社区是老旧社区，居民异质性低、社区整合程度高、社区志愿者资源丰富，但是社区采用的劲松模式其关键在于引入市场主体，解决了资金筹措、人员调配、专业技术和服务的问题。B社区的经验表明，居民参与和社会动员是垃圾分类工作的重要环节，但是难以代替市场主体提供的专业服务，随着人们生活水平的提高，居民对高品质社区服务的诉求也将不断上升，针对物业等市场力量的筛选、引入和协同机制应当给予更多的关注。

T社区是高端商品房社区，居民异质性高，社区整合程度低，社区居民参与垃圾分类的动力不足。物业在原有的保洁服务模式下难以兼顾垃圾分类工作，而为实现垃圾分类采取的新的服务模式（垃圾下楼）又遭到部分业主的反对，最终通过业委会、居委会和相关政府部门，共同实现了垃圾下楼和垃圾分类。T社区的经验表明，不同主体在政策制定、资源筹措、冲突化解等方面具有不同的优势，多元主体的协同至关重要。

---

[1] 马卫红、黄沁蕾：《上海市居民社区参与意愿影响因素分析》，《社会》2000年第6期。

（三）政策建议

首先，加强资源供给。垃圾分类政策的实施增加了社区在财力、人力、物力等方面的开支，资源的缺失导致部分社区的垃圾分类实践停留于宣传层面，难以形成长期性和稳定性的制度安排。相比于商品房社区，老旧社区的经济基础薄弱、社会资源薄弱，政府和各方社会力量应进一步加以支持和补足，促进老旧社区环境改善。

其次，完善治理体系。主体缺失是当前垃圾分类治理体系的首要问题，尽管多元主体共同参与会存在目标分化、意见相左等问题，但是不同主体的功能优势是难以替代的。将T社区和B社区相比较能够发现，B社区作为老旧社区存在社会组织和业委会的主体缺失，这造成了居民意见的反馈渠道缺失，可能造成居民参与度降低、政府部门绩效合法性压力增大等问题。因此，社区应注重社区组织等多元主体的培育，不断完善社区环境治理系统。

最后，明确权责关系。T社区和B社区的成功经验表明，社区各主体清晰和明确的权责划分、功能安排有助于垃圾分类政策的实施。对于居委会来说，它承担着协调居民矛盾的责任，却缺乏化解矛盾和直接执法的权力。对于党组织来说，对党员的动员力和约束力高于其他居民，正式制度的边界导致失灵现象偶有发生。对于物业来说，其虽然承担着"小区生活垃圾分类责任人"的职能，但是其根本的行为逻辑仍然是市场逐利性和服务性，投入产出比是其主要考量因素。综上，未来在进一步推进生活垃圾分类的过程中，应当关注不同主体的权责关系分配实现协同共治。

地方社会建设篇
Locial Social Consturction

B.20 低收入人群圈层管理和精准救助机制研究

——以北京市顺义区为例

顺义区委社会工委区民政局

摘　要： 顺义区作为被民政部确定的低收入人群经济状况研究项目试点，不断加强社会救助能力建设，积极探索建立低收入家庭经济状况数据库，汇聚统筹各部门社会救助信息，推进"互联网+救助"，促进社会救助信息化水平和管理水平的提升。通过数据库对低收入家庭经济状况数据进行分析研究，建立科学的困难指数机制，简化救助流程，创新低收入人群管理和服务方式，促进各救助部门信息共享和救助资源统筹使用。创新"圈层管理"模式，实现低收入家庭的差异化管理，做到因人施保，充分发挥兜底效果，增强兜底保障能力，逐步实现由传统救助对象向"支出型"贫困对象拓展，最终形成可供全国推广使用的低收入人群经济状况研究模型和方法，为社会救助决策提供支撑。

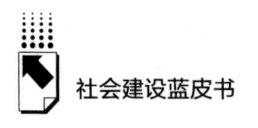

关键词： 精准识别　资源统筹　困难指数机制　系统平台　动态管理

社会救助事关困难群众基本生活和衣食冷暖，关系民生、连着民心。社会救助兜底保障是巩固脱贫攻坚胜利成果的有力保障。随着城市化进程的纵深发展和人民需求的日益多样化，每个社会救助经办机构都面临着更加复杂的治理现实，"老药方"解决不了"新症状"的问题凸显，传统的社会救助模式开始暴露短板。在传统模式下，人民大多被动求助于政府，经常苦于四处寻找政策，政府的专项救助政策不尽完善，困难家庭的多样化需求难以满足等。这些传统"顽疾"在新的精细化救助需求面前显得尤为突出，如何有效增强社会救助综合效能，成为摆在新时代民政工作面前的一个新问题。基于此，顺义区抓住成为北京唯一"全国社会救助综合改革试点区"这个契机，坚持改革创新，高质量完成相关任务。在拓宽社会救助范围、下放审核确认权限、优化审核确认程序、构建三级精准救助体系、探索建立"圈层化"动态监测机制、建立"容错纠错"机制等方面进行了实践创新，建立起"10+1+N"救助工作格局，其中"10"指低保、特困、低收入、医疗、住房、教育、就业、取暖、物业、临时救助；"1"指慈善救助、社会保险等社会力量补充救助；"N"指困境老人、困境儿童、困境残疾人、支出型贫困群体等的"个性化"救助服务。同时推进社会救助信息化平台建设智能化，落实社会救助"全程通办"；优化救助流程，困难群众可跨区域就近申请救助事项，实现全区通办；简化申请材料，困难群众只需携带本人和家庭共同生活成员及法定赡养人、抚养人、扶养人的身份证、户口本即可申请救助，切实让群众"只跑一次"；简化审批程序，取消民主评议环节，审批时限由原来的"23个工作日+7个自然日"缩短为"15个工作日+7个自然日"，进一步提高了救助效率。同时依托"顺手办"政务服务平台和北京民政官微，实现救助事项网上申请，困难群众通过手机客户端就能申请低保，切实达到"最多跑一次"的目标。

习近平总书记指出，共同富裕是全体人民的富裕。低收入人群兜底救助体系是共同富裕政策体系的重要组成部分。2019年11月,顺义区在前期全国社会救助综合改革试点区改革探索的基础上,锚定"十四五"时期社会救助转型发展的新目标、新要求,主动作为,再次代表首都北京承接民政部低收入人群状况研究项目试点任务,旨在通过创新探索,建立起低收入人群动态监测预警机制和主动发现、快速响应机制,确保兜底保障精准及时,确保困难群众在共同富裕道路上不落一人。为此,试点项目组在全国社会救助综合改革试点成果基础上,积极探索、多措并举,全力攻坚算法工具研发,助推社会救助科学化、精准化、高效化。通过设定环形社会救助圈,建立低收入家庭有效数据库,加强社会救助能力建设;通过建立救助困难指数机制,摸清核心低收入家庭,坚持问题导向,实现差异化管理,充分发挥兜底效果;通过建立多元化服务机制,强化社会救助资源统筹,着力解决急难个案,探索社会力量参与社会救助的具体办法与措施,为推动社会救助的改革与发展贡献顺义力量。

一 试点项目研究目的与意义

高速发展的信息时代,对大数据的合理运用是实现科技赋能、促进兜底保障工作改革转型的必要路径。要实现对低收入人群的提前预警、快速识别、精准画像、合理归类等目标,其最佳方式也是借助大数据的算力支持。但攻关方向指向何处?算法工具如何设计?哪些指标需要纳入?人群分层怎样实现?一个个具体问题摆在试点项目组面前等待着答案。要找到最优解,才能最大限度发挥普惠性政策兜底效果,最大范围涵盖急需救助的困难人群,最大限度提升精准救助技术保障能力水平。

(一)全面收集家庭信息,精准识别低收入家庭

根据北京市民政局《关于进一步加强社会救助家庭经济状况认定工作的指导意见》(以下简称《家庭经济状况认定意见》),要精准了解低收入家庭经济状况。在现有政策支持的基础上,探索设立社会救助服务圈,全面

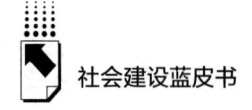

收集低收入家庭相关信息，包含人口结构、收入状况、救助资金、残疾程度、疾病状况、受灾程度、社会环境、区域特征等，逐步完善社会救助对象的认定办法、社会救助标准量化确定机制等，实行多部门数据共享共建，达成"精准识别"低收入家庭的目标。

（二）建立困难指数机制，增强兜底保障能力

通过对低收入家庭的信息进行数字化管理，运用"互联网+"模式，建立有效的困难指数机制，使救助工作人员能够更科学、更精准地把握低收入家庭的困难程度；同时将困难指数与服务多元化进行有效衔接，实现低收入家庭的差异化管理，做到因人施保，充分发挥兜底效果，增强兜底保障能力，真正实现社会救助的目标。

（三）建立动态管理机制，优化社会救助流程

应用"互联网+"模式，有效地将社会救助服务圈、困难指数与服务积分机制紧密衔接，开展实时指数核减与圈层动态管理，使资源充分有效利用；同时，进一步简化社会救助审核、审批流程，建立健全低收入家庭主动发现机制，完善"一门受理、协同办理"平台，形成救助合力，逐步优化社会救助流程，探索一批可推广的创新成果。

（四）建立多元服务机制，统筹社会救助资源

目前，社会救助范围内的对象事实上拥有了享受多元化服务的"通行证"，在一定程度上会造成"稀缺资源"不均衡分布的状况甚至是"福利捆绑"。因此，本次服务需要统筹区域内社会救助资源，建立低收入家庭台账，通过对"互联网+救助"模式的有效管理，使困难指数相对较高的低收入家庭成员具有优先享受服务的权利；同时，链接更多的社会力量参与到救助工作中，满足服务对象的多元化需求，着力解决急难个案，实现社会救助资源与服务对象的精准对接，强化社会救助资源统筹能力，最大限度地改善服务对象生活。

二 试点项目推进情况

试点工作开展以来，民政部、北京市各级领导通过实地调研指导、开展专项督查、召开专题会议等方式，深入一线了解实际情况、掌握一手资料、解决具体问题，对试点任务更有针对性的落地落实进行宏观把控。顺义区委、区政府高度重视改革试点工作，坚持把试点工作作为筑牢困难群众救助防线、增进人民福祉的有效途径，作为提升"弱有所扶"保障水平的重要抓手，强化高位调度，统筹推进实施。

（一）强化统筹协调

在2019年顺义区成立试点工作领导小组的基础上，继续强化区级统筹与组织领导，进一步完善全区困难群众帮扶与救助协调机制的议事内容和工作程序，于2020年2月将顺义区困难群众基本生活保障工作联席会议制度调整为"区困难群众基本生活保障工作领导小组"，领导小组由区政府主管民政工作副区长任组长，区民政局、区发展改革委、区教委、区住建委、区卫健委等16家单位以及各镇街为成员单位，形成高位推动、多元联动、互相协同的工作格局，统筹推进全区改革试点工作，切实发挥困难群众基本生活保障工作协调机制的"救急难""兜底线"作用，共同做好困难群众基本生活保障工作，确保困难群众急有所救、难有所帮、弱有所扶。

区困难群众基本生活保障工作领导小组进一步统筹全区之力协调推进改革试点工作，以因地制宜、重点突破、统筹兼顾为基本原则，加强基本生活保障，实施医疗救助工程，落实教育救助计划，加大就业救助力度，完善住房和供暖救助政策，强化临时救助功能，整合慈善救助资源，开展专业社会工作服务，建立健全精准管理体系，着力打造统筹衔接、政社互补、高效便捷、兜底有力的多层次综合救助新格局，提升社会救助体系的科学性、规范性、系统性和有效性，充分发挥困难群众大数据库优势，促进救助部门信息共享和救助资源统筹使用，形成改革合力。

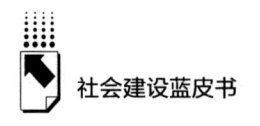

(二）注重政策保障

加强试点创新的政策供给，先后制定出台《关于建立区镇（街道）村（居）三级困难群众救助服务机构　开展精准救助精准帮扶工作实施方案》《顺义区关于进一步做好社会救助家庭经济状况认定工作的意见》《顺义区关于进一步做好特困人员救助供养工作的通知》《关于进一步激励社会救助干部担当作为的实施意见》《顺义区城乡居民最低生活保障和低收入家庭救助审批权限下放工作实施方案》5个引领性政策文件，实现了救助内容多样化、救助渠道多元化、救助识别精准化、救助工作人性化的救助保障网，并通过即时更新，实现全覆盖式的即时帮扶，让群众进门更方便、办事更快捷。

（三）完善工作体系

顺义区的改革试点将政策保障与基层试点进行上下互动、有机结合，制定《顺义区低收入人群经济状况研究试点项目实施方案》（以下简称《试点方案》），推动整个试点的有序开展。《试点方案》主要包括调查研究、数据整合、数据补全、实地采集、数据库建设、数据处理分析、智能化分析系统建设以及质量保障等，确定了改革试点的总体思路，建立主动发现工作机制和发展目标，明确了责任主体、时间节点和保障措施，形成"区—镇街—社区（村）"三级合力推进的工作体系。同时，开展全区困难人群摸底调查工作，通过案头研究查询、电话咨询等方式，了解区内相关委办局中可能与困难群众有关联的科室及职能、制定出台的困难群众救助政策，对可能与困难群众相关的数据库资料进行初筛。试点前期，经深入了解16个委办局、60多个科室职能及相关帮扶救助政策，精准摸排全区10个委办局、40个与困难群众相关的数据库，为扎实做好全区困难群众数据库奠定扎实基础。

坚强有力的领导中枢、运转高效的组织架构、日臻完善的政策指引，为试点任务顺利推进拧上了"责任阀"、系好了"安全带"、点亮了"指路灯"。

三 试点项目的具体做法

(一)强化协调,实现数据通用共享

数据库算力的提升离不开数据量的支撑。为此,顺义区通过精准、有序地协调教委、住建委、民政局、农业农村局、人保局、区总工会、区残联、区红十字会等领导小组成员单位,以数据共享为目标,强化个人与家庭收支核查资源的整合,建立由区级民政部门牵头的低收入家庭基本信息数据库,加强部门间信息共享,协调推进社会救助家庭经济状况核对机制建设。

通过整合完善困难群众救助数据库,推动金融、工商、教育、医保、车辆、税务、住房等个人与家庭基本信息的数据共享和信息联动,多领域、广视角地关注处于困难边缘的特殊人群,为低收入家庭及时预警提供支撑。圆满完成基础数据的收集和分析工作,对民政、残联、人社、农村农业、医保、住建、红十字会7家单位的44个数据表、86786条数据完成大量清洗、去重等整合处理,完成51133人的低收入人群数据收集。此举在全市首次实现了社会救助在区级层面的部门协同和数据共享,突破了"信息孤岛"式的现实困境,为全区开展支出型困难群众定制式精准帮扶、构建反贫困长效机制以及建立预防型和发展型社会救助服务体系提供了有益探索,为实现困难群众数据库广泛覆盖建立基础底账。

(二)汇集众智,构建精准救助模型

打造一个科学高效、安全可靠的信息技术载体,需要专业化视角对系统架构和技术设计等关键环节进行严格把关。为此,项目组邀请了中国人民大学、国家发改委等一众救助领域的专家学者,为推进试点任务、优化试点成果提供智力支持,对试点工作的科学研究、质量控制、业务培训等工作提供技术指导。科学的理论分析,较强的攻关能力,有效的解决对策,为实现系统功能设计的持续优化提供了有力支撑。通过参考智囊团提供的建议思路和

工作方案，项目组逐渐探索出符合顺义区特色的多维贫困和支出性贫困评估与识别指标体系，包括大病支出、突发性家庭变故等核心指标，研制了困难群众困难指数算法及圈层管理模型。顺义区对牛栏山镇、马坡镇等属地开展实证研究和结果测算，结果表明该项研究在支出型贫困和低收入人群的快速识别与圈层管理方面具有较高的精确性，极大地提高了社会救助的管理效能。

1. 建立困难群众评价指标体系

通过前期案头研究和多轮专家论证，针对社会救助人员致困因素做到精准识别，建立了低收入家庭指标体系，包括四大类型12项指标，具体如图1所示。

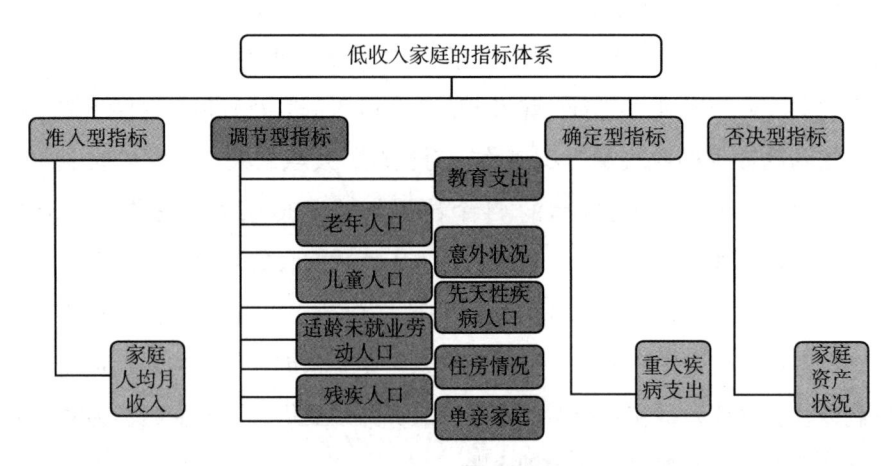

图1 低收入家庭指标体系

（1）准入型指标——家庭人均月收入

准入型指标主要为家庭人均月收入。将家庭人均月收入作为准入型指标，大幅度地调节不同收入水平对家庭困难程度的影响程度。按照《家庭经济状况认定意见》，家庭收入主要包含工资性收入、经营性收入、财产净收入和转移净收入四大部分。

（2）确定型指标——重大疾病支出

确定型指标主要是指重大疾病支出，具体包含《关于开展因病致贫家庭医疗救助有关问题的通知（试行）》所指出的 15 种重大疾病：恶性肿瘤、终末期肾病（肾透析）、重性精神病、Ⅰ型糖尿病、先天性心脏病、白血病、血友病等。

（3）否定型指标——家庭资产状况

否定型指标，意味着只要参与信息采集的人员家庭范围内超出所规定的家庭资产状况，其家庭便不再享受社会救助。《家庭经济状况认定意见》指出，家庭财产主要包括货币财产（含现金、存款、有价证券、商业保险、股权、股份等）和实物财产（含住宅类和非住宅类房屋、机动车辆、船舶等），其中针对家庭货币财产总额，2 人及以下户家庭，人均不超过上年度本市居民人均消费支出的 1.2 倍；3 人及以上户家庭，人均不超过上年度本市居民人均消费支出。超出此项标准的家庭则不再享受社会救助。

（4）调节型指标

调节型指标主要包含单亲家庭、住房情况、老年人口、儿童人口、教育支出、适龄未就业劳动人口等。即综合考虑住房、教育等因素，确定致贫原因和潜在返贫因素，如因病、因残、因灾、因缺少劳动力和因交通条件等（见图 2）。

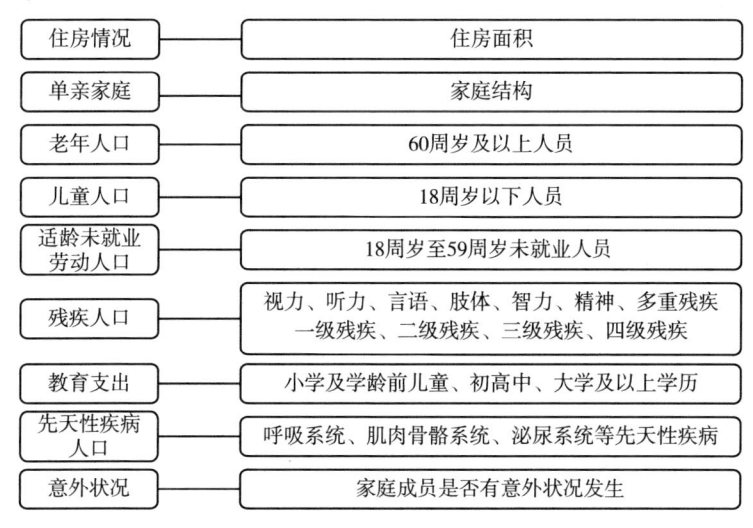

指标	具体内容
住房情况	住房面积
单亲家庭	家庭结构
老年人口	60 周岁及以上人员
儿童人口	18 周岁以下人员
适龄未就业劳动人口	18 周岁至 59 周岁未就业人员
残疾人口	视力、听力、言语、肢体、智力、精神、多重残疾；一级残疾、二级残疾、三级残疾、四级残疾
教育支出	小学及学龄前儿童、初高中、大学及以上学历
先天性疾病人口	呼吸系统、肌肉骨骼系统、泌尿系统等先天性疾病
意外状况	家庭成员是否有意外状况发生

图 2　调节型指标中各指标具体内容

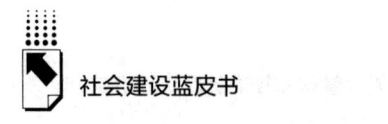

2. 确定困难群众贫困指数计算模型和算法

通过运用不同类型的指标体系，采取不同的权重算法，应用困难群众人员的信息，初步推算出困难群众人员家庭的困难程度。具体方法为：

困难群众家庭困难指数=确定型指标指数+准入型指标指数+否定型指标指数+调节型指标指数

（1）准入型指标

准入型指标的性质决定了其权重为条件有限调节，即当该指标满足条件时可根据指标不同得分权重进行不同困难等级家庭的划分；未满足此项条件则不在困境家庭范围内。

准入型指标指数=［家庭人均月收入的基础得分+（1-家庭人均月收入/上年度本市最低工资标准）×家庭人均月收入的调节得分］×权重

（2）确定型指标

确定型指标的性质确定了其权重的"极端性"，为60，即某个家庭中一旦具有患有重大疾病的支出，则基本属于困境家庭。

确定型指标指数=重大疾病得分×权重

（3）否决型指标

否决型指标与确定型指标同样具有"极端性"，即某个家庭中的资产情况超出一定限额，其就不在困境家庭范围之内；但若家庭范围内，其资产情况在限额范围内，其困难程度则需要其他指标进行决定。

否定型指标指数=家庭资产状况得分×权重

（4）调节型指标

针对调节型指标运用层次分析的方式进行分析，确定了各项指标的权重。为更好地对困难家庭进行区分与管理，针对调节型指标中含有子项的指标进行再次划分，并进行赋值，具体如下。

①教育支出。针对教育支出细分为小学及学龄前儿童教育支出、初高中教育支出、大学及以上学历教育支出三个子项，根据家庭内部所支出的费用进行预测并赋值（见表1）。

②残疾人口。根据残疾类别及其等级将残疾人系数细分为 28 个子项，根据残疾程度及等级不同，对家庭的支出或付出进行预测并赋值（见表 2）。

表 1 教育支出赋值

序号	教育支出子项	赋值
1	小学及学龄前儿童教育支出	80
2	初高中教育支出	90
3	大学及以上学历教育支出	100

表 2 不同残疾类型的赋值

序号	28 类残疾	赋值	序号	28 类残疾	赋值
1	多重一级残疾	10	15	智力三级残疾	6
2	视力一级残疾	9	16	精神三级残疾	6
3	智力一级残疾	9	17	多重三级残疾	6
4	肢体一级残疾	9	18	肢体三级残疾	5
5	精神一级残疾	9	19	多重四级残疾	5
6	听力一级残疾	8	20	视力三级残疾	4
7	言语一级残疾	8	21	听力三级残疾	4
8	精神二级残疾	8	22	言语三级残疾	4
9	多重二级残疾	8	23	智力四级残疾	4
10	视力二级残疾	7	24	精神四级残疾	4
11	智力二级残疾	7	25	视力四级残疾	3
12	肢体二级残疾	7	26	肢体四级残疾	3
13	听力二级残疾	6	27	听力四级残疾	2
14	言语二级残疾	6	28	言语四级残疾	2

调节型指标指数 =（单亲家庭得分×单亲家庭权重+住房情况得分×住房情况权重+老年人口得分×老年人口权重+儿童人口得分×儿童人口权重+适龄未就业劳动人口得分×适龄未就业劳动人口权重+残疾人口得分×残疾人口权重+意外状况得分×意外状况权重+教育支出得分×教育支出权重+先天性疾病人口得分×先天性疾病人口权重

将困难指数的计算方法具体应用于现有的数据中，形成不同家庭的困难指数，部分应用结果如表 3 所示。

表 3 指数计算方法的应用结果呈现

唯一值	家庭人口	户籍人口	家庭人均月收入	住房情况	儿童人口	老年人口	适龄未就业劳动人口	残疾人口	先天性疾病人口	重大疾病支出	单亲家庭	教育支出	意外状况	困难指数
3286007	2	2	300	35	0	0	1	0	0	0	0	0	0	71.27512
3237766	4	4	1033	15	1	1	2	0	0	1	0	0	0	79.93834
5577	1	1	0	0	0	1	0	0	0	0	0	0	0	72.85574
954371	2	2	216	35	0	2	0	0	0	0	0	0	0	72.13459
6081	1	1	0	0	0	1	0	0	0	0	0	0	0	82.85574
851482	1	1	0	0	1	1	0	0	0	0	0	0	0	74.72679
3369420	3	2	0	0	0	0	1	1	0	1	0	1	0	81.18317
3375444	1	1	0	0	0	0	0	0	0	0	0	0	0	73.49402
3349384	1	1	0	0	0	0	0	1	0	0	0	0	0	74.72679
853820	1	1	1300	50	0	0	1	1	0	0	0	0	0	73.69402
851172	1	1	0	60	0	1	0	1	0	0	0	0	0	74.10383
3134085	3	3	116.66	0	0	0	1	2	0	0	0	0	0	73.14466

3. 实现贫困家庭的圈层划分

依据贫困指数分析方法在实际数据中的应用，结合传统分值使用习惯，将贫困家庭的划分标准分为三个（见图3）。

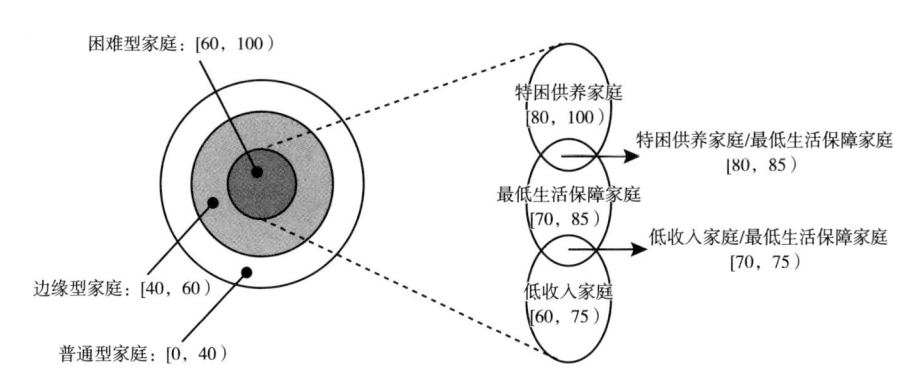

图3　困难群众动态圈层管理模型

①困难型家庭：困难指数在60及以上的家庭；同时，困难型家庭中再次细分三类家庭。

特困供养家庭困难指数范围为［80，100）；主要是处于困难群众圈层管理中的核心圈层，是困难型家庭中最困难的家庭。

最低生活保障家庭困难指数范围为［70，85）；是困难程度仅次于特困供养家庭，但由于划分标准的不同，有部分最低生活保障家庭的困难程度也会高于特困供养家庭。

低收入家庭困难指数范围为［60，75）；其困难指数在困难型家庭中偏低，由于划分标准的不同，有部分低收入家庭的困难程度也会高于最低生活保障家庭。

②边缘型家庭：困难指数在［40，60）的家庭；社会救助部门针对此类人群需要密切关注，了解此类人群的发展动态，做到预防为主的同时，其家庭状态发生变动时让其享受及时救助。

③普通型家庭：困难指数在40以下的家庭；此类家庭属于普通家庭，困难程度相对较小。

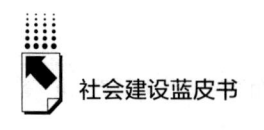

（三）再造流程，搭建信息系统平台

让数字动起来、图表活起来，这是顺义区低收入人群动态管理系统有效运行的基本要求。低收入家庭经济状况智能化分析平台主要包括采集查询子系统（微信小程序）及管理分析子系统（PC端）两个子系统。建设的应用系统将实现在PC端、移动端上跨平台使用，并面向管理人员、低收入家庭等提供应用服务。可实现采集信息实时入库和信息采集流程再造，使低收入人群信息采集的操作更加简化，便于自主更新，确保数据库的动态更正，实现算法最优。

1. 建立数据采集支撑系统和信息登记平台

基于需求分析，开展界面UI、系统架构等设计，根据应用场景不同，分别开发建设适用于移动端和PC端等多种场景的低收入家庭经济状况数据采集支撑系统和信息登记平台，将困难群众信息录入社会救助管理平台，建立困难群众数据库。支持低收入家庭信息的主动采集，实现采集信息实时入库和信息采集流程简化，避免二次录入的误差，助力低收入家庭信息全面收集。

通过统筹管理、科学规划数据库，依托"互联网+大数据"模式对数据库展开深入分析，针对低收入人群的相关数据进行综合管理、预警与统计分析，"活用"低收入家庭经济状况数据库，同时为政策制定提供精准的数据支撑。

信息登记平台。信息登记平台系统作为数据信息统计的常用方法与专业的调查平台，通过移动端、PC端等多种方式采集数据，支持采集人员进行相关的信息采集管理，采集方式包括表单录入和批量导入，便于后台快速了解社会公众关键信息，把握社会公众信息动态。

微信小程序平台。随着社会的发展，小程序可以帮助用户解决一些特殊需求，免除烦琐注册的流程，可直接运用微信登录，降低用户使用难度。因此，开发微信小程序，以方便社会救助工作人员及居民自主填报。

2. 开发智能分析系统和可视化平台

可视化智能分析平台是数据应用与展示平台，可在线实现低收入家庭特征分析，并具备查询汇总、统计智能分析和数据可视化功能，并呈现大屏览大局、中屏统管理、小屏汇数据的"三屏联动"应用场景。通过推动低收入人群经济数据库和圈层模型的拓展应用，可以为边缘群体等不同圈层人群的精准施策提供全面数据支持，从而加快顺义区社会救助的智慧化进程，为实现全区困难家庭的智能识别和动态监测预警提供支撑。

四　试点项目遇到的问题

（一）既有人群的信息补全

现有资料来源于多个部门，在进行数据清洗与整理工作时，原始数据中存在数据格式、属性信息等不一致以及数据库中大量数据有各种各样的信息缺失问题，影响数据使用精准度，需要花费大量时间开展数据的质量评估和清洗工作。因此，为提升工作效率，深入挖掘数据出现问题的多种因素，如受访群体是否如实回答、访问过程是否规范、数据录入准确程度、数据清理工作细致程度等，需要不断优化采集流程，制定统一的问卷填写规则，对填写值制定统一的填写标准和准确分类。在问卷填写过程中和后期问卷数据录入过程中，严格按照问卷填写规则和制度进行填写，保证数据的有效性和规范性，便于在后期统计分析的结果真实有效。

（二）新增信息的扩大采集

项目初期搜集的目标人群数量缺口较大，数据主要关注最低生活保障人群、特困供养人员以及低收入家庭人员，对未享受社会救助人员，尤其是处于困境边缘的人员关注度相对较低。这在一定程度上造成处于困境边缘的人员在遭受重创时不能及时做出预警和政策反应。为此，一方面，需要增加新增人群的选取及信息采集，通过动态管理困境边缘人员的信息，及时把握其

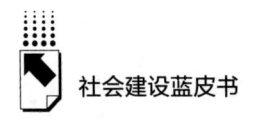

所处状况；另一方面，需要通过科学化、精细化的信息共享和推送机制，建立联合救助体系，实现救助的精准化服务，提升救助效率与服务满意度。

（三）边缘人群的判定精度有待进一步提高

如前文所述，一方面在信息补全和新增人群信息采集过程中都会存在一定程度上的原始数据不准确或不符合其家庭实际情况的问题，另一方面录入系统的低收入家庭信息未能与其家庭当前实际救助状态进行及时更新，这两方面均可导致在困难指数的计算及其权重优化过程中存在"失真"的现象，从而影响困难指数分值的精准度。

五 关于社会救助改革下一步工作的思考

顺义区低收入人群经济状况研究项目试点工作有效拓展了传统社会救助对象的人群范围，探索出符合顺义区实际的相对贫困精准识别和主动发现途径，为新时期全区乃至首都北京社会救助改革发展打下了坚实基础，也为大规模返困的早期预警、主动发现、精准救助提供了有力保障。

（一）进一步加快完善数据库建设

顺义区将加快核验补充全区低收入家庭经济数据库，动态完善信息登记平台和可视化平台。依托区、镇街、村（社区）三级联动机制，充分发挥基层民政专干、社救经办人员、村（社区）工作人员熟悉辖区工作的优势，持续深入开展入户信息采集，真正使标准要求落得下去、实际情况报得上来。同时，在入户采集信息过程中，基层工作人员对现有救助政策进行深入解读，帮助困难群众了解适合自身的救助政策和可以享受的保障待遇，把党和政府的温暖传递到每一名困难群众身边。

（二）进一步健全主动发现机制

健全低收入家庭主动发现兜底机制，着力打造统筹衔接、兜底有力的多层次社会救助体制机制,同时逐渐摸清边缘低收入家庭的共通性,提高主动发现的精准度。

鼓励主动申报。向低收入家庭进行政策宣传,做到让低收入家庭了解、熟悉救助政策与申报流程;同时在社区(村)、街道(镇)两级设立低收入家庭申报点,及时了解与核查低收入家庭,做到早干预、早救助。

激发低收入家庭参与。针对全民进行社会救助政策知识普及,让更多的人了解、熟悉救助政策;同时建立群众发现激励机制,激发社会力量参与,更大范围地摸清边缘性低收入家庭。

强化社区摸排。建立社区摸排机制,及时复核主动申报和群众发现的低收入家庭,努力做到底子清、情况准。

(三)进一步拓展困难指数的应用范围

低收入人群的困难指数是一个全新的尝试和探索,其各项指标的遴选、赋值(分数或权重)等都具有很强的技术性。一方面,可以适度扩大参与困难指数计算的人群范围,以便通过不断的双向反馈来优化指数的计算及其分层分圈。另一方面,加强困难指数在区域层面、城乡层面的测试和应用,从而提高困难指数的普适性。

(四)进一步提升救助智慧化水平

从全区救助资源整合与政策创新的角度,加快低收入人群经济状况研究试点成果的应用,积极整合社会各类救助资源,推动形成政府、社会(企业、社会组织等)、个人/家庭"合力共治"的局面,为支出型困难群众快速提供整合式、定制式的精准"救助帮扶包",将"人找政策"变为"政策找人",从而加速顺义区社会救助的智慧化进程,为实现全区困难家庭的智能识别和动态监管提供支撑。

顺义区社会救助工作从检索查询到预警先觉,从被动守候到主动服务、工作场景方式的转变,亮出的是为民解忧的鲜明底色,印证的正是救助体系不断健全、服务模式持续创新阶段成果的有效落地,展现的是顺义服务首都

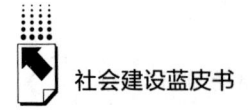

大局、持续深化社会救助改革转型的坚决意志。

不忘初心，方得始终。展望未来，顺义区将在习近平新时代中国特色社会主义思想的指引下，按照民政部和北京市的相关要求，继续围绕"建、管、用"的三字方针，切实推动低收入人群经济状况研究试点的成果转化和场景应用，尤其是以自主式和智慧化的动态管理来优化新冠肺炎疫情下的无接触式智能化救助服务，努力打造全国社会救助创新服务的标杆样板，全面增强低收入人群的获得感、幸福感和安全感。

参考文献

《发展社会救助　兜底保障民生》，《人民日报》2020年8月26日。

习近平：《扎实推动共同富裕》，《求是》2021年第20期。

上海市徐汇区民政局：《"一网统管+精准救助"赋能有温度的城市建设》，《中国民政》2021年第14期。

盛德荣、何华征：《试析返贫风险预警机制的内涵与逻辑》，《天中学刊》2021年第1期。

范和生：《返困预警机制构建探究》，《中国特色社会主义研究》2018年第1期。

章文光：《建立返贫风险预警机制化解返贫风险》，《人民论坛》2019年第23期。

刘祖云：《贫困梯度蜕变、梯度呈现与创新贫困治理——基于社会现代化视角的理论探讨与现实解读》，《武汉大学学报》（哲学社会科学版）2020年第4期。

夏支平：《后脱贫时代农民贫困风险对乡村振兴的挑战》，《江淮论坛》2020年第1期。

何植民、蓝玉娇：《构建精准脱贫可持续性评估体系》，《中国社会科学报》2020年12月15日。

白晨、顾昕：《高龄化、健康不平等与社会养老保障绩效研究——基于长期多维健康贫困指数的度量与分解》，《社会保障研究》2019年第2期。

蒋南平、郑万军：《中国农村人口贫困变动研究——基于多维脱贫指数测度》，《经济理论与经济管理》2019年第2期。

吕文慧、赵全靓：《中国居民健康多维贫困测度及代际传递效应》，《金融理论与教学》2020年第1期。

B.21 支持型社会组织参与城市社区治理研究*

——以北京市TH组织参与Q街道的治理实践为例

曹飞廉 任慧琴**

摘 要： 支持型社会组织作为专业性力量参与到社区治理各个环节当中，通过"引入并培育多元主体""构建支持网络，促进主体间合作""利用社区公共空间形成社区共治长效机制"的方式，一方面构建了社区协同治理的多元主体共治格局，另一方面有效盘活并系统性提升了社区社会资本存量。社区协同治理格局的形成和社区社会资本的积累存在"互构"关系，二者协同发展使得社区共治和善治得以实现。

关键词： 社会资本 支持型社会组织 城市社区治理 协同治理 合力共治

一 导言

随着全球化的发展和后工业社会的来临，社会发展处于高度复杂和不确定性之中，政府单一主体进行治理已不符合时代发展要求，多元主体合力共治的治理体系和治理方式成为社会治理新的方向。在这样的背景下，党和国家充分重视多元主体合力共治，尤其是引入社会力量进行协同治理。

---

* 2020年度北京市社会科学基金一般项目"多元主体参与城市社区治理研究"（项目编号：20SRB004）。
** 曹飞廉，北京工业大学文法学部副教授，博士，硕士生导师，主要研究方向为社区治理；任慧琴，北京工业大学文法学部硕士研究生，主要研究方向为社区治理。

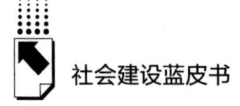

社区是社会的基本单元，社区治理是国家治理的基石，是基层治理的重要场所，社区治理影响国家治理与社会发展。在国家政策的引领下，各地正如火如荼地开展社区治理创新实践活动。但从传统"单位制"社会向现代"社区制"社会转型过程中也不可避免地出现了一些问题：一方面，城市社区居民越来越处于个体化、原子化和陌生化的状态，社区参与严重不足；另一方面，基层政府、居委会、驻区单位、社区社会组织等各主体价值导向多元，利益导向多元，在社区治理中总体处于分散状态。于是，越来越多的支持型社会组织发展起来，参与到社区治理当中，为解决上述问题提供了新的方向。尤其在大城市当中，支持型社会组织不断开展社区治理的实践工作，逐渐成为助力基层政府创新治理体系、提升治理能力的重要力量。因此，本文以TH组织为例，以其参与Q街道社区治理的过程为剖面，试图说明支持型社会组织在社区治理中的实践过程及其功能角色，以期通过支持型社会组织参与社区治理的本土化案例，为中国基层社会治理实践提供一定的经验启示和借鉴意义。

二 案例分析

TH组织是在北京市民政局正式注册的民办非企业单位，致力于成为助力基层政府进行社会治理创新的支持型社会服务机构。TH组织有如下3个特点：第一，组织专业性较强，在社区治理领域注重持续深耕，社区治理理论和实践经验丰富；第二，组织使命感强，积极致力于社区公益事业的发展以及社区共治和善治的实现；第三，组织拥有丰富的社会资源。

Q街道地处北京市老旧城区，下辖3个社区，均为典型的老旧胡同院落区域。Q街道有如下特点：第一，老年人口较多，中青年群体占比较少；居民的文化素质和受教育水平普遍较低；社区基础设施老旧。第二，居民的社区参与度不高，社区社会组织数量少、质量低，具体表现为社区社会组织成员年龄层次单一、老年人口较多而中青年居民的参与不足，组织对社区依赖性较强、活动开展随意性大、资源整合能力不足、服务能力有限，不同组织成员过度重叠化、组织间恶性竞争等问题，驻区单位也较少参与到社区治理当中。总而言之，Q街道居民参与度低、驻区单位处于边缘地位、社区社会组织发展整体处于衰落状态且很少能够在社区治理中真正发挥其主体作用。Q街道3个社区居委会由于协助承担行政事务，较难有时间、精力，也未形成专业的居民动员方式和组织培育方法，难以独自撬动驻区单位资源将其纳入社区治理格局当中。在街道办事处和社区居委会的支持和引导下，3个社区分别进行了厕所革命、公共空间改造、胡同停车管理、修缮基础设施等惠民工程，解决了Q街道社区发展过程中的硬件不足问题。此后，Q街道购买了TH组织的服务，使TH组织进入Q街道3个社区系统地动员社区内部各类"治理主体"，培育和发展社区社会组织，促进社区内部多元主体间的协商共治。

（一）引入并培育多元主体

TH组织在Q街道各社区中积极引入并培育多元主体共同参与社区治理，具体引入5个方面的主体。

1. 从居民兴趣出发，促进居民社区参与

在TH组织进入Q街道的3个社区前，Q街道的居民参与多以高龄的老年人为主，孩童、中青年的社区参与极少，已有的社区社会组织中更是鲜少见到年轻人的身影。社区社会工作者较难有时间、精力，也不具备专业的居民动员能力，难以发挥其作用。

针对Q街道居民参与不足，社区工作人员不具备专业动员能力的现状，TH组织入驻社区后，一是开展社区基本情况的摸底调研，组织并带领社区社工从不同年龄层次居民的心理、需求和现实状况出发，打造了有品质、有温度、有趣味、符合居民需求的系列活动，以此来吸引各个年龄段居民迈出家门，走向社区，参与社区活动；二是以"热心、公益心、责任心"为标准挖掘积极参与社区活动的居民，并通过一对一访谈，积极动员其持续加入自身感兴趣的组织；三是在居民活动常态化后，积极引导居民就社区内部的垃圾分类、遛狗拴绳、自行车停放等公共事务进行讨论，并提出相关建议，

引导居民从关注自身兴趣出发向关注社区公共事务转变。

社区居民是社区协同治理最重要的主体之一，社区协同治理离不开社区居民的有效参与，社区协同治理需要提高社区居民的参与度，需要社区居民走出"私领域"走向"公领域"。社区居民间的信任、互惠、规范等社会资本的生成和发展需要居民的互动和交流，也需要居民发展其公共理性和公共精神。TH组织从居民兴趣和实际出发，充分考虑社区各个年龄层次居民的特点和实际需要，并兼顾活动品位和温度，使民在参与活动的过程中提升获得感，以此来吸引现代化背景下多元化、异质化、原子化的个体迈出家门，走向社区。此外，TH组织适时的引导和一对一的精准动员使居民逐渐从关注自身兴趣出发到开始关注社区公共事务，参与社区公共事务的讨论，在充分沟通的基础上，促使居民充分认识到社区营造的意义和居民自身的责任感，这种深深扎根于群众的工作方法使得TH组织的动员更富有成效，社区参与也有了更多的新面孔。居民在不断的参与、互动中建立了相互间的信任、规范和网络，也逐渐形成主人翁意识开始关注社区公共事务。

2. 运用优势视角，挖掘和培育社区居民骨干

TH组织在Q街道的实践中非常重视对居民骨干力量的挖掘和培养。TH组织根据Q街道居民的参与状况，依据有时间、有精力、有公益心、热情等标准以及社区居委会的推荐，挖掘了一批居民骨干。运用社会工作"优势视角"的专业方法和理念，引导居民骨干认识自身的优势和价值，认识团队分工合作的力量，认识社区营造的理念，一步一步激发居民骨干产生参与社区事务的内生动力。此外，TH组织开设了专门的"居民领袖赋能营"，通过外出参观学习和访谈、专家指导、与居民充分分享和讨论，培养居民骨干的团队组织和建设能力、协商与协作的理念和技巧、动员居民的方式方法等。这些重要的能力建设，使得Q街道的居民骨干在后续参与社区治理，组建、策划和实施居民活动，宣传和动员其他居民，联系和沟通居委会，协商社区公共事务的过程中发挥了重要作用。

社区居民骨干是社区居民与社区居委会间的桥梁，也是社区居民中的能人，拥有较强的组织引领能力和信息传递能力，是社区居民之间、社区居民

与居委会之间甚至是社区居民与支持型社会组织之间的黏合剂。居民骨干对于社区内部信任、互惠、规范、社区社会组织的出现和发展有着不可替代的重要作用。协同治理亦需要居民骨干传达民意，发挥其桥梁组织作用。TH组织的专业陪伴和系统性赋能，使得Q街道的社区居民骨干逐渐产生了参与社区事务的内在动力和相关能力，同时也在其他居民中广泛传播社区共治的思想和社区营造的理念，在社区中形成了引领和示范作用。

3. 以项目为载体，孵化和培育社区社会组织

社区社会组织是居民组织化参与社区治理的重要途径，社区社会组织的发展有利于培养社区内生力量，盘活社区资源，提升社区居民的公共意识，激发社区活力。在TH组织进入之前，Q街道社区社会组织数量少、质量低，具体表现为：社区社会组织成员年龄层次单一、老年人口较多而中青年居民的参与不足；对社区依赖性较强、活动开展随意性大、组织意识薄弱、资源整合能力不足、服务能力有限；不同组织之间成员过度重叠化、组织间恶性竞争；互益类社区社会组织较多，而公益类社区社会组织较少等。

如何活化已有的社区社会组织，如何孵化和培育新的社区社会组织，如何提升社区社会组织的社区治理意识和能力，引导其关注社区公共事务是支持型社会组织TH在Q街道社区治理中十分重要的一项任务。TH组织有着较为成熟的社区社会组织培育方式：首先，通过"公益创投项目"拨付资金，以项目带动和资金吸引的方式刺激居民产生参与社区治理的意愿，充分挖掘居民参与社区公共事务的内在动力和外在能力，以公益项目引导其逐渐参与到社区公共事务当中；其次，对社区社会组织成员展开能力培训，包括培养项目化运作思维、领导能力、团队合作能力等。

TH组织负责"小微公益创投项目"大赛的发起、项目的征集、项目规则的制定与评选、项目的优化和辅导以及项目执行全周期的陪伴，在这个过程中TH组织扮演的是专业支持者的角色。TH组织不仅在专业技能上支持和促进社区社会组织的发展，也在不断的引领示范中带动社区社会组

织成长，使其走向专业化和成熟。无论是"互益类社区社会组织"还是"公益类社区社会组织"，社区社会组织作为居民组织化参与社区的重要方式，都为社区居民提供了参与社区公共活动的系统性途径，也提升了社区社会资本存量。TH组织通过项目带动、资金吸引的专业化组织培育方式和系统性赋能陪伴，使得Q街道社区社会组织的数量和质量都得到提升，能够积极主动参与到社区事务当中，成为社区协商治理重要而又关键的一环。

4. 系统性赋能社区社会工作者

社区社会工作者是社区协商治理的一个重要主体。一方面，社区社会工作者在社区中密切联系社区居民，承担着满足社区居民多样化需求的职责，尤其需要服务社区弱势群体；另一方面，社区社工也是引导居民和社区社会组织协商共治，组织和协调社区资源，参与社区公共事务治理的重要力量。

TH组织进入Q街道后，针对社区社会工作者开展了系列"社区社会工作者赋能工作坊"，帮助Q街道社区社会工作者提高专业实践能力，促使其更好地在社区治理中发挥作用。第一，TH组织与Q街道社区20多位社区社会工作骨干进行了团建活动，使社区社工相互熟悉起来；第二，TH组织邀请在社区治理实践领域经验丰富的社区居委会主任进行专题分享，其主题包含社区共治、精细化治理、如何激发社区治理活力等具体的案例和实践经验；第三，TH组织举办了互动交流会，社区社工提出自身在个人成长和社区工作中遇到的困难，TH组织和社区社工一起协商和探讨应对策略，同时整合Q街道中持有中级社工师资格证的"优才社工"带领其他社工就"如何召开居民会议""如何调动社区不同主体参与院落改造工作""如何化解居民矛盾"等治理主题分组进行交流和探讨，并整理出Q街道社区社工的工作方法准则；第四，TH组织带领Q街道社区社会工作者一起动员居民、培育社区社会组织，在具体实践的过程中向社区社会工作者传授专业的方法和技能。

社区社会工作者代表着社区居委会，在社区治理中，社区社会工作者与居民、社区社会组织的良性互动和交流，对社区协商共治和社区社会资本的提升有着积极的促进作用。TH 组织通过系统的社区社工赋能培训，使 Q 街道社工在治理理论和能力方面都有了很大提升，有效推动了社区社工参与到社区治理的工作当中。

5. 引入社区驻区单位

社区内部的驻区单位也是社区治理中的一个重要主体。驻区单位是社区辖区内的单位组织，包括驻区机关单位、国有企业单位、事业单位和"两新"经济组织，它们与社区有着天然的联系，社区治理与驻区单位紧密相连。一方面，驻区单位是社区重要的组成部分，驻区单位的服务对象是社区居民，需要走进社区了解居民；另一方面，驻区单位也需要承担起企业的社会责任参与到社区治理当中。

驻区单位主要以利益为导向、以营利为目的，在参与社区治理的过程中，由于缺乏主动性出现参与不足的问题。在 TH 组织进入 Q 街道之前，Q 街道各社区与驻区单位的联系十分有限，仅限于企业基本信息的摸排与登记，较少有围绕社区治理开展合作的行动。TH 组织进入社区后，以激发驻区单位的公益和社会效益为出发点，兼顾其经济效益，与 Q 街道社区居委会开展多次一对一精准动员，引导驻区单位参与到社区治理当中。

首先，将 Q 街道社区的驻区单位进行分类，主要包括：餐饮酒店类、民俗文创类、学校及科研机构类、其他类型，并制订各类社会单位与社区共建的可行方案；其次，TH 组织与社区社会工作者一起摸排和走访了辖区内的驻区单位、物业企业等社会单位，一方面搜集社会单位的需求和资源，另一方面初步确定愿意与社区共建的社会单位名单；再次，TH 组织制定了社区居委会、社区居民、社区社会组织、驻区单位多方共享的资源和需求清单，通过将各方资源与需求匹配，寻求多方主体合作的契合点，促进社区驻区单位、社区居委会、社区居民、社区社会组织之间的互惠和共建，将驻区单位也纳入社区治理体系当中；最后，当社区社会单位与社区居委会、社区居民在不断参与中产生信任、互惠资本后，TH 组织引导社会单位参与到社区公共事务的治理当中，如社区停车难、社区垃圾倾倒不规范等公共性问

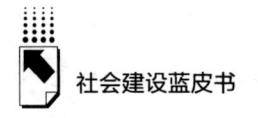

题，组织社区居民、社区居委会、涉及的物业公司等多方主体运用罗伯特议事规则进行平等协商，引导相关主体充分客观地表达自己的建议，从而达成共识。

（二）构建支持网络，促进主体间合作

1.构建"街居联动"的社区社会组织支持平台

社区社会组织的成长不能仅仅依靠自身，外部资源输入和支持网络构建也至关重要。Q街道拨付的"小微公益创投项目"资金较少，能够扶持的项目有限，但社区社会组织的成长需要外部资源的持续输入，针对社区社会组织的持续培育与发展需要建立长效的引导机制。在TH组织的支持和引导下，Q街道成立了社区社会组织协同发展中心，搭建了街居两级联动的社区社会组织支持平台。

Q街道办事处社区办专门成立了街道社区社会组织协同发展中心，其人员由街道社区办的工作人员、从社区中选拔出来的优秀社工及社区社会组织代表组成，其功能主要是在街道层面备案和发展社区社会组织、对"公益创投项目"进行规范化管理，建立社区社会组织库、居民需求库、社会资源库、社区人才队伍库，将社区资源和社区发展需求对接匹配，形成街道层面的统筹机制。

Q街道的3个社区则分别组建了社区社工督导队伍，负责参与到居民动员和社区社会组织队伍当中，1个社区社会组织配备1名优秀社工人才，全程支持和陪伴社区社会组织成长和发展，优化辅导组织申报的公益创投项目书并监督项目的资金使用和实施过程，同时充当社区社会组织和街道办事处的中间桥梁，将组织的需求反馈给街道，将街道的意见和资源反馈给组织。

街道层面的社区社会组织协同发展中心与社区层面的社工督导队伍紧密联系，社工督导队伍则与社区社会组织密切接触，形成了自上而下、自下而上的街居两级联动平台，为系统、科学地孵化、支持和陪伴社区社会组织成长和发展提供了保障，促进其有序发展，如图1所示。

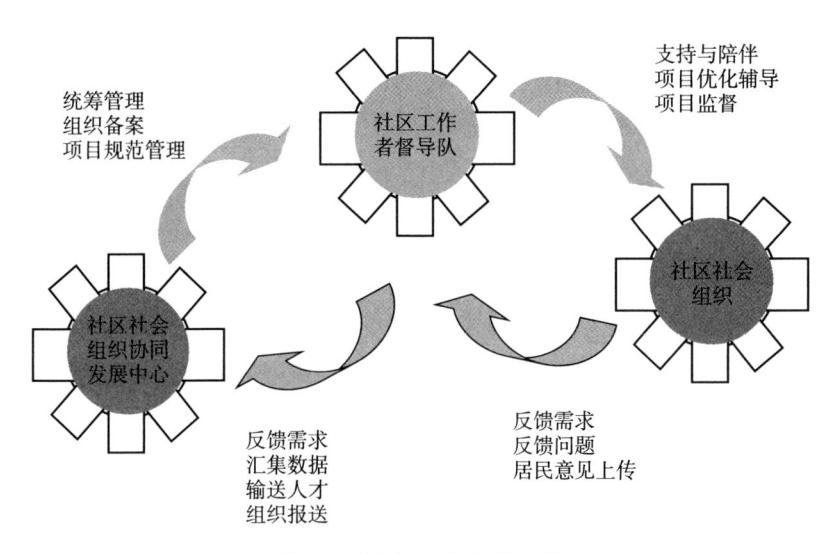

图 1　"街居联动"运作机制

2. 搭建多方参与的社区议事协商平台

TH 组织进入 Q 街道后，联合 Q 街道办事处及下辖的 3 个社区探索建立基层协商民主框架下的社区共治机制，搭建了社区居民、社区社会组织、社区居委会、街道办事处、社区驻区单位等利益相关方协商讨论社区公共事务的平台，并探索建立协商制度，畅通各主体协商沟通的有效渠道。在不断探索中，Q 街道规范了社区协商运行流程，形成了党委政府领导下的街道、社区居委会、驻区单位（包括社区内物业）、社区社会组织、社区居民等多主体参与的议事协商机制，如图 2 所示，以最大限度满足居民多样化需求，激发社区活力。

社区居民和社区社会组织作为其中重要的主体，既反映居民诉求，也参与到问题的协商过程中，最终承接部分问题的解决，并对其他主体形成监督。这一平台的搭建使得相关问题能够通过协商加以解决，减轻了基层政府和社区居委会的治理压力，社会单位承担了相应的社会治理责任，社区社会组织得到了长足的发展，通过搭建议事协商平台，促进了多元主体之间的沟通和交流，同时撬动了社区社会资源，实现了多方主体合作共治和多赢的局面。

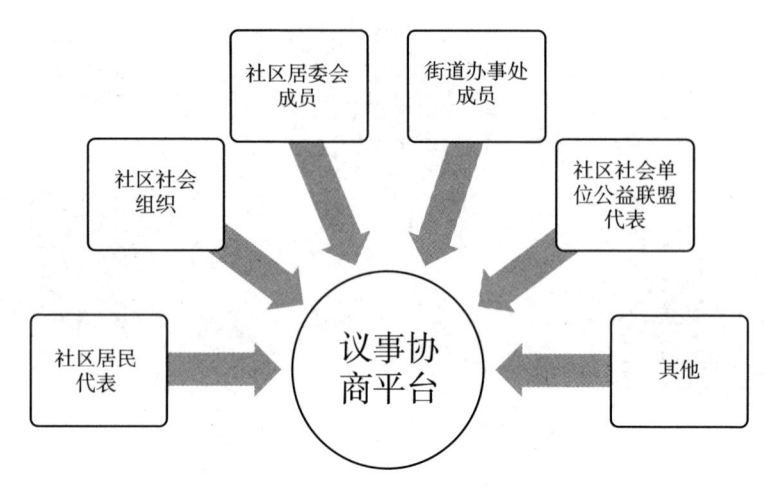

```
           街道办事处
社区居委会    成员
  成员
社区社会              社区社会单
  组织               位公益联盟
                      代表

社区居民  →  议事协  ←  其他
  代表        商平台
```

图 2　社区议事协商平台

3. 形成"社区社会单位联盟"运作机制

为促进多元主体间的合作，TH 组织成立了 Q 街道社区社会单位联盟，该联盟主要成员是 Q 街道的驻区单位、与社区共建的高校和其他外部社会单位，由街道办事处社区社会组织协同发展中心这一枢纽型组织管理。社区居委会主要负责动员辖区单位加入联盟，促使该联盟内的单位与社区共建；同时，该联盟将自身的资源和服务输送给社区社会组织和社区居民，而社区社会组织和社区居民帮助其宣传品牌，提升企业知名度。"社区社会单位联盟"中的成员可以根据自身的资源优势和服务特色从各个方面赞助社区居民开展公益性活动，尤其是社区社会组织举办的志愿惠民活动等，以此来服务社区居民。同时，驻区单位也会宣传企业的文化品牌和服务，针对社区居民开展公益性活动，树立企业形象并承担企业社会责任。支持型社会组织一方面专业助力街道办事处社区社会组织协同发展中心监管社区社会单位，另一方面也对社区社会单位联盟的发展予以指导并陪伴社区社会组织的发展。

在 TH 组织的支持下，Q 街道以服务社区居民为本，纳入驻区单位资源，逐渐摸索并形成了一套稳定的社区社会单位联盟运作机制，以此激发社区内部活力，促进社区的良性循环运转，实现了居民诉求在社区内部就得以优先解决的高效治理，如图3所示。

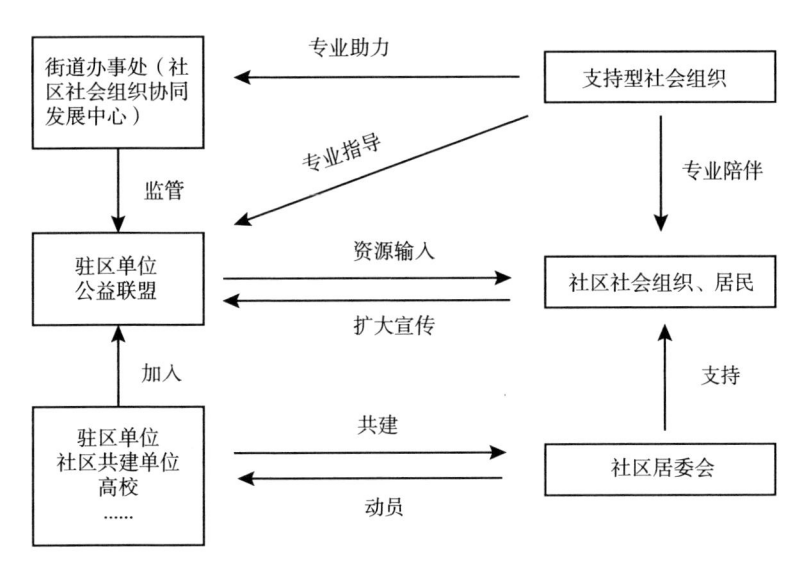

图3 "社区社会单位联盟"运作机制

（三）利用社区公共空间，形成社区共治的长效机制

经过多年的社区治理实践，Q街道社区治理主体不断丰富多元，社区居民、社区社会组织、社区居委会、街道办事处、社区社会单位都参与到社区治理当中，并且其共治意识和共治能力也不断提升。TH组织以社区公共空间为载体，提升社区的自我管理和自我服务水平，促使社区治理经验走向标准化和常态化，形成社区共治的长效机制。

以Q街道公共服务空间为载体，TH组织内部进行了多次专业沟通和研讨，组织居民和社区社会组织、社区居委会召开了多次议事协商会议，在持续互动协商中，将公共空间定位为社区共建共治共享的"共生院"，并在该空间内设置了5个功能室，形成了稳定的社区共治模式。

1. 空间功能定位

TH组织对社区公共空间进行定位，将Q街道社区公共空间设置为5个

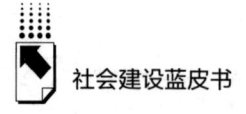

功能室，第一，居民议事协商功能室，主要为社区多元主体进行议事协商的公共空间；第二，社区社会组织活动室，主要是社区居民和社区社会组织开展各项活动的重要场所；第三，社区社会工作者的成长基地，主要是提升社区社会工作者能力的实践基地；第四，社区供需资源的对接点，一方面汇集居民的需求，另一方面根据居民的需求进行内外部相关资源的挖掘、整合与对接；第五，街道和社区宣传的对外窗口。通过空间载体的打造，汇聚多方主体力量，促进主体间的合作和社区共治的实现。

2. 空间日常运营

TH组织作为该空间的主要运营方，第一，使公共空间运转起来并且全面管理公共空间内的日常事务，制定空间管理制度和年度工作思路，负责对借用空间的个人、团体进行条件审核，负责空间内及依托空间开展的活动的对外宣传、合作拓展等工作；第二，在各个功能室内策划和开展社区居民动员类、社区组织培育类、资源链接类活动，吸引社区居民广泛参与"共生院"的各项社区公共活动，在参与公共活动的过程中，促进社区公共理性和公共精神的形成；第三，孵化和培育社区社会组织，带领社区居民参与社区建设的实践探索，解决了社区面临的各种公共性问题，丰富社区的社会资本；第四，承担社区内部资源挖掘、外部资源链接、内外部资源整合，促进资源与居民需求相匹配的重要任务；第五，支持并陪伴社区工作者全方面成长。TH组织在空间运营过程中，有意识地组织社区社会组织成员和社区社工进行值班和轮岗工作，使社区社会组织和社区社工参与到支持型社会组织工作的每一环节，以此带动社区社会组织和社区社工提升能力，进行自我管理和自我服务。

三 支持型社会组织在社区治理中的功能和角色

（一）搭建多方合力共治的治理格局

1. 治理主体多元化

TH组织在进入Q街道之后，与Q街道办事处和社区居委会建立了良好的合作关系，以此顺利进入社区开展治理实践。在其治理实践过程中引入了多元主体。第一，TH 组织从居民兴趣和现实需求出发，将青少年、中青年、老年人各个年龄层次的居民吸引到社区活动当中。第二，挖掘社区居民骨干，发挥居民骨干的带头作用。第三，培育和孵化社区社会组织，通过项目带动和资金吸引的方式发展社区社会组织，使其成为社区治理的一个重要主体。第四，注重社区社会工作者在社区治理中的重要作用。第五，引入社区驻区单位。此外，TH 组织与街道办事处、社区居委会密切联系，在 Q 街道形成了街道办事处、社区居委会、社区社会组织、社区居民、社区驻区单位以及支持型社会组织 6 个主体共同参与的多元主体共治格局。

2. 促成多元主体间的协商合作

TH 组织不仅将多元主体引入社区治理当中，而且搭建了多方参与的平台，利用平台优势，促进主体间的协商合作。第一，构建"街居联动"的社区社会组织支持平台，将街道办事处社区社会组织协同发展中心、社区社工督导队伍、社区社会组织三者紧密联合在一起，支持社区社会组织的发展。第二，搭建多方参与的社区议事协商平台，促成多元主体针对社区内部公共事务的沟通交流和协商探讨，撬动社区社会资源，实现多方主体共治。第三，形成"社区社会单位联盟"运作机制，使驻区单位之间、驻区单位与社区其他治理主体之间加强沟通与合作，激发社区内部的活力。第四，打造多主体共同参与和实践的公共空间，汇聚多方主体力量，形成社区共治的空间载体和长效机制。

3. 制定共同规则

在引入多元主体参与社区治理，并促成多元主体之间的合作共治后，制定共同的规则，明晰各主体之间的权责也至关重要。TH 组织构建"街居联动"的社区社会组织支持平台，明确街道、社区以及社区社会组织各自所需承担的功能和职责；形成社区社会单位联盟运作机制，明晰各主体的权责。与街道办事处、社区居委会和社区社会组织共同制定"公益创投项目"的征集类型、审批与评审规则；在公共空间的建设中，清晰定位社区公共空间的五大功能，制定社区公共空间的运营规则和制度。

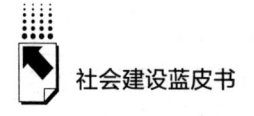

4. 引领治理方向

TH 组织在 Q 街道社区治理中发挥了引领社区治理方向的重要作用。TH 组织始终坚持自身的组织使命，通过自身的专业性促进社区善治的实现。TH 组织在 Q 街道的社区治理实践中，一直强调其组织使命，在与不同主体进行交流与合作的过程中，传递社区治理的思想，引领社区治理的方向。

社区治理要多方合力共治，而不能单个主体单打独斗：TH 组织在社区治理中注重培育多个主体，将社区居民、社区社会组织，尤其是社区驻区单位，多个主体纳入社区治理的格局当中，并引导多个主体开展合力共治，打破社区治理只有政府参与、其他主体缺失的局面。

社区治理应以居民需求为导向，注重服务居民，而不是以政府政绩为导向：TH 组织以居民需求为导向，从居民的现实需求出发，针对社区儿童、中青年群体、老年群体的实际需要针对性地开展活动，既满足居民的需求，也促进居民的参与。在社区"公益创投项目"立项、评审时，考虑项目的公益性，即项目是否对社区居民有益。在为社区社会组织和社区社会工作者赋能时，宣传群众工作方法和扎根群众的重要性，强调以满足社区居民需求为主的理念。

社区治理要不断创新，而不能因循守旧：TH 组织积极创新，面对社区中青年群体参与不足的现状，积极探索吸引社区中青年和社区青少年参与社区治理的方法；以项目为带领，以资金为吸引，以赋能为基础，探索孵化和培育社区社会组织的本土模式和实践策略；构建街居联动的社区社会组织支持平台，搭建多方参与的社区议事协商平台，形成社区社会单位联盟运作机制，创新促进社区治理的平台和模式。

社区各主体之间应该平等协商合作，而不是基于强制性权力被迫合作：TH 组织在与各个主体交流合作的过程中，始终尊重各个主体，并坚持提倡各个主体之间的平等交流和合作。

社区治理应该基于各主体的共同利益，而不是聚焦单个主体自身的利益。TH 组织在审批、评估社区"公益创投项目"的申请时，强调项目应该是基于社区公共事务，而不是为少数社区社会组织内部成员服务。在社区议事协商过程中,注重强调多数人的意见,强调集体的利益,强调平衡各个主体间的利益。

5. 系统提升其他主体治理能力

TH组织在Q街道的治理实践中,注重提升其他主体的治理能力,尤其是注重提升社区居民骨干、社区社会组织和社区社会工作者的治理能力。

TH组织对社区居民骨干进行赋能。社区居民骨干是社区治理的中坚力量,社区居民骨干对社区居民有着榜样影响和示范引领的重要作用。TH组织运用"优势视角"的理论和方法并开设了"居民领袖成长赋能营",通过多种形式提高居民骨干的社区参与动力和社区治理能力。

TH组织对社区社会组织进行赋能。社区社会组织是居民组织化参与社区治理的重要方式,TH组织极其重视其组织能力的发展。针对社区社会组织团队合作、项目化运作思维和能力、撰写项目书、领导力和创新力等进行系统性赋能,引导社区社会组织从互益类组织发展成公益类社区社会组织,从而使社区社会组织更好地发挥其在社区治理中的作用。

TH组织对社区社会工作者进行赋能。TH组织开展了系列"社区社会工作者赋能工作坊",通过团建活动、社区治理领域实践专家专题分享、互动交流会、"优才社工"带动、具体实践过程指导等方式系统提升社区社会工作者的社区治理理论和能力,有效推动社区社会工作者更加专业和高效地参与到社区治理中。

(二)培育社区社会资本

在社区治理中,社区社会资本产生并广泛存在于社区内部的人际关系结构之中,在不断的社区内部人际互动过程中,社区社会资本得以产生和存在。社区社会资本是整个社区内部各个主体和要素共同组成的关系网络,并不是依附于社区中的独立个体。此外,在社区治理中,一个社区所形成的社区社会资本只为本社区内的行动主体提供便利,不同社区内部的社会资本是无法转让的。在不同社区中,社会资本的存量是不同的,要想提高本社区内部的社会资本存量,就只能加强本社区内部各主体在互惠、信任、网络等人

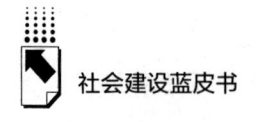

际方面的交往和互动。

在城市社区中，社区居民之间的关系趋于陌生化，社区居民与社区居委会、社区物业之间的关系紧张，并且这种趋势随着城市化和社会化的发展在社区内部进一步加强。此外，一个社区内部的社会资本具有再生性，良好的社区信任、网络和规范环境是能够良性循环的，并催生一个更加友好、互助、和谐的社区，而在一个陌生化、关系紧张的社区中，人们的思维较为固化，社区的紧张和冲突也随之不断加剧。因此，在社区治理过程中，单单依靠社区内部的力量是不够的，需要支持型社会组织这样的外部力量介入，通过外部的支持型社会组织力量撬动社区内部的社会资本，使社区治理成效更高。

通过对支持型社会组织 TH 参与社区治理过程的探讨，能够发现支持型社会组织参与社区治理的过程本质就是提升社区社会资本的过程，一是社区信任资本增加，二是社区关系网络扩展，三是社区内部规范形成，四是社区权威力量互嵌，五是社区社会组织出现。

社区信任资本增加：支持型社会组织参与社区治理的过程当中，各主体进行互动产生并存在多种层次的信任，社区居民之间、社区居民与支持型社会组织之间、社区居民与基层政府之间、支持型社会组织与基层政府之间、驻区单位与其他各个主体之间的信任关系。信任关系的发展是网络结构形成的前提，没有信任基础，关系网络也就无法建立。上述5个层面信任的产生和存在不是单一和孤立发展的，而是多个主体在互动过程中不断产生新的正式或非正式的信任关系，不同层面的信任关系互相交织在一起，从而在社区中积累了越来越多的信任资本。社区内部的信任资本越多，社区不同主体之间的凝聚感和归属感越强，就越有可能实现社区共治。

社区关系网络扩展：支持型社会组织参与社区治理的过程中，不同主体之间形成了多种层次的信任关系，相对应地也形成了多种主要的社区关系网络，社区居民之间、社区居民与支持型社会组织之间、社区居民与基层政府之间、支持型社会组织与基层政府之间、驻区单位与其他治理主体之间的关系网络。社区内部关系网络的建立和扩展不是各个主体间孤立发展的，而是不同主体相互交织在一起形成社区治理共同体网络。社区内部各个层次关系网络的构建和延伸，使社区内部的各项潜在资本充分调动起来，促进了信息的流动和各个主体间的互动，形成良好的社区治理结构。

社区内部规范形成：社区内部规范是社区社会资本的重要组成部分。社区居民和社区内部其他主体基于共同的价值观和公共利益形成社区内部规范，并且该规范一旦形成，将有利于引导和规范社区内部成员的行为。社区内部规范包括正式和非正式两种。社区正式规范即社区居民和其他主体正式制定的法律、制度、政策、准则等硬性约束力量，而社区的非正式规范是基于道德、承诺、认同等形成的一种非正式的大家都认可的软性约束力。TH组织参与到社区治理中，为社区居民和社区社会工作者赋能、培育社区社会组织并助力其登记备案、搭建多方议事平台、建设和运作社区公共空间的过程也是逐步引导社区内部建立和完善"正式规范"和"非正式规范"的过程。无论是社区正式规范还是非正式规范都能够内在或者外在地约束人的行为，成为促进集体合作的协同力量。规范的形成和培养有助于增强居民对集体行动的信心，更多地参与社区的公共活动和公共事务，完善互惠共享的社区社会规范至关重要。

社区权威力量互嵌：社会资本的一个重要表现形式就是权威关系，在多元主体协商共治的社区治理格局中存在两个层面的权威关系，一是政府部门与支持型社会组织之间的权威关系；二是城市社区居委会和街道办事处之间的权威关系。基层政府购买支持型社会组织的服务，使其进入社区治理的场域，支持型社会组织在社区中为居民赋能、培育社区社会组织、将驻区单位纳入社区治理当中，搭建社区议事协商平台、建设和运作社区公共空间，不仅激活了社区已有的社会资本，而且建立了新的社区社会资本，更好地满足了社区居民多样化的物质生活需求和精神文化需求。政府通过购买服务的方式，使支持型社会组织进入社区参与共治，实现了政府行政权威与支持型社会组织专业权威之间的互相嵌入。城市社区治理中的第二种权威关系即街道办事处与社区居委会之间的纵向权威关系，这种权威关系是纯粹的上下级间的权威关系，良好的街居关系在社区治理过程中也至关重要。

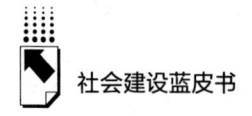

社区社会组织出现：在现代城市社区中，由于市场化和城市化加剧了人口的流动，传统社会的初级组织逐渐式微，城市社区中个体趋于陌生化，社区内部的社会资本也随之下降，这导致在现代城市社区治理过程中，社区居民乐于享受公共服务设施和公共事务解决带来的便利，但参与社区公共事务的比例却普遍较低，因此，需要社会组织介入并重新建构社区社会资本，解决这一困境。在现代城市社区治理中，主要包括两种类型的社会组织：社区外来的支持型社会组织、社区内部出现的各类本土社区社会组织。支持型社会组织的创始人和内部相关工作人员大多是社会学、社会工作、公共管理等方面的专业人才，一方面，作为专业型知识分子具有社会关怀、社会改造和社会行动等积极的公益理念；另一方面，扎根于社区治理的最前沿，在社区治理实践中不断总结经验、发展创新，具有一套专业的工作方法和能力，这使得他们在社区治理中发挥着不可替代的重要作用。社区内部出现的各类本土社区社会组织包括社区内部居民自发形成的各类社区社会组织，也包括支持型社会组织进入社区后培育出来的各类社区社会组织。由社区居民组成的本土社区社会组织长期扎根社区，根据自身的爱好、特长在社区开展互益或公益类活动，发挥个体能动性的同时也实现了社区社会资本和社区治理水平的双提升。

四 结论

本文关注的是支持型社会组织这样的"外力"进入城市社区之后的社区治理实践，从支持型社会组织的主体视角出发，以TH组织参与社区治理的过程为剖面，着重讨论了支持型社会组织在社区治理中的具体实践策略，并从过程视角出发，运用社会资本理论和协同治理理论对TH组织进入社区后的治理实践进行解释，深入剖析支持型社会组织在社区治理中的功能角色及其治理逻辑。

支持型社会组织通过引导社区居民参与社区治理，培育社区居民骨干，孵化社区社会组织，赋能社区社会工作者，引入社区驻区单位，搭建街居联动的社区社会组织支持平台、多方参与的社区议事协商平台，形成"社区社会单位联盟"运作机制，同时以社区公共空间为载体，汇聚社区各类主体的资源，形成社区共治的合力，促进了社区社会资本的积累，推动了社区协同治理格局的搭建，在社区治理中发挥了重要作用。

研究发现，在社区的发展过程中，仅仅依靠社区内部的行政力量和居民自身的力量是无法将社区内部的社会资本活跃起来的，而支持型社会组织这样一种外部专业力量和知识团体的介入，使得社区中的信任、互惠、网络等各项社区社会资本日益活跃起来，并为社区培植和注入了新的社会资本，使得社区治理主体多元化，促成了多元主体间的协商合作，制定了社区公共事务的相关规则，引领了治理方向，也系统提升了其他主体的治理能力。

支持型社会组织在这里首先发挥了启蒙和教化的重要作用，将社区共治的制度、理念、公共精神和志愿服务精神传达给社区各个主体，社区各主体在不断的互动和实践中形成了各种形式的认同并将其内化为治理实践中的行为习惯，通过社区各主体间的信任、网络和规范约束自身的行为，促进了社区的德治。同时，支持型社会组织为搭建多方参与的议事协商平台、培育社区社会组织，将社区社会单位纳入社区治理当中，激活社区内部的社会资本，使各主体有途径、有能力参与社区公共事务，促进了社区的自治。此外，支持型社会组织建设和运作社区的公共空间，与社区居民、社区居委会和街道办事处的相关人员、社区社会组织、社区驻区单位之间平等协商，积极搭建多方主体共同参与的社区协商平台，不同主体共同参与构建社区治理网络，促进了社区的共治。支持型社会组织参与社区治理的实质就是培育信任、规范和网络等社区社会资本，实现社区自治、法治和德治的统一，促进社区内部的有机团结与整合，最终形成社区协同共治的治理格局。社区社会资本的建立有利于社区居民形成对社区的认同感和归属感，打破孤立、冷漠、陌生、逐利的社区人际关系，助力基层政府建设互信、互惠、互助的社区的精神文化风貌，构建和谐美丽的社区生

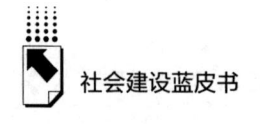

活环境。

尽管如本文所述,支持型社会组织在多元主体合力共治的过程中发挥着不可替代的重要作用,但在具体的实践过程中,支持型社会组织参与社区治理的过程并不是一帆风顺的,也面临诸多困境和问题,包括支持型社会组织自身的局限性,也包括支持型社会组织与社区原有的街道办事处、社区居委会等社区内部存在的体制机制进行接轨时产生的摩擦。

具体来讲,首先是支持型社会组织自身的局限性:一是支持型社会组织人员流动性大;二是支持型社会组织以项目承接的方式与政府部门进行合作,发展较好的支持型社会组织一般能够承接来自不同政府部门的多个项目,这直接导致分配在每个项目上的人员较少,每个人员面临的压力增大,项目的完成难度也增加。

其次,支持型社会组织主要由政府力量主动引入,通过签订合同的方式,实现支持型社会组织专业力量与基层政府部门权威力量的互构,支持型社会组织在一定程度上依赖政府资金及其权威力量,这就使得支持型社会组织的独立性及自主性受到一定程度的影响。

再次,作为社区外来的支持型社会组织,在与社区居委会和社区居民进行接触时,难免会被误会成"只是来赚钱,而不是真正为社区服务"的悬浮型组织,也难免被误会成"街道办事处、社区办充实自身政绩的队伍",这对支持型社会组织在社区治理中发挥作用产生一定的阻碍。

最后,尽管支持型社会组织在社区治理过程中存在困难和不足之处,但支持型社会组织作为专业性质的组织,一直在自我革新、自我发展、自我成长,不断提高自身的专业化水准,更好地实现与社区治理多方主体的高效衔接,为社区公共事务的发展干实事;同时,支持型社会组织的数量也越来越多,为了长久生存下去,支持型社会组织必须防止内卷化,打造属于自身的口碑和品牌,这样才能避免被同类型的组织所替代。TH组织之所以能够成功,也是因为其做实事,防内卷,提升自身实力和专业性,赢得了良好的口碑。

参考文献

祝建兵：《支持型社会组织的生发机制探析》，《理论月刊》2015年第4期。

丁惠平：《居间往返：支持型社会组织的行动机制——以北京市恩派非营利组织发展中心为个案》，《贵州社会科学》2019年第11期。

陆海燕、洪波：《政府向支持型社会组织购买公共服务研究——以浙江省宁波市海曙区为例》，《内蒙古社会科学》2012年第3期。

丁惠平：《支持型社会组织的分类与比较研究——从结构与行动的角度看》，《学术研究》2017年第2期。

汪丹：《我国支持型社会组织研究综述》，《郑州航空工业管理学院学报》2015年第1期。

孙燕：《社会组织孵化器——实现公益事业可持续发展的助推器》，《社团管理研究》2011年第6期。

唐文玉、马西恒：《去政治的自主性：民办社会组织的生存策略——以恩派（NPI）公益组织发展中心为例》，《浙江社会科学》2011年第10期。

唐文玉：《从"工具主义"到"合作治理"——政府支持社会组织发展的模式转型》，《学习与实践》2016年第9期。

赵罗英、夏建中：《社会资本与社区社会组织培育——以北京市D区为例》，《学习与实践》2014年第3期。

L. David Brown, "Support Organizations and the Evolution of the NGO Sector", *Nonprofit and Voluntary Sector Quarterly*, 2002, 31 (2).

B.22
"伴儿"：重塑社区生态圈，让社区生活更美好
——依托社区智慧治理平台的基层社会动员研究

张美生 杨兴兴 陈锋 *

摘　要： 社会动员是调动社会资源和整合社会力量的重要手段，是推进社会治理的重要方法。做实做好社会动员，是构建共建共治共享社会治理新格局的重要前提。传统社会动员的不足及移动互联网给社会动员的新发展带来巨大推力，"互联网+基层社会动员"已成为新时期基层治理共识、破解基层治理痛点绕不开的路径。破题的关键就在于如何将治理与技术有效融合。基于社区智慧治理平台"伴儿"App 的探索和实践，从利益、信任、共享价值、合力赋权入手，通过建设规模适度、互动有度、彰显温度的本地化融媒平台，为城市基层社会治理赋能，修复社区"生态圈"，打造治理"共同体"，让共建共治共享的社会治理场景逐渐变为现实。

关键词： "互联网+基层社会动员"　基层治理　智慧治理

---

* 张美生，社源（北京）文化有限公司负责人，中级社工师，从事基层社会治理15年，与团队开创"基层融媒+社会建设"工作理念与伴儿智慧治理平台；杨兴兴，社源文化高级研究员，拥有10年基层社会治理研究及实务工作经验，主要研究方向为基层党建、基层社会治理；陈锋，北京工业大学文法学部副主任、教授、博士生导师，北京社会管理研究基地研究员，主要研究方向为城乡基层治理。

"伴儿"：重塑社区生态圈，让社区生活更美好

习近平总书记指出，"要完善共建共治共享的社会治理制度，实现政府治理同社会调节、居民自治良性互动，建设人人有责、人人尽责、人人享有的社会治理共同体。要加强和创新基层社会治理，使每个社会细胞都健康活跃，将矛盾纠纷化解在基层，将和谐稳定创建在基层"。街道是基层治理的"最后一公里"，社区是公共服务供给的基本细胞，二者是国家治理体系和治理能力作用的微观场域，也是基层社会治理和公共服务"痛点""难点""燃点"汇聚之地。如何用好互联网，通过社会动员破题，成为各方关注的焦点及基层实践的重点。

一 基层社会动员的现状与问题

（一）社会动员的内涵和外延

一直以来，社会动员是调动社会资源和整合社会力量的重要手段，是推进社会治理的重要方法。做实做好社会动员，是构建共建共治共享社会治理新格局的重要前提。社会动员，是指有目的地引导社会成员积极参与重大社会活动的过程。现代条件下的社会动员，是政府、政党或社会团体通过多种方式引导、改变社会成员的态度、期望与价值取向，发动和组织社会成员积极参与某一社会实践活动，实现共同社会目标的过程。社会动员具有明确的目的性、广泛的参与性、多元的协同性、周密的计划性和一定的持续性等特征。社会动员的目的是谋求某个重大政策、重大任务、重大会议、重大活动、重大赛事、重大事件以及志愿服务、公益慈善、基层自治、社会责任等，获得社会各阶层和广大公众的大力支持，引领社会各个方面和各种力量广泛参与。社会动员不是资源的新增，而是资源的重置和整合，为某项活动任务顺利开展、圆满完成创造有利的环境氛围和必要的保障条件。[①]

社会动员的基础是人民群众的根本利益，包括公共利益。社会动员的核

---

① 岳金柱、武剑、董欣等：《新时代北京社会动员的总体思路》，《社会治理》2019年第8期。

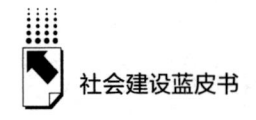

心是通过公共利益把人民群众团结起来。遵循知情、平等、自愿、利益和价值导向等原则。在动员过程中，照顾人们当下需求与长远利益的一致性和可见性。

成功的动员应具备有效的组织结构、意识形态支持、有力的组织领导、有效的精神激励、高效的组织运行，需要动员目标清晰、动员主体有力、动员对象明确、动员方式妥当以及与动员环境契合。①

（二）基层社会动员的现状和问题

基层社会动员是社会动员的重要组成部分，党的十八大以来，基层社会动员主要围绕激发社会生机活力展开，动员主体、动员对象更加多元，动员手段、动员方式日益丰富，取得一定成效的同时，仍存在一定的问题和不足，具体如下。

从动员目标来看，目标层次较低，主要是具体事务、临时任务和文娱活动等，很少参与到决策和管理中。

从动员对象来看，目前基层社会动员多依托行政区划的社区（村）展开，动员的对象多以年龄较大、离退休的本地居（村）民志愿者为主，对中青年群体、辖区单位、新就业群体等动员较少。由于对动员的必要性表达不够，动员对象出现认知偏差或者存在种种顾虑，致使其参与基层社会治理的动力不够强烈。

从动员方式来看，以线下动员为主，线上动员为辅，多以"通知""公告""招募"等形式，通过运动式、命令式的手段进行动员，公众大多是被动参与，而不是强调公众自愿参与、多方协商的精神。

从动员机制来看，保障机制、运行机制不健全，对动员对象的利益关切不够，利益诱导功能明显减弱。单向索取多于双向互动，缺乏激励或者激励方式单一，吸引力不足。

---

① 王金涛、陈琪：《软动员：国家治理现代化视阈下的社会动员转型》，《新视野》2017年第1期。

从动员效果来看，"政府主动、社会被动、群众不动"的现象普遍存在，对资源的整合能力不强，依赖党委、政府输血，自身造血能力较差，并出现涉及面不广、参与度不够、时效性不强、成果不显著等情况。

基于此，亟须创新基层社会动员的载体平台，完善基层社会动员的体制机制，完善基层社会动员的规范，提高基层社会动员的绩效，不断提升基层社会动员社会化、法治化、智能化、专业化水平，从而有效推进基层社会治理工作。

二 "互联网+基层社会动员"的基本思路

在社会动员的过程中，互联网扮演了多重角色，为社会动员的发起与发展提供了更有力的平台。[1]

当前，大数据、云计算、移动共享等信息技术的迅猛发展赋予了基层智慧治理中精准服务、重构主体、整合资源、服务前移等新功能，特别是在应对突发公共卫生事件的动员中产生强大推动力。而随着移动互联网时代的到来，非接触、全天候、无缝隙的服务方式为现代科技嵌入基层治理提供了可能。在此背景下，大力推进"互联网+基层社会动员"，已成为形成基层治理共识、破解基层治理痛点绕不开的路径，破题的关键就在于如何精准落地、持续见效。

（一）核心理念

社会治理思维下的"互联网+基层社会动员"，表现为将政策执行者、市场主体、民众及自治组织纳入统一的行动框架内，形成合作规则和社会约束，并最终助力基层政府达成治理目标，其内在动员机理呈现规范、引导、

---

[1] 宋辰婷、刘少杰：《网络动员：传统政府管理模式面临的挑战》，《社会科学研究》2014年第5期。

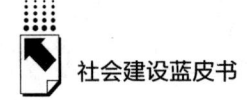

整合、协调、服务五大特征,遵循由信息流通、情感激发、意见协商与认同塑造构成的动员机制,其本质是政策供给、经济激励和新兴媒体条件下的宣传引导,① 目标为资源整合、舆论导向以及行动指引。② 利益、信任、共享价值、合力赋权是其良性运转的核心要素。

"互联网+基层社会动员"是动员主体的牵引力、动员客体的自驱力、网络信息的催化力、网络环境的支撑力相互作用,③ 促使动员更趋日常化、精细化,从而有助于党委、政府与市场、社会达成良性互动。

"互联网+基层社会动员",在动员主体、动员对象、动员目标、动员议题、动员方式以及动员工具等方面都显示出与传统社会动员差异甚大的结构性特征。④ 而在"互联网+基层社会动员"的实践过程中,注重有形的物质性、硬件化改造的同时,也要加强无形的精神性、软件化塑造,要循序渐进地完成增加文化供给、培养意见领袖、重建社会信任、重构社会关系网络、重建共享利益与共享价值的协调机制、形成文化认同等任务。

(二)基本情况

近年来,北京市运用"互联网+基层社会动员"的方式,推进基层社会治理工作,大体经历了发轫期、发展期、发力期3个阶段。第一阶段为发轫期,此时期主要由党委、政府主导,依托微信公众号、社区报纸,开展"我说你听"的命令式或者运动式动员;第二阶段为发展期,此时期仍然以党委、政府为主导,社会组织依托政府购买公共服务的方式参与进来,注重打造掌上新媒体矩阵,通过微信群、微信公众号、微博、小程序等,在线上线下交互过程中,调动多元主体参与。但互动多为单向,且无法实现效果累积及资源沉淀。越来越多地基层党委和政府表示,"需要一个能实现信息交互、

---

① 王金涛、陈琪:《软动员:国家治理现代化视阈下的社会动员转型》,《新视野》2017年第1期。
② 刘静文:《社会信任视角下的网络动员研究——以"源川志愿者"为例》,南京理工大学硕士学位论文,2010。
③ 吕正兵:《传播权力理论视角下的数据权力分析》,《编辑之友》2018年第10期。
④ 唐庆鹏、郝宇青:《网络时代的微动员现象及其治理》,《探索》2018年第3期。

资源共享、成果沉淀的智慧化治理工具"。由此进入第三阶段，即发力期。此时期以融媒体平台/工具开发及运维为主，动员的主体不仅限于党委和政府，社会组织越来越多地承担起组织动员的角色，且随着时间迁移，居民、自治组织、辖区单位等社会大众广泛参与，人人都是动员的主体。在动员手段上，更加注重政府赋权、社会能动；在组织方式上，更加注重"自律带动他律"；在互动类型上，更加注重利益互惠；在动员路径上，更加重视主动合作。

"伴儿"App就是"互联网+基层社会动员"第三阶段发力期的产物。从本质上来说，它是本地融媒体平台（客户端），以街乡镇为单位打造的推进基层社会治理的智慧化工具。

对于基层政府来说，本地融媒体中心与中央、市区级融媒体中心有本质区别，基层融媒体中心不仅是信息发布平台，而且是社会治理工具，是推动基层工作的抓手。与此同时，通过生活场景的打造，吸引更多居民加入。通过线上的共鸣、共情、共识，推动线下的共建、共治、共享。

基于此，"伴儿"App聚焦"一个中心"（以党建引领为中心），把握"两个坚持"（坚持本地化、坚持贴近性），践行"三个使命"（"邻里共识、邻里互信"的社交使命，"资源聚合、服务便民"的服务使命，"家事共商、家事共办"的共治使命），实现"五个参与"（居民参与、楼门参与、组织参与、商户参与、社会参与），通过聚人气、唠家常、办家事、解民忧，持续深化党建引领基层社会治理，打造人人参与、人人受益、人人代言、人人践行的共建共治共享的基层治理格局，不断提升基层精治、共治水平。

（三）运行思路

"伴儿"App，通过建设规模适度、互动有度、彰显温度的本地化融媒平台，为城市基层社会治理赋能，修复社区"生态圈"，打造社会治理"共同体"，让共建共治共享的社会治理场景逐渐变为现实。

1."伴儿"App的运营思路

依托互联网，打造本地生活圈，线上社交、线下互助，将动员行动融入社区生活场景，线上共鸣共情共识，线下共建共治共享。

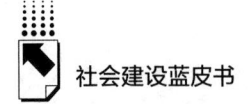

第一，做强党委领导+政府引领+舆论引导，为"能量蓄水池"增容。将原先简单硬性的党委和政府上传下达宣传，转化成软性的居民自发邻里社交，统一部署、统一发声，坚持正面宣传、正面引导，突出党建引领，传播红色事迹，让党和政府手握"金话筒"。同时通过策划线下文化项目，引导地区能人正能量发声，制造本土"网红"，放大身边细小文明，看见身边榜样，发酵"暖新闻"，为正能量"聚流量"，孕育地区文化品牌，配合融媒体中心建设，成为地区新闻报道和舆论引导的主流阵地。

第二，做优公共服务+生活服务+公益服务，为"便民服务岛"拓项。通过融媒平台聚合地区各类服务，向本地群众提供以政务服务为核心的公共服务，包括各种本土性服务如公共事业服务和生活服务，结合地区民众需求，逐步开发、完善各项公益服务，便民利民，实现社区服务智能化、全民化、全能化。

第三，做大宣传发动+邻里互动+社区行动，为"家园守望者"添员。通过融媒体平台一体化运作，重唤地区街坊邻里社交场景。积极推进线下热点活动，引导邻里增进了解，增加互动，形成"邻里社交圈"；整合基层治理多元主体，破解治理的单一性，通过"伴儿"App用智能、便捷的方式积极参与协商议事，引导居民树立"地区事、众人治"的公共事务理念，进一步激发居民主动参与社区治理的热情，健全让居民从问题反馈者、提出者变为问题解决者、参与者的平台，形成地区"家园守望者"价值共识，构建"公事共办"治理新格局。

2."伴儿"App的运维要点

一是筑牢利益纽带。"伴儿"App在运维过程中，对动员目标、动员主体、动员方式、动员对象、动员效果等进行系统化思考后，以人民为中心，以利益为纽带，坚持问题导向，从多元主体的需求出发，注重发挥社会主义市场经济和法律体系的优势，主要使用经济、政策引导、激励等方式推动实现动员目标。[①]

---

① 王金涛、陈琪：《软动员：国家治理现代化视阈下的社会动员转型》，《新视野》2017年第1期。

二是实现价值共享。"伴儿"App在运维过程中,适应移动互联时代的传播方式和舆论生态,开展"互联网+基层治理"的线上线下交互模式探索,形成汇集信息共享、邻里互动、便民服务、活动组织、公事共办等功能的融媒平台,实现价值共享,推动修复和涵养共治共享的社区"生态系统"。

三是做实合力赋权。"伴儿"App运维过程中,呈现"嵌入型自主"的特征,注重心理聚合与动员力度的合理运用,将增能与赋权有效结合,通过喜闻乐见的方式与动员对象建立联系,充分发挥动员对象的积极性和主动性,提升参与效能感,形成本地依恋,增加社区黏性,逐步提升公民的权利意识和社会责任意识,积极打造共建共治共享的社区治理共同体。

四是建立信任关系。"伴儿"App运维过程中,以贴近为手段,建立与基层党委和政府、社会大众及市场主体三方面的信任关系。贴近党委和政府,将政务服务搬到线上,并做好宣传展示,协助政府,把资源优化分配给有需要的人,促进政民良性互动;贴近群众,融入群众生活,了解群众需求,搭建服务平台,畅通参与渠道,通过围观、参与、欣赏、互助,重建社会关系网;贴近市场主体,了解企业需求,遵循市场规律,盘活企业资源,实现合作共赢。

三 "互联网+基层社会动员"的主要做法

"伴儿"App作为社源开发的智慧应用,自2019年运行以来,先后在东花市街道、奥运村街道、安贞街道、清河街道、朝外街道、玉桥街道、安定门街道、潞城镇、三里屯街道、牛街街道等10余个街镇上线,并结合不同街乡镇的地域特色,创造性地赋予符合地区经济文化特色的命名。在运行过程中,各具特色的10余个"伴儿"App,充分发挥了智能化社会治理工具的作用,成为发现问题的"前哨"、破解难题的"助推器"、为民服务的"帮手",助推基层进一步提升治理效能,实现社区治理精细化和服务智能化,不断提升基层治理体系和治理能力现代化水平。

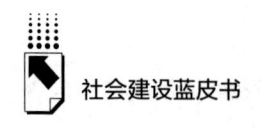

（一）有效趣味互动，凝聚邻里共识

1. 打造"一核两翼多端"融媒平台

以智能软件"伴儿"App为"一核"，以社区报和微信公众号为"两翼"，以居民正能量自媒体群（如依托兴趣爱好或地理位置建立的各类微信群）为多端，拓展党员、居民、社区自组织、辖区单位等多元主体互动参与渠道，实现信息共享、邻里互动、便民服务、活动组织、公事共办。

2. 开发"邻里圈"功能

居民可编发身边见闻、感受，也可点赞、评论他人发布的信息，获得置顶和加精的还可获得相应积分。其中，街道科室、社区开设官方账号，展示工作的同时，可与居民就热点关心问题随时进行反馈、沟通，畅通居民诉求表达渠道。

3. 培育本土意见领袖

依托实名注册确保服务对象精准，通过游戏化的手段，引导热心居民从新手晋升到大V，让参与家园建设"成瘾"；通过每周一次的培训，孵化服务观察员、邻里品鉴官、社区帮帮团等邻里代言人，为正能量发声赋予本地流量。

4. 注重居民自媒体建设

通过生产、加工、呈现、传播、激励、行动6步机制，逐步实现以身边人、身边事传递正能量、见证邻里情。以"帮邻居上头条"鼓励暖心发帖，传播好人好事，让好心人热心人受到尊重；寻找"吉祥三保"（即保安、保洁、维保人员）、"向往的生活在玉桥"晒家园小微改造等活动，进一步增强社区互动，沉淀了公共记忆，塑造了家园文化。

5. 开展线上线下精品活动

通过微春晚、"云"动会、云端过大年、邻里节、社区"留学生"、"折纸鹤"护家园等活动，抓住时间节点及不同群体受众的需求，开展趣味化的服务，让有意义的事变得有意思，为平台用户打造参与、分享、交流、交友的机会，吸引并留住用户，在服务活动中凝聚邻里共识。

（二）有效整合资源，达成邻里互助

1. 盘点聚合本地资源

成立本地生活服务业联盟，联动本地商超、影院、医疗机构等优质单位入驻，通过市集、直播、团购、积分商城等形式，不定期为居民提供生活福利、公益服务；在平台开通邻里需求对接功能，每位居民发起求助时可以悬赏，帮助邻里将会获得"互助卡"，推动个体之间的互助共生。

2. 微心愿众筹整合资源

聚焦群众小微需求，形成"微心愿"清单，通过邻里众筹的形式，进一步整合资源，实现共享。如东花市南里社区的吉祥三"保"（一家三口都在社区服务，爸爸负责维护小区花园和道路的卫生，妈妈负责把居民楼内打扫干净，儿子负责整个小区的消防安全）提出为家乡孩子筹建图书角微心愿，"希望家乡能有一个图书角，让家乡的川娃子们能有更多的机会看书、看世界！"心愿一经提出，由街道团工委牵头，线下联合学而思培优广渠门外校区、阅有意思图书馆等辖区驻街单位及爱心居民捐献了1200册图书，"花伴儿"App发起在线捐书活动，线上线下一起发力，共计募集图书3000册。

3. 增权赋能盘活资源

聚焦地区新就业群体，双向互动，盘活地区人力资源。如玉桥街道着眼于快递员、外卖员等新就业形态劳动者群体，依托"玉见"App，开发玉桥文明骑士小程序，推出"玉见骑士"星计划，通过培育"玉见骑士"先锋队，发挥快递小哥走街串巷的职业优势，引导其发挥方针政策宣传员、安全隐患排查员、环境卫生巡逻员、公共文明引导员、社情民意信息员的职能，在玉见邻里圈选择#员来是你快递小哥#标签，发现问题及时上报，平台后台检测反馈解决，创新了社会新阶层参与社会治理的形式。同时，为"玉见骑士"上线地区服务地图，开放两家社区党群活动中心和一家书店三个服务点，为快递小哥们提供歇脚、饮水、充电等服务，还能免费借用气筒、雨伞等工具。

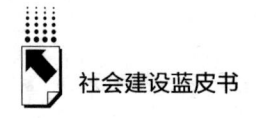

4.互利互惠优化资源

互利互惠，共建共享，党委、政府、辖区居民、商户、社会组织等多元主体双向奔赴，共同参与，进一步激发公共事务解决效力。如安定门街道"钟鼓人家"App与辖区爱心商户秀冠咖啡联合发起的甜葡萄礼遇"请咱家'大白''小蓝'免费喝咖啡"活动，致敬冲锋疫线的志愿者和安心宅家的居民。秀冠咖啡店是国子监街开了18年的老店，复工复产后第一时间，主动联系"钟鼓人家"App，专门定制"安定美式"咖啡，"战疫"志愿者们只要到店展示在"钟鼓人家"App领取的志愿服务电子证书，即可领取一杯"安定美式"咖啡。仅7月8日一天内，即送出80余杯，服务发酵使得一个卡口新增8名值守志愿者。

（三）主动治理，接诉即办转为公事共办

1.接诉即办，转化为公事共办

探索信息收集、整理、分析、研判、交办、反馈机制，努力实现居民群众身边的民生问题有人问、有人办、有人管。以东花市街道"花伴儿"App为例，目前依托多元力量，解决了居民上报的涉及垃圾分类、环境整治、家园卫士、物业管理、生活需求等民生诉求2722件。自2021年4月22日北京市突发疫情以来，10余个"伴儿"App，设置关键词，有效识别疫情类诉求，针对"核酸采样点位分布不合理""核酸检测排队时间长""特殊人群核酸检测需要照顾"等各类疫情帖，第一时间研判分析，党委和政府、居民志愿者、快递小哥等多元主体，共同发力，见帖即办。

2.创造公共事务，推进主动治理

针对接诉即办反映的高频诉求，如垃圾分类、楼道堆物堆料、小区环境卫生等，创造公共事务，线上线下共同行动。如东花市街道依托"花伴儿"App，几年来连续发起"美丽楼门挑战赛"，结合周末大扫除，通过众筹扮"靓"楼门、共商楼门公约、线上打榜人气楼门、云端记录楼门日记等形式，引导居民主动出击，各显神通，广泛参与，做好垃圾分类、清理环境卫生、扮"靓"家园，打造出一系列"战疫博物馆""共享花坛""家园卫

士"等不同主题及特色的楼门。而带头参与美丽楼门打造的楼门长们纷纷表示,"美丽楼门的出炉只是开始,我们将利用好楼门公约,共同维护大家努力的成果,让干净成为常态"。

3. 议事协商,深化主动治理

以"玉见"App为例,通过"随手拍"针对见到的不文明现象随时发帖,居民运营官屈淑琴发布的一则关于玉桥南里小区不文明停放非机动车的帖文"应该由谁负责?这样的现象不文明也不安全,是否解决一下?"引来10多位居民回帖讨论,"物业参与了吗?到底谁来约束?后续监督怎么办?"由此,"玉见"官方号发起"小区里出现不文明停放电动车、非机动车现象,应该如何进行引导"的话题,引起平台居民踊跃讨论,有温馨提示、有管理建议、有文明倡导。线上发起讨论的同时,线下"玉见"组织居民运营官中的社区党员志愿者、老旧小区改造方愿景集团"和家物业"、社区社工代表召开联席会,对此展开议事协商,就如何建立长效治理机制进行研讨。最终形成了物业专人监督处理+社区党员志愿者日常巡逻上报+温馨文明提醒常态引导的处理建议。经过平台舆论发酵、代表议事协商、多方参与治理,帖文中反映的问题得到有效解决。

4. 共商共治,为主动治理升温增效

秉持"家事共商、家事共办"的理念,围绕"垃圾分类、区域文明"等重点热点问题,线上线下随时开启家庭会议,凝聚地区价值共识,共商共治,为基层治理升温增效。以"花伴儿"App为例,开展"幸福圾分"行动,从线上到线下,通过党建引领+融媒交互+邻里社交+积分回馈,在游戏化的操作中,充分调动个体参与到垃圾分类工作中;营造垃圾分类氛围,打造可视化的垃圾分类生活场景,如议事协商打造花园式的垃圾桶站"枣花小栈",邻里众筹将社区闲置空间打造成生态循环小屋"花小盒";文化浸润熏陶,依托群众智慧,征集创作原创歌曲"垃啦操",朗朗上口,成为本地网红神曲,播放量超过138万次,成为本地各支广场舞队、学校体操、社会单位工间操的必选曲目。

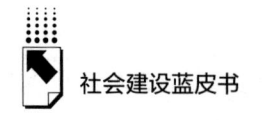

5. 践行文明，为主动治理不断加码

在"伴儿"App上，有一个功能和使命，就是结合区域特征及实际治理需要，不断引导辖区民众，践行文明，发现身边美好、传递正能量，汇聚地区文明共建共识，丰富地区发展的文化内涵和精神内涵，进而不断为地区主动治理加码蓄力。如三里屯街道"筑梦三里"App，聚焦辖区国际、潮流、时尚、创意的特点，以"记录传递身边美好，让文明秀出时尚范儿"为口号，不断提升屯里人和到屯里做客青年的文明素养。在青年生活节上打造"故事杂货铺"，以手写故事签、文明故事手绘扇、文明街拍打卡等多种形式，收集文明故事，让参与者更加立体地分享和践行文明，传达出"够文明才够时尚"的理念。潞城镇"文明潞城"App，则围绕北京市农村人居环境整治行动的有关要求，通过地区治理品牌"文明银行"发起全民打造、分享"一米微花园"（即门口小型花园，村民在做好门前卫生的同时，不占用公共道路，在门口空地设置花卉、绿植等小微景观）行动，动员村民把自家门前收拾起来，悦人悦己，出门见景，住得更舒适。通过引领村民自治乡村环境，进一步巩固了本镇33个平房村环境卫生、环境秩序治理和垃圾分类工作成果，农村人居环境得到明显改善。

（四）同频共振，应对重大公共事件

疫情是目前北京基层治理最关键也是最重大的公共事件，10余个"伴儿"App切实发挥其动员能力，围绕常态化疫情防控，多元主体同频共振。

1. 做好舆情引导，释放民情压力

2020年，疫情突袭而至，在北京疫情的关键时期，"伴儿"App坚持"感性情感引导、理性工作宣讲"双管齐下，发挥本地媒介优势，有效开展正向舆情引导，疏解社会情绪，释放民情压力。随着疫情发展，疫情类诉求增多，玉桥街道在"玉见"App、掌上玉桥微信公众号同步发起线上"错峰小灵通"行动，发动各类志愿者，争当"核酸调查员"，通过随手拍、发帖分享的方式，及时共享各核酸采样点不同时间段的排队情况；朝外街道"伴儿"App在线上发起"'两米线'创意征集"主题活动，将居民的留言

"排队别着急,核酸我陪你""距离产生美"等制作成提示标识,张贴在核酸筛查点位中,形成邻里相伴的暖心氛围,200多位居民以此为契机加入核酸筛查志愿者队伍中。

2. 做好志愿者招募,壮大防控力量

随着疫情发展,核酸检测秩序、疫情数据筛查等压力增大,志愿者招募迫在眉睫。安贞街道充分利用辖区资源优势,通过居民微信群、街道官方App"贞心365"、微信公众号"掌上安贞"等多种渠道招募抗疫志愿者,众多社会单位、居民挺身而出、积极响应,主动认领志愿者任务。为了便于志愿者服务管理,开发"贞心英雄"小程序,居民和社会单位只需要扫码就可以登录小程序,线上进行岗位认领,通过服务打卡、分享照片等全流程记录志愿服务过程。同时,"贞心英雄"小程序与街道官方App"贞心365"关联。志愿者登录"贞心365"后,即可利用志愿时长兑换积分,可在积分商城兑换相应的礼品和礼券,实现了志愿服务的闭环管理。疫情期间,共发动地区800余位志愿者参与防疫工作的各个环节。

3. 做好同频共振,凝聚防控合力

盘活资源联动商家,发起"为核酸采样点撑把伞行动""益起行动为管控区居民做件事"等地区服务业联盟的集体行动。如安定门街道"钟鼓人家"App带着"甜葡萄"友好商户姚记炒肝、盒马鲜生、绿色啄木鸟志愿服务中心、馅老满的工作人员,将100余份爱心大礼包送到临近管控区的指定地点。商户代表将爱心礼包交给社区工作者,再由社区工作者转交给管控区、封控区居民。花园社区还在管控区内招募"情满花园"甜葡萄志愿者,协助社工分发居民需要的生活物资和爱心物资等。

四 "互联网+基层社会动员"的思考展望

以社区智慧治理平台"伴儿"App为代表的"互联网+基层社会动员"在基层实践中取得了一定的成效,助推了基层治理体系和治理能力建设,但是仍存在一定的不足。

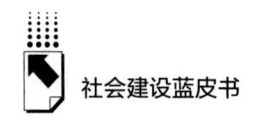

（一）"互联网+基层社会动员"存在的问题

1. 多重采集的数据壁垒待消除

首先主要体现在"伴儿"App与北京市、各区多网融合之间的数据尚未完全打通，例如"伴儿"平台发动的社区疫情防控志愿者，如何与北京市级平台打通，实现积分互认等。其次是街道社区内部信息资源之间的数据壁垒，如何互用共用，指导工作开展等。最后是社区微信群的相关信息与"伴儿"平台如何相互打通。因此，既需要上级有关部门调整政策，实现与基层政府智慧治理平台的数据对接，也需要基层政府内部数据的相互打通。

2. 数字社会治理的认知需提高

当前数字社会治理依然处于探索阶段，基层政府及社区对于数字治理的工具性认知、信任，以及引导民众通过数字化方式参与治理还有所欠缺；作为运维方的社会组织（第三方）专业性与安全性也有待进一步提高，避免数据的泄露；居民作为社会治理的参与者，对数字治理工作使用时的自我教育及约束能力相对薄弱，仍存在恶意言论、虚假信息、起哄架秧子等情况；作为市场主体的商户在参与时也需要在诚信、互利互惠、合作共赢方面进一步形成共识。

3. 技术与制度的适配性需加强

当前数字化社会治理发挥着信息采集、诉求反映等功能，为主动治理奠定了一定的基础，但如何解决地区老百姓关心的重难点问题，以及对地区接诉即办进行大数据分析之后如何采取有针对性的措施及行动，仍需要制度配套与技术工具的衔接，以及将治理嵌入在技术工具的运用上。

4. 专业性与覆盖面有待进一步提升

从动员内容来看，对德治、自治、法治三治融合下的宣传教育引导不够，尤其是涉及物业管理方面的无理诉求的回应引导，尚未实现攻坚碰硬，与实现治理目标还有一定差距；从动员对象来看，目前动员对象主要为弱势群体、一老一小、社区工作人员、党员、楼门长等，而对于以上班族为代表的在职党员、普通中青年群体、业主等的动员仍有待加强。

（二）提升"互联网+基层社会动员"能力的建议

结合实践中存在的问题，对标《中共中央国务院关于加强基层治理体系和治理能力现代化建设的意见》中提出的"建设开发智慧社区信息系统和简便应用软件，提高基层治理数字化智能化水平"及《国务院关于加强数字政府建设的指导意见》提出的"积极推动数字化治理模式创新，提升社会管理能力"的有关要求，建议从以下4个方面进一步深化拓展"互联网+基层社会动员"的探索实践。

1. 充分运用科技手段，切实做好多网融合，破除数据壁垒

首先，视野下移，与本地微信群融合，进一步激发社群活力，引导回应需求，盘活资源，凝聚价值共识，此环节实现的关键在于社会组织（第三方）进一步完善工具，拿出具体可行的社群运维方案以及基层党委、政府和社区"两委一站"给予信任充分授权并提供"种子资金"；其次，视野平视，需要街道内部各科室各社区进一步开放本地数据及资源，不受此项工作到底由哪个科室主抓的限制，将智慧治理平台定位并打造成本地区的治理工具，社会组织（第三方）需要在街道大数据的基础上，完善平台数据分析、关键词索引等功能，做好数据的应用，将数据治理的效能发挥到极致；最后，视野向上，与城市运行网融合打破数据壁垒，提升基层治理科学化、精细化、智能化水平，基层党委、政府、社区组织、专家等一起发力，借助各级党代会、人代会、政协会、专家研讨会等多种渠道，建言献策，在保障数据安全的前提下，打通市场与社会开发运营的本地化智慧治理工具与官方城市运行管网之间的数据壁垒。

2. 健全体制机制，责权利清晰动员有序，不断提升多元主体认知

首先，在法治框架下，进一步完善党委、政府、社会力量、市场主体在"互联网+基层社会动员"中的职责定位，避免权责不清，造成利益相关方缺位越位、推诿扯皮。其次，针对不同主体，开展不同主题和形式的增能培训活动，加强教育，提升认知，凝聚共识。针对基层党委、政府及社区"两委一站"，主要提升在监管和使用上的认知，可以通过内训、动态观察、

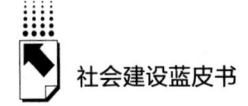

外出参观交流等方式，不断提高其在主动治理、数字治理、公共管理等方面的认知。针对社会组织，要加强企业内训和行业监管，提升其专业水平及安全认知；针对居民，要加强公民教育，确保合理发声、依法参与维权；针对商户，要成立地区商户自律联盟，服务及监管双管齐下，不断提升其诚信守法经营的能力和认识。

3. 与接诉即办结合，推动主动治理向纵深发展

首先，加强对本地接诉即办大数据的分析，结合诉求情况，针对高频问题和诉求，提前设计服务内容及事项，实现未诉先办，及时引导，畅通群众诉求表达及快速解决回应的渠道，进而养成群众在平台上反映诉求和问题的习惯，有效吸纳群众诉求，分流并减缓接诉即办工作的压力；其次，在回应群众急难愁盼问题及本地治理难题上，要与吹哨报到工作紧密结合，加强调查研究及项目化解决的思维，设置专题，先行先试，专项解决推动，引发群众期待及参与，从源头上解决问题；最后，要针对高频出现的群众认知错误的误区，如汛期漏雨、换物业、换电梯、下水道堵塞、噪音扰民等诉求，明确权责，创造公共事务，并灵活使用发帖、H5、舞台剧、动漫小视频、网络神曲、主题活动等方式，及时引导和教育群众，为主动治理培力聚力。

4. 多措并举，多管齐下，提升动员的专业性创造性

一方面，在德治、法治、自治的框架下，提升党委、政府、社区"两委一站"工作人员和楼门长、居民大V、社会组织等动员主体的动员能力，提升其线上线下有序开展动员工作的水平；另一方面，充分考虑群体利益，针对不同年龄段、收入水平群体的生活方式和问题需求，有创造性地调整细化动员方案和技术细节，并以动员对象喜闻乐见的方式有针对性地进行回应，循序渐进地提升动员对象的利益关切及情感需求，从而不断强化对中青年群体等的动员力。

Abstract

This book is the research result of the research group of "Beijing Society-building analysis report" of Beijing University of technology from 2021 to 2022. It is divided into four parts, including general report, special report, people's livelihood and well-being and social governance. Based on the statistical data and materials released by the Beijing municipal government and relevant departments and the investigation and observation of the members of the research group, the reports analyzes the main achievements and problems faced by Beijing's society-building in 2021, and puts forward policy suggestions for the next step of Beijing's society-building.

In 2021, Beijing has fully implemented the new development concept, and successfully completed the celebration of the 100th anniversary of the founding of the Party. In the face of multiple tests such as the epidemic distribution, Beijing has achieved the sustainable and healthy development of the economy and society. Successfully preparation for the Beijing Winter Olympics, the city quality is further improved, the city sub-center construction has improved the quality , the coordinated development of the Beijing – Tianjin – Hebei region continues to advance, the refinement of social governance is deepened, a new journey, the garbage classification management has achieved remarkable results, and the living environment is significantly improved. We made steady progress in ensuring people's wellbeing, and stepped up efforts to ensure the "7 You 5Xing", bringing the 14th Five-Year Plan to a good start.

At present, Beijing is still facing challenges such as social public services, shortcomings in social governance system, and still weak scientific and technological participation in urban management. It needs to continue to improve people's livelihood, improve the level of social services, and promote the modernization of social governance combined with intelligent science and technology.

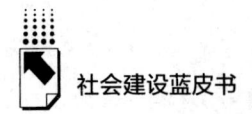

Keywords: Social Construction; Social Governance; Social Services; People's Well-being; Beijing

Contents

I General Report

B.1 Vigorously Improve People's Wellbeing and Continue to
     Modernize Social Governance
     —Report of Beijing Society-building in 2022
     Li Junfu, Wang Shuxiang and Zhu Jiahui / 001

Abstract: In 2021, Beijing has fully implemented the new development concept, and successfully completed the celebration of the 100th anniversary of the founding of the Party. In the face of multiple tests such as the epidemic distribution, Beijing has achieved the sustainable and healthy development of the economy and society. Successfully preparation for the Beijing Winter Olympics, the city quality is further improved, the city sub-center construction has improved the quality, the coordinated development of the Beijing-Tianjin-Hebei region continues to advance, the refinement of social governance is deepened, a new journey, the garbage classification management has achieved remarkable results, and the living environment is significantly improved. We made steady progress in ensuring people's wellbeing, and stepped up efforts to ensure the "7 You 5Xing", bringing the 14th Five-Year Plan to a good start. At present, Beijing is still facing challenges such as social public services, shortcomings in social governance system, and still weak scientific and technological participation in urban management. It needs to continue to improve people's livelihood, improve the level of social services, and promote the modernization of social governance combined with intelligent science and technology.

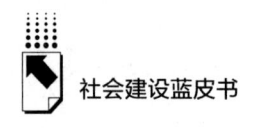

Keywords: Social Construction; Social Governance; Public Services; Beijing

Ⅱ Special Report

B.2 Adhere to the Leading Standards, Promote High Quality
Social Construction of Beijing in the New Era *Xu Zhijun* / 022

Abstract: Social construction is fundamental to the governance of the capital city. The paper summarizes the main achievements of Beijing's social construction since the 12th Party Congress of Beijing CPC from three aspects: the overall strengthening of the Party's leadership in social construction, the better satisfaction of the capital citizens' yearning for a better life, and the continuous new breakthroughs of Community-level social governance in mega-city. This paper puts forward thoughts and suggestions from four aspects: further strengthening the first good standard of social construction and Beijing characteristics, further improving the development of the people's livelihood in the capital city, further deepening the Party construction to guide grassroots governance innovation, and further improving the service ability level in the field of social construction.

Keywords: Social Construction; Mega-city; Grassroots Governance; Beijing

Ⅲ People's Livelihood and Well-being

B.3 Research Report on the Common Prosperity
Level of Megacities
Li Sheng, Wang Shenghong, Li Xiaozhuang and Liu Xin / 032

Abstract: Common prosperity requires both "development" and "sharing". Building a common prosperous society includes not only the dimension of high-quality economic development, but also the dimension of building social modernization. On the basis of understanding the connotation of common prosperity, this report puts forward an index system for measuring the common prosperity level of megacities from two dimensions of economy and society, and discusses the results of the common prosperity level of megacities by analyzing the existing statistical data. It is pointed out that the economic and social development level of megacities is higher than the national level, especially the level of social construction, which shows the high-quality development characteristics of common prosperity in the two dimensions of economy and society. It is also found that there are differences in the level of economic and social development among megacities, and Beijing, the capital, is in a leading position for common prosperity and development. In order to continuously promote the realization of common prosperity, on the one hand, we should continue to give full play to the economic and social development advantages of megacities, drive the economic and social development of other regions through benchmarking, and continuously narrow the regional development differences while realizing the sharing of development achievements; On the other hand, while continuously promoting high-quality economic development, we should pay more attention to social construction investment oriented to social modernization, and promote the all-round development of people as the main body through the coordinated development of economy and society.

Keywords: Megacities; Common Prosperity; Regional Difference; Social Construction

B.4 Research on the Mechanism of Charity in the Third Distribution

The Charity Work Office of the Civil Affairs
Bureau and the Beijing Social work Committee / 056

Abstract: The Fourth and Fifth Plenary Sessions of the 19th Central

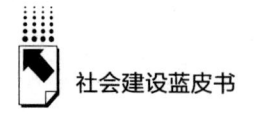

Committee of the Communist Party of China proposed to play the role of third distributions, develop charity career, and change the pattern of income distribution. The Central Finance and Economics Committee meeting on August 17, 2021 re-emphasized "common prosperity" and "third distributions". The third distribution theory has become the current theoretical frontier and urgently needs to be explained theoretically from the connotation and extension. At the same time, how to give full play to the role of charity in the third distributions has also become a current policy hotspot, which is the focus of charity management departments at all levels and charity participants. This paper explores and interprets the significance of the third distribution theory, sorts out the mechanism of charity's role in the third distribution, and analyzes the existing and development trends based on the development of Beijing's charity career, and proposes the next stage of Beijing's charity reform and innovation policy recommendations.

Keywords: Third Distributions; Charity Career; Charitable Organization

B.5 Analysis of the Change of Urban Residents' Family Eeducation Consumption under the "Double Reduction"

Zhao Weihua, Li Jingjing and Hou Na / 071

Abstract: Since July 2021, the Double Reduction Policy was issued and implemented immediately. The policy is not only to reduce students' homework burden and family education burden, but also an important reform in the compulsory education, which has had a profound impact on school education and family education. This paper analyzes the changes and causes of the urban family education consumption after the policy in Beijing by means of data survey, officail statistic data and interview. The results show that the overall educational expenditure of Beijing urban families decreases after the Double Reduction Policy. The consumption items of curricular training have decreased overall, but the extra-curricular training has little change and many of them shift to online. The parents' high expectation and anxiety about education are sill. Tt is necessary to improve the quality, improve the capacity and increase the efficiency of schools education to meet the needs of diversified education. Some recommendations such as providing more public education services, parent education, and the Double Reduction Policy evaluation are given at last.

Keywords: Double Reduction Policy; Education Consumption; Education Anxiety

B.6 Research on Universal and Preferential Early Childhood Care Offers: Development Status and Policy Thinking on Effective Supply　　　　　　　　　*Wang Min, Jin Fang* / 086

Abstract: At present, the heavy economic burden, the difficulty of early care of infants and young children, and the obstruction of women's career development have become important factors affecting fertility and fertility intentions. In order to solve the dilemma of family childcare and improve the people's willingness to have children, since 2019, the state has actively promoted universal childhood care offers and policies, a series of preferential packages for central and local policies, helping provinces and cities across the country to explore childcare programs with local characteristics. In recent years, Beijing has actively implemented the policy of encouraging the birth of three children and supporting measures, focusing on promoting inclusive childcare services. However, in general, there are problems such as insufficient total number of childcare services and coexistence of structural contradictions. This report is based on the current development status of early childhood care services in Beijing, and finds the difficulties and blockages in the development of universal and preferential childhood care services supply. This paper also puts forward corresponding policy reflections on the construction of an effective supply mechanism for universal and preferential early childcare services in megacity Beijing, during the "14th Five-Year Plan" period.

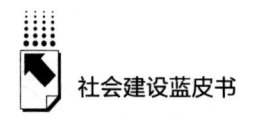

Keywords: Universal and Preferential Early Childhood Care; Family Care; Foster Care and Supply; Beijing

B.7 A Report on the Development of Basic Education in Beijing

Li Sheng, Zhu Mengzhe and Zhu He / 102

Abstract: The development of basic education resources has always been an important path for Beijing to promote education equity and achieve high-quality development of education. On the basis of sorting out relevant policies of education resources, combining with the statistical of education, this report analyzes the development characteristics of basic education resources in Beijing. The report points out during the 13th Five-Year Plan period, Beijing launched a series of relevant policies to promote the equalization and high-quality development of educational resources, which made Beijing achieve phased results in the development of elementary and secondary education resources. However, it should be noted that there are still two major issues in the development of basic education resources in Beijing: unbalanced regional distribution and marketization defect of compulsory education. Therefore, on the one hand, information technology can be adopted to promote the sharing of high-quality teaching resources; on the other hand, the government needs to strengthen the overall planning of the allocation and organization of basic education resources to avoid the defects caused by the marketization of education. To ensure that basic education in the capital satisfies the people, we should build a new pattern of basic education in the capital, and improve the level of education modernization to promote the high-quality development of basic education resources in Beijing.

Keywords: Basic Education; Educational Resources; Equalization of Education; High-quality Development

Contents

B.8 The Organizational Logic and Problem Governance of Beijing Road Labor Market
—Based on T-district empirical investigation

Yang Guihong, Lu Ying / 117

Abstract: The road labor market has become the main object of urban social governance due to its spontaneity and scattered forms, which lead to problems such as occupation of streets, traffic jams, and social security. The road labor market in Beijing continues to expand to the outer edge with the out-of-edge shift of urban construction and urban governance. In recent years, with the requirements of epidemic prevention and control, the organizational form of the road labor market tends to be socialized on WeChat, and the hierarchical structure is clear, forming a spontaneous organizational order, but it also brings the potential of disorder and newgovernance dilemmas. The rationality and inevitability of the existence of the road labor market in Beijing also determine the complexity and long-term nature of its problem solving. Using the methods of observation, interview and questionnaire, and based on the empirical investigation in T district, this paper analyzes the operation logic and internal formation of the road labor market in Beijing. On the basis of paying attention to its subjectivity, causes and existing value, it provides an empirical reference for solving the current social problems in Beijing.

Keywords: Road Labor Market; Organizational Order; Social Governance

B.9 Development Opportunities, Dilemmas and Countermeasures of Intelligent Elderly Care System in Beijing

Zhu He, Zhan Lunyu and Sun Jinghan / 137

Abstract: In recent years, the degree of aging in Beijing is increasing year by year, and the growth of the demand for elderly care services presents a diversified and intelligent trend. At present, Beijing has built a trinity of home, community and institution pension model, through the combination of online and offline ways to build an intelligent pension service system. In the context of the epidemic, the elderly's three basic needs of shopping, medical care and facility maintenance provide the possibility for the establishment of an intelligent elderly care system. However, at the present stage, there are still some problems in intelligent pension: intelligent pension falls into the structural dilemma of supply and demand matching; The needs of the elderly cannot be solved by simple technological means; The boundary between intelligent pension and traditional pension is not clear. Based on this, it is suggested to give further play to the existing advantages of intelligent pension and optimize the allocation of resources, by mobilizing community personnel to support the construction of an intelligent elderly care system; the construction of a people-oriented intelligent pension system will be realized finally.

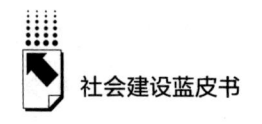

Keywords: Intelligent Elderly Care; Elderly Care Service; Beijing

B.10 Research on the Current Situation, Problems and Development Countermeasures of Community Elderly Care Service Stations in Beijing

Elderly Care Division of Beijing Municipal Bureau of Civil Affairs / 150

Abstract: Focusing on the overall situation of the construction of community elderly care service stations in the city, the current situation of their operation and the effect of serving the elderly, 20 elderly care service stations were selected for special research. In view of the overall situation of the construction of community elderly care service stations, the current lack of self earning power, the mismatch between supply and demand in the landing link, the insufficient number of professionals and other problems, it is pointed out that the public welfare attributes of elderly care service stations should be further given, and the empty, accurate support, fine management, and upgraded services should be supplemented. It is proposed to improve the layout of elderly care service stations, strengthen the operation support of stations, strengthen the construction of station teams, strengthen the medical service function of the post station and compact the management function of the street territory.

Keywords: Community Elderly Care Service; Post Station Community Home-based; Elderly Care Service

B.11 Practice and Reflection of Hospice Care Service for the Elderly in Beijing *Lu Liqian, Yang Rong / 164*

Abstract: Beijing's aging population is deepening, and the health concept and life concept of the elderly group are gradually changing, which promotes the development of hospice care services for the elderly. Beijing introduced the hospice care service policy earlier in China, set up the hospice care pilot unit, expanded the hospice care service supply, promoted the standardized development of hospice care, and made hospice care more popular. Hospice care emphasizes the rich connotation of life and the concept of holistic care. A multidisciplinary team of doctors, nurses and social workers provides soothing treatment, comfort care, comfort service and grief counseling. In order to further develop hospice care, it is necessary to form a nursing mode that is in line with the actual situation in China, issue guiding opinions and working guidelines, strengthen life education and death education, pay attention to the construction of professional talents, and enhance the professional ability of employees.

Keywords: Aging; Hospice Care; The Aged Spiritual Care

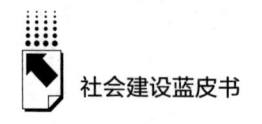

B.12 A Research on the Development of Medical Social Work in Beijing under the Background of Normalization of Epidemic Prevention and Control

Wei Yaping, Liu Xiaoqian / 180

Abstract: Medical social work refers to the use of social work values and professional methods by social workers in the field of health care to help patients and their families prevent, alleviate and solve emotional, psychological and social problems caused by diseases, by which the medical effects and public health can be improved and promoted. This research takes Beijing medical social work as the research object and discusses the characteristics of the organizational convergence phenomenon in the development of medical social work in Beijing under the background of normalization of epidemic prevention and control. The article answers the research question on how the institutional environment affects the organizational convergence of medical social work in Beijing. Meanwhile, it puts forward the development challenges and development prospects of medical social work in Beijing.

Keywords: Medical Social Work; Normalization of Epidemic Prevention and Control; New Institutionalism Theory

B.13 Research on Public Green Commutes in Beijing

Hu Jianguo, Zhu Yingjia / 194

Abstract: Based on the questionnaire, this paper analyzes public green commutes in Beijing. Judging from the analysis results, the proportion of public green commutes that adopting public transportation is relatively high, but it still needs further improvement. In terms of the purchase and replacement of new energy automobiles, the public's acceptance is not high. However, relevant policy measures have a positive effect on promoting the public's acceptance and use of new energy automobiles. In addition, in terms of green travel in public transportation, increasing incentives can also stimulate the public's enthusiasm for green travel. Based on the research findings, suggestions are put forward to make full use of economic leverage to improve residents' green travel convenience and enhance residents' green travel experience, to promote residents' green travel.

Keywords: Carbon Neutral; Green Commute; Urban Governance; People's Livelihood

Ⅳ Social Governance

B.14 The Current Practice and Problems and Countermeasures of the Reform of the "Large Department System" of the Street Government in Beijing   *An Yongjun* / 210

Abstract: This research adopts the research idea of "key analysis and general comparison", selects 5 streets for field research, comprehensively analyzes the reform of the "large department system" of street government in Beijing, and puts forward countermeasures and suggestions for deepening the reform. The study found that the "real department system" of completely breaking small departments and the "imaginary department system" in which small departments and large departments coexisted are the two modes of the reform of the "large department system" in the street government. The reform of the "large department system" has enhanced the efficiency of system operation from two aspects: resource planning and internal coordination. In the actual operation of the "large department system", there are problems such as the lack of deep internal organic integration, poor external coordination with top and bottom, unclear responsibilities and unclear levels of department-level cadres. The deepening of the reform of the "large department system" requires, on the one hand, to enhance the depth of integration within the large departments to release the reform dividends more thoroughly; on the other hand, to solve the new problems caused by the reform to enhance the external coordination efficiency of large departments and the incentive strength of section-level cadres.

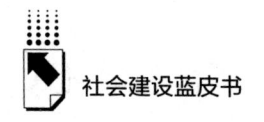

Keywords: Street Management System; "Large Department System"; Grassroots Governance

B.15 Research on the Current Situation and Countermeasures of Social Organizations' Participation in Community Waste Classification in Beijing　　*Xing Yuzhou, Liu Yifeng* / 221

Abstract: The classification of domestic waste is one of the "key little things" for the high-quality development, the fine management and the construction of an international harmonious and livable metropolis of the capital city. In recent years, with the extensive publicity and mobilization of the government and society, residents' awareness and action on waste classification have been greatly enhanced. Since the second anniversary of the implementation of the newly revised Beijing Domestic Waste Management Regulations, social organizations, as one of the main roles in the social governance system, have been an important force to promote the participation of multiple subjects in community waste classification. This paper analyzes the role and problems of social organizations' participation in community waste classification from the perspective of collaborative governance through several practical cases of social organizations' participation in promoting community waste classification, and proposes countermeasures to further expand social organizations' participation from the dimensions of policy support, cultivation development, function display and ability promotion.

Keywords: Social Organizations; Community Waste Classification; Collaborative Governance

Contents

B.16 Nurturing Social Organization in Community:
A Case Study on the Participation of Social Work
Agency in the Renovation of Older Communities

Han Xiuji, Cui Meiling / 237

Abstract: Renovating old neighborhoods, improving the living environment, and promoting the quality of life have become the focus of government work in recent years, and have also become an important part of community governance and community services. This paper takes the promotion of comprehensive renovation of old neighborhoods in community B of Tongzhou District as an example, and finds that by introducing professional social work agency, community social organizations can be nurtured, guided, cultivated and supported to participate in comprehensive community renovation practices, and carry out organizational construction and residents mobilization, policy publicity, plan co-determination, discussion and supervision, platform construction and other matters, effectively unifying residents's demands, delivering policy effects, and accelerating the implementation of the renovation work smoothly and efficiently. This has produced the important value with reference significance in grass-roots social governance.

Keywords: Renovation of Older Community; Professional Social Work Agency; Nurture; Social Organizations in Community

B.17 Cooperation、Mobilization、Accompaniment:
Exploring the Practical Path of Social Organizations'
Participation in Grassroots Community Governance

Li Xiaoting, Zhang Mengyuan / 251

Abstract: In the grassroots social governance structure of collaborative governance, social organizations, as important external forces involved in grassroots community governance, play an important role in regulating and guiding, cultivating and empowering, building platforms and linking mechanism construction. Through field research, we found that social organizations adopt the strategy of "systematic guidance and accompanying participation" throughout the social governance projects, and choose different participation paths in the face of different community governance subjects. In the face of community committees, social organizations adopt the cooperation path under the logic of "service effectiveness"; in the face of community residents, social organizations adopt the mobilization path under the logic of "demand orientation"; in the face of community social organizations, social organizations adopt the accompanying growth path under the logic of "effective operation". In the face of the existing problems, it is necessary to continue to explore the path of integrating social organizations into community governance from the grassroots government and social organizations themselves.

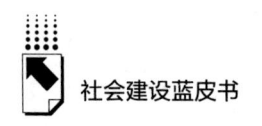

Keywords: Grassroots Social Governance; Social Organizations; Action Strategies; Collaborative Governance

B.18 The Impact of News Reports on Public Sentiment in the COVID-19 in Beijing

—*An Empirical Study Based on the official microblog of "people's Daily"*　　　　　Ju Chunyan, Murong Kaixin / 265

Abstract: As a "public health emergency of international concern", COVID-19 has had a profound impact on the national economy and the people's livelihood. Information has the function of "eliminating uncertainty", and news reports are the main channel for the public to obtain information. Doing a good job in news reporting and public opinion guidance is not only a major event in governance, national security and statehood, but also a necessary link and content in public opinion response to emergencies. This article focuses on the "Beijing epidemic" event in May 2022, and takes the official microblog of "people's Daily" as the research object to conduct an empirical study on how media news reports affect public sentiment. The research finds that the news frame and the emotional tone of news reports are the significant factors that affect the public mood. Appropriate reporting strategies of new government media can help calm public sentiment and help prevent and control the epidemic.

Keywords: Normalized Epidemic Prevention and Control; New Media of Government Affairs; News Reports; Public Sentiment

B.19 Research on the Classification of Domestic Waste in BeiJing under the Community field

Li Yang, Zhang Zhao / 279

Abstract: Since the new revision and implementation of the Beijing municipal household waste management regulations, the Party committee leadership, government leadership, social coordination, and public participation in urban household waste management have gradually formed the environmental concept that maintaining the public environment and saving resources are the common responsibility of the whole society, and the material basis, institutional guarantee, and practical effect of household waste classification have been improved. But at the same time, as the main field of household waste classification, communities show great differences and imbalances-different types of communities, such as traditional neighborhood communities, single unit communities, integrated mixed communities, transitional succession communities and modern commercial housing communities, have different resource endowments, specific strategies and power relationship structures of participants. This paper analyzes the successful cases of old residential areas and commercial housing communities, and finds that although there are many differences in different types of residential areas, the participation of multiple subjects and their roles, functions and collaborative relationships in this process are the key factors affecting the effectiveness of the implementation of waste classification policies.

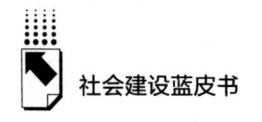

Keywords: Classification of Domestic Waste; Community Field; Old Residential Areas; Commercial Housing Community

V Local Social Construction

B.20 Research on Circle Management and Precise Rescue Mechanism of Low-income People
— Take Shunyi District of Beijing as an Example
Social Work Committee and Civil Affairs Bureau of Shunyi District / 297

Abstract: Shunyi District, as a pilot of the research project on the economic situation of low-income people determined by the Ministry of civil affairs, has continuously strengthened the construction of social assistance capacity, actively explored the establishment of a database on the economic situation of low-income families, gathered and coordinated the social assistance information of various departments, promoted "Internet + assistance", and promoted the application of the information technology and management level of social assistance. Through the database, The government staffs can analyze and study the economic status data of low-income families, establish a scientific poverty index mechanism, simplify the relief process, innovate the management and service methods of low-income people, and promote the information sharing of various relief departments and the overall use of relief resources. We should innovate the "circle management" mode, realize the differentiated management of low-income families, ensure the insurance according to people, give full play to the bottom effect, enhance the bottom support ability, gradually expand from traditional relief objects to "expenditure type" poverty objects, and finally form a research model and method for the economic situation of low-income people that can be popularized and used throughout the country, so as to provide support for social assistance decisions.

Keywords: Accurate Identification; Resource Planning; Poverty Index Mechanism; Information Platform; Dynamic Management

B.21 Research on the Participation of Supportive Social Organizations in Urban Community Governance

Cao Feilian, Ren Huiqin / 315

Abstract: As a professional force, supportive social organizations participate in various aspects of community governance by "introducing and nurturing multiple subjects", "building support networks and promoting inter-subject cooperation", "utilizing community public space" and "forming a long-term mechanism for community governance". By "introducing and nurturing multiple subjects", "building a support network and promoting cooperation among subjects" and "utilising community public space to form a long-term mechanism for community governance", we have, on the one hand, built a pattern of shared governance with multiple subjects for collaborative community governance and, on the other, effectively revitalised and systematically increased the stock of social capital in the community. The formation of a collaborative community governance pattern and the accumulation of community social capital have a "mutual structure" relationship, and the synergistic development of the two enables the realisation of community governance and good governance.

Keywords: Social Capital; Supportive Social Organisations; Urban Community Governance; Collaborative Governance; Joint Governance

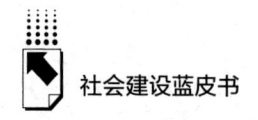

B.22 "Companion": Reshape the Community Ecosystem and Make the Community Life Better

—*Research on grassroots social mobilization based on community smart governance platform*

Zhang Meisheng, Yang Xingxing and Chen Feng / 336

Abstract: Social mobilization is a significant means to mobilize social resources and integrate social forces, and it is also an important method to promote social governance. Doing a good job of social mobilization is an essential prerequisite for building a new social governance pattern of co-construction, governance and sharing. Due to the deficiency of traditional social mobilization and the huge thrust brought by mobile Internet for social mobilization, "Internet + Grassroots Social Mobilization" has become an unavoidable path for reaching a consensus and cracking pain points of grassroots governance in the new era. The key to solving the problem lies in how to effectively integrate governance and technology. Based on the exploration and practice of a community smart governance platform- "Companion" APP, starting with interests, trust, shared value and joint empowerment, and by building a local media convergence platform with moderate scale, appropriate interaction and demonstrated temperature, we can empower urban grassroots social governance, repair the community "ecosystem", and create a governance "community", so that the social governance scene of co-construction, co-governance and sharing will gradually become a reality.

Keywords: Internet + Grassroots Mobilization; Grassroots Governance; Wisdom Governance

社会科学文献出版社

皮 书
智库成果出版与传播平台

❖ 皮书定义 ❖

皮书是对中国与世界发展状况和热点问题进行年度监测，以专业的角度、专家的视野和实证研究方法，针对某一领域或区域现状与发展态势展开分析和预测，具备前沿性、原创性、实证性、连续性、时效性等特点的公开出版物，由一系列权威研究报告组成。

❖ 皮书作者 ❖

皮书系列报告作者以国内外一流研究机构、知名高校等重点智库的研究人员为主，多为相关领域一流专家学者，他们的观点代表了当下学界对中国与世界的现实和未来最高水平的解读与分析。截至2021年底，皮书研创机构逾千家，报告作者累计超过10万人。

❖ 皮书荣誉 ❖

皮书作为中国社会科学院基础理论研究与应用对策研究融合发展的代表性成果，不仅是哲学社会科学工作者服务中国特色社会主义现代化建设的重要成果，更是助力中国特色新型智库建设、构建中国特色哲学社会科学"三大体系"的重要平台。皮书系列先后被列入"十二五""十三五""十四五"时期国家重点出版物出版专项规划项目；2013~2022年，重点皮书列入中国社会科学院国家哲学社会科学创新工程项目。

皮书网

（网址：www.pishu.cn）

发布皮书研创资讯，传播皮书精彩内容
引领皮书出版潮流，打造皮书服务平台

栏目设置

◆ 关于皮书
何谓皮书、皮书分类、皮书大事记、
皮书荣誉、皮书出版第一人、皮书编辑部

◆ 最新资讯
通知公告、新闻动态、媒体聚焦、
网站专题、视频直播、下载专区

◆ 皮书研创
皮书规范、皮书选题、皮书出版、
皮书研究、研创团队

◆ 皮书评奖评价
指标体系、皮书评价、皮书评奖

◆ 皮书研究院理事会
理事会章程、理事单位、个人理事、高级
研究员、理事会秘书处、入会指南

所获荣誉

◆ 2008年、2011年、2014年，皮书网均在全国新闻出版业网站荣誉评选中获得"最具商业价值网站"称号；
◆ 2012年，获得"出版业网站百强"称号。

网库合一

2014年，皮书网与皮书数据库端口合一，实现资源共享，搭建智库成果融合创新平台。

皮书网　　"皮书说"微信公众号　　皮书微博

权威报告·连续出版·独家资源

皮书数据库
ANNUAL REPORT(YEARBOOK) DATABASE

分析解读当下中国发展变迁的高端智库平台

所获荣誉
- 2020年,入选全国新闻出版深度融合发展创新案例
- 2019年,入选国家新闻出版署数字出版精品遴选推荐计划
- 2016年,入选"十三五"国家重点电子出版物出版规划骨干工程
- 2013年,荣获"中国出版政府奖·网络出版物奖"提名奖
- 连续多年荣获中国数字出版博览会"数字出版·优秀品牌"奖

皮书数据库

"社科数托邦"微信公众号

成为会员

登录网址www.pishu.com.cn访问皮书数据库网站或下载皮书数据库APP,通过手机号码验证或邮箱验证即可成为皮书数据库会员。

会员福利

- 已注册用户购书后可免费获赠100元皮书数据库充值卡。刮开充值卡涂层获取充值密码,登录并进入"会员中心"—"在线充值"—"充值卡充值",充值成功即可购买和查看数据库内容。
- 会员福利最终解释权归社会科学文献出版社所有。

数据库服务热线:400-008-6695
数据库服务QQ:2475522410
数据库服务邮箱:database@ssap.cn
图书销售热线:010-59367070/7028
图书服务QQ:1265056568
图书服务邮箱:duzhe@ssap.cn

社会科学文献出版社 皮书系列
SOCIAL SCIENCES ACADEMIC PRESS (CHINA)
卡号:312598614294
密码:

S 基本子库
SUB DATABASE

中国社会发展数据库（下设 12 个专题子库）

紧扣人口、政治、外交、法律、教育、医疗卫生、资源环境等 12 个社会发展领域的前沿和热点，全面整合专业著作、智库报告、学术资讯、调研数据等类型资源，帮助用户追踪中国社会发展动态、研究社会发展战略与政策、了解社会热点问题、分析社会发展趋势。

中国经济发展数据库（下设 12 专题子库）

内容涵盖宏观经济、产业经济、工业经济、农业经济、财政金融、房地产经济、城市经济、商业贸易等 12 个重点经济领域，为把握经济运行态势、洞察经济发展规律、研判经济发展趋势、进行经济调控决策提供参考和依据。

中国行业发展数据库（下设 17 个专题子库）

以中国国民经济行业分类为依据，覆盖金融业、旅游业、交通运输业、能源矿产业、制造业等 100 多个行业，跟踪分析国民经济相关行业市场运行状况和政策导向，汇集行业发展前沿资讯，为投资、从业及各种经济决策提供理论支撑和实践指导。

中国区域发展数据库（下设 4 个专题子库）

对中国特定区域内的经济、社会、文化等领域现状与发展情况进行深度分析和预测，涉及省级行政区、城市群、城市、农村等不同维度，研究层级至县及县以下行政区，为学者研究地方经济社会宏观态势、经验模式、发展案例提供支撑，为地方政府决策提供参考。

中国文化传媒数据库（下设 18 个专题子库）

内容覆盖文化产业、新闻传播、电影娱乐、文学艺术、群众文化、图书情报等 18 个重点研究领域，聚焦文化传媒领域发展前沿、热点话题、行业实践，服务用户的教学科研、文化投资、企业规划等需要。

世界经济与国际关系数据库（下设 6 个专题子库）

整合世界经济、国际政治、世界文化与科技、全球性问题、国际组织与国际法、区域研究 6 大领域研究成果，对世界经济形势、国际形势进行连续性深度分析，对年度热点问题进行专题解读，为研判全球发展趋势提供事实和数据支持。

法律声明

"皮书系列"(含蓝皮书、绿皮书、黄皮书)之品牌由社会科学文献出版社最早使用并持续至今,现已被中国图书行业所熟知。"皮书系列"的相关商标已在国家商标管理部门商标局注册,包括但不限于LOGO( )、皮书、Pishu、经济蓝皮书、社会蓝皮书等。"皮书系列"图书的注册商标专用权及封面设计、版式设计的著作权均为社会科学文献出版社所有。未经社会科学文献出版社书面授权许可,任何使用与"皮书系列"图书注册商标、封面设计、版式设计相同或者近似的文字、图形或其组合的行为均系侵权行为。

经作者授权,本书的专有出版权及信息网络传播权等为社会科学文献出版社享有。未经社会科学文献出版社书面授权许可,任何就本书内容的复制、发行或以数字形式进行网络传播的行为均系侵权行为。

社会科学文献出版社将通过法律途径追究上述侵权行为的法律责任,维护自身合法权益。

欢迎社会各界人士对侵犯社会科学文献出版社上述权利的侵权行为进行举报。电话:010-59367121,电子邮箱:fawubu@ssap.cn。

社会科学文献出版社